Rechtsansprüche enteigneter Volksgruppen und ihre Durchsetzbarkeit

SCHRIFTEN
zum internationalen und zum öffentlichen
RECHT

Herausgegeben von Gilbert Gornig

Band 55

PETER LANG
Frankfurt am Main · Berlin · Bern · Bruxelles · New York · Oxford · Wien

Wolf Peterhoff

Rechtsansprüche enteigneter Volksgruppen und ihre Durchsetzbarkeit

PETER LANG
Europäischer Verlag der Wissenschaften

Bibliografische Information Der Deutschen Bibliothek
Die Deutsche Bibliothek verzeichnet diese Publikation in der Deutschen Nationalbibliografie; detaillierte bibliografische Daten sind im Internet über <http://dnb.ddb.de> abrufbar.

Zugl.: Marburg, Univ., Diss., 2004

D4
ISSN 0943-173X
ISBN 3-631-52690-3

www.peterlang.de

Meinen Eltern

Vorwort

Die vorliegende Arbeit wurde im WS 2003/2004 vom Fachbereich Rechtswissenschaften der Philipps-Universität Marburg als Dissertation angenommen.

Meinem verehrten Doktorvater Herrn Professor Dr. Dr. h.c. Gilbert Gornig gilt mein vorrangiger Dank für die Anregung des gewählten Themas sowie ebenso für viele hilfreiche Ratschläge und die immer anspornende Betreuung dieser Arbeit sowie seine stetige Bereitschaft zum Gespräch. Seine menschliche und humorvolle Art der Betreuung und Förderung und nicht zuletzt seine wissenschaftliche Kompetenz suchen ihresgleichen.

Für die zügige Erstellung des Zweitgutachtens möchte ich mich bei Herrn Prof. Dr. Steffen Detterbeck bedanken.

Ferner zu Dank verpflichtet bin ich Herrn Dr. iur. Frank Reinhardt, der auch in Zeiten höchster eigener Arbeitsbelastung immer ein offenes Ohr und einen hilfreichen Tipp bezüglich der technischen Umsetzung für mich hatte.

Eigener Erwähnung bedarf schließlich Frau Dr. Hannelore Hamel, die sich verschiedene Versionen dieser Arbeit mehrfach zum Korrekturlesen zugemutet hat.

Freundliche Erwähnung verdienen daneben Frau Sabine Rogge vom Institut für interdisziplinäre Zypernstudien der Westfälischen Wilhelms-Universität Münster sowie der Repräsentant der Konrad-Adenauer-Stiftung in Simbabwe, Herr Dr. Anton Bösl. Ihre hilfreichen Hinweise haben, ebenso wie der konstruktive Diskurs mit Rechtsanwalt Dr. Christian Rumpf, besonders in der Anfangsphase zur Einarbeitung in den Zypern- und Simbabwekomplex beigetragen.

Die vorliegende Arbeit in verschiedener Hinsicht ermöglicht hat die Konrad-Adenauer-Stiftung, die mich als Graduiertenstipendiat in vielfältiger Weise unterstützt hat. Die vorliegende Dissertation wurde von ihr mit den Mitteln des Bundesministeriums für Bildung, Wissenschaft, Forschung und Technologie großzügig finanziell gefördert. Jedoch hat mich die Stiftung neben dem materiellen Beitrag in vielfältiger Weise, vor allem durch das zu interdisziplinärem Diskurs anregende umfängliche Seminarprogramm, insbesondere ideell unterstützt und es mir nicht zuletzt dadurch ermöglicht meinen Horizont zu erweitern und neue Freundschaften zu schließen. Ich möchte mich bei ihr für all das bedanken.

Zu großem Dank verpflichtet bin ich der Fazit-Stiftung sowie der Johanna-und-Fritz-Buch-Gedächtnis-Stiftung, die mit ihren großzügigen Druckkostenzuschüssen die Publikation dieser Arbeit ermöglicht haben. Besonders zu würdigen ist ihr Engagement für Wissenschaft und Gesellschaft in unserem Land. Ihr Interesse an meiner Arbeit ehrt mich sehr.

Schließlich danke ich zutiefst meiner Familie für ihre immerwährende Unterstützung und ihr Vertrauen in meine Fähigkeiten sowie meinem Patenonkel Dr. Michael Hagemann, der mich in jeder Phase der Arbeit zu deren zügiger Fertigstellung motivierte.

Für jede Form ihrer mir durchweg gewährten Unterstützung und Aufmunterung danke ich Agnes Ipsen.

Marburg, im Juni 2004

Wolf Peterhoff

Inhaltsverzeichnis

Abkürzungsverzeichnis

a.A.	andere Ansicht
Abs.	Absatz
Abschn.	Abschnitt
AEMR	Allgemeine Erklärung der Menschenrechte
AfrC	Afrikanische Charta der Menschenrechte und Rechte der Völker
AHKG	Gesetz der Alliierten Hohen Kommission
AJICL	African Journal of International and Comparative Law
AJIL	American Journal of International Law
a.M.	am Main
AMRK	Amerikanische Menschenrechtskonvention
Anm.	Anmerkung
Art.	Artikel
AWR-Bulletin	Association for the Study of the World Refugee Problem/Forschungsgesellschaft für das Weltflüchtlingsproblem
AVR	Archiv des Völkerrechts
BayVbl.	Bayrische Verwaltungsblätter
Bearb.	Bearbeiter
bearb.	bearbeitet
begr.	begründet
bes.	besonders
betr.	betreffend
Bd.	Band
BGBl.	Bundesgesetzblatt
BGHZ	Entscheidungen des Bundesgerichtshofs in Zivilsachen (Amtliche Sammlung)
bspw.	beispielsweise
BT-Drs.	Drucksachen des Deutschen Bundestages
Bull.	Bulletin
BVerfGE	Entscheidungen des Bundesverfassungsgerichts (Amtliche Sammlung)
bzw.	beziehungsweise
ca.	circa
CCPR	U.N. Convenant on Civil and Political Rights (s. IPbpR)
CFU	Commercial Farmer's Union
CR	Tschechische Republik (Ceska republica)

CSFR	Tschecho-Slowakische Föderative Republik (Ceskoslowenska federativni rebublica)
CSR	Tschechoslowakische Republik (Ceskoslowenska republica)
CSSR	Tschecho-Slowakische Sozialistische Republik (Ceskoslovenska socialisticka republika)
DB	Der Betrieb
Dept.	Department
ders.	derselbe
Diss.	Dissertation
doc.	document
D.R.	Decisions and Reports (European Commission on Human Rights)
Drs.	Drucksache
DVBl.	Deutsches Verwaltungsblatt (Zeitschrift)
E	Entscheidung
EGBGB	Einführungsgesetz zum Bürgerlichen Gesetzbuch
EGMR	Europäischer Gerichtshof für Menschenrechte
EGV	Vertrag über die Europäische Gemeinschaft
EKMR	Europäische Kommission für Menschenrechte
EMRK	Europäische Menschenrechtskonvention
EPIL	Encyclopedia of Public International Law
EPZ	Europäische Politische Zusammenarbeit
etc.	et cetera
EU	Europäische Union
EuGH	Europäischer Gerichtshof
EuGRZ	Europäische Grundrechtszeitschrift
EUV	Vertrag über die Europäische Union
e.V.	eingetragener Verein
EWR	Europäischer Wirtschaftsraum
FAZ	Frankfurter Allgemeine Zeitung
f.	folgende (Seite)
ff.	folgende (Seiten)
Fn.	Fußnote
FP	Fakultativprotokoll
FS	Festschrift
GA	General Assembly (s. GV)
gem.	gemäß
GV	Generalversammlung
GG	Grundgesetz

HLKO	Haager Landkriegsordnung
HuV	Humanitäres Völkerrecht (Zeitschrift)
Hrsg.	Herausgeber
hrsg.	herausgegeben
ICJ	International Court of Justice
ICJ Rep.	ICJ, Reports of Judgements, Advisory Opinions and Orders – Entscheidungen des Internationalen Gerichtshofes
ICTR	International Criminal Court for Rwanda
ICTY	International Criminal Tribunal for the former Yugoslavia
i.E.	im Ergebnis
i.e.S.	im engeren Sinne
IFLA	Informationsdienst für Lastenausgleich
IGH	Internationaler Gerichtshof
ILR	International Law Reports (Hrsg. E. Lauterpacht)
IMT	International Military Tribunal
IPbpR	Internationaler Pakt für bürgerliche und politische Rechte
IPR	Internationales Privatrecht
IPRax	Praxis des Internationalen Privat- und Verfahrensrecht
i.V.m.	in Verbindung mit
IzRspr.	Sammlung der deutschen Entscheidungen zum interzonalen Privatrecht
JA	Juristische Arbeitsblätter
JAL	Journal of African Law
Jh.	Jahrhundert
JuS	Juristische Schulung
JZ	Juristenzeitung
KG	Kammergericht
KSZE	Konferenz für Sicherheit und Zusammenarbeit in Europa
LG	Landgericht
LK	Leipziger Kommentar
LNTS	League of Nations Treaty Series
MJIL	Michigan Journal of International Law
MRA	Menschenrechtsausschuß der Vereinten Nationen
MüKo	Münchner Kommentar zum Bürgerlichen Gesetzbuch
m.w.N.	mit weiteren Nachweisen
neubearb.	neubearbeitet
NGO	Non-governmental Organisation
NJW	Neue Juristische Wochenschrift

Nr.	Nummer
Nrn.	Nummern
OAS	Organisation Amerikanischer Staaten
OLG	Oberlandesgericht
op. para.	operativer Paragraph
para.	paragraph
PCIJ	Permanent Court of International Justice (s. StIGH)
PCIJ Ser.	PCIJ Ser. A: Collection of Judgements, Nos. 1-24 (1923-30) PCIJ Ser. B: Collection of Advisory Opinions Nos. 1-18 (1922-30)
Pub.	Publication
preamb. Para.	Präambel-Paragraph
RdC	Recueil des Cours de l'Académie de Droit International
Res.	Resolution
RGBl.	Reichsgesetzblatt
RIAA	Reports of International Arbitral Awards
Rn.	Randnummer
S.	Seite, Satz
Ser.	Serie, Series
Slg.	Sammlung
SR	Sicherheitsrat
StIGH	Ständiger Internationaler Gerichtshof
SR	Sicherheitsrat
SVN	Satzung der Vereinten Nationen
TFSZ	Türkischer Föderativstaat von Zypern
TRNZ	Türkische Republik Nordzypern
u.	und
u. a.	und andere
UN	United Nations (s. VN)
UNFICYP	UN Peace-keeping Force in Cyprus (Friedenstruppe der VN in Zypern)
UNTS	United Nations Treaty Series
Urt.	Urteil
U.S.	United States
USA	United States of America
v.	von, vom
v.Chr.	vor Christus
vgl.	vergleiche
VN	Vereinte Nationen

vol.	volume
vs.	versus
www.	world wide web
WM	Wertpapiermitteilungen
WVK	Wiener Übereinkommen (Konvention) über das Recht der Verträge
YBILC	Yearbook of the International Law Commission
ZaöRV	Zeitschrift für ausländisches und öffentliches Recht und Verwaltungsrecht
z.B.	zum Beispiel
ZFTS	Zeitschrift für Türkeistudien
Ziff.	Ziffer
zit.	zitiert
ZÖR	Zeitschrift für Öffentliches Recht (vormals ÖZÖR)
ZP	Zusatzprotokoll
z.T.	zum Teil

A. Einführung

I. Allgemeines

1. Historisches und gegenwärtiger Klärungsbedarf

Folgte man der frühneuzeitlichen Völkerrechtsmeinung, so wäre die Behandlung der Indianer, weil sie nicht dem christlichen Glauben anhingen, keinen völkerrechtlichen Beschränkungen unterworfen. Diese Gedanken scheinen freilich nur mehr von geschichtlichem Interesse zu sein, ist doch die Weltgemeinschaft vermittels ihrer völkerrechtlichen Instrumente auf dem Weg zu einer gerechteren Ordnung scheinbar vorangekommen. Jedoch schon ein oberflächlicher Blick auf die Volksgruppenkonflikte der letzten Jahrzehnte zeigt, daß im Völkerrecht bezüglich des Schutzes von nicht staatlich organisierten Völkern und Volksgruppen noch erhebliche Defizite bestehen, die es herauszuarbeiten gilt. Die ethnopolitischen Konflikte nach Ende der Blockkonfrontation stellen auch die Frage nach den effektiven Möglichkeiten und der Reichweite des Völkerrechts[1]. Einem dieser Komplexe ist die vorliegende Arbeit gewidmet. Ist die Frage nach der Entschädigungs- oder Rückgabepflicht bei der Vertreibung und Enteignung von Volksgruppen überhaupt strittig, oder beurteilt sie sich unproblematisch nach den Regeln des Völkergewohnheitsrechts und des Völkervertragsrechts? Da diesbezüglich die internationale Praxis bereits auf den ersten Blick vielfältig erscheint, läßt sich die Frage nach möglichen Ansprüchen nicht ohne weiteres beantworten. Dennoch erfordert dieses Problem nicht erst wegen der augenscheinlich unbeantworteten Fälle des letzten Jahrzehnts[2] eine eingehende Untersuchung.

2. Gegenwärtiger Kreis der Völkerrechtssubjekte

Bislang war das Völkerrecht das Recht der Staaten; der einzelne oder Gruppen waren grundsätzlich keine Völkerrechtssubjekte. Ausnahmsweise konnten Völkerrechtssubjektivität auch sogenannte *de-facto*-Regime, also solche Gebilde besitzen, welche auf dem Gebiet eines bereits bestehenden Staates neue Staatlichkeit anstreben[3]. Im übrigen wird bisher Völkerrechtssubjektivität nur als

---

1 Heintze, in: HuV 2000, S. 89.

2 Vgl. nur die zahlreichen Konflikte der jüngeren und jüngsten Vergangenheit, wie z. B. im ehemaligen Jugoslawien oder in Zentralafrika, aber auch in Mittel- und Südamerika.

3 Kunig/Uerpmann, S. 8.

durch Gewohnheitsrecht historisch überliefert anerkannt[4] oder durch Rechtsgeschäft von den Staaten verliehen. So können internationale Organisationen mit partieller Völkerrechtsfähigkeit versehen werden, die diese auch weiter verleihen können[5]. Regelmäßig handelt es sich dabei auch um partikuläre Völkerrechtssubjektivität, welche also nur einem Teil der übrigen Völkerrechtssubjekte gegenüber besteht[6]. Schließlich können auch Individuen dann begrenzte Rechtssubjektivität auf internationaler Ebene erlangen, wenn sie ihnen durch die zwischen Staaten geschlossenen menschenrechtlichen Verträge verliehen wird[7]. Sie sind dann selbst Rechtssubjekte, wenn ihnen eigene Rechtsinstrumente zur Einforderung der gewährten Rechte zur Verfügung stehen.

Gerade hinsichtlich der planmäßigen Enteignungen und Vertreibungen von Volksgruppen könnte sich jedoch dann ein wesentliches Novum für das Völkerrecht ergeben, wenn Volksgruppen außerhalb spezieller Verträge eigene Ansprüche geltend machen könnten. Würde dies der Fall sein, so erführe der bisher festgelegte Kreis der Völkerrechtssubjekte unter Umständen eine wesentliche Erweiterung. In diesem Fall wäre das moderne Völkerrecht nicht länger nur das Recht souveräner Staaten, sondern im Wortsinne auch ein Recht der Völker[8]. Dann müßten allerdings auch die herkömmlichen Durchsetzungsmechanismen des Völkerrechts einer kritischen Überprüfung unterzogen werden.

II. Problemstellung

Im Rahmen des Allgemeinen Teils wird zunächst die grundsätzliche Problematik der Völkerrechtswidrigkeit von Vertreibung und entschädigungsloser Enteignung von Volksgruppen aufgezeigt[9]. Beide Komplexe ergänzen sich in ihrer Zielrichtung und bilden gleichsam die zwei Seiten einer Medaille.

---

4 So sind bspw. der Heilige Stuhl und der Malteser Ritterorden Völkerrechtssubjekte. Der völkerrechtliche Status des Heiligen Stuhls ist überdies durch den mit Italien geschlossenen Lateranvertrag von 1929 abgesichert. Vgl. dazu Weber/von Wedel, S. 56.

5 Dazu Epping, in: Ipsen, § 6 Rn. 5 ff.

6 Allerdings sind bspw. die Vereinten Nationen über ihre zunächst nur partikuläre Völkerrechtssubjektivität hinausgewachsen.

7 Kugelmann, in: AVR 39 (2001), S. 233 (235); Kunig/Uerpmann, S. 10 f.

8 ...respektive ein Recht der Volksgruppen; vgl. dazu John Rawls, in: FAZ v. 10.04.2003, S. 42; die gegenwärtig Übersetzung des römischen „ius gentium" entspricht im übrigen nicht dessen originärer Bedeutung.

9 Gornig, Völkerrechtswidrigkeit, S. 16.

In ihrem Besonderen Teil unterscheidet sich die vorliegende Arbeit grundlegend von solchen juristischen Monographien, deren Thema ein bestimmtes Rechtsinstitut oder ein strittiger Problemkreis ist. Im Gegensatz zu der dort vorgenommenen wissenschaftlichen Beleuchtung eines bestimmten Problemkreises fragt diese Arbeit im Stile eines Gutachtens nach der Rechtmäßigkeit geschehener Handlungen und nach konkreten rechtlichen Gestaltungsmöglichkeiten der möglichen Anspruchsinhaber. Die im Allgemeinen Teil herausgearbeiteten Rechtsregeln sollen an den ausgewählten konkreten Sachverhalten aus der Staatenpraxis geprüft werden. So soll eher eine strenge rechtliche Beurteilung und weniger eine rechtspolitische Betrachtung befördert werden.

1. Gang der Untersuchung

Eigentum, Enteignung und Entschädigung sind eng miteinander sowie mit dem Phänomen der Vertreibung verknüpft. Inwieweit diese Aussage nicht nur für die Rechtsordnung der Bundesrepublik Deutschland gilt, sondern ihr auch in Fragestellungen mit internationalem Bezug Bedeutung zukommt, ist in verschiedener Hinsicht noch nicht abschließend geregelt. Grundsätzlich gehört es nämlich zu den Rechten des Souveräns, die Eigentumsordnung innerhalb seiner staatlichen Grenzen selbst zu bestimmen[10]. Erst wenn Ausländer betroffen werden, gelangen die Regeln des internationalen Fremdenrechts zur Anwendung[11]. Werden freilich Menschen wegen ihrer Zugehörigkeit zu einer bestimmten Volksgruppe von Konfiskationen, also entschädigungslosen Enteignungen, betroffen, so stellt dies eine erhebliche menschenrechtswidrige Diskriminierung einer Bevölkerungsgruppe ob ihrer nationalen Herkunft dar. Diesem Mißstand ist ebenfalls von völkerrechtlicher Warte aus Beachtung zu zollen. Gegenwärtig ist ein Anwachsen nationaler und internationaler Normen zum Schutze von Volksgruppen in ihrem angestammten Siedlungsgebiet zu beobachten; so gewinnt beispielsweise das Recht auf die Heimat nunmehr Normcharakter[12]. Dennoch sind die Instrumente zur Eigentumsrückgabe oder Restitution im Falle einer bereits konsequent durchgeführten Enteignung noch nicht im erforderlichen Maße entwickelt[13]. Dies gilt vor allem bezüglich der eigenen Rechte von Volksgruppen. Zu differenzieren sind vorab verschiedene Konstellationen.

---

10 Gornig, Das Verbot, S. 53.

11 Vgl. nur Ipsen, in: ders., § 50 Rn. 2.

12 Blumenwitz, in: Blumenwitz/Gornig, Rechtliche und politische Perspektiven, S. 22.

13 Blumenwitz, in: Blumenwitz/Gornig, Der Schutz, S. 31.

2. *Fremde Staatsangehörige im eigenen Land*

Die Anwendbarkeit des Völkerrechts ist zu untersuchen, wenn die Betroffenen von vornherein Ausländer waren. Dann könnten die Regeln des internationalen Fremdenrechts, insbesondere die Regeln des völkerrechtlichen Enteignungsrechts, innerstaatlich zur Anwendung gelangen.

3. *Ehemals eigene Staatsangehörige im eigenen Land*

Fraglich ist auch, ob sich an der vorzunehmenden Prüfung dann etwas ändert, wenn die Alteigentümer ihre Staatsangehörigkeit verloren haben. Dabei ist vorliegend Gegenstand der Untersuchungen, daß von den Maßnahmen des Staates nicht Fremde auf erobertem Gebiet, sondern vielmehr im eigenen Land Seßhafte betroffen werden.

4. *Eigene und fremde Staatsangehörige im fremden Land mit Wirkung auf das eigene Land*

Zwar ist es schon bisher einem Staat möglich, die Rechtmäßigkeit von Enteignungen eigener und fremder Staatsangehöriger im Rahmen seiner Rechtsordnung zu würdigen[14]. Dies ist dann aber im wesentlichen ein innerstaatlicher Sachverhalt, bei dem das Völkerrecht häufig nicht greift. Allein über die nationale *ordre-public*-Klausel kann das Völkerrecht in die innerstaatliche Rechtsordnung einfließen. Für die Bundesrepublik Deutschland regelt dies Art. 6 EGBGB, welcher verhindert, daß durch Kollisionsrecht solche Normen berufen werden, die mit den Grundsätzen des deutschen Rechts – und über Art. 25 GG auch des Völkerrechts – unvereinbar sind[15]. Es stellt sich daher die Frage, ob bei solchen Konfiskationen unter Umständen heute auch das Völkerrecht unmittelbar oder mittelbar Anwendung findet, insbesondere dann, wenn menschenrechtswidrig gehandelt wird. Gerade auch die als „völkerrechtlich anerkannten Grundwerte“ in den Menschenrechtspakten sind über den internationalen *ordre public* durch Art. 6 EGBGB zu schützen[16]. Bei der Verletzung von zwingendem

---

14 von der Beck, S. 195.
15 Staudinger/Blumenwitz, Art. 6 EGBGB Rn. 8, 57.
16 Staudinger/Blumenwitz, Art. 6 EGBGB Rn. 56.

Völkerrecht, dem so genannten *ius cogens*, könnte die Nichtrespektierung der Maßnahme des anderen Staates geboten sein[17].

5. Durchsetzung

Fraglich ist, ob und gegebenenfalls wann ein innerstaatliches Gericht eine Völkerrechtsverletzung durch einen dritten Staat zu berücksichtigen hat. Auch soll hier geklärt werden, welche Klagemöglichkeiten vor internationalen Gerichten bestehen. Weiter stellt sich die Frage, wer eigentlich mögliche Ansprüche geltend machen könnte. Dies könnte nämlich der betroffene einzelne sein, womöglich aber auch die Gruppe insgesamt. Dabei ist weiter zwischen der Geltendmachung der Ansprüche des einzelnen durch das Kollektiv und den Ansprüchen der Gruppe durch das Kollektiv zu differenzieren.

Zu überlegen ist darüber hinaus, ob der Anspruch vererbbar ist und auch, was mit dem Anspruch der Gruppe, sofern es ihn gibt, geschieht, falls die Gruppe durch – die eng mit der kollektiven Enteignung zusammenhängende – Vertreibung auseinander fällt. In diesem Fall könnten sich nämlich Vertreibung und Völkermord für den völkerrechtsbrechenden Staat „lohnen“[18].

Schließlich ist zu klären, welche Voraussetzungen gegeben sein müssen, um von einer „Gruppe“ sprechen zu können: Muß es sich um eine „Volksgruppe“ handeln, oder sind auch andere „Gruppen“ denkbar wie solche mit einer bestimmten Religion, politischen Meinung oder anderen Merkmalen. Bezüglich der Enteignungsfrage steht hier aber die Volksgruppe im Mittelpunkt.

---

17 Außerhalb der Reichweite des deutschen IPR wäre dies als völkerrechtlicher *ordre public* zu bezeichnen, Staudinger/Blumenwitz, Art. 6 EGBGB Rn. 61 f. Im übrigen würde das *ius cogens* sonst kaum zwingenden Charakter annehmen können.

18 Vgl. Gornig, in: AWR-Bulletin 2000, S. 19 (21).

B. Allgemeiner Teil

I. Vorfragen

1. Verhältnis von Völkerrecht und nationalem Recht

Völkerrecht und nationales Recht können zu identischen Sachverhalten voneinander abweichende Regelungen treffen, so daß sich die Frage des Verhältnisses beider Rechtsordnungen zueinander stellt.

Zum Verhältnis von Völkerrecht und Landesrecht werden im wesentlichen die monistische und die dualistische Theorie vertreten.

a) Monismus

Gemäß der monistischen Theorie sind Völkerrecht und Landesrecht als Einheit zu betrachten, so daß es grundsätzlich nicht zu Konflikten kommen kann. Nach dieser Auffassung sind beide Rechtskreise Teile einer übergeordneten Rechtsordnung[19]. Zu differenzieren sind hierbei zwei grundsätzliche Strömungen: So ist nach dem Monismus mit Primat des innerstaatlichen Rechts das nationale Recht vorzugswürdig, während das Völkerrecht als eine unselbständige Rechtsordnung lediglich eine Art äußeres Staatsrecht darstellt[20]. Nach der Theorie vom Monismus mit Völkerrechtsprimat hingegen ist das Landesrecht nicht mehr als die Delegation des Völkerrechts. Völkerrechtswidrige innerstaatliche Hoheitsakte sind – je nach dem, ob man dem radikalen oder dem gemäßigten Monismus folgt – nichtig oder aber zumindest im Konflikt mit dem Völkerrecht nachrangig[21]. Aufgrund der Einheitlichkeit der Rechtsordnung bedarf es im Monismus keines staatlichen Umsetzungsaktes, um das Völkerrecht innerstaatlich anzuwenden.

b) Dualismus

Gemäß dem Dualismus handelt es sich bei Völkerrecht und Landesrecht um zwei voneinander unabhängige Rechtsordnungen, die sich insbesondere durch verschiedenartigen Geltungsgrund, unterschiedliche Strukturen, verschiedene

---

19 Kelsen, in: ZaöRV 18 (1958/59), S. 234 ff.; Gloria, in: Ipsen, § 72 Rn. 5.

20 Pohl, S. 4.

21 Vgl. Art. 27 Abs. 1 WVK: „Eine Partei kann sich nicht auf ihr innerstaatliches Recht berufen, um die Nichterfüllung eines Vertrages zu rechtfertigen"; Guggenheim, S. 24.

Rechtssubjekte sowie unterschiedliche Regelungsmaterien voneinander absetzen[22]. So handelt es sich beim Völkerrecht um Koordinationsrecht, während das Landesrecht Subordinationsrecht ist. Verschiedene Rechtssubjekte werden adressiert, da bislang im Völkerrecht Staaten und internationale Organisationen Rechtssubjektivität besitzen, Rechtssubjekte des Landesrechts aber natürliche und juristische Personen sind. Da das Völkerrecht den zwischenstaatlichen Bereich regelt und das Landesrecht für den innerstaatlichen Bereich zuständig ist, liegen auch verschiedene Regelungsmaterien vor. Wegen des Vorliegens zweier Rechtsmaterien besteht zwischen Völkerrecht und nationalem Recht auch kein Über- und Unterordnungsverhältnis. Unvermeidbare Konflikte sind durch die Rechtsprechung zu lösen. Während der radikale Dualismus im Falle des Widerspruchs von Völkerrecht und Landesrecht aufgrund der vollständigen Trennung beider Rechtskreise die Normen weitergelten lassen will, konzediert die Theorie des gemäßigten Dualismus aus rationalen Erwägungen die Möglichkeit von Konflikten[23]. Diese sind durch Kollisionsnormen zu lösen. Damit Völkerrecht im innerstaatlichen Rechtskreis Wirkung entfalten kann, bedarf es eines Umsetzungs- oder Vollzugsaktes.

c) Relevanz der Theorien

Sowohl die gemäßigte monistische Theorie als auch die gemäßigte dualistische Theorie sehen das Völkerrecht als dem staatlichen Recht übergeordnet an, obgleich aufgrund der Mediatisierung des Völkerrechts entgegenstehendes nationales Recht nicht von vornherein nichtig ist und der einzelne nur durch das Landesrecht berechtigt und verpflichtet werden kann. Somit kann man von einer Annäherung beider gemäßigter Theorien sprechen[24]. Hauptsächlich werden beide gemäßigten Theorien dadurch unterschieden, daß nach der monistischen Theorie das staatliche Recht delegiert ist, nach der dualistischen Theorie dagegen von einer Gleichberechtigung auszugehen ist. Die radikalen Ausformungen der genannten Theorien sind hier nicht weiter zu verfolgen, werden sie doch heute nicht mehr vertreten. Allerdings ist fraglich, ob sich in der Völkerrechtspraxis der Vorzug einer bestimmten Theorie erkennen läßt[25]. Dabei ist aber hinsichtlich der bisweilen komplizierten Realität der Beziehungen zwischen den

---

22 Triepel, in: RdC 1923 I, S. 73 ff.; Schweitzer, S. 12.

23 Gloria, in: Ipsen, § 72 Rn. 10 f.

24 Gloria, in: Ipsen, § 72 Rn. 15.

25 Schweitzer, S. 14; bzgl. Deutschlands, Bleckmann, Begriff und Kriterien, S. 20 ff.

Staaten beachtlich, daß diese Völkerrechtswirklichkeit eher durch einen dualistischen Ansatz, als durch eine monistische Auffassung erklärt werden kann. Nach gegenwärtig vorherrschender Auffassung beschreiben Völkerrecht und Landesrecht verschiedene Rechtskreise. Daraus folgt, daß Gesetze und Hoheitsakte, welche Konfiskationen anordnen, auch dann nach Landesrecht wirksam sein können, wenn sie völkerrechtswidrig sind[26].

2. *Völkerrechtswirklichkeit des gegenwärtigen Eigentumsschutzes*

Im Völkerrecht läßt sich eine klare Eigentumsdogmatik viel weniger ausmachen als in manchen nationalstaatlichen Rechtsordnungen. Der mangelnde Konsens der Völkerrechtsgemeinschaft zeigt sich auch in der fehlenden Verankerung des Eigentumsrechts im Internationalen Pakt über bürgerliche und politische Rechte (IPbpR). Ansprüche aus dem IPbpR wegen entschädigungsloser und kollektiver Enteignung liegen lediglich dann vor, wenn diese Enteignungen rechtswidrig erfolgen beziehungsweise gegen völkerrechtliche Normen – wie zum Beispiel das völkerrechtliche Diskriminierungsverbot – verstoßen. Auf europäischer Ebene verhält es sich ähnlich. Die Europäische Menschenrechtskonvention (EMRK) selbst verfügt über keine Regelung zum Schutz des Privateigentums. Erst durch Art. 1 des 1. Zusatzprotokolls (ZP) wird das Eigentum gewährleistet.

3. *Bedeutung der Vertreibungsproblematik*

Oftmals und gerade in den Fällen kollektiver Betroffenheit werden die Enteignungen im Zusammenhang mit Vertreibungshandlungen an der Gruppe vorgenommen. Auch dies ist in die Betrachtung einzubeziehen. Von heutiger Warte aus betrachtet, sind Vertreibungen fraglos rechtswidrig, stellen sie doch unter anderem einen Verstoß gegen das mittlerweile als Völkerrechtsnorm anerkannte Selbstbestimmungsrecht und den völkerrechtlichen Minderheitenschutz dar[27]. Indes soll gezeigt werden, daß Vertreibung nicht erst seit heute völkerrechtswidrig ist[28]. Besonders zu würdigen ist, ob und wann Vertreibung auch als Völkermord gemäß der Völkermordkonvention zu qualifizieren ist und ob völkerrechtliche Verträge auch auf vor ihrem Wirksamwerden erfolgte Vertreibungen an-

---

26 Mahr, S. 28.

27 Vgl. statt vieler: Wirth, S. 96.

28 de Zayas, in: Blumenwitz, Flucht und Vertreibung, S. 239 (241).

gewendet werden können, wenn die Vertreibung nicht rückgängig gemacht wurde oder eine Rückkehr nach wie vor verhindert wird.

4. Behandlung von Inländern und Ausländern

Von Bedeutung ist im Rahmen dieser Untersuchung auch das Verhältnis von Inländer- und Fremdenrecht in bezug auf die in Rede stehende Problematik. In Betracht kommt, daß zwischen vertriebenen und nichtvertriebenen Volksgruppen zu unterscheiden ist. Für den Fall einer Differenzierung muß festgestellt werden, ob in beiden Fällen die Enteignung von Volksgruppen gegen völkerrechtliche Verträge und Völkergewohnheitsrecht verstößt.

Ferner muß untersucht werden, ob das internationale Recht nur für den Fall der Enteignung von Ausländern Platz greift oder auch bei der Enteignung von Inländern anwendbar ist.

Man könnte der Auffassung sein, das Völkerrecht verlange, daß Ausländer und ihr Vermögen genauso wie Inländer und deren Vermögen zu behandeln seien[29]. Nach dieser Ansicht könnte der enteignende Staat nach eigenem Ermessen die Höhe der von ihm zu zahlenden Entschädigung festsetzen. Dabei würde ein Recht des Ausländers auf volle Entschädigung abgelehnt.

a) Begriff des „Fremden" im Völkerrecht

Im Kontext des völkerrechtlichen Fremdenrechts sollte der Begriff des „Fremden" als der umfassendere Begriff demjenigen des „Ausländers" vorgezogen werden[30], da der Begriff des Fremden auch Staatenlose erfaßt[31]. Für eine solche Auslegung spricht auch die englische und französische Rechtssprache. Hier wird meist vom „alien" und nicht vom „foreign national" beziehungsweise vom „étranger" und nicht von einer „personne de nationalité étrangère" gesprochen.

---

29 Vgl. Gloria, in: Ipsen, § 43 Rn. 15.

30 Denn Ausländer wurden lange Zeit als „hostis", also feindliche Fremde angesehen. Vgl. dazu auch Schäfer, S. 26.

31 Doehring, S. 19.

b) Völkerrechtliches Fremdenrecht

aa) Allgemein

In diesem Kontext ist zunächst zu klären, daß der Begriff des Fremdenrechts im internationalen und nationalen Recht auftaucht[32]. Rechte und Pflichten des Fremden können sich also aus dem Völkerrecht sowie aus den innerstaatlichen Rechtordnungen der beteiligten Staaten ergeben[33].

Unter dem Fremdenrecht im Völkerrecht wird eine Gruppe von solchen Rechtssätzen verstanden, welche die Rechtsstellung eines Fremden im Staatsgebiet eines auswärtigen Staates regeln[34]. Der Regelungsbereich umfaßt, neben der Einreise in das Hoheitsgebiet eines anderen Staates, die Rechte und Pflichten des Fremden im fremden Staat sowie die Regelungen der Ausweisung und der Ausreise des Fremden aus dem Territorium des Aufenthaltsstaates[35].

Das völkerrechtliche Fremdenrecht ist zum Teil in völkerrechtlichen Verträgen normiert[36]. Allerdings besteht immer noch eine Dominanz der Normen des Völkergewohnheitsrechts[37]. Diese begründen einen internationalen Standard der Pflichten von Staaten gegenüber den Fremden in ihrem Hoheitsgebiet. Das nationale Recht muß den Fremden ein Mindestmaß an Schutz gewähren, dessen Unterschreitung eine Völkerrechtsverletzung begründet.

Von besonderem Interesse ist das internationale Enteignungsrecht. Dieses regelt die Zulässigkeitsvoraussetzungen und Rechtsfolgen von Enteignungen gegenüber Fremden[38]. Dabei geraten zwei konträre Überzeugungen des völkerrechtlichen Fremdenrechts in Konflikt: die Lehre der Industriestaaten von der Existenz eines völkerrechtlichen Mindeststandards sowie die Lehre von der Inländergleichbehandlung der Entwicklungsländer[39].

---

32 Doehring, S. 23.
33 Schäfer, S. 25.
34 Verdross/Simma, S. 802; Gloria, in: Ipsen, § 46 Rn. 2; Schäfer, S. 25.
35 Schäfer, S. 25.
36 Die Verträge im bilateralen Verhältnis beziehen sich vor allem auf Wirtschaftsvölkerrecht, so z. B. Handels-, Schiffahrts- und Freundschaftsverträge.
37 Schäfer, S. 25.
38 Seidl-Hohenveldern, Internationales Enteignungsrecht, S. 265 ff.
39 Schäfer, S. 26.

bb) Historische Entwicklung des Fremdenrechts

Lange Zeit waren Fremde in den meisten Rechtsordnungen gegenüber der staatlichen Autorität ohne jeglichen Schutz[40]. Kennzeichnend für das Mißtrauen Fremden gegenüber ist schon die Bezeichnung „hostis", also feindlich gesinnte Fremde. Erst im Zuge der Aufklärung und der bürgerlichen Revolutionen lösten sich die europäischen Staaten von dem – nur vereinzelt durch bilaterale Abkommen – überkommenen Verständnis der Rechtsstellung von Fremden[41].

Auch ohne völkerrechtliche Verpflichtungen, gewährten die sogenannten „zivilisierten Staaten"[42] untereinander ihren Staatsbürgern einen hochwertigen, mit dem der Inländer vergleichbaren Schutz[43]. Im Kreis dieser Staaten hatte sich im 19. Jahrhundert ein Konsens dahingehend herausgebildet, daß bei der Behandlung Fremder ein „international minimum standard of civilization" zu achten sei. Dabei genossen die Bürger jener Staaten einen weit besseren Schutz als die Angehörigen anderer Staaten. Dieser Schutz wurde zuweilen auch mit den Mitteln der „Kanonenbootpolitik" durchgesetzt[44].

Bereits hier wurde der Keim der Auseinandersetzung zwischen der Lehre vom internationalen Mindeststandard und der Theorie von der Inländergleichbehandlung gelegt[45]. Solange alle Staaten in ihren nationalen Rechtsordnungen ein hohes Schutzniveau für Fremde gewährleisteten, bedurfte es aus Sicht der „zivilisierten Staaten" keines internationalen Mindeststandards. Da aber in manchen nationalen Rechtsordnungen Fremden ein vergleichbarer materieller Schutz versagt wurde, entstanden jedoch Probleme.

cc) Lehre der Inländergleichbehandlung

Das überkommene System des Fremdenrechts wurde gegen Ende des 19. Jahrhunderts von Calvo angegriffen. Dessen Lehre von der Inländergleichbehandlung stand den Grundsätzen des internationalen Mindeststandards entgegen.

---

40 Schäfer, S. 26.

41 Vgl. Art. 1 der U.S.-amerikanischen Bill of Rights sowie Art. 17 der französischen Déclaration des droits de l'homme.

42 Unter diesem Begriff wurde zunächst im 18./19. Jahrhundert die politische und militärische Potenz eines Staates, später der Fortschritt der Industrialisierung verstanden.

43 Schäfer, S. 26.

44 Schäfer, S. 28.

45 Schäfer, S. 28.

(1) Calvo-Doktrin

Der argentinische Diplomat und Völkerrechtler Carlos Calvo vertrat bereits 1895 die Auffassung, daß sich die Rechtsstellung von Fremden uneingeschränkt nach der Rechtsordnung des Gastlandes richten sollte[46]. Nach dieser sogenannten Calvo-Doktrin können im Gastland niedergelassene Ausländer bestenfalls eine Gleichstellung mit Inländern, jedoch keinesfalls – unter Berufung auf den völkerrechtlichen Mindeststandard – eine Besserstellung verlangen[47]. Dies sei wegen des Gleichheitssatzes verfassungsrechtlich und wegen des Grundsatzes der Gleichheit aller Staaten völkerrechtlich geboten. Die Forderung Calvos war die nach unbedingter souveräner Gleichheit aller Staaten. Das Prinzip der Gleichbehandlung war die Reaktion auf die europäische Staatenpraxis des 19. Jahrhunderts. Nach seiner Auffassung könne die Verantwortlichkeit eines Staates Fremden gegenüber nicht größer sein als eigenen Staatsangehörigen gegenüber[48]. In diesem Sinne bestritt Calvo, daß das Völkerrecht überhaupt einen materiellen Mindeststandard gebietet[49].

Zwar kennt die Staatenpraxis durchaus den Fall der Berufung auf die Calvo-Doktrin: So rechtfertigte die damalige Sowjetunion nach der Oktoberrevolution 1917 die Verstaatlichung von gleichermaßen in- wie ausländischem Privateigentum mit dem diesem Grundsatz. Neben der ehemaligen Sowjetunion übernahmen auch lateinamerikanischen Staaten – freilich aus eher ideologischen Gründen – diese These[50].

Indes ist zweifelhaft, ob sich diese Sichtweise im entstandenen Völkergewohnheitsrecht wiederfindet[51]. Nach 1945 ist nämlich überwiegend die Staatenpraxis zu beobachten, das Eigentum Fremder durch völkerrechtliche Regeln zu schützen[52].

(2) Theorie von der Lebens- und Schicksalsgemeinschaft

Einen anderen Ansatz zur Begründung der Inländergleichbehandlung wählte Podesta Costa. Hiernach gehe jeder Fremde mit der Ankunft in einem Land mit

---

46 Calvo, Band 3, § 1278.
47 Gloria, in: Ipsen, § 47 Rn. 15.
48 Schäfer, S.30.
49 Calvo, Bd. 3, § 1275.
50 Gloria, in: Ipsen, § 43 Rn. 15; Schäfer, S. 29 m.w.N.
51 Herdegen, § 17 Rn. 7.
52 Gloria, in: Ipsen, § 47 Rn. 15.

dortigen Staatsangehörigen bewußt eine Glücks- und Schicksalsgemeinschaft ein. Aufgrund dieser bewußten Entscheidung könne er daher auch keine Besserbehandlung verlangen[53].

dd) Lehre vom internationalen Mindeststandard

Vor allem die kapitalexportierenden Staaten vertreten dagegen die Lehre vom internationalen Mindeststandard, demzufolge ein Staat sich nur solange völkerrechtskonform verhält, als er bestimmte rechtliche Mindestanforderungen hinsichtlich der Behandlung von Fremden erfüllt[54]. Die Gleichstellung von Fremden und eigenen Staatsangehörigen reiche nicht aus. So gebe es ein „...well-established principle that a state cannot invoke its municipal legislation as a reason for avoiding its international obligations"[55]. Indes muß das Bestehen eines solchen Rechtssatzes des Völkergewohnheitsrechts – welcher vorliegend immerhin von den Vertretern der Lehre der Inländergleichbehandlung bestritten wird – konkret nachgewiesen werden[56]. Dies erfolgt durch *consuetudo* und *opinio iuris*, also Staatenpraxis und Rechtsüberzeugung. Dieser Nachweis in der Völkerrechtswirklichkeit stößt allerdings auf Probleme[57].

ee) Schutz der Menschenrechte

Zunehmend, insbesondere nach der Dismembration der ehemaligen Sowjetunion[58], wird das völkerrechtliche Fremdenrecht vom völkerrechtlichen Schutz der Menschenrechte überlagert[59]. Dabei ist der Schutzbereich der Menschenrechte weiter gefaßt als der des Fremdenrechts: Das Fremdenrecht entfaltet lediglich Schutzwirkung für den Fremden im Verhältnis zum Gastland. Von den Menschenrechten werden nicht nur Fremde, sondern ebenso Staatsangehörige gegenüber ihrem eigenen Staat geschützt[60]. Jedoch bleibt der Schutz des Privateigentums auch hier qualitativ hinter dem Schutz anderer Menschenrechte zurück[61].

---

53 Podesta Costa, S. 89.
54 Schäfer, S. 30.
55 Oppenheim/Lauterpacht, S. 9.
56 Verdross/Simma, § 1213.
57 Vgl. nur Schäfer, S. 31 m.w.N.
58 Murswiek, in: AVR 31 (1993), S. 307 (309).
59 Schäfer, S. 28.
60 Schäfer, S. 31.
61 Schäfer, S. 31.

(1) *Begriff der kollektiven Menschenrechte*

Neben dem Begriff der individuellen Menschenrechte gibt es den Begriff der kollektiven Menschenrechte, welche nur einer Gruppe zustehen. Auch der völkerrechtliche Minderheitenschutz in toto fällt unter den Oberbegriff des Menschenrechtsschutzes[62]. Die bloße Existenz kollektiver Rechte im Völkerrecht ist nichts Ungewöhnliches[63], zumal auch Staaten – als Hauptakteure des Völkerrechts – mit eigenen Rechten ausgestattet sind[64].

Grundsätzlich ist also danach zu unterscheiden, ob die Menschenrechte dem Individualschutz oder dem Gruppenschutz dienen. Im ersten Fall ist von individuellen, im zweiten Fall von kollektiven Menschenrechten zu sprechen[65].

(2) *Kollektive Menschenrechte im Völkerrecht*

Es gibt die Überzeugung, daß das Vorhandensein von kollektiven Rechten im Völkerrecht ausgeschlossen sei, weil der einzelne seine Interessen auch ohne die Mithilfe der Gruppe durchsetzen könne[66]. Jedoch zeigt ein Blick auf die Völkerrechtspraxis, daß auch die kollektive Dimension der Menschenrechte nicht ausgeklammert werden darf[67], da für eine Volksgruppe ihre Wahrnehmung der Menschenrechte als Kollektiv wesentlich ist[68]. Hinsichtlich der kollektivrechtlichen Dimension der Menschenrechte ist Art. 27 IPbpR zu würdigen. Auch wenn er kein eigenes explizites Gruppenrecht enthält, ist ihm doch die Idee der Gruppe nicht fremd[69]. In der bereits aus dem Jahr 1948 stammenden Konvention über die Verhütung und Bestrafung des Völkermords wird der Gedanke des Gruppenschutzes auch bei den Menschenrechten aufgegriffen. Ebenso wird die kollektiv-

---

62 In diese Richtung Schneeweiß, S. 61.

63 Vgl. mit einer instruktiven dogmatischen Betrachtung Schroder, S. 46 ff., die auch auf den grundgesetzlichen Schutz der Familie als Beispiel für die Erfassung von Kollektiven hinweist.

64 Schneeweiß, S. 61.

65 Schneeweiß, S. 62.

66 Lerner, in: Brölmann, S. 90.

67 Allerdings weist Heintze, The Protection, S. 9, zutreffend darauf hin, daß die Auffassung von der gruppenbezogenen Dimension der Menschenrechte bislang sehr zurückhaltend aufgenommen wird. Auch hat Heintze selbst hierbei lediglich die Anwendung auf indigene Völker im Blick.

68 Weinberg, S. 64.

69 Immerhin beinhaltet die Regelung die Formulierung „gemeinsam mit anderen Mitgliedern der Gruppe". Der Schutz der Gruppe – über den Schutz ihrer Mitglieder – ist so auch hier schon angelegt.

rechtliche Dimension der Menschenrechte durch die Deklaration der UNESCO gegen Rassendiskriminierung aus dem Jahre 1978, welche insbesondere auf positive Maßnahmen zur Förderung von Gruppenrechten drängt, gestützt[70]. Ähnliches gilt für die Erklärung über die Beseitigung aller Formen von Intoleranz und Diskriminierung aufgrund der Religion oder der Überzeugung von 1981[71].

Nach einer anderen Auffassung ist im Völkerrecht allein das Selbstbestimmungsrecht als Gruppenrecht anzuerkennen. Diese Ansicht stützt sich auf die bislang fehlende Akzeptanz des Gruppenschutzes in der Staatengemeinschaft[72]. Sie übersieht freilich die auch menschenrechtliche Bedeutung des Selbstbestimmungsrechts, welches eben nicht bloß auf das Ziel der politischen Unabhängigkeit ausgerichtet ist.

Für die Akzeptanz von Gruppenrechten neben den Individualrechten sprechen viele Gründe. Zum einen erhält der Minderheiten- und Volksgruppenschutz gegenüber staatlicher Pression zusätzliche Durchschlagskraft. Im übrigen wird durch die Anerkennung eines Kollektivrechts die Notwendigkeit einer Gruppenorganisation impliziert; immerhin muß ein gruppeninternes Legitimationsverfahren vorhanden sein, welches zur Auswahl des Repräsentanten der Gruppe führt[73]. Außerdem sind die kollektiven wie individuellen Menschenrechte mit dem Selbstbestimmungsrecht verbunden[74], da die Verwirklichung des Selbstbestimmungsrechts – auch im Falle der Vorenthaltung dieser Rechte durch den Gebietsstaat – Voraussetzung für den ungestörten Genuß der Menschenrechte ist[75].

ff) Geltendmachung von Rechten einzelner durch einen fremden Staat

Im völkerrechtlichen Vertragsrecht ist es heute nicht mehr ungewöhnlich, daß ein Staat sich gegenüber einem anderen Staat, einer Staatengruppe oder der Staatengemeinschaft dazu verpflichtet, nicht nur fremden, sondern ebenfalls eigenen Staatsangehörigen bestimmte Rechte einzuräumen[76]. Im Falle der Verletzung dieser völkerrechtlich garantierten Rechte der eigenen Staatsangehöri-

---

70 Vgl. dazu Duchrow, S. 98 m.w.N.
71 Resolution 36/55 vom 25.11.1981.
72 Thornberry, S. 173.
73 Klein, Konzeption, S. 52.
74 Vgl. schon GV-Res. 637A (VIII) (1952), Präambel Absatz 1; GV-Res. 32/14 (1977), Präambel Absatz 6; GV-Res. 34/44 (1979), Präambel Absatz 8.
75 Schmitz, S. 212.
76 Doehring, S. 24.

gen durch den garantierenden Staat ist damit dann auch eine Regel des Fremdenrechts im weitesten Sinne mißachtet, da der fremde Staat in diesem Falle die Rechte eines für ihn selbst fremden Staatsangehörigen geltend machen kann, auch wenn der verletzende Akt selbst in keiner Beziehung zum rügenden Staat steht. Die Fremdheitsbeziehung besteht hier zwischen einem Individuum und einem fremden Staat nur deswegen, weil dieser Inhaber eines zu Gunsten des einzelnen eingeräumten völkerrechtlichen Anspruchs ist. Auch wenn dies dem klassischen Völkerrecht weitgehend unbekannt war, ist die Regel, daß die Beziehungen zwischen Staat und eigenem Staatsangehörigen sich der Sphäre des Völkerrechts entziehen, heute durch Völkervertragsrecht oftmals durchbrochen[77].

Dies korrespondiert mit einer Rechtsfigur des Minderheitenrechts. Der Staat, dessen Volkszugehörigkeit die Minderheit besitzt, kann die Einhaltung der den Angehörigen der Minderheit zugesagten Rechte fordern und gegebenenfalls durchsetzen, auch wenn die betroffenen Individuen sich als Staatsangehörige des ihre Rechte verletzenden Staates auf dessen Territorium befinden[78]. Es ist also möglich, daß der schutzgewährende Staat sogar zu Gunsten fremder Staatsangehöriger Rechte geltend machen kann, die auf dem Territorium des Heimatstaates der betroffenen Personen durch den Heimatstaat selbst beeinträchtigt werden[79]. In einem Schluß *a maiore ad minus* muß dies dann auch hinsichtlich eigener Staatsangehöriger gelten.

Ebenso gilt im Völkerrecht der Satz, daß die Beziehungen zwischen Staat und eigenen Staatsangehörigen sich den Regeln des Völkerrechts generell entziehen, nicht mehr unbedingt.

II. Enteignung und Konfiskation

Die Rechtsauffassung, daß ein Staat, der einen Fremden in sein Territorium aufnimmt, zugleich verpflichtet ist, dessen Leben und Eigentum zu schützen, ist eine Entwicklung der Neuzeit[80]. Schon in Art. 1 der Virginia Bill of Rights von

---

77 Doehring, S. 24.

78 So z. B. der Vertrag von Trianon vom 06.06. 1920, wonach Ungarn sich verpflichtete, die Jurisdiktion der Siegermächte für die auf seinem Gebiet befindlichen Minderheiten anzuerkennen.

79 Doehring, S. 25.

80 Gloria, in: Ipsen, § 47 Rn. 13.

1776 und in den Déclarations des droits de l'homme et du citoyen von 1789 sieht man den allgemeinen Schutz des Privateigentums im innerstaatlichen Bereich bereits als Menschenrecht an.

Gerade wegen der vielfach und in verschiedener Weise ausgeübten Entziehung von vermögenswerten Positionen muß der Begriff der Enteignung im Spannungsverhältnis von Völkerrecht und innerstaatlichem Recht erhellt werden. Hier sind der Begriff der Konfiskation als entschädigungslose Enteignung sowie die Begriffe der Nationalisierung und Sozialisierung für die vorliegende Untersuchung von besonderem Interesse[81]. Ferner sind die Tatbestandsmerkmale der – nicht generell rechtswidrigen – Enteignung zu konkretisieren und zu analysieren.

1. *Eigentum im Völkerrecht*

Wird in die Rechtsposition eines privaten Eigentümers eingegriffen und kommt es zur Enteignung, stellt sich die Frage, ob und wie das Völkerrecht auf die Rechtsbeziehung zwischen Staaten und ausländischen oder gegebenenfalls sogar inländischen Privatpersonen Anwendung findet[82].

a) *Völkerrechtlicher Eigentumsbegriff*

Der Begriff des Eigentums in völkerrechtlichen Normen ist mit Inhalt zu füllen. Zwar könnte man annehmen, daß der Eigentumsbegriff nicht eigens auf völkerrechtlicher Ebene definiert sei[83], sondern sich nur aus der jeweils betroffenen innerstaatlichen Rechtsordnung ergebe[84]. Auf diese Weise könnte allerdings eine bestimmte Rechtsfolge, wie etwa die Pflicht zur Zahlung einer Entschädigung nach einer Enteignung, dadurch umgangen werden, daß der enteignende Staat gesetzlich den Inhalt des Eigentumsrechts ändert und dem Fremden so dessen Eigentumsposition entzieht. Dies erscheint aber unbillig[85]. Aus diesem Grunde definiert das Völkerrecht den Inhalt des Eigentumsrechts. Dessen Definition tritt neben die Definition durch die staatliche Rechtsordnung[86]: Zunächst unterliegt

---

81 Gornig, in: AWR-Bulletin 1991, S. 80.
82 Bergmann, S. 29.
83 So z. B. Müller, S. 323; Polter, S. 28; Doehring, in: Ress/Stein, S. 9 (18).
84 Bergmann, S. 31; Lillich/Weston, S. 180; w. N. bei: Dolzer, S. 148, Fn. 21.
85 Schäfer, S. 33.
86 Schäfer, S. 32.

das private Eigentumsrecht zwar dem jeweiligen nationalen Recht, welches Inhalt und Schranken festlegt und ferner zwischen privatem Nutzen und Sozialbindung eine Entscheidung trifft[87]. Danach erfolgt aber eine Überprüfung am Maßstab des Völkerrechts.

b) Materieller Gehalt

Im Völkerrecht wird der Eigentumsbegriff weit ausgelegt[88]. Er umfaßt bewegliche und unbewegliche Sachen, also nicht nur Grund und Boden, sondern auch Fahrnis und andere dingliche Rechte[89]. Ferner können auch bestimmte Rechte Eigentum („property rights") im Sinne des völkerrechtlichen Enteignungsrechts sein: Dafür müssen sie einen wirtschaftlichen Wert besitzen und veräußerungstauglich respektive übertragbar sein[90]. In diese Kategorie fallen beispielsweise Rechte aus Verträgen[91], Anteilsrechte an Gesellschaften und andere Beteiligungsrechte sowie Rechte aus geschütztem geistigen Eigentum, Ansprüche auf Geld oder Leistungen sowie Aktionärsrechte[92]. Allerdings können rein immaterielle Vermögensposten kein Eigentum im Sinne des Völkerrechts sein[93].

2. *Enteignung im weiteren Sinne*

Zu betrachten sind Inhalt und Voraussetzungen der Enteignung.

a) Begriffsbestimmung

Die Terminologie im völkerrechtlichen Enteignungsrecht ist nicht einheitlich. So werden etwa Begriffe wie „expropriation", „taking" und „nationalization" teilweise synonym verwandt. Partiell wird jedoch auch versucht, vermittels der Terminologie bestimmte qualitative Unterschiede in der Art der Eigentumsentziehung darzustellen[94]. Insofern erscheint zunächst eine eindeutige Begriffsbestimmung geboten.

---

87 Herdegen, § 17 Rn. 1.
88 Schäfer, S. 33; Dolzer, S. 148.
89 Hypotheken, Pfandrechte, vgl. auch Vollrath in: Schwartländer/Willoweit, S. 120; Korte, S. 16.
90 Schäfer, S. 33; Mouri, S. 37; Kegel, S. 721.
91 Liefer- und Konstruktionsverträge, Forderungen aus Darlehen etc.
92 Z. B. auf Beteiligung an der Geschäftsführung, auf Zahlung der Dividende etc.
93 Vgl. Mobil Oil, Iran-U.S. CTR 16 (1987 III) 3, 25 Abs. 74; Schäfer, S. 34 m.w.N.
94 Bergmann, S. 33; Dolzer, S. 27.

aa) Enteignung

Zum Zeitpunkt ihres ersten Erscheinens[95] bezog sich die Enteignung lediglich auf die Wegnahme von Eigentum und war insofern als ein Rechtsbegriff, der aus sachenrechtlichen Vorstellungen entstanden sei, bezeichnet worden[96]. Dieses Rechtsverständnis ist aber heute überwunden und einer extensiveren Definition gewichen[97].

Der Begriff der Enteignung wird im allgemeinen Sprachgebrauch wie auch im Recht zweideutig verwendet. Er umfaßt nämlich den faktischen Akt sowie den rechtlichen Akt der Eigentumsentziehung. Nach Rechtsnatur und Qualität der Enteignungsmaßnahme wird darüber hinaus nicht differenziert[98]. Unter Enteignung versteht man ferner nicht nur die direkte Entziehung eines einer natürlichen oder juristischen Person zustehenden Eigentumsrechts an einzelnen Vermögensobjekten durch einen Staat, sondern auch solche Beschränkungen, die die Ausübung des Rechts unmöglich machen[99]. Objekt der Enteignung ist neben der Einzelsache, an welcher Eigentum möglich ist, auch das gesamte Vermögen[100].

Dabei könnte terminologisch weiter gefragt werden, ob als Enteignung nur die fremdnützige Wegnahme gegen Entschädigung sowie als Konfiskation die Wegnahme ohne Entschädigung zu sehen ist[101]. Den betroffenen Volksgruppen wurde bislang kaum die nach dem Völkerrecht vorgesehene Entschädigung für die erlittenen Rechtsverluste gewährt.

bb) Konfiskation

Im Hinblick auf die hier zu untersuchende Problematik ist Enteignung in der Regel im Sinne des weitaus strengeren Begriffs der Konfiskation als entschädigungslose Entziehung privater Vermögensrechte zu verstehen[102]. Dabei ist nicht

---

95 Im römischen Recht bereits zeigen sich Hinweise auf Enteignungstatbestände. Vgl. Seidl-Hohenveldern, Internationales Enteignungsrecht, S. 2.

96 Plaßmann, in: JZ 1962, S. 17.

97 Korte, S. 6.

98 Schäfer, S. 34.

99 Hefele, S. 11; Verdross/Simma (Anm. 1), § 1216.

100 Vannot, S. 42.

101 Mahr, S. 3; in diese Richtung auch Vannod, S. 40.

102 Gloria, in: Ipsen, § 47 Rn. 16; Mahr, S. 3; Abs/Berg, S. 31; vgl. auch Ammann, S. 27, der auf den ursprünglichen Strafcharakter dieser Maßnahme hinweist.

notwendig, daß der konfiszierende Staat neuer Inhaber des Eigentumstitels ist; abzustellen ist vielmehr darauf, was der Verletzte erleidet[103]. Freilich ist die internationale Literatur in diesem Kontext nicht einheitlich.

cc) Nationalisierung

Der Begriff der Nationalisierung umfaßt die Enteignung ganzer Industriezweige, Wirtschaftssektoren und Branchen[104], zumeist im Zusammenhang mit wirtschaftlichen oder politischen Umwälzungen[105]. Jedoch ist auch diese Entziehung des Eigentums völkerrechtlich entsprechend der Enteignung und Konfiskation zu behandeln[106]. So gelten auch hier die allgemeinen Rechtmäßigkeits- und Entschädigungsvoraussetzungen.

dd) Sozialisierung

Darüber hinaus wird von Vertretern der Entwicklungsländer zum Teil der Begriff der Sozialisierung verwendet. Jedoch wird darunter auch die zwangsweise Überführung von ausländischem Privateigentum in das Eigentum des enteignenden Gebietsstaates verstanden[107]. Einen eigenständigen Bedeutungsgehalt gegenüber anderen Arten der Enteignung besitzt dieser Begriff somit nicht.

ee) „Wilde" Enteignung

Daneben existiert als Form der „wilden Enteignung" die Plünderung, welche aber durchaus im Namen oder zumindest mit Billigung der Hoheitsgewalt erfolgen kann[108]. Haftbar wird der Staat allein dann nicht, wenn er von den Handlungen der plündernden Privatpersonen nichts wußte und er seine Pflicht zur Beseitigung der Störung nicht schuldhaft unterlassen hat[109].

---

103 In diesem Sinne ist auch Vannod, S. 40, zu verstehen.

104 Vannod, S. 31; Gloria, in: Ipsen, § 47 Rn. 16; ebenso und eingehender noch Ammann, S. 29 f.

105 Vannod, S. 33.

106 Vgl. Banz, S. 156 f., mit dem Hinweis auf die vormals sozialistische Völkerrechtslehre, wonach der nationalisierende Staat die Höhe der Entschädigung selbst festzusetzen hatte.

107 Ammann, S. 32.

108 Vgl. dazu nur die Besetzungen von Farmen in Simbabwe durch sogenannte „Kriegsveteranen".

109 Banz, S. 164.

b) Formen der Enteignung

Es gibt diverse Formen der Enteignung. Enteignungen, die auf der Grundlage eines formalen rechtlichen Aktes erfolgen, sind von sogenannten faktischen Enteignungen, die ihrerseits nicht durch einen formalen Akt legitimiert werden, zu unterscheiden[110]. *De-iure*-Enteignungen können von allen drei staatlichen Gewalten vollzogen werden[111]. Bei der „Legislativenteignung" wird der Wechsel des Eigentümers per parlamentarischem Akt vollzogen, während die „Administrativenteignung" den Verwaltungsakt einer staatlichen Behörde erfordert. Ferner kann eine Enteignung auch durch gerichtliche Entscheidung erfolgen[112]. Der Begriff der Enteignung umfaßt also jede Entziehung von Vermögensrechten durch Gesetz oder durch einen hoheitlichen Einzelakt. Daneben kann eine Enteignung aber auch in den rechtlichen und faktischen Beschränkungen der Nutzung des Eigentums liegen, sofern dies einer Entziehung gleichkommt[113].

aa) Zulässigkeit von Enteignungen

Bis heute ist im Grundsatz unbestritten, daß sich aus dem Territorialitätsprinzip die Berechtigung der Staaten ergibt, über in ihrem Gebiet belegene Vermögenswerte durch nationale Sicherung oder Enteignung zu verfügen, sofern dies im öffentlichen Interesse erfolgt[114]. Freilich werden an Enteignungen bestimmte Anforderungen gestellt[115]. Dabei ist die Unterscheidung zwischen rechtmäßiger und rechtswidriger Enteignung für deren Rechtsfolgen relevant[116]. Erfolgt die Enteignung rechtswidrig, so kann eine Schadensersatzpflicht für schädigendes völkerrechtswidriges Handeln entstehen.

---

110 Schäfer, S. 35.

111 Vgl. Art. 6 der Draft Convention on State Responsibility, in: ZaöRV 45 (1985), S. 357 ff.

112 So im Barcelona-Traction-Fall, in: ICJ Rep. 1970, S. 16.

113 Herdegen, § 17 Rn. 1, 4.

114 Herdegen, § 17 Rn.1; Schäfer, S. 36; vgl. auch Abs/Berg, S. 31.

115 Krülle, S. 83; Dahm, in: FS für Kraus, S. 67 (68).

116 Vannod, S. 34.

bb) Regelungen im Völkerrecht

Die Geschichte des völkerrechtlichen Eigentumsschutzes ist bis in das 19. Jahrhundert zurückzuverfolgen[117]. Zu betrachten sind die Regelungen in den verschiedenen Völkerrechtsquellen.

(1) Völkerrechtliche Verträge

(a) Haager Landkriegsordnung (HLKO)

Eine der ersten Kodifizierungen des modernen Kriegsvölkerrechts stellt die Haager Landkriegsordnung dar, die inklusive ihrer Anlage des IV. Haager Abkommens betreffend die Gesetze und Gebräuche des Landkrieges vom 18. Oktober 1907[118], eine Kodifikation damals geltenden Völkergewohnheitsrechts ist[119]. So sind auch im Falle der kriegerischen Besetzung eines Territoriums die Regelungen der HLKO anzuwenden[120]. Danach darf die Besatzungsmacht nicht weiter in die Struktur des besetzten Gebietes eingreifen, als es militärischen Notwendigkeiten entspricht[121]. Allerdings statuiert die HLKO keinen eigenen Eigentumsbegriff[122].

(b) Allgemeine Erklärung der Menschenrechte (AEMR)

Die Deklaration von 1948 schützt das Eigentum von Inländern und Fremden lediglich vor willkürlichen Eingriffen[123]. Eine grundsätzliche Unzulässigkeit der Enteignung ist hieraus nicht abzuleiten[124]. Im übrigen hat die Intention des Art. 17 der Deklaration keinen Eingang in die Menschenrechtspakte gefunden.

---

117 Die Geschichte des völkerrechtlichen Eigentumsschutzes ist bis in das 19. Jahrhundert zurückzuverfolgen, vgl. Müller, S. 10.

118 RGBl. 1907, S. 132 ff.

119 Ipsen, in: ders., § 61 Rn. 2.

120 Vgl. von Laffert, S. 203.

121 von Laffert, S. 203; Blumenwitz, in: Blumenwitz, Flucht und Vertreibung, S. 185 (189).

122 Dolzer, S. 160.

123 Art. 17 der Allgemeinen Erklärung der Menschenrechte (AEMR): „1. Jeder Mensch hat allein oder in der Gemeinschaft mit anderen Recht auf Eigentum. 2. Niemand darf willkürlich seines Eigentums beraubt werden."

124 Seidl-Hohenveldern, in: Neuhold/Hummer/Schreuer, Rn. 1012.

(c) *Zusatzprotokoll zur EMRK*

Die EMRK selbst enthält keinen expliziten Eigentumsschutz. Dies ist insoweit erstaunlich, als der Eigentumsschutz doch zu den „klassischen“ Grundrechten zu zählen ist[125]. Das Recht auf Eigentum ist jedoch heute in Art. 1 des Ersten Zusatzprotokolls (ZP I) zur EMRK verankert, welches 1951 angenommen wurde. Der Eigentumsbegriff ist hier im weiten völkerrechtlichen Sinn zu verstehen[126]. Art. 1 ZP I verzichtet allerdings auf eine eigene Festlegung der Voraussetzungen für den Schutz vor Konfiskationen[127]. Die Eigentumsgarantie erstreckt sich nur auf solche Beeinträchtigungen, die nach Inkrafttreten des Ersten Zusatzprotokolls sowie der Abgabe der Erklärung nach Art. 59 EMRK eingetreten sind. Freilich ist die Eigentumsgarantie durch die Schrankenregelung in Abs. 1 beziehungsweise Abs. 2 des Art. 1 ZP I begrenzt. Für die Zulässigkeit einer enteignenden Maßnahme nach der EMRK müssen drei Voraussetzungen kumulativ vorliegen[128]. So muß die Maßnahme im öffentlichen Interesse beziehungsweise im Allgemeininteresse erfolgen, dem Erfordernis der Gesetzmäßigkeit genügen sowie verhältnismäßig sein[129]. Da die Enteignung in der EMRK nur gegen Entschädigung durchgeführt werden kann, ist die Vereinbarkeit von Konfiskationen mit der Konvention auszuschließen.

(d) *VN-Menschenrechtspakte*

Der IPbpR und seine Fakultativprotokolle enthalten selbst keine ausdrückliche Regelung zum Eigentumsschutz[130]. Es ist bei Enteignungsfällen aber auf das im IPbpR statuierte Diskriminierungsverbot zu rekurrieren[131]. Diese Regelung des IPbpR verbietet nämlich jede Diskriminierung und gebietet die Gleichheit vor dem Gesetz. Die Menschenrechte können in den hier in Betracht kommenden

---

125 Dazu auch Riedel, S. 65; Peukert, in: EuGRZ 1981, S. 97 (99); ähnlich Mittelberger, in: EuGRZ 2001, S. 364 (366); die fehlende Aufnahme eines eigenen Eigentumsschutzartikels in die EMRK im Jahre 1953 dürfte allerdings ideologischen Bedenken geschuldet sein.

126 Ammann, S. 47, mit Hinweis auf die allgemeinen Grundsätze des Völkerrechts.

127 Riedel, S. 69.

128 Rudolf, in: EuGRZ 1996, S. 573 (574 f.).

129 Mittelberger, in: EuGRZ 2001; S. 364 (367); vgl. auch Stern, Bd. III, S. 775 ff.

130 Vgl. Schütz, S. 98.

131 Dies entspricht zumindest der Haltung des VN-Menschenrechtsausschusses im Fall Simunek u. a./Tschechien, UN-Doc. CCPR/C/54/D/516/1992 vom 31.07.1995, Nr. 516/1992, Abschn. 6.3.

Fällen also dann verletzt sein, wenn die kollektive Enteignung von Volksgruppen primär zur Diskriminierung und Vertreibung der Volksgruppe beiträgt und nicht in erster Linie der Eigentumsverschaffung dient[132]. Die hier zu untersuchenden kollektiv durchgeführten Konfiskationen gegenüber einer Volksgruppe benachteiligen gerade die Angehörigen einer bestimmten Gruppe, so daß sie diskriminierend wirken.

(2) Völkergewohnheitsrecht

Völkergewohnheitsrecht setzt im Rahmen des jeweiligen Geltungsbereiches eine allgemeine Übung voraus, die subjektiv auf der Überzeugung der Staaten beruht, zu einem solchen Verhalten verpflichtet zu sein[133]. Dabei muß die Übung von einer von bloßer *Courtoisie*, respektive Tradition, abzugrenzenden *opinio iuris* getragen sein[134].

Festzustellen ist zunächst, daß eine absoluter Eigentumsschutz dem Völkergewohnheitsrecht unbekannt ist[135]. So bieten auch nach einer Ansicht die gewohnheitsrechtlich verbindlichen Menschenrechte in ihrem gegenwärtigen Entwicklungsstand keinen generellen, individualrechtlichen Schutz gegen Enteignungen[136]. Andererseits wird das Recht auf Achtung des Eigentums als klassisches Menschenrecht – teilweise sogar als *ius cogens*[137] – verstanden[138]. Vom Ersten Weltkrieg bis in die Gegenwart erfolgten Enteignungen in der Staatenpraxis allerdings, von Ausnahmen abgesehen, unter Einschluß einer Entschädigung[139]. Die Staatenpraxis läßt sich somit nicht im Sinne eines generellen Verbots der Enteignung, wohl aber eines Verbots der Konfiskation deuten. In Betracht kommt für eine Völkerrechtswidrigkeit von kollektiven Enteignungen ansonsten nur ein Verstoß gegen völkergewohnheitsrechtlich verbindliches Fremdenrecht[140].

---

132 Vgl. Gornig, Das rechtliche Schicksal, S. 37; Schieder, S. 136 ff.
133 Baer, S. 190; Verdross/Simma, § 559; Oppenheim/Lauterpacht, S. 26.
134 Berber, Bd. I, S. 52; Verdross/Simma, § 558; Baer, S. 191.
135 Ammann, S. 50.
136 Krülle, S. 83.
137 von der Beck, S. 190; vgl. auch eine Entschließung des katholischen Akademikerverbandes „Pax Romana" von 1951.
138 Vgl. Frowein/Peukert, Art. 1 1. ZP m.w.N.; Roos, S. 168.
139 Ammann, S. 50.
140 Ähnlich: Schütz, S. 97.

(3) Allgemeine Rechtsgrundsätze

Die allgemeinen Rechtsgrundsätze des Völkerrechts im Sinne des Art. 38 Abs. 1 lit. c IGH-Statut sind als Gemeingut aller staatlichen Rechtsordnungen auch Bestandteil des Völkerrechts[141]. Als Rechtsprinzipien sind diese Rechtssätze übereinstimmend in allen oder doch zumindest in den wichtigsten Rechtssystemen der Welt nachzuweisen[142].

Innerstaatliche Rechtssätze, durch welche die Enteignung per se verboten wird, sind nicht ersichtlich[143]. Vielmehr werden in den innerstaatlichen Rechtskreisen Enteignungen, gebunden an bestimmte Voraussetzungen, als zulässig angesehen. Eine Zulässigkeit der Konfiskation ist dagegen kaum aus den innerstaatlichen Rechtsordnungen abzuleiten[144]. So ist beispielsweise für den angloamerikanischen Rechtskreis ein Konfiskationsverbot bereits aus der Magna Charta herauszulesen. Das deutsche Grundgesetz läßt in Art. 14 Abs. 3 GG lediglich die Enteignung unter Einschluß einer Entschädigung und mithin nicht die Konfiskation zu.

(4) Resümee zur Reichweite des Eigentumsschutzes

Das Recht auf Achtung des Eigentums gehört zu den klassischen Menschenrechten[145] und ist in den meisten Staaten auf verfassungsrechtlicher Ebene gewährleistet[146]. Allerdings wird dieser Schutz in den verschiedenen Quellen des Völkerrechts nicht absolut garantiert. So ist in der Staatengemeinschaft die Meinung vorherrschend, daß es keinen völkervertragsrechtlichen Schutz des Privateigentums vor Enteignung gibt[147]. Dem Art. 17 der Allgemeinen Menschenrechtserklärung (AEMR) der Vereinten Nationen ist eine vertragliche Allgemeinverbindlichkeit kaum zu entnehmen[148]. Art. 1 des Ersten Zusatzprotokolls zur

---

141 Rünger, S. 113; Weber/von Wedel, S. 74.

142 Dabei darf es sich nicht um eine zufällige Übereinstimmung handeln, vielmehr müssen die Rechtsgedanken übereinstimmen; vgl. Weber/von Wedel, S. 74.

143 Vgl. dazu Ammann, S. 51 f.

144 Eingehend dazu Ammann, S. 52.

145 Frowein/Peukert, Art. 1 1. ZP Rn. 1; Bryde, in: von Münch, Art. 14 Rn. 63; Dahm, in: FS für Kraus, S. 67 (93).

146 So für die Bundesrepublik Deutschland in Art. 14 GG.

147 Seidl-Hohenveldern, in: Neuhold/Hummer/Schreuer, Rn. 1011; Korte, S. 102; Dahm, in: FS für Kraus, S. 67 (68), geht davon aus, daß der völkerrechtliche Eigentumsschutz sukzessiv schwächer wird.

148 Kegel, S. 723; Korte, S. 102.

EMRK enthält eine Regelung zum Eigentumsschutz. Diese läßt eine – freilich an Voraussetzungen gebundene – Enteignung zu[149] und verweist im übrigen auf Völkergewohnheitsrecht[150]. Jedoch ist im Völkergewohnheitsrecht auch kein absoluter Schutz vor hoheitlichem Eigentumsentzug zu erkennen. Der Tatbestand der Entziehung führt nicht ohne weiteres zur Völkerrechtswidrigkeit. Auch hier haben sich Voraussetzungen herausgebildet, nach denen die Zulässigkeit von Enteignungen zu beurteilen ist.

cc) Zulässigkeitsvoraussetzungen der Enteignung

(1) Differenzierung nach Adressat und Ort der Enteignung

Enteignungen eines Staates auf seinem Hoheitsgebiet werden von anderen Staaten und deren Gerichten grundsätzlich anerkannt, sofern eine völkervertragsrechtliche Regelung fehlt[151]. Dies entspricht der Praxis der sogenannten *Act-of-State*-Doktrin des US-Supreme Court[152]. Nach dieser Auffassung sind inländische Gerichte nicht berechtigt, solche Hoheitsakte anderer Staaten zu beurteilen, die innerhalb deren Hoheitsgebiets vorgenommen wurden[153]. Völkerrechtlich durchzusetzen vermochte sich dieser US-amerikanische Verfassungsgrundsatz allerdings nicht[154].

(a) Inländer

Grundsätzlich ergibt sich aus der Territorialhoheit der Staaten ihre Berechtigung zur Enteignung auf ihrem Gebiet[155]. Betrifft diese Inländer, so ist dies zunächst eine Frage des nationalen Verfassungsrechts mit weitgehender Regelungsfreiheit[156]. Der Zugriff auf das Eigentum von Inländern ist allerdings nicht schran-

---

149 Korte, S. 102; eingehend, Mittelberger, in: EuGRZ 2001, S. 364 (365 ff).

150 Korte, S. 103.

151 Dazu BGHZ 25, S. 134 (140); BGHZ 31, S. 367 (372); Kegel, S. 65; schon aus praktischen Erwägungen heraus und im Interesse der internationalen Ordnung sind fremde Enteignungen anzuerkennen. Andernfalls wäre Handel unmöglich und politischer Streit gleichsam vorprogrammiert.

152 Gloria, in: Ipsen, § 47 Rn. 10.

153 Vgl. dazu Entscheidung „ Banco Nacional de Cuba v. Sabbatino“, in: AJIL 58 (1964), S. 779; anders allerdings bereits im Falle „First National City Bank v. Banco Nacional de Cuba, in: AJIL (56) 1972, S. 856.

154 Gloria, in: Ipsen, § 47 Rn. 10.

155 Gloria, in: Ipsen, § 47 Rn. 16.

156 Herdegen, § 17 Rn. 2; Gornig, Das rechtliche Schicksal, S. 35.

kenlos möglich[157]. Solche Schranken ergeben sich hier vor allem aus den Verträgen zum Menschenrechtsschutz[158].

(b) Ausländer

Die Enteignung von Ausländern unterwirft das Völkergewohnheitsrecht bestimmten Voraussetzungen im Sinne eines fremdenrechtlichen Mindeststandards[159]. Während beim Entzug des Eigentums eigener Staatsangehöriger dem Staat *de lege lata* eine weitgehende Regelungsfreiheit zukommt, unterliegt der Zugriff auf das Eigentum von Ausländern völkerrechtlichen Beschränkungen[160]. Das hierbei anzuwendende öffentliche Kollisionsrecht folgt dem Gedanken der Territorialität des Rechts[161]. Danach wirken die Regelungen des öffentlichen Rechts, hier in Gestalt der Enteignung, grundsätzlich nicht über das Staatsgebiet des rechtsetzenden Staates hinaus[162]. Somit können ausländische Enteignungsanordnungen allein solches Vermögen erfassen, welches innerhalb des Staatsgebiets belegen ist.

Enteignungen fremder Staaten werden in der Regel dann anerkannt, wenn zum Zeitpunkt der Enteignung die Sache auf dem Gebiet des enteignenden Staates befindlich und die Enteignung mit dem *ordre public* des Drittstaates im Einklang ist. Damit gilt grundsätzlich die *lex rei sitae*[163].

(c) Notwendigkeit der Unterscheidung der Adressaten

Eine Differenzierung zwischen Inländern und Ausländern ist hier deshalb angezeigt, da Ausländer, anders als die Staatsangehörigen des enteignenden Staates, von der politischen Willensbildung ausgeschlossen sind und auch nicht in die staatliche „Schicksalsgemeinschaft" eingebunden sind. Betrifft die Enteignung Ausländer, so ist das völkerrechtliche Fremdenrecht ohne weiteres anwendbar. Sofern allerdings Inländer betroffen werden, sind völkerrechtliche Regeln nicht ohne weiteres anwendbar. Gleiche Beachtung verdienen Inländer und Ausländer im Falle von Enteignungen dann, wenn sie als Volksgruppe menschenrechtswidrig betroffen werden.

---

157 Herdegen, § 17 Rn. 2.
158 So auch Gornig, Das rechtliche Schicksal, S. 35.
159 Vgl. dazu Kegel, S. 506 ff.; Firsching/von Hoffmann, S. 269; BGHZ 31, S. 367 (372).
160 Herdegen, § 17 Rn. 2; ebenso Banz, S. 154; Gornig, Das rechtliche Schicksal, S. 36.
161 Vannod, S. 36.
162 BGHZ 31, S. 367 (371); Firsching/von Hoffmann, S. 269.
163 Kegel, S. 511; Blumenwitz, in: Blumenwitz, Flucht und Vertreibung, S. 185 (198).

(2) Voraussetzungen

(a) Öffentlicher Zweck

Die Enteignungen müssen einen öffentlichen Zweck verfolgen, wobei dem Staat ein weiter Spielraum zur Beurteilung zugestanden wird[164]. Wann eine Enteignung dem öffentlichen Zweck entspricht, ist nicht leicht zu beantworten. Diese Frage ist kaum durch das Völkerrecht zu regeln, da die jeweiligen innerstaatlichen Ziele der Enteignung über den öffentlichen Zweck entscheiden[165].

Es könnte auf die subjektive Geeignetheit für die Förderung des öffentlichen Wohls abzustellen sein. So erfolgten bislang Enteignungen oftmals mit dem Ziel, die Wirtschaftsordnung des enteignenden Staates zu verändern. Da allein auf die Interessen des betreffenden Staates abgestellt wird, könnte das öffentliche Interesse weit ausgelegt werden. In diesem Fall wäre auch das Ziel der kollektiven Enteignung und der Verdrängung einer Volksgruppe aus einem bestimmten Raum im öffentlichen Interesse[166].

Läßt man dagegen eher die objektive Eignung gelten, wäre der öffentliche Nutzen bei diesen Enteignungen jedenfalls abzulehnen. Die einseitige Enteignung von Mitgliedern einer bestimmten Bevölkerungsgruppe ist wohl nie objektiv geeignet, dem öffentlichen Wohl zu dienen, zumal mit den Enteignungsmaßnahmen grundsätzlich keine völkerrechtswidrigen Ziele verfolgt werden dürfen[167]. Somit ist die objektive Geeignetheit für die Förderung des öffentlichen Wohls vorzuziehen.

Die Enteignungsmaßnahmen müssen darauf gerichtet sein, Eigentumsrechte in das Eigentum des enteignenden Staates oder in das Eigentum Dritter zu überführen. Wenn bei der Enteignung die entzogenen Sachwerte auf Dritte übertragen werden, müssen die Betreffenden zudem in der Lage sein, von den enteigneten Vermögenswerten einen Gebrauch zu machen, der dem öffentlichen Interesse dieses Staates eher entspricht, als dies bei der Nutzung durch die Voreigentümer der Fall war. Dabei dürfen völkerrechtswidrige Ziele durch die Enteignungsmaßnahmen jedoch nicht beabsichtigt werden.

---

164 VN-Res. Nr. 1803 (XVIII), abgedr. in AJIL 57 (1963), S. 710 ff.; Schäfer S. 37; Herdegen, § 17 Rn. 4.

165 Gornig, in: AWR-Bulletin 1991, S. 72 (80); Dahm, S. 513 f.; ähnlich zu verstehen ist auch Schütz, S. 99.

166 Gornig, in: Forum für Kultur und Politik 1996, S. 3 (19).

167 Gornig, Das rechtliche Schicksal, S. 39.

(b) Diskriminierungsverbot

Das Verbot einer diskriminierenden Enteignung ist ein Prinzip des Völkergewohnheitsrechts[168]. Unter einer diskriminierenden Behandlung wird eine Ungleichbehandlung verstanden, die sachlich nicht begründbar ist[169]. Diese Ungleichbehandlung ist in doppelter Hinsicht denkbar: einerseits im Verhältnis zwischen zwei Staatsangehörigkeiten, andererseits zwischen Fremden und eigenen Staatsangehörigen. Freilich sind beide Formen der Diskriminierung unzulässig[170].

Es ist allerdings anzumerken, daß das Diskriminierungsverbot in der Völkerrechtspraxis nicht konsequent angewendet wird[171]. So werden in der Praxis seit jeher die Angehörigen mancher Nationen besser, die Angehörigen anderer Nationen schlechter gestellt[172]. Darüber hinaus wird das Gebot der Gleichbehandlung von Inländern und Ausländern mißachtet, wenn Staaten als Antwort auf die Übermacht ausländischen Kapitals einseitig fremde Staatsangehörige enteignen[173]. Aus diesem Grund könnte auch das Erfordernis des Diskriminierungsverbotes abgelehnt werden.

Andererseits wird man aufgrund des globalen Ordnungsanspruches des Völkerrechts im Ergebnis aber wohl am Merkmal des Diskriminierungsverbots festhalten müssen[174]. Einseitige Enteignungen von Mitgliedern einer bestimmten Volksgruppe sind danach nicht zulässig[175]. Die Nichtbeachtung des Diskriminierungsverbots hat die Rechtswidrigkeit der enteignenden Maßnahme zur Folge[176]. In diesem Kontext generell zu verorten ist auch, daß der überkommene völkerrechtliche Eigentumsschutz einer Zeit entstammt, in der wohl individuelle, nicht jedoch kollektive Enteignungen durchgeführt wurden[177]. Die kollektive Enteignung erscheint somit bereits per se diskriminierend.

---

168 Schäfer, S. 37; Herdegen, § 17 Rn. 4; Mouri, S. 329.

169 Polter, S. 43.

170 Schäfer, S. 37.

171 Nach vormals östlicher Auffassung wurde es sogar geleugnet, Wehser, in: JZ 1974, S. 117 (120).

172 Gornig, in: AWR-Bulletin 1991, S.72 (81).

173 Vgl. auch: Gornig, in: AWR-Bulletin 1991, S. 72 (81) m.w.N.; Polter, S. 44.

174 Zu diesem Ergebnis kommt auch Banz, S. 154.

175 Ähnlich Müller, S. 319.

176 Wehser, in: JZ 1974, S. 117 (199).

177 Wehser, in: JZ 1974, S. 117 (120).

(c) Due process of law

Es könnte als zusätzliche Voraussetzung ein *due process of* law gefordert werden. Die Enteignung müßte dann konform mit den nationalen Enteignungsvorschriften erfolgen. Zudem müßte dem Adressaten der Enteignung die Möglichkeit des rechtlichen Gehörs während eines „ordentlichen Verfahrens" vor Gericht eingeräumt werden[178]. Obzwar in einigen Abkommen diese Möglichkeit eröffnet wird, ist der *due process of law* dennoch nicht als konstitutive Rechtmäßigkeitsvoraussetzung des allgemeinen Völkerrechts zu sehen. Weder sind in Fällen eines ausbleibenden *due process of law* Zweifel an der Rechtmäßigkeit der Enteignung formuliert worden, noch wird von den Vertretern der Lehre des internationalen Mindeststandards dies als notwendige Voraussetzung einer Enteignung angesehen[179]. Notwendige Voraussetzung für die Rechtmäßigkeit einer Enteignung ist er damit nicht.

(d) Entschädigung

(aa) Entschädigung als Voraussetzung rechtmäßiger Enteignung

Bei der Entschädigung handelt es sich um eine besonders schwierige und umstrittene Problematik[180]. Im Vordergrund steht zunächst die Frage, ob Alteigentümer sich noch auf ihre ursprünglichen Eigentumspositionen berufen können oder ob an deren Stelle ipso facto Ansprüche auf Entschädigung getreten sind. Allerdings ist auch der Frage, ob die betroffenen Rechtsordnungen auch entschädigungslose Enteignungen anerkennen und welche Folgen dies für die Alteigentümer hat, nachzugehen.

Grundsätzlich ist im Völkerrecht der rechtsbrechende Staat zur Wiedergutmachung verpflichtet. In diesem Falle muß die Höhe der Entschädigung möglicherweise anhand der dem Völkergewohnheitsrecht zugehörigen Hull-Formel ermittelt werden[181], deren Aktualität aber zu hinterfragen ist[182]. In der Völkerrechtswissenschaft ist unbestritten, daß für eine rechtmäßige Enteignung die Zahlung einer Entschädigung unabdingbar ist[183]. Dies ist ein allgemeiner Rechtsgrundsatz, der sich im 19. Jahrhundert zunächst auf innerstaatlicher Ebe-

178 So das LG Hamburg, in: RabelsZ 37 (1973), S. 582.
179 Schäfer, S. 39.
180 Dolzer, S. 141.
181 Dazu Banz, S. 155.
182 Vgl. Dolzer, S. 282.
183 Berber, Bd. I, S. 396; Krülle, S. 83; Ammann, S. 59.

ne etabliert hat[184]. Daneben ist die Entschädigung auch im Völkervertragsrecht zu finden. So schließt der Eigentumsschutz nach Art. 1 des Ersten Zusatzprotokolls zur EMRK grundsätzlich einen Anspruch auf Entschädigung bei Enteignung ein. Zwar bezieht der Europäische Gerichtshof für Menschenrechte den Verweis auf die allgemeinen Grundsätze des Völkerrechts in Art. 1 Abs.1 der Norm lediglich auf die Enteignung von Ausländern. Bei der Enteignung eigener Staatsangehöriger leitet der Gerichtshof indes einen Anspruch auf Entschädigung aus dem Prinzip der Verhältnismäßigkeit sowie auch daraus ab, daß eine entschädigungslose Enteignung in der Regel ein unzumutbares Sonderopfer darstellt[185].

(bb) Höhe der Entschädigung

Nicht unproblematisch ist dagegen die Höhe der Entschädigung[186]. Die Wortwahl hierzu zeigt Unterschiede. So wird, abgesehen von „angemessen“[187] (adequate oder appropriate) und „gerecht“ (just), teilweise die Beschreibung „billig“, „gleichwertig“ oder „voll“ (due, fair, equal, full) benutzt[188]. Nach herkömmlicher Rechtsauffassung ist bei rechtmäßigen Enteignungen nur der derzeitige Wert des Eigentums (*damnum emergens*) zu ersetzen. Hingegen muß bei rechtswidrigen Eingriffen darüber hinaus auch für die entgangenen und zu erwartenden Gewinne (*lucrum cessans*) Ersatz geleistet werden[189]. Problematisch könnte sein, ob der Marktwert des Eigentums sich am Zeitpunkt der Enteignung oder am Zeitpunkt der Entschädigung zu orientieren hat.

(cc) Hull-Formel

Die Hull-Formel geht zurück auf den ehemaligen Außenminister der Vereinigten Staaten, Cordell Hull, der sie in einem scharfen Notenwechsel zwischen Mexiko und den USA verwandte, welcher der Enteignung von US-amerikanischen Ländereien und Ölrechten durch Mexiko im Jahre 1938 folgte[190]. Hier

---

184 Vgl. Gornig, in: AWR-Bulletin 1991, S. 72 (81).

185 EGMR, Fall Lithgow, Serie A, Bd. 102 (1986), §§ 112 ff.

186 Vgl. Abs/Berg, S. 34, wonach das Völkerrecht zur Höhe der zu leistenden Entschädigung schweigt.

187 So die deklaratorisch die gewohnheitsrechtliche Regel wiedergebende Resolution 1803 (XVII) der GV der VN v. 14.12.1962, vgl. dazu Schütz, S. 102.

188 Dazu Ammann, S. 58 f.

189 Bergmann, S. 36.

190 Gloria, in: Ipsen, § 47 Rn. 18.

nach muß die Entschädigung sofort (prompt), adäquat (adequate) und effektiv (effective) sein[191]. Die Hull-Formel entspricht im wesentlichen der westlichen Auffassung vom völkerrechtlichen Mindeststandard[192].

(aaa) Sofort

Die Entschädigung muß nach der Hull-Formel prompt erfolgen[193]. Unter „sofort" wird eine Entschädigung verstanden, die stante pede mit der Enteignung ausgezahlt wird oder allenfalls später ohne großen zeitlichen Verzug. Dabei soll auch Ratenzahlung zulässig sein[194].

(bbb) Adäquat

Sofern die Entschädigung den vollen Wert oder aber den Marktwert des Eigentums repräsentiert, ist sie adäquat[195]. Der Begriff „adequate" ist gleichzusetzen mit „full" und bedeutet mithin die Zahlung einer vollen Entschädigung. Dies entspricht auch der früheren Rechtsprechung des Ständigen Schiedsgerichtshofs und des Ständigen Internationalen Gerichtshofs im Chorzow-Fall[196].

(ccc) Effektiv

Die Entschädigung ist dann effektiv, wenn sie einen echten finanziellen Ausgleich gewähren kann. Dies ist der Fall, wenn sie frei transferierbar ist und in konvertierbarer Währung oder zumindest in börsenfähigen Wertpapieren ausgezahlt wird[197].

(ddd) Geltendmachung

Nach der Hull-Formel kommt bei der völkerrechtswidrigen Enteignung der Entschädigungsanspruch nicht der geschädigten natürlichen Person selbst zu. Vielmehr ist Anspruchsinhaber der Heimatstaat selbst, der sich durch die ent-

---

191 Herdegen, § 17 Rn. 7, ähnlich Seidl-Hohenveldern, in: Neuhold/Hummer/Schreuer, Rn. 1025; Müller, S. 351.

192 Banz, S. 155; Schütz, S. 104.

193 Nach Banz, S. 156, kann die Entschädigung sogar vorher geleistet werden.

194 Vgl. Schütz, S. 104.

195 Vgl. Gornig, in: AWR-Bulletin 1991, S. 72 (81) m.w.N.

196 StIGH v. 13.09.1928, Series A 17/S. 47.

197 Schütz, S. 104 m.w.N.

eignende Maßnahme selbst verletzt sieht[198]. Er kann den Anspruch allerdings nur dann geltend machen, wenn die enteignete Privatperson sowohl zum Zeitpunkt der Maßnahme, als auch zum Zeitpunkt der Geltendmachung seine Staatsangehörigkeit besitzt[199].

(dd) Kritik

Gegenüber dieser vor allem von den USA vertretenen Auffassung findet dieser Entschädigungsstandard möglicherweise keine ausreichende Stütze in der Staatenpraxis und Völkerrechtsliteratur[200]. Fraglich ist, ob auch die Staatenpraxis nach dem Zweiten Weltkrieg zu berücksichtigen ist, wonach die Staaten Osteuropas mit den Heimatstaaten der ehemaligen ausländischen Eigentümer Globalentschädigungsabkommen (sog. *„lump sum agreements“*) abgeschlossen haben. Wenn es sich nun um allgemeine Staatenpraxis handelt, so wäre die klassische Formel des völkerrechtlichen Enteignungsrechts zu modifizieren. Insbesondere wäre der Grundsatz der prompten Zahlung vor oder zur Zeit der Enteignung dann wohl kaum geltendes Völkergewohnheitsrecht. Allerdings ist mit der Dismembration der ehemaligen Sowjetunion auch ein Wegfall von deren Völkerrechtsauffassung anzunehmen, so daß weiter von der Geltung der Hull-Formel auszugehen ist.

dd) Rechtsfolgen

Die Rechtsfolge einer Enteignung knüpft daran an, ob der Eingriff rechtmäßig oder rechtswidrig war.

Bei rechtmäßigen Enteignungen folgt eine Verpflichtung zur Entschädigung aus der Lehre der ungerechtfertigten Bereicherung oder anderen Prinzipien des Völkerrechts[201]. Denn auch wenn der enteignende Staat kein Unrecht begangen hat, so erfordert der Interessenausgleich zwischen ihm und dem Fremden jedenfalls die Zahlung einer Entschädigung. Im Fall der rechtswidrigen Enteignung wird die Entschädigung an den Rechtsgrund der Wiedergutmachung geknüpft[202].

---

198 So auch Gornig, in: AWR-Bulletin 1991, S. 81.
199 Vgl. Gornig, in: AWR-Bulletin 1991, S. 73 (82).
200 Verdross/Simma, § 1222.
201 Bergmann, S. 36.
202 Bergmann, S. 36 f.

Sofern eine Entschädigung unterbleibt, handelt es sich ohnehin nicht mehr um eine rechtmäßige Enteignung[203].

(1) Wirkungen bei Völkerrechtswidrigkeit

Bei völkerrechtswidrigen staatlichen Akten besteht die völkerrechtliche Verpflichtung des Rechtsverletzers, alle schädigenden Folgen aus der Welt zu schaffen und Wiedergutmachung zu leisten[204]. Dieser Grundsatz trifft auch auf rechtswidrige Enteignungen zu[205]. Dabei wird zunächst eine Naturalrestitution, *restitutio in integrum*, erstrebt[206]. Der schädigende Staat hat den Zustand wiederherzustellen, welcher ohne das schädigende Ereignis bestehen würde. Nur wenn dies faktisch nicht möglich ist, ist der Staat zum Leisten eines Schadenersatzes in Geld verpflichtet.

Problematisch ist aber die Beurteilung der Enteignung hinsichtlich der mittelbar exterritorialen Wirkung des Hoheitsaktes. Zur Diskussion steht, inwieweit die in einem Hoheitsgebiet gesetzten staatlichen Akte für die Völkerrechtsgemeinschaft auch dann maßgeblich sind, wenn sie Völkerrechtsverstöße beinhalten[207]. Zu hinterfragen ist, ob andere Staaten, im Falle einer völkerrechtswidrigen Enteignung, gehalten sind, diese Akte als rechtswirksam hinzunehmen und anzuerkennen[208]. Es stellt sich also gleichsam die Frage nach einer „extraterritorialen Anerkennung einer intraterritorial durchgeführten Enteignung“[209].

Folgt man dem Ansatz der im angloamerikanischen Rechtskreis entwickelten *Act-of-State*-Doktrin, so können rechtswidrige Enteignungen anerkannt werden. Hiernach sind – aufgrund des Respekts vor fremder Souveränität – eigene Gerichte nicht berechtigt, Hoheitsakte anderer Staaten, die innerhalb deren Staatsgebiet vorgenommen wurden, zu prüfen[210]. Indes wurde die Theorie aufgrund einer Entscheidung des US-Bundesberufungsgerichts 1962[211] sowie eines dar-

---

203 Gornig, in: Forum für Kultur und Politik 1996, S. 3 (23).
204 Vgl. dazu Dahm, in: FS für Kraus, S. 67 (68).
205 Schäfer, S. 40 m.w.N.
206 Krülle, S. 84; Bergmann, S. 36; ferner: Gornig, in: Blumenwitz/Gornig, Rechtliche und politische Minderheiten, S. 22 (31), der die Bedeutung der Naturalrestitution als allgemeinen Rechtsgrundsatz i.S.v. Art. 38 Abs. 1 lit. c. des IGH-Statuts hervorhebt.
207 Mann, in: NJW 1971, S. 705 (707).
208 Dies entspricht der Variante A. II. 4.
209 Dahm, in: FS für Kraus, S. 67 (69).
210 Gloria, in: Ipsen, § 47 Rn. 31.
211 Fall Banco National de Cuba v. Sabbatino, in: AJIL 56 (1962), S. 1085.

aufhin erlassenen Gesetzes verworfen[212]. Nach nahezu einhelliger Ansicht ist sie kein Prinzip des Völkerrechts[213]. Mit den Grundsätzen der Staatengleichheit und Souveränität ist daher eine Pflicht zur Anerkennung ausländischer Konfiskationen nicht vereinbar. Andernfalls würde sich die Völkerrechtsgemeinschaft eines Mittels zur Durchsetzung des Rechts begeben[214].

(2) Rechtsverweigerung durch den Belegenheitsstaat

Bewegliche Sachen haben ihre Lage dort, wo sie sich befinden. Der Begriff „Belegenheit" wird zur Lokalisierung einzelner Vermögenswerte herangezogen. Im internationalen Privatrecht dient der Begriff als Anknüpfungsmoment[215]. Dabei ist Belegenheit das physische Vorhandensein eines körperlichen Gegenstandes an einem bestimmten Ort.

Der Ausschluß des Rechtswegs stellt ein völkerrechtliches Delikt dar. Es handelt sich um eine Rechtsverweigerung („déni de justice", „denial of justice"), deren Verbot zum Mindeststandard des völkerrechtlichen Fremdenrechts gehört. Dies ist auch dann der Fall, wenn die Gerichte des Staates nicht unabhängig im rechtsstaatlichen Sinne sind, da das Organverhalten dem Staat zugerechnet wird[216]. Der Ausschluß des Rechtswegs kann auch in ungebührlicher Verzögerung des Verfahrens oder willkürlicher Verletzung des innerstaatlichen Rechts liegen. Bei Rechtsverweigerung kann der betroffene Ausländer durch Inanspruchnahme der diplomatischen Schutzpflicht seines Heimatstaates den Enteignungsstaat völkerrechtlich verantwortlich machen. Ferner wird die Bestimmung einer angemessenen Entschädigung auch in der „Charta der wirtschaftlichen Rechte und Pflichten", gemäß Art. 2 Abs. 2 c, nicht der Überprüfung durch die Gerichte des enteignenden Staates entzogen.

Gute Gründe sprechen dafür, daß das Verbot der Rechtsverweigerung über den fremdenrechtlichen Aspekt hinaus noch einen menschenrechtlichen Kern hat. Regionale und internationale Menschenrechtskonventionen schreiben nämlich ausdrücklich den Rechtsweg vor.

---

212 Vgl. dazu Vannod, S. 13 f.; Dahm, in: FS für Kraus, S. 67 (75).

213 Vgl. dazu Dahm/Delbrück/Wolfrum, S. 488; Seidl-Hohenveldern, Völkerrecht, Rn. 1489; Krülle, S. 85.

214 Dahm/Delbrück/Wolfrum, S. 482 ff.

215 Pammel, S. 5.

216 Vgl. Französisch-italienisches Vergleichsabkommen v. 07.12.1955, RIAA XIII, S. 438, Verdross/Simma, § 1272.

(3) Zwischenergebnis

Ein absoluter Schutz vor Eingriffen in das Eigentum einzelner ist aus den Völkerrechtsquellen nicht abzuleiten. Jedoch verstoßen Enteignungen ohne Entschädigung, also Konfiskationen, unbestritten gegen geltendes Völkerrecht.

ee) Ins Ausland verbrachte enteignete Sachen

(1) Anerkennung einer ausländischen Enteignung

Es erhebt sich die Frage, ob die völkerrechtswidrige Enteignung, territorial vorgenommen, auf fremdem Staatsgebiet fortwirkt und also auch extraterritorial Bestand hat. Grundsätzlich werden, entsprechend den vorstehenden Ausführungen, Enteignungen eigener und fremder Staatsangehöriger von fremden Staaten anerkannt, wenn sich die enteigneten Gegenstände auf dem Territorium des enteignenden Staates befinden. Dies entspricht dem positiven Territorialitätsprinzip[217], welches auf dem Grundsatz der Souveränität der Staaten beruht und das Recht desjenigen Staates anwendet, in dessen Staatsgebiet die Sache belegen ist[218]. Sofern die betroffene Sache nach erfolgter Enteignung außer Landes verbracht wird, wird diese Enteignung anerkannt[219]. Dies ist nur konsequent, denn würde ein Staat sich die Nichtanerkennung gleichsam für den Fall der Verbringung der Sache ins Ausland vorbehalten, würde dieses Verhalten der intendierten Rechtssicherheit widersprechen.

Wenn die Enteignung freilich gegen Völkerrecht verstößt, gelten Besonderheiten. Denkbar wäre es dann, auf die *Act-of-State*-Doktrin zu rekurrieren, wonach Hoheitsakte auf eigenem Staatsgebiet nicht von einem anderen Souverän in Frage gestellt werden dürfen[220]. Der U.S.-Supreme Court kam nämlich zu der Feststellung, daß jeder souveräne Staat die Unabhängigkeit jedes anderen souveränen Staates zu respektieren habe[221]. Die Gerichte eines Staates könnten die auf dem Territorium eines anderen vollzogenen Hoheitsakte des anderen Staates auch nicht rechtlich beurteilen[222]. Danach würde eine Sache, auch wenn sie nach

---

217 Herdegen, § 17 Rn. 12; Mahr, S. 78; OLG Frankfurt a.M., Urt. v. 29.06.1967, IZRspr. 1966-1967 Nr. 3 = DB 1967, 1366; Seidl-Hohenveldern, in: Neuhold/Hummer/Schreuer, Rn. 1037.

218 Seidl-Hohenveldern, Internationales Enteignungsrecht, S. 31; Korte, S. 59.

219 Blumenwitz, in: Blumenwitz, Flucht und Vertreibung, S. 185 (198).

220 Seidl-Hohenveldern, International Economic Law, S. 140 ff.

221 Korte, S. 47.

222 Vgl. Polter, S. 77; Korte, S. 24.

der – rechtswidrigen – Enteignung in den eigenen Herrschaftsbereich gerät, weiter als enteignet gelten. Das durch den enteignenden Staat zum Nachteil des bisherigen Eigentümers festgestellte Eigentumsrecht setzt sich nach dieser Ansicht auch extraterritorial durch[223]. Zweifelhaft ist aber die völkerrechtliche Durchsetzungskraft der *Act-of-State*-Theorie. Eine echte Staatenpraxis, welche die Theorie stützen würde, ist nicht zu erkennen[224]. Vielmehr hat die deutsche Rechtsprechung ihre Anwendung abgelehnt[225].

Nach dem, vornehmlich durch die Staatenpraxis begründeten, Völkerrecht, ist es grundsätzlich in das Ermessen der Staaten gestellt, ob eine solche völkerrechtswidrige Enteignung anerkannt wird oder nicht[226]. Im Falle des Verstoßes gegen zwingendes Völkerrecht ist allerdings auch die Nichtanerkennung des rechtswidrigen Aktes zwingend. Nur im Falle der Nichtanerkennung der Enteignung hat der Alteigentümer die Möglichkeit, die Sache herauszuverlangen; und zwar auch dann, wenn die Sache in einen anderen Jurisdiktionsbereich gelangt ist[227]. Diese Nichtanerkennung extraterritorialer Wirkung fremder Enteignungsmaßnahmen ist die gleichsam negative Ausformung des Territorialitätsprinzips[228].

(2) Einschränkung des Territorialitätsprinzips durch den ordre public

Es ist zu überlegen, wie sich eine mögliche völkerrechtswidrige Konfiskation zum Territorialitätsprinzip verhält. Dabei ist streitig, ob auch völkerrechtswidrige Enteignungen vom Territorialitätsprinzip umfaßt werden[229].

Bedenkt man, daß das Territorialitätsprinzip eine tatsächliche Lage unterstützt, so könnte man einwenden, daß die Territorialhoheit dort ihre Grenzen hat, wo ein Hoheitsakt das Völkerrecht verletzt. Daraus folgte dann die Nichtigkeit und die Nichtanerkennung von Enteignungsmaßnahmen[230]. Andererseits ist zu berücksichtigen, daß das Territorialitätsprinzip der Souveränität der Staaten Rechnung trägt. Das Völkerrecht überläßt es den Staaten selbst, Völkerrechtsverstöße

---

223 Doehring, Völkerrecht, S. 43.
224 Geimer, Rn. 466.
225 LG Hamburg, im „Chile-Kupfer-Fall", zit. bei Korte, S. 48.
226 Herdegen, § 17 Rn. 13; Doehring, Völkerrecht, S. 43.
227 Seidl-Hohenveldern, Internationales Enteignungsrecht, S. 12 ff.
228 Mahr, S. 78; Korte, S. 57; zurückhaltender, aber mit gleichem Ergebnis: Kegel/Seidl-Hohenveldern, in: FS für Ferid, S. 234 (242).
229 Mahr, S. 80.
230 Raape/Sturm, S. 201; mit vorsichtiger Hinwendung zur streng monistischen Theorie auch Schütz, S. 120.

zu ahnden. Nach dieser Auffassung gilt als Einschränkung der Anerkennung von Enteignungen lediglich der nationale *ordre public*[231]. Auch unter Beachtung des koordinationsrechtlichen Charakters des geltenden Völkerrechts erscheint es gegenwärtig näherliegend, letzterer Auffassung zu folgen.

Nach dieser Auffassung gilt das Territorialitätsprinzip somit nicht absolut[232]. Die für den Eigentümer nachteiligen Folgen des Territorialitätsprinzips können dann möglicherweise durch Rückgriff auf den *ordre public*[233] verhindert werden. Für den Fall der Bundesrepublik Deutschland überprüfen deutsche Gerichte Enteignungsmaßnahmen anderer Staaten hinsichtlich ihrer Völkerrechtsmäßigkeit nur dann, wenn ein hinreichender personeller oder sachlicher Bezug der Enteignung zu Deutschland besteht. Eine solche „Inlands- und Gegenwartsbeziehung“[234] ist beispielsweise bei der Enteignung eines Deutschen im Ausland gegeben. In diesem Fall greift die Prüfung des ausländischen Enteignungsaktes am Maßstab des deutschen *ordre public* gemäß Art. 6 EGBGB ein[235]. Dieser bezieht sich auf die tragenden Grundsätze der deutschen Rechtsordnung. Er wird essentiell durch die Verweisung auf die allgemeinen Regeln des Völkerrechts in Art. 25 GG geprägt. Beim Vorliegen einer ausreichenden Inlandsbeziehung erkennen also deutsche Behörden und Gerichte eine gegen das Völkerrecht verstoßende Enteignung nicht zwingend an[236]. Enthält eine nationale Verfassung, hier die deutsche, das Verbot der entschädigungslosen Enteignung, kann einer solchen, auch wenn von einem fremden Staat vorgenommen, die Wirkung im eigenen Staat versagt werden. Wird dagegen in dem fremden Staat gegen Entschädigung enteignet, so kann die Berufung auf den *ordre public* dennoch statthaft sein, wenn die Entschädigung wegen ihrer Geringfügigkeit den Wert der enteigneten Sache erheblich unterschreitet. Hinsichtlich des in Deutschland nach Art. 14 GG sowie des über Art. 25 GG zu beachtenden Völkergewohnheitsrechts gilt, daß nach dem deutschen *ordre public* eine Enteignung ohne oder mit nur inadäquater Entschädigung nicht anerkannt werden muß[237]. Freilich ist festzuhalten, daß die Beachtung des eigenen *ordre public* vom Völkerrecht nicht

---

231 Soergel-Kegel, Art. 6 EGBGB Rn. 812; Mahr, S. 80; OLG Frankfurt, Urt. v. 29.06.1967 = DB 1967, 1366.

232 Vgl. nur: Mahr, S. 79.

233 Dazu bereits Savigny, S. 32, 36.

234 BVerfG, in: DVBl. 1992, S. 1285 (1286).

235 Herdegen, § 17 Rn. 14.

236 Doehring, Völkerrecht, S. 43; Herdegen, § 17 Rn. 14.

237 Korte, S. 22.

gefordert wird. Der Staat kann somit auch auf seine Berufung verzichten und eine fremde, entschädigungslose Enteignung gelten lassen[238].

(3) Vollzug der Anerkennung der ausländischen Enteignung

Jede Anerkennung ausländischer Hoheitsakte indiziert den Respekt vor der ausländischen Staatsgewalt[239]. Insoweit entspricht die Anerkennung des konkreten Rechtsaktes einer gewissen „Nachahmung". Der Wesensgehalt der Anerkennung ist freilich die Übertragung der fremden Rechtswirkungen in den eigenen Hoheitsbereich hinein[240]. Insoweit wird der ausländische Hoheitsakt nicht nur beachtet, vielmehr werden seine Wirkungen angenommen. Hinsichtlich der rechtsgestaltenden Wirkungen wird er also einem inländischen Rechtsakt gleichgestellt.

Dogmatisch sind zwei Optionen einer Einordnung der Anerkennung denkbar. Im Regelfall gelangen ausländische Rechtsakte im inländischen Recht ausschließlich per Verweisung zur Anwendung im innerstaatlichen Rechtskreis. Von dieser Warte aus stellt die Anerkennung eine Verweisungsnorm, also eine Kollisionsnorm, dar[241] und ist somit als international privatrechtliches Institut einzuordnen. Freilich ist das Institut der Anerkennung auch mit einer öffentlich-rechtlichen Komponente behaftet. Insofern könnte die Anerkennung auch als etwas gleichsam „Selbständiges" angesehen werden. Nicht nur für die vorliegende Untersuchung stellt dies aber ein nachrangiges Problem dar, auch wenn letzterer Ansatz möglicherweise der Herausbildung eines Kataloges von Anerkennungsvoraussetzungen besser entspricht. In der Sache ergeben sich indes keine Unterscheidungen[242], da eine erfolgreiche Anerkennung ausländische Rechtsakte zur Anwendung bringt, entweder als Kollisionsnorm oder gleichsam durch sich selbst. Damit werden „dem fremdem Akt im Inland die Konsequenzen beigemessen, die ihm das Ausland zugedacht hatte"[243].

---

238 Doehring, Völkerrecht, S. 43.

239 Dahm, in: FS für Nikisch, S. 153, 175; Korte, S. 22.

240 Geimer, Rn. 2191; Korte, S. 23.

241 Korte, S. 23.

242 Korte, S. 24.

243 Polter, S. 76.

3. *Zusammenfassung zur Völkerrechtswidrigkeit von Konfiskationen*

Konfiskationen sind Enteignungen ohne Entschädigung[244]. Diese stehen im Mittelpunkt der unten zu untersuchenden konkreten Fälle. Schon seit Beginn des 20. Jahrhunderts gilt die Konfiskation als nicht vereinbar mit dem Völkergewohnheitsrecht[245]. Auch ist das Konfiskationsverbot in Art. 17 Nr. 2 der AEMR der VN-Generalversammlung vom 10. Dezember 1948 aufgenommen worden.

Im übrigen ergibt sich schon aus den völkervertraglichen sowie völkergewohnheitsrechtlichen Anforderungen an eine rechtmäßige Enteignung, daß Konfiskationen – denen es begriffsimmanent an der Entschädigung fehlt – grundsätzlich gegen das Völkerrecht verstoßen. Dies gilt umso mehr in den Fällen, in denen die Konfiskationen gruppenbezogen und damit menschenrechtlich diskriminierend vorgenommen werden[246]. Die Konfiskation allein, ohne Verbindung mit Vertreibungshandlungen, stellt zwar einen Völkerrechtsverstoß dar, um eine Verletzung von *ius cogens* handelt es sich in diesem Fall allerdings nicht[247]. Der Rang völkerrechtlichen Unrechts ändert sich dann, wenn die Konfiskation letztlich als Element der Vertreibung zur umfassenden Rechtlosstellung der betroffenen Bevölkerung beiträgt.

Für die vorliegende Untersuchung von Bedeutung ist insbesondere das Verhältnis von Vertreibung zur kollektiven entschädigungslosen Enteignung. Die Verfolgungen und Ächtungen im Zuge von Konfiskationen stellen oftmals Menschenrechtsverletzungen dar[248]. Zweck solcher diskriminierenden Handlungen ist nicht selten die Vertreibung der betroffenen Gruppe[249]. Insofern sind Konfiskationen, welche Menschen gerade wegen ihrer Zugehörigkeit zu einer bestimmten Gruppe betreffen, ebenso wie entsprechende Vertreibungen nicht sach-, sondern vielmehr gruppenbezogen. Sie stellen eine menschenrechtswidrige Diskriminierung der Bevölkerung ob ihrer nationalen Herkunft dar[250]. Sofern also die Enteignungen nicht lediglich der Eigentumsbeschaffung, sondern der

---

244 von Laffert, S. 199; Herdegen, § 17 Rn. 1.

245 Verdross/Simma, § 1216; StIGH, A 7, 22; von Laffert, S. 202; ebenso Abs/Berg, S. 32 m.w.N.; Gornig, Das rechtliche Schicksal, S. 36.

246 Gornig, Das rechtliche Schicksal, S. 38.

247 Blumenwitz, in: Forum für Kultur und Politik 1996, S. 45 (63).

248 Vgl. BVerfGE 1, S. 977 (1004).

249 Gornig, in: AWR-Bulletin 2000, S. 19 (24).

250 Gornig, in: AWR-Bulletin 2000, S. 19 (24).

Diskriminierung und Vertreibung dienen, ist die Menschenrechtswidrigkeit dieser Handlungen anzunehmen[251].

III. Minderheiten, Volksgruppen und ihre Angehörigen

Der Bedeutungsinhalt der Begriffe „Volksgruppe“ und „Minderheit“ erschwert bei Sachverhalten mit grenzüberschreitendem Element eine einheitliche Beurteilung[252]. Fest steht nur: „As to what constitutes a minority, there seems only to be general agreement that there is no generally agreed definition“[253]. Selbst eine einheitliche Definition innerhalb des deutschen Sprachraums fällt schwer[254]. So hat es vielfache Bemühungen zur Lösung des Definitionsproblems gegeben, da bereits aus der Bestimmung der Begriffe auch bestimmte Rechte für die Gruppe folgen[255]. Einerseits könnte sich eine Volksgruppe aus solchen Individuen zusammensetzen, die einheitliche objektive Merkmale aufweisen. Andererseits fragt es sich, ob auch oder gar ausschließlich subjektive Merkmale für die Zugehörigkeit zu einer Volksgruppe entscheidend sein können. Dann müßte man Teil der Volksgruppe sein wollen und somit schon qua dieses voluntativen Moments tatsächlich deren Teil werden. In diesem Kontext muß eine weitere Unterscheidung herausgearbeitet werden: Können die Begriffe Volksgruppe und Minderheit synonym verwendet werden[256]?

1. Allgemeine Aussagen

Bei dem Prozeß der Kodifikation des VN-Menschenrechtspaktes wurde vorgebracht, daß der Begriff der Minderheit an sich schon herabsetzend und gleichbedeutend mit Unterdrückung sei[257]. Insoweit ist es schon als Erfolg zu sehen, daß überhaupt ein Minderheitenartikel in den Pakt aufgenommen wurde. Indes ver-

---

251 Gornig, in: Neue Justiz 1992, S. 8; vgl. in jüngerer Zeit die Vertreibungs- und Enteignungsmaßnahmen gegenüber den Kosovo-Albaner durch den jugoslawischen Staat.

252 Kimminich, Rechtsprobleme, S. 109; Gornig, in: IFLA 2000, S. 61 (63); Duchrow, S. 13.

253 Thornberry, S. 165.

254 So könnte man meinen, daß die fehlende Definition der Furcht der Staaten vor Souveränitätseinschränkungen gegenüber den Forderungen einer klar umrissenen Gruppe geschuldet sei.

255 Stopp, S. 13; Kimminich, Rechtsprobleme, S. 38.

256 So sieht es laut Streinz, in: Blumenwitz/Gornig, Der Schutz, S. 11 (16), die internationale Praxis; Yiallourides, S. 26.

257 Kimminich, in: Ermacora/Tretter/Pelzl, S. 199.

wundert es nicht, daß auch der Pakt keine Legaldefinition der Minderheit enthält. Dennoch haben sich mittlerweile bestimmte gemeinsame Merkmale zu ihrer Bestimmung herausgebildet[258].

2. *Minderheit*

Die Wurzeln des Minderheitenproblems im Europa der Neuzeit reichen bis ins 16. Jahrhundert zurück. Dabei standen, bis zur Verdrängung der Religion in die private Sphäre, religiöse Unterschiede im Vordergrund[259]. Die gedankliche Grundlage des modernen Minderheitenschutzes findet sich in der, auch durch das Grundgesetz verbürgten, Würde des Menschen[260]. Die Furcht vieler Staaten vor Souveränitätseinschränkungen und Sezessionsforderungen begründet das Zögern der Staatengemeinschaft, definitive und einklagbare Verpflichtungen gegenüber klar umrissenen Minderheiten zu übernehmen. Insoweit sind die Ergebnisse der Kodifizierung des IPbpR von besonderer Bedeutung[261].

Die angeführten Begriffsmerkmale entspringen dem Stand der Diskussion um den Geltungsbereich des Art. 27 des IPbpR[262] sowie dem in der Völkerrechtswissenschaft[263].

a) *Objektive Differenzierungsmerkmale*

Die Angehörigen einer Minderheit haben spezifische Gemeinsamkeiten, welche sie von der Mehrheit unterscheiden. Diese können ethnisch, national, sprachlich, kulturell oder religiös geprägt sein[264]. Allerdings sind diese Kriterien nicht unproblematisch, da weder alle Lebensbereiche erfaßt sein müssen, noch auf völkerrechtlicher Ebene tatsächlich alle denkbaren Unterscheidungskriterien in Betracht kommen[265]. Dies zeigt die Praxis des VN-Menschenrechtsausschus-

---

258 Heintze, S. 125.

259 Dazu Heintze, S. 121; Simon, S. 80; Kimminich, Rechtsprobleme, S. 38, mit Hinweis auf die ersten Regelungen im Zuge des Augsburger Religionsfriedens von 1555 sowie des Westfälischen Friedens von 1648 und die spätere – schon völkerrechtliche – Regelung in Art. 1 Abs. 2 der Wiener Schlussakte von 1815.

260 Klein, Konzeption, S. 51.

261 Heintze, S. 125.

262 Francesco Capotorti, Study on the Rights of Persons Belonging to Ethnic, Religious and Linguistic Minorities, in: UN-Doc. E/CN.4/Sub.2/384/Rev.1.

263 Stopp, S. 12.

264 Wodarz, S. 176; Stopp, S. 12; Yiallourides, S. 35.

265 Gornig, in: IFLA 2000, S. 61 (62).

ses[266]. Allen Ansätzen gemeinsam ist, daß sich die Gruppe nicht in der Fremde, sondern in der Heimat befindet[267]. Andernfalls käme das völkerrechtliche Fremdenrecht zum Zuge. Im Zuge der vorliegenden Untersuchung kommt eine besondere Bedeutung möglicherweise den ethnischen oder nationalen Merkmalen zu.

aa) Zahlenmäßige Minderheit

Es läßt sich in Übereinstimmung mit der Völkerrechtswissenschaft feststellen, daß eine Minderheit grundsätzlich – entsprechend dem Wortsinn – zahlenmäßig kleiner ist, als der Rest der Bevölkerung des Gebietsstaates[268]. Dabei ist der genaue Umfang der Gruppe nicht festgelegt. Freilich wird zu Recht zu fordern sein, daß es sich um eine „noteworthy number of persons" handelt[269]. Als Vergleichsgruppe dient hierbei nicht etwa eine andere Gruppe innerhalb des Staates, sondern der zahlenmäßige Vergleich mit der gesamten übrigen Bevölkerung, denn auch wenn das Staatsvolk aus mehreren Gruppen besteht, zeigt sich die numerische Unterlegenheit der betreffenden Gruppe erst bei einem Gesamtvergleich[270].

bb) Machtunterlegenheit der Minderheit

Sofern es sich um eine Minderheit handelt, darf diese trotz ihrer numerischen Inferiorität nicht die Macht im Gebietsstaat ausüben. In diesem Falle entfiele nämlich ihre völkerrechtliche Schutzwürdigkeit[271]. Somit bildete beispielsweise die weiße Bevölkerung im südafrikanischen Apartheidstaat – wiewohl zahlenmäßig unterlegen – keine Minderheit[272]. Geprüft werden muß diese Frage freilich für den nachstehend noch zu untersuchenden Fall der weißen Farmer in Simbabwe.

---

266 Vgl. UN-Doc. A/42/40, S. 58 f., sowie UN-Doc. A/44/40, S. 53, hinsichtlich der Bevölkerung des Senegals und des Gebiets Aruba.

267 Blumenwitz, Volksgruppenrecht, S. 27 m.w.N.; vgl. auch Wodarz, S. 176.

268 Bleckmann, § 3 Rn. 988; Thornberry, S. 168 f.; Despeux, S. 61 f.

269 Francesco Capotorti, Study on the rights of Persons Belonging to Ethnic, Religious and Linguistic Minorities, in: UN-Doc. E/CN.4/Sub.2/384/Rev.1, S. 9 f.

270 Vgl. Gornig, in: IFLA 2000, S. 61 (63); ähnlich Sigler, S. 8.

271 Capotorti, „Minorities", in: EPIL III, S. 410 (411).

272 So auch Doehring, Völkerrecht, Rn. 1017; Dugard, S. 4; ebenso Weinberg, S. 54.

cc) Ethnisches Differenzierungsmerkmal

Ein näheres Eingehen auf die anthropologische Untersuchung der „ethnischen" Gruppe soll im Rahmen dieser Arbeit unterbleiben, zumal dieser Begriff sehr umstritten ist und die Gefahr birgt, als Ersatz für den Begriff der „Rasse" zu fungieren[273]. Der Grund dafür liegt darin, daß die ethnischen Gruppen in Abgrenzung zu anderen Gruppen und von außen mit Merkmalen versehen werden, mit denen ihnen selbst eine Identifikation schwerfällt[274].

Eine Minderheit kann durch ethnische Merkmale – für die rechtliche Betrachtung ausreichend – objektiv bestimmbar sein. Dabei ist „ethnisch" im Sinne von „volkseigentümlich" zu verstehen[275]. In Betracht kommen hier zunächst Abstammung und Geschichte sowie Kultur, Rasse oder die Zugehörigkeit zu bestimmten Kasten oder Stämmen[276]. Die ethnische Zusammengehörigkeit der Gruppe hat sich zumeist durch gemeinsame Wanderbewegungen in der Vergangenheit geformt, weshalb die ethnische Minderheit insbesondere historische und kulturelle Bezüge aufweist[277].

Unter das Merkmal der ethnischen Differenzierung ist weiter auch die sprachliche Minderheit zu subsumieren. Diese zeichnet sich dadurch aus, daß sie sich sowohl im privaten, als auch im öffentlichen Umfeld einer Sprache bedient, die nicht von der Bevölkerungsmehrheit gesprochen wird[278].

Eine weitere Subgruppe der ethnischen Minderheit ist die rassische Minderheit, wobei das Merkmal „rassisch" lediglich enger auszulegen ist als „ethnisch", sowie die kulturelle Minderheit, welche als Untergruppe der ethnischen Minderheit durch ein gemeinsames kulturelles Band miteinander verbunden ist[279].

---

273 Vgl. Hall, S. 23; Wallerstein, in: Wallerstein/Barbar, S. 83; Duchrow, S. 40.

274 Vgl. Duchrow, S. 40.

275 Hillgruber/Jestaedt, S. 90; Gornig, in: IFLA 2000, S. 61 (62); das Wort „ethnisch" wird vom griechischen Begriff „ethnos" abgeleitet und bedeutet „Volk".

276 Ermacora, Minderheitenschutz, S. 46; Pritchard, S. 37; Krist, S. 13; ähnlich sieht das auch Duchrow, S. 26 ff., die allerdings „ethnic", „racial" und „national" stärker als eigenständige Differenzierungsmerkmale betont.

277 Steiner, in: Minderheiten- und Volksgruppenrechte, S. 29 (31).

278 Blumenwitz, Minderheiten- und Volksgruppenrecht, S. 29; ähnlich auch Ermacora, in: Minderheiten- und Volksgruppenrechte, S. 46.

279 Gornig, in: IFLA 2000 S. 61 (62); Blumenwitz, Rechtsgutachten, S. 29; ähnlich auch Heintze, S. 135, für den der Begriff „ethnisch" auch kulturelle und historische Elemente beinhaltet; dazu auch Pritchard, S. 41, mit dem Hinweis auf die Konnotation des ursprünglichen griechischen Wortes „ethnos".

Für die vorliegende Untersuchung von Interesse ist die Betrachtung der nationalen Minderheit[280]. Nationale Minderheiten entstanden vor allem im 19. Jahrhundert dort, wo sich das Prinzip – eine Nation ein Staat, ein Staat eine Nation – nicht durchsetzen konnte und verschiedene Nationen, respektive Völker, im Sinne von Abstammungsgemeinschaften innerhalb eines Staates lebten[281]. Zwar wird der Begriff der nationalen Minderheit heute auch als Synonym für die ethnische Minderheit gebraucht[282], ihm kann jedoch auch ein eigener Bedeutungsgehalt zukommen[283]. Die nationale Minderheit besteht aus Angehörigen der Gruppe, welche in einem anderen Staat das Staatsvolk darstellt[284]. Sie ist – sofern sich das Staatsvolk dieses Staates entsprechend den genannten Kriterien von dem Staatsvolk des Aufenthaltsstaates der Minderheit unterscheidet – ebenso als Untergruppe der ethnischen Minderheit anzusehen[285]. Innerhalb ihres Staatsverbandes besitzt die nationale Minderheit eine eigenständige Geschichte und Kultur[286].

dd) Ungeschriebenes Merkmal der Staatsangehörigkeit

Ferner ist fraglich, ob die Angehörigen völkerrechtlich geschützter Minderheiten die Staatsangehörigkeit des betreffenden Staates besitzen[287]. Dieses Kennzeichen könnte heute, obzwar lange darum gerungen wurde, als weithin akzeptiert angesehen werden[288].

Teilweise wird aber auch angenommen, daß eben bei einer grammatischen Auslegung der Wortlaut von Art. 27 IPbpR[289] neben dem Schutz eigener auch den Schutz fremder Staatsangehöriger intendiere[290] und also anders als der engere Wortlaut des Art. 25 IPbpR verstanden werden müßte[291].

---

280 Die nationale Minderheit ist - nach Ansicht Pritchard, S. 38 – mit der ethnischen Minderheit sogar weitgehend kongruent.

281 Dahm, S. 394 ff.; Oxenknecht, S. 112.

282 In diese Richtung wohl Heintze, S. 135 f.

283 Gornig, in: IFLA 2000 S. 61 (63).

284 Klebes, in: EuGRZ, S. 262 (263); Ermacora, S. 46, mit anderer Akzentuierung.

285 So können bspw. Deutsche in Österreich sowie ebenfalls Österreicher in Deutschland keine Minderheit darstellen; vgl. Gornig, in: IFLA 2000, S. 61 (63).

286 Oxenknecht, S. 112.

287 Vgl. Heintze, in: HuV 2000, S. 89 (92).

288 de Zayas, in: Blumenwitz/v. Mangoldt, S. 135 (136).

289 Text in: BGBl. 1973 II, S. 1534 ff.

290 Hailbronner, in: Vitzthum, Rn. 289.

291 Nowak, in: CCPR-Kommentar, Art. 27 Rn. 16.

Dabei ist bei systematischer Betrachtung allerdings für die erste Ansicht die Begründung, mit einem *argumentum e contrario*, darin zu sehen, daß sich der Rechtsschutz für Ausländer aus Völkergewohnheitsrecht und aus speziellen Verträgen ergibt[292]. Zwar kann dieses Merkmal nicht direkt aus Art. 27 des VN-Menschenrechtspaktes gewonnen werden, doch ergibt es sich aus dem Zusammenhang[293]. Auch weitere im Rahmen der Vereinten Nationen vorgeschlagene Definitionsansätze der Minderheit setzen – unbestritten – die Staatsangehörigkeit der Gruppenmitglieder voraus[294]. Die auf das Merkmal der Staatsangehörigkeit verzichtende Definition entspricht zudem nicht dem hergebrachten Verständnis des Begriffs[295] und könnte ferner das völkerrechtliche Fremdenrecht obsolet machen[296]. Die Angehörigen der Minderheit müßten also die Staatsangehörigkeit des Staates besitzen, von dem sie besondere Rechte begehren[297]. Dieses Erfordernis ist hiernach lediglich für den Fall einzuschränken, daß den Angehörigen der Minderheit in völkerrechtswidriger Weise die Staatsangehörigkeit des Aufenthaltsstaates entzogen oder vorenthalten wird[298]. Dies gilt zumindest auf europäischer Ebene und ergibt sich aus den unterschiedlichen europäischen Rechtsinstrumenten wie beispielsweise dem Vorschlag des Europarats für ein Zusatzprotokoll zur EMRK von 1993[299]. Allerdings ist zu bedenken, daß die souveränen Staaten naturgemäß zurückhaltend dabei sind, Gruppen besonderen Schutz zuzugestehen[300].

In der Völkerrechtsliteratur sind allerdings auch Anzeichen für eine Ausdehnung des Schutzes auf solche Gruppen zu finden, die nicht die Staatsangehörigkeit des jeweiligen Territorialstaates haben[301]. Diese systematische Auffassung findet eine Stütze in der Ansicht des IPbpR-Menschenrechtsausschusses, da dieser Art. 27 IPbpR als Menschen- und nicht nur als Bürgerrecht ansieht[302]. Aus

---

292 Vgl. UN-Doc. E/CN.4/Sub.1/1985/31, S. 7 f.

293 Heintze, S. 126.

294 Vgl. Gornig, in: IFLA 2000, S. 61 (64).

295 Nowak, in: CCPR-Kommentar, § 27 Rn. 16.

296 Blumenwitz, Volksgruppenrecht, S. 27; ebenso Gornig, in: IFLA 2000, S. 61 (64).

297 de Zayas, in: Blumenwitz/v. Mangoldt, S. 136; auf europäischer Ebene wird diese Auslegung durch die Empfehlung 1177/1992 des Europarats gestützt.

298 So Gornig, in: IFLA 2000, S. 61 (64).

299 Vgl. Duchrow, mit Hinweis auf die Empfehlung 1201 (1993), abgedruckt in: EuGRZ 93, S. 151 ff.

300 Vgl. Duchrow, S. 49.

301 Thornberry, S. S. 170; Tomuschat, in: FS für Mosler, S. 96; Duchrow, S. 49.

302 General Comment des Menschenrechtsausschusses vom 06.04.1994, UN Doc. CCPR/C/21/Rev.1/Add.5, in: HRLJ 15 (1994), S. 234 ff.

Art. 2 IPbpR folgt, daß alle Staaten gegenüber allen Menschen auf ihrem Staatsgebiet die Bestimmungen des Paktes zu befolgen haben. Dies gilt dann auch für Menschen, die keine oder nicht die Staatsangehörigkeit des Gebietsstaates besitzen. Sofern also die sonstigen Merkmale einer Gruppe vorliegen, wäre das Erfordernis nach einer bestimmten Staatsangehörigkeit ihrer Mitglieder nicht konstitutiv.

Im Rahmen einer teleologischen Auslegung wäre zu fragen, wie es sich in einem Staat verhalten würde, auf dessen Hoheitsgebiet sich eine unbestimmte Anzahl von Fremden aus vielen verschiedenen Herkunftsländern aufhält. Konsequenterweise müßte diesen Gruppen, sofern sie die weiteren Voraussetzungen erfüllten, eigene Minderheitenrechte zugestanden werden. Damit könnte es jedoch in dem Staat eine unbestimmt hohe Anzahl von Minderheiten – mit ihren spezifischen Rechten – geben[303]. Damit würde aber letztlich das Fremdenrecht bedeutungslos werden. Auch würden die einer Minderheit zugehörigen eigenen Staatsbürger nicht länger besser behandelt werden als Fremde. Dies ist aber gerade auch Intention des Minderheitenrechts[304]. Daher ist von teleologischem Standpunkt aus am Merkmal der Staatsangehörigkeit festzuhalten.

Betrachtet man schließlich diese Frage noch unter historischen Aspekten, so stellt man fest, daß Minderheitenrechte zunächst religiösen Minderheiten gewährt wurden, deren Angehörige gleichwohl auch Angehörige der Territorialmacht waren[305]. So ist auch bei historischer Auslegung grundsätzlich am Erfordernis der Staatsangehörigkeit festzuhalten[306].

ee) Stabilität der Gruppe

Bislang nimmt das völkerrechtliche Minderheitenrecht in seinen Verträgen vor allem Rekurs auf solche Gruppen, die schon seit langer Zeit in ihren Aufenthaltsstaaten ansässig sind. Fraglich ist, ob zugezogene und eingebürgerte Fremde auch Minderheitenrechte in Anspruch nehmen können. Ob ein bloß temporärer Aufenthalt im Gebietsstaat dafür genügt, ist zweifelhaft[307]. Eher wird eine

303 So manche Gemeinde könnte die daraus entstehenden Anforderungen in praxi wohl kaum erfüllen.

304 Gornig, in: IFLA 2000, S. 61 (64).

305 Solche Rechte wurden etwa im Zuge des Westfälischen Friedens 1648 gewährt.

306 So auch Gornig, in: IFLA 2000, S. 61 (65).

307 In diesem Sinne letztlich auch Gornig, in: IFLA 2000, S. 61 (65); ähnlich Heintze, S. 188; ferner wird für die Anerkennung als Minderheit das Vorhandensein einer Schicksalsgemeinschaft aufgrund eines territorialbezogenen völkerrechtlichen Aktes

gewisse historische Stabilität zu fordern sein. In diesem Sinne ist auch Art. 27 IPbpR auszulegen[308]. Indem sich die hier vorzunehmende Untersuchung vornehmlich mit Volksgruppen respektive dem synonym gebrauchten Begriff der ethnischen Minderheit beschäftigt, ist das Merkmal der Stabilität auch für die ethnische Minderheit konstitutiv[309].

b) *Subjektive Merkmale*

Für die Bestimmung, ob es sich um eine Minderheit handelt, ist schließlich auf die Eigenwahrnehmung der Gruppenmitglieder abzustellen[310]. Die Angehörigen der Gruppe müssen sich solidarisch zu ihrer Gruppe bekennen[311]. Sie müssen ferner ihre Kultur, Tradition, Religion oder Sprache erhalten wollen. Insoweit wird ein subjektives Merkmal gefordert[312]. Hinsichtlich religiöser Minderheiten ist das subjektive Bekenntnis sogar als das entscheidende Merkmal anzusehen[313]. Dies folgt daraus, daß letzthin objektiven Merkmalen zur Definition einer Gruppe nur dann eine Bedeutung zukommt, wenn sich einzelne auch zur Gruppe bekennen[314]. Es handelt sich also nicht um ein Merkmal, das auf kollektiver Ebene festzustellen wäre, sondern vielmehr auf der Ebene des einzelnen formuliert wird[315]. Daher ist die Zugehörigkeit zu einer Minderheit auch eben vom individuellen Bekenntnis des einzelnen abhängig[316]. Andernfalls bliebe aufgrund lediglich objektiver – jedoch obsoleter – Merkmale eine Minderheit existent, welche sich selbst einem Assimilationsprozeß zugewandt hätte.

---

vorausgesetzt. Freiwillig zugezogene Gastarbeiter oder andere Personen sind in der Regel nicht gegen ihren Willen in ein fremdes Staatsgebiet gelangt. Der Status einer völkerrechtlichen Minderheit bleibt ihnen schon aus diesem Grunde versagt.

308 So auch Nowak, in: CCPR-Kommentar, Art. 27 Rn. 31.

309 Es wird, entsprechend eines Vorschlags der Regierung Österreichs an den KSZE-Ministerrat von 1991, eine Ansässigkeit der Gruppe über mindestens drei Generationen hinweg zu fordern sein, um dem Merkmal der Stabilität zu entsprechen.

310 Für Kimminich, Volksgruppenrecht, in: Forum für Kultur und Politik 1996, S. 23 (25), ist dies sogar das entscheidende Bestimmungsmerkmal.

311 So bereits, Capotorti, in: Vereinte Nationen 1980, S. 118, vgl. auch Murswiek, in: Blumenwitz/Murswiek, S. 39 (46); Duchrow, S. 28 f.

312 Bleckmann, § 3 Rn. 877; Blumenwitz, Volksgruppenrecht, S. 121.

313 Stopp, S. 15; Bleckmann, § 3 Rn. 988; zurückhaltender äußert sich Heintze, S. 188.

314 Gornig, in: IFLA 2000, S. 61 (66); vgl. dazu auch die Entscheidung des VN-Menschenrechtsausschusses v. 30.08.1981 „Lovelace“, Fifth Report of the Human Rights Committee, 36 GAOR Supp. No. 40, at 166.

315 Vgl. Heintze, S. 188.

316 Gornig, in: IFLA 2000, S. 61 (66).

Eben deshalb ist subjektive Voraussetzung auch ein Solidaritätsgefühl der Mitglieder der Gruppe, welches über das Gefühl der Zugehörigkeit hinaus gerade den kollektiven Aspekt der Minderheit zum Ausdruck bringt[317].

c) Bedeutung objektiver und subjektiver Merkmale

Die beschriebenen Merkmale sind heute in ihrer Gesamtheit weithin akzeptiert, lediglich die Wertigkeit der objektiven Kriterien gegenüber dem subjektiven Merkmal ist streitig. So betonen Teile der Völkerrechtswissenschaft die besondere Bedeutung des subjektiven Faktors[318] und wollen objektiven Kriterien allenfalls Korrektivfunktion zukommen lassen[319].

Allerdings ist dennoch fraglich, ob das subjektive Empfinden so zentral ist, daß danach die objektiven Merkmale nurmehr als Korrektive anzusehen wären[320]. Dabei ist aber zu beachten, daß in diesem Fall so unterschiedliche Gruppen Schutzrechte geltend machen könnten, daß der Schutz für die tatsächlich Betroffenen seine Bedeutung verlieren könnte[321]. Insofern ist das subjektive Element eher als zusätzliches Merkmal aufzufassen.

3. Volksgruppen

Im Zuge der Neuordnung Europas seit 1990 ist auch die Volksgruppenproblematik wieder ins Blickfeld der öffentlichen Wahrnehmung gerückt[322].

a) Begriff der Volksgruppe und seine Abgrenzung

Auch wenn sich die vorliegende Untersuchung explizit nur mit den Ansprüchen enteigneter Volksgruppen befaßt, so müssen doch die internationale Diskussion einbezogen und die richtige Übersetzung und Anwendung von termini technici berücksichtigt werden[323]. Denn bezüglich der Frage der Definition der Volksgruppe beziehungsweise der nationalen Minderheit als Subgruppe der ethni-

---

317 Ähnlich auch Gornig, in: IFLA 2000, S. 61 (66); vgl. dazu ebenso Ziffer 32.1 der Kopenhagener Dokumente v. 26.06.1990.

318 Franke/Hofmann, in: EuGRZ 1992, S. 402.

319 Anders will es freilich Shaw, S. 29.

320 Hofmann, in: ZaöRV 52 (1992), S. 1 (9).

321 So auch Duchrow, S. 29.

322 Pan, in: Blumenwitz/Murswiek, S. 27 sowie mit Hinweis auf die - zwischen den Weltkriegen liegenden – Nationalitätenkongresse; Pritchard, S. 41.

323 Kimminich, Rechtsprobleme, S. 110.

schen Minderheit besteht bislang keine Übereinstimmung[324]. Eine allgemeingültige Definition für den Begriff der „ethnischen Minderheit" zu finden, erscheint weiterhin schwierig, ist doch in der Regel auf nationalstaatlicher Ebene eine Parallelität des Minderheitsbegriffs zum Volksbegriff festzustellen[325].

Im internationalen Schrifttum erscheint der international leicht verständliche Ausdruck „Minderheit" im internationalen Schrifttum jedoch immer seltener[326]. Dafür wird häufiger von „Volksgruppe", „ethnic group" oder „éthnie" gesprochen[327]. Dazu ist freilich zu bemerken, daß der Terminus „Volksgruppe" in der englischen sowie französischen Sprache – welche das europäische Rechtsbewußtsein maßgeblich mitgestaltetet haben – nicht immer so wie in der deutschen Sprache verstanden wird[328]. Die in Rede stehenden Begriffe werden – da sich Differenzierungsversuche zwischen ihnen nicht durchgesetzt haben – weitgehend synonym für die ethnische wie auch für die nationale Minderheit gebraucht[329].

Diese Sprachregelung hat inzwischen auch die deutsche Völkerrechtswissenschaft weitgehend übernommen[330]. Insoweit ist der Begriff „Volksgruppe" möglicherweise nicht die glücklichste Invention[331]. Für die deutschsprachige Völkerrechtswissenschaft bedeutet das Wort „Volksgruppe" zunächst eine zutreffende Übersetzung für „ethnic group" oder „groupe éthnique"[332], wobei nach einer vereinzelten Meinung der Begriff „Volksgruppe" als nationalsozialistische Wortschöpfung ganz vermieden werden sollte[333].

Die sich weiterentwickelnde Völkerrechtslehre empfindet die Bezeichnung der einzelnen „Volks"-Gruppen als „Minderheit" zusehends als Herabwürdigung[334].

---

324 Pan, in: Blumenwitz/Murswiek, S. 27 (28); Yiallourides, S. 26.

325 Kimminich, Rechtsprobleme, S. 36.

326 Blumenwitz, Volksgruppenrechte, S. 31; Kimminich, Rechtsprobleme, S. 109.

327 Kimminich, Rechtsprobleme, S. 109; Blumenwitz, Volksgruppenrecht, S. 31, ähnlich äußert sich auch Pan, in: Blumenwitz/Murswiek, S. 27 (28).

328 Blumenwitz, Volksgruppenrecht, S. 122.

329 Weinberg, S. 51; Veiter, S. 30; Pernthaler, S. 9, will den Begriff der Minderheit eher auf den Schutz des einzelnen, den Begriff der Volksgruppe hingegen auf den Schutz des Kollektivs bezogen wissen.

330 Vgl. Kimminich, Rechtsprobleme, S. 112 f.; Veiter, S. 30.

331 Kimminich, Rechtsprobleme, S. 111.

332 Veiter, in: Aus Politik und Zeitgeschichte 1975, S. 30 f.; Pritchard, S. 42; anders sieht es aber Yiallourides, S. 36 f.

333 Brügel, in: Human Rights Journal 1975, S. 858 (859).

334 Pritchard, S. 41; Blumenwitz, Volksgruppenrecht, S. 31; Stopp, S. 13.

Der Prozeß des Begriffswandels wird aber bislang lediglich in der Völkerrechtswissenschaft deutlich. Die meisten Dokumente des Minderheitenschutzes auf multilateraler Ebene sprechen indes weiterhin von „Minderheiten“[335].

Zur Abgrenzung der Begriffe wurden dennoch verschiedene objektive und subjektive Kriterien entwickelt[336].

b) Objektive Merkmale

Man könnte der Auffassung sein, der Begriff der Volksgruppe beinhalte einen besonderen territorialen Bezug im Sinne einer Mindestdauer der Ansässigkeit von drei Generationen oder von 100 Jahren[337]. Ferner könnte man meinen, daß die Volksgruppe besonders zur Begründung eines Staatswesens dränge[338]. Allerdings beruhen diese Besonderheiten auf speziellen Siedlungssituationen der Gruppen, da die in Gruppen ansässigen Minderheiten mit eigenem Wohngebiet innerhalb des Aufenthaltsstaates wohl eher bestrebt sind, und gegebenenfalls auch faktisch in der Lage sind, einen eigenen Staat zu gründen, sei es innerhalb oder außerhalb des föderalen Gefüges. Mehr verspricht aber ein Abstellen auf den Begriff der Heimat und ein damit verbundenes „Zuhausesein“ der Volksgruppe[339]. Somit betont der Begriff „Volksgruppe“ das besondere Gruppengefüge, also den Gemeinschaftscharakter[340], in welchem die Gruppe als dauerhaftes soziales Gebilde lebt[341]. Unbestritten stellt sie damit eine Einbindung von Menschen in einen größeren Zusammenhang dar[342].

Übereinstimmung hinsichtlich der Definition besteht aber nach wie vor nicht[343]. Zwar stimmen einige Vorschläge, so der des VN-Berichterstatters Capotorti, der Entwurf im Europäischen Parlament[344] sowie der Vorschlag der Europäischen

---

335 Vgl. dazu Weinberg, S. 51.

336 Dazu schon Vaubel, S. 6; Blumenwitz, in: Forum für Kultur und Politik 1993, S. 27 (28).

337 Tichy, in: AWR-Bulletin 1997, S. 208 (209 f.)

338 Pernthaler, S. 10.

339 Ähnlich will dies wohl Pernthaler, S. 10, verstanden wissen.

340 Kimminich, Rechtsprobleme, S. 111.

341 Yiallourides, S. 28.

342 Elsner, S. 33.

343 Murswiek, in: Blumenwitz/Murswiek, S. 39 (45).

344 Europäisches Parlament, Ausschuß für Recht und Bürgerrechte, Entwurf einer Charta der Volksgruppenrechte vom 14.03.1993, Art. 2.

Kommission für Demokratie und Recht[345], überein[346]. Indes ist eine institutionenübergreifende Definition nicht in Sicht. Das vom Europarat favorisierte Erfordernis nach langwährenden, festen und dauerhaften Bindungen der Volksgruppen zum Staat[347] ist kaum annehmbar, da Volksgruppen ja gerade oft durch die Bildung neuer Staaten entstehen. Sie können dieses Erfordernis gar nicht erfüllen. Wie gezeigt, ist es also denkbar, solche Bindungen nicht zum Staat, sondern zu dem von der Volksgruppe besiedelten Gebiet zu verlangen[348].

Dennoch orientiert sich heute wohl der überwiegende Teil des Schrifttums an der von Capotorti erarbeiteten Definition[349]. Die Volksgruppe als Gruppe von Menschen muß dann in ethnischer, religiöser oder sprachlicher Hinsicht Merkmale aufweisen, die sie von der übrigen Bevölkerung unterscheiden[350]. Sie muß – nach dieser Auffassung – zudem grundsätzlich zahlenmäßig eine Minorität darstellen. Indes ist, um möglichst alle Konstellationen erfassen und vielleicht eine echte Erweiterung zum Minderheitenbegriff bieten zu können, vornehmlich auf die Machtunterlegenheit der Volksgruppe abzustellen. Danach könnte auch eine numerisch größere, jedoch machtunterlegene Gruppe als Volksgruppe betrachtet werden. An diesem Merkmal ist dann auch die hauptsächliche Abgrenzung zum „Volk" vorzunehmen. Mit dem Begriff des Volkes wird dann hingegen politische Selbständigkeit verbunden[351]. Gleichwohl ist die Volksgruppe auch Teil der größeren Gruppe „Volk"[352].

Nach einer anderen Definition wird als weiteres Merkmal verlangt, daß die Angehörigen der Gruppe die Staatsangehörigkeit des Aufenthaltsstaats besitzen. In manchen völkerrechtlichen Dokumenten wird diese Anforderung explizit genannt[353] beziehungsweise vorausgesetzt[354].

---

345 Europarat, Europäische Kommission für Demokratie durch Recht, Entwurf einer Europäischen Konvention zum Minderheitenschutz vom 08.02.1991, Art. 2 Abs.1.

346 Pan, in: Blumenwitz/Murswiek, S. 27 (28).

347 Europarat-Empfehlung 1201/1993, Art. 1.

348 Pan, in: Blumenwitz/Murswiek, S. 27 (28), so auch Tichy, in: AWR-Bulletin 1997, S. 208 (209).

349 Murswiek, in: Blumenwitz/Murswiek, S. 39 (45); Blumenwitz, Volksgruppenrecht, S. 27.

350 Ähnlich definiert bereits Vaubel, S. 7, den Volksgruppenbegriff.

351 Pernthaler, S. 12.

352 Yiallourides, S. 28.

353 Vgl. Dokumente des Europarats: Empfehlung 1139 (1190), Nr. 11, BT-Drs. 12/14 v. 02.01.1991; Entwurf einer Europäischen Charta für Regional- und Minderheitensprachen vom 24.06.1991, Art. 1, BT-Drs. 12/14 v. 02.01.1991; Entwurf einer Minderheitenschutzkonvention der Europäischen Konvention für Demokratie durch Recht v. 4.3.1991, Art. 2 para. 1, HRLJ 12 (1991), S. 269.

In anderen Dokumenten, welche die Staatsangehörigkeit des Wohnsitzstaates eben nicht zum Kriterium für das Bestehen einer Volksgruppe oder nationalen Minderheit machen wollen, wird eher auf die Ansässigkeit der Gruppe über viele Generationen hinweg abgestellt[355].

Durch dieses Kriterium soll der Minderheitenschutz auf die seit jeher im Staatsgebiet siedelnden Minderheiten begrenzt werden. Immigranten werden danach vom Minderheitenschutz nicht erfaßt[356]. Somit werden vom Völkerrecht nur diejenigen Minderheiten geschützt, die in dem zum Minderheitenschutz verpflichteten Staat beheimatet sind[357].

Auch im Hinblick auf die vorliegend zu leistende Untersuchung erscheint eine Interpretation, welche auf die Verwurzelung der Volksgruppe Bezug nimmt, vorzugswürdig. Andernfalls könnte sich ein Staat durch Ausbürgerung seinen völkerrechtlichen Pflichten entziehen. Entsprechend der hier gefolgten Definition ist der Begriff der Volksgruppe dann allerdings kaum von der nationalen sowie der ethnischen Minderheit abzugrenzen[358]. Erstere ist eine solche Gruppe, die innerhalb eines Gebietsstaates ein eigenes Volkstum aufweist und außerhalb dieses Staates über einen eigenen Nationalstaat verfügt[359]. Letztere weist zwar auch ein eigenes Volkstum sowie den Willen zu dessen Bewahrung auf, sie verfügt allerdings außerhalb ihres Aufenthaltsstaates nicht notwendig über einen eigenen Nationalstaat[360]. Der Begriff der ethnischen Minderheit ist somit weiter gefaßt als jener der nationalen Minderheit beziehungsweise Volksgruppe.

c) *Subjektive Merkmale*

Zu diesen objektiven Merkmalen muß als subjektives Merkmal hinzukommen, daß die Gruppe wenigstens implizit ein Solidaritätsgefühl zeigt, welches auf die

354 Z. B. im Dokument des Kopenhagener Treffens der Konferenz über die menschliche Dimension der KSZE v. 19.06.1990, Nr. 31 ff., insb. 35 u. 37, in: EuGRZ 1990, S. 239.

355 Blumenwitz, Volksgruppenrecht, S. 177 f.; Murswiek, in: Blumenwitz/Murswiek, S. 39 (46).

356 Dies könnte auch die Intention von Art. 27 IPbpR sein, der im englischen Text davon spricht, daß der Minderheitenschutz lediglich solchen Minderheiten gewährt wird, die „in those states ... exist".

357 Kimminich, Rechtsprobleme, S. 27.

358 Ähnlich sieht dies wohl auch Pritchard, S. 44 f.

359 Wodarz, S. 176.

360 Blumenwitz, Volksgruppenrecht, S. 30.

Bewahrung der gruppenspezifischen Besonderheiten gerichtet ist[361]. Danach wäre dies eben das Bewußtsein der Zugehörigkeit zur eigenen Gemeinschaft[362]. Fraglich ist noch, ob dieses subjektive Merkmal der Selbstidentifikation das zentrale Bestimmungsmerkmal sein kann[363]. Dieses geistige Element tritt aber neben objektive Merkmale konsequenterweise dann hinzu, wenn die Volksgruppe auch als „Abstammungsgemeinschaft" betrachtet wird[364].

4. Volksgruppen und Selbstbestimmungsrecht

Im folgenden soll geprüft werden, ob Volksgruppen sowie ethnische Minderheiten spezifische Rechte geltend machen können[365]. Bislang ist unbestritten, daß den Angehörigen dieser Gruppen ebenso die Menschenrechte zukommen wie den Angehörigen der Majorität. Besonderen Akzent legt der Minderheitenschutz auf das Recht auf physische Existenz, das allgemeine Diskriminierungsverbot sowie Rechte zur Wahrung der religiösen und kulturellen Identität[366].

a) Volksgruppen als Träger des Selbstbestimmungsrechts

Aus der besonderen Situation der Volksgruppe ergeben sich nun einige völkerrechtliche Problemstellungen. So stellt sich etwa die Frage, ob neben dem Volk auch die Volksgruppe als eine Gemeinschaft, welche kaum staatstragende Merkmale besitzt, Träger des Selbstbestimmungsrechts sein kann[367]. Unbestritten ist das Selbstbestimmungsrecht ein kollektives Recht[368]. In diesem Zusammenhang findet sich die Auffassung, daß das Selbstbestimmungsrecht nur

---

361 Heintze, in: Ipsen, § 28 Rn. 9; so auch die Badinter-Kommission, in: EJIL 1992, S. 183 f.; in diesem Sinne auch Wodarz, S. 174.

362 Kroker, S. 30; vgl. Kimminich, Rechtsprobleme, S. 112.

363 Zu Recht wendet hingegen Murswiek, in: Der Staat, S. 530, hiergegen als einziges Erfordernis ein, daß dann Menschen ein Volk ebenso leicht wie einen Verein gründen könnten.

364 Kroker, S. 30.

365 Trotz der teilweise verwirrenden Terminologie ist klarzustellen, daß die international auf Minderheiten bezogenen Rechte auch auf Volksgruppen anwendbar sind, so schon Blumenwitz, in: Forum für Kultur und Politik 1993, S. 27 (29); im folgenden wird weiter der Terminus „Volksgruppe" verwendet.

366 Mit weiteren Beispielen: Gornig, in: IFLA 2000, S. 61.

367 Vgl. dazu auch, Fink, in: JZ 1998, S. 334 (335); Baer, S. 206 ff.

368 Niewerth, S. 173.

Völkern im engeren Sinne – oder gar nur Staaten[369] – zustehen kann[370], im Stadium der Überwindung[371]. Die Interpretation des Begriffs „people", der sich in diesem Zusammenhang in der Satzung der Vereinten Nationen sowie in den Resolutionen der Generalversammlung findet, wurde nämlich im Laufe der Zeit erweitert[372]. Heute steht daher das Selbstbestimmungsrecht auch Volksgruppen zu[373]. Dies folgt schon daraus, daß jede Volksgruppe letztlich einen Teil des Volkes darstellt, welches sich durch ein gemeinsames Gebiet und eine gemeinsame Geschichte auszeichnet[374]. Dies trifft allerdings kaum auf Minderheiten zu, welche noch nicht zu Volksgruppen geworden sind[375].

b) Ausübung des Selbstbestimmungsrechts

Es ist allerdings problematisch, in welchem Umfang Volksgruppen ihr Selbstbestimmungsrecht ausüben können. Als Minderheit in einem fremdnationalen Staat könnte sie bei voller Ausübung des Rechts den in der europäischen Außenpolitik obersten Grundsatz der Unantastbarkeit der Grenzen verletzen und versuchen sich abzuspalten[376]. Dabei sind gerade auf dem Gebiet des ehemaligen Jugoslawiens die praktischen Auswirkungen der uneingeschränkten Ausübung des Selbstbestimmungsrechts durch Volksgruppen ersichtlich. In Betracht kommt daher, das völkerrechtliche Selbstbestimmungsrecht Volksgruppen nur partiell, also nicht mit der Konsequenz der Sezession, zuzubilligen[377].

---

369 Vgl. Kelsen, S. 50 ff., mit Blick auf Art. 1 Ziff. 1 SVN und die Gleichheit der Mitglieder der Vereinten Nationen.

370 So sieht es aber noch Hönig, S. 109.

371 Blumenwitz, Volksgruppenrecht, S. 32; Rawls, in: FAZ v. 10.4.2003, S. 42; vgl. mit einem allerdings sehr weitgehenden Ansatz die Anmerkung Ermacoras, in: EuGRZ 1991, S. 159 f.; vorsichtig äußert sich dazu Schmitz, S. 85, der keine Differenzierung zwischen innerem und äußerem Selbstbestimmungsrecht – noch mit Hinweis auf die GA-Resolution 390 (V) A v. 2.12.1950 – zulassen will.

372 In diese Richtung ist wohl auch Ermacora, in: AVR 38 (2000), S. 285 (293), zu verstehen; ähnlich auch Verdross/Simma § 512; Hilpold, in: ZÖR 54 (1999), S. 529 (545).

373 Kimminich, in: AVR 28 (1990), S. 7; Blumenwitz, Volksgruppenrecht, S. 32; Tomuschat, in: FS für Partsch, S. 183 (210 f.).

374 Anderes, S. 41; Baer, S. 208; Veiter, in: FS für Klecatsky, S. 985.

375 Vgl. Kimminich, Rechtsprobleme, S. 123.

376 Blumenwitz, Volksgruppenrecht, S. 32; anders sieht das freilich Hönig, S. 113, der lediglich Völkern i.e.S. das Recht auf Sezession zugesteht.

377 Dies betont auch Yiallourides, S. 71.

c) *Repräsentation einer Volksgruppe bei Ausübung des Selbstbestimmungsrechts*

Das Völkerrecht kennt grundsätzlich keine starren Regeln für die Ausübung des Selbstbestimmungsrechts. Insofern genügen sowohl repräsentative als auch plebiszitäre Entscheidungen den Anforderungen[378]. Welche Anforderungen die Repräsentation einer Volksgruppe betreffen, ist auf internationaler Ebene bislang noch nicht durch eine wegweisende Entscheidung geklärt. Lediglich im Mikmaq-Fall hat der Menschenrechtsausschuß der Vereinten Nationen gemäß Art. 1 IPbpR i.V.m. Art. 1 und 2 des Fakultativabkommens entschieden, daß bei der Geltendmachung einer Verletzung des Selbstbestimmungsrechts im Wege der Individualbeschwerde nachzuweisen ist, daß der Beschwerdeführer ermächtigt ist, als Vertreter des betreffenden Volkes zu handeln[379]. Insofern ist, wie auch bei der Ausübung des Selbstbestimmungsrechts, auf eine demokratische Legitimation abzustellen[380]. Sofern diese nachweislich gewährleistet ist, kann das Selbstbestimmungsrecht auch durch einen Vertreter ausgeübt werden[381].

5. *Ansprüche von einzelnen und Gruppen*

Der Staat ist Subjekt und Objekt völkerrechtlichen Handelns. Zwar beziehen sich viele völkerrechtliche Unrechtstatbestände auf Schäden, welche dem Menschen beziehungsweise der Volksgruppe zugefügt werden. Ob der Mediatisierung des Menschen im Völkerrecht ist er dennoch nicht Objekt dieses Unrechts und darum auch nicht Subjekt des Völkerrechts[382]. Vielmehr wird fingiert, daß in seiner Person der Heimatstaat geschädigt wurde. Dem tatsächlich geschädigten Menschen stehen somit bislang keine eigenen völkerrechtlichen Rechtsmittel zur Verfügung[383]. Ob dies im heutigen Völkerrecht genauso zu gelten hat wie bislang, wird im folgenden näher zu untersuchen sein. Auch wenn man der gegenwärtig herrschenden Meinung im Völkerrecht konzediert, daß das Völker-

---

378 Blumenwitz, Volksgruppenrecht, S. 34.

379 Vgl. EuGRZ 1984, S. 388 ff.; ähnlich Schneeweiß, S. 76, der jedoch lediglich die Rüge individueller Rechtsverletzungen durch das Kollektiv gewährleistet sieht.

380 Mit den Vertretern der Mikmaq ist anzunehmen, daß das kollektiv auszuübende Recht auf Selbstbestimmung sowie das Recht auf Mitwirkung an der politischen Willensbildung des Kollektivs in einem sich wechselseitig bedingenden Verhältnis zueinander stehen; Nachweis bei Schneeweiß, S. 74.

381 Blumenwitz, Volksgruppenrecht, S. 34.

382 Korte, S. 101; Geimer, Rn. 132.

383 Gornig, in: Blumenwitz/Gornig, Rechtliche und politische Perspektiven, S. 22 (27).

recht ein Recht der Staaten ist, so ist damit dennoch offen, wie das Völkerrecht innerhalb seines begrifflichen Grundschemas verändert werden müßte, um Volksgruppen spezifische Rechte einzuräumen[384].

a) Völkerrechtssubjektivität

Für die Vergangenheit jedenfalls verdient das Völkerrecht seinen Namen kaum, war es doch bislang eben kein Recht der Völker[385]. Eher war es das Verkehrsrecht der originär mit Völkerrechtssubjektivität ausgestatteten souveränen Staaten[386]. Ein solches Völkerrecht dient denn auch eher der Verfolgung staatlicher Interessen als der Erhaltung einer funktionierenden Völkerrechtsordnung[387]. Die Rechtssubjektivität ist dabei die Fähigkeit, an Rechtsbeziehungen beteiligt, also Inhaber von Rechten und Adressat von Pflichten zu sein. Gebilde, denen diese Fähigkeit nach der für sie maßgeblichen Rechtsordnung zukommt, werden Rechtssubjekte genannt[388]. Sodann sind Völkerrechtssubjekte diejenigen Einheiten, welchen durch die Völkerrechtsordnung die Fähigkeit zuerkannt wird, Träger völkerrechtlicher Rechte und Pflichten zu sein[389]. Diese Definition in Analogie zur Rechtspersönlichkeit des Bürgerlichen Rechts ist insofern ungenau, als das Völkerrecht den Adressatenkreis seiner Normen – ebenso wie jede andere Rechtsordnung auch – selbst festlegen kann. Somit sind Völkerrechtssubjekte diejenigen Personen, denen das Völkerrecht, entsprechend seinem jeweiligen Entwicklungsstand, Rechte und Pflichten tatsächlich zuordnet[390].

b) Völkerrechtssubjektivität von Individuen

Die Völkerrechtssubjektivität des Menschen als natürliche Person ist nach wie vor in der Völkerrechtswissenschaft und –praxis strittig[391].

---

384 Kimminich, Rechtsprobleme, S. 48 f.

385 De Quadros, in: FS für Schambeck, S. 853 (860); ähnlich auch Gornig, in: AWR-Bulletin 1991, S. 72 (75).

386 Verdross/Simma, § 375; Hönig, S. 211.

387 Hönig, S. 211.

388 Epping, in: Ipsen, 2. Kapitel, Einführung; Verdross/Simma, § 375.

389 Verdross/Simma, § 375.

390 Bleckmann, § 3 Rn. 109.

391 Epping, in: Ipsen, § 7 Rn. 1; Doehring, S. 9; dazu auch Miyazaki, in: FS für Mosler, S. 581 (595 f.).

aa) Inhaber der Rechtssubjektivität

Nach der klassischen Objekttheorie sind allein die Staaten als geborene Völkerrechtssubjekte Inhaber von Rechten und Pflichten auf der Ebene der Völkerrechtsordnung[392]. Diese Theorie bezieht sich auf die vom Dualismus vorgegebene strikte Trennung zwischen Völkerrecht und innerstaatlichem Recht, die für eine den einzelnen betreffende völkerrechtliche Regelung die Transformation in das innerstaatliche Recht einforderte. Durch diese Mediatisierung des Individuums erlangte der Mensch auf der Völkerrechtsebene primär als Angehöriger eines Staates Bedeutung.

Völkerrechtserheblich für einen anderen Staat wird ein Mensch also nur dann, wenn sein Heimatstaat und jener andere Staat an einer völkerrechtlichen Beziehung beteiligt sind, die das Individuum betrifft[393].

Die Mediatisierung des Individuums durch den Staat besteht grundsätzlich fort[394]. Ebenso gilt, daß völkerrechtswidriges Verhalten eines Staates in bezug auf einen fremden Staatsangehörigen nicht diesen, sondern dessen Heimatstaat als den anderen Beteiligten der gebrochenen Völkerrechtsbeziehung verletzt.

(1) Mögliche Einschränkung der Mediatisierung durch Kodifikationen

Der Grundsatz der Mediatisierung des Menschen könnte indes durch die Kodifizierung des internationalen Menschenrechtsschutzes nach dem Zweiten Weltkrieg korrigiert worden sein. In einzelnen Regelungsbereichen vermag der Mensch in sukzessiver Fortentwicklung des Völkerrechts, unter Verdrängung der Mediatisierung, berechtigt oder verpflichtet zu werden[395].

(2) Naturrechtlicher Ansatz

Allein von naturrechtlicher Warte aus könnte man zu der Annahme kommen, daß auch im Völkerrecht die Rechte des einzelnen nicht vom Staat erzeugt, sondern schon überpositiv dem Staat vorgegeben sind. In diesem Fall bedürfte es

---

392 Raiser, Eigentum als Recht, in: Das Recht des Menschen auf Eigentum, S. 122; Doehring, S. 9; Epping, in: Ipsen, § 7 Rn. 1.

393 Gornig, in: Blumenwitz/Gornig, Rechtliche und politische Perspektiven, S. 22 (27).

394 Epping, in: Ipsen, § 7 Rn. 3.

395 PCIJ, Ser. B, No. 15 (1928), S. 17 f.; Dahm, S. 418; in diese Richtung geht wohl auch Bleckmann, § 3 Rn. 144.

keiner Ableitung dieser Rechte aus einer Ordnung zwischen den Staaten. Indes konterkariert diese Auffassung die Staatenpraxis. Ihr ist daher nicht zu folgen.

(3) Ausschließliche Rechtssubjektivität des einzelnen

Nach einer anderen Ansicht soll auch im Völkerrecht überhaupt nur der Einzelmensch als Rechtssubjekt gelten[396]. Gegen diese Ansicht ist einzuwenden, daß das Völkerrecht als Verkehrsrecht der Staaten und als Instrument zur Regelung zwischenstaatlicher Sachverhalte obsolet würde. Gerade die Staatenpraxis benötigt aber einen wirksamen Normenkatalog zur Bewältigung spezifisch zwischenstaatlicher Fragestellungen und Konflikte. Der Auffassung der ausschließlichen Rechtssubjektivität des einzelnen im Völkerrecht ist nicht zu folgen.

(4) Eingeschränkte Rechtssubjektivität des einzelnen

Nach einer vermittelnden Ansicht ist der einzelne von der Staatenpraxis als völkerrechtliches Rechtssubjekt anerkannt[397]. Dies gilt freilich nur in bezug auf fundamentale Menschenrechte und ohne eigene Durchsetzungsmacht, es sei denn auf Grund spezieller Verträge. Für diese Ansicht spricht, daß gegenwärtig eine Vielzahl völkerrechtlicher Abkommen den Schutz des Individuums zum Ziel hat[398]. Allerdings ist der einzelne dadurch bislang nur Begünstigter der Verträge, welche durch den Gebietsstaat gekündigt werden können. Aus der steten Übung im Rahmen des Vertragsrechts in Verbindung mit einer entsprechenden Rechtsüberzeugung könnte aber womöglich neues Völkergewohnheitsrecht entstehen[399]. Der einzelne wäre hiernach als „partielles" Völkerrechtssubjekt anzusehen. Die Ausgestaltung seiner völkerrechtlichen Position ist aber weiter der Staatenpraxis vorbehalten.

(5) Stellungnahme

Bezüglich der weitgehenden Ansicht von der ausschließlichen Rechtssubjektivität des einzelnen wird bereits verkannt, daß der Mensch im Gemeinschaftsleben

---

396 Vgl. Nachweise bei: Doehring, Völkerrecht, S. 107.
397 Doehring, Völkerrecht, S. 108.
398 Bleckmann, § 3 Rn. 144.
399 Doehring, Völkerrecht, S. 108.

grundsätzlich der für ihn handelnden Organe bedarf, die zwar letztlich auch aus natürlichen Personen bestehen[400], aber dennoch anonymisiert sind[401].

Es könnte möglicherweise ebenso von Rechten und Pflichten der Staaten, der internationalen Organisationen, Gruppen sowie eben auch der Individuen zu sprechen sein, so daß der Umfang der jeweiligen Rechtssubjektivität zu bestimmen wäre. Damit stünde auch das Tatbestandsmerkmal „Völkerrechtssubjekt" zur Ableitung von Rechten und Pflichten in Rede.

Die gegenwärtig überwiegend – wenn auch nicht mehr ausschließlich – angenommene grundsätzliche Schranke, welche das Individuum von der Inhaberschaft subjektiver Rechte trennt, ist eine eher formale: Vor den internationalen Gerichten fehlt dem einzelnen zumeist die Klagebefugnis[402]. Insbesondere mangelt es an einem *locus standi* des einzelnen vor dem IGH. Die fehlende Prozeßfähigkeit des Individuums vor den internationalen Gerichten nimmt also Einfluß auf die ihm zu gewährende Rechtsfähigkeit. Andererseits wird das Individuum durch die Gewährung von Beschwerde- oder Klagerechten selbst zum Träger völkerrechtlicher subjektiver Rechte und somit zum – vom Staat durch Vertragsschluß abgeleiteten – Völkerrechtssubjekt erhoben[403]. Somit stehen bislang Völkerrechtsverträge und nicht Völkergewohnheitsrecht als Quelle für Individualrechte im Mittelpunkt[404]. Daraus folgt jedoch umgekehrt nicht, daß für das Völkerrecht *pro futuro* ein zwingender dogmatischer Zusammenhang zwischen prozessualer Klagebefugnis und materieller Rechtsinhaberschaft fortbestehen muß.

Fraglich ist noch, wie es sich im Vergleich mit der Klagebefugnis des einzelnen vor nationalen Gerichten verhält. Wäre einem Individuum – sofern eine allgemeine Regel des Völkerrecht nachweisbar wäre, nach welcher für bestimmte Belange das Individuum Inhaber eines materiellen subjektiven Rechtes wäre – vor einem deutschen Gericht noch vorzuhalten, auf die Ausübung oder Inanspruchnahme dieses Rechtes habe sein Heimatstaat durch Kündigung verzichtet, so daß der einzelne sein Recht nicht geltend machen könnte? Wäre dann, im Falle der Anerkennung der Zulässigkeit eines solchen staatlichen Verzichts, dessen

---

400 Dies betont auch Ermacora in seiner Anmerkung zur Entscheidung des VN-Menschenrechtsausschusses v. 02.11.1990, in: EuGRZ 1991, 158 (159).

401 Doehring, Völkerrecht, S. 107 f.

402 Doehring, S. 10.

403 Ziegler, S. 185; Verdross/Simma, § 48, 184, 424 ff.; Epping, in: Ipsen, § 7 Rn. 5 f., 12.

404 Ziegler, S. 185.

Wirkung unbegrenzt oder nur für bestimmte Rechte zulässig? Bei einer solchen Frage könnte zumindest nicht eingewendet werden, das Völkerrecht kenne nur Rechte von Staaten, und der Fremde könne daher eben unmittelbar keine Rechte aus dem Völkerrecht herleiten. Gerade Art. 25 GG scheint diese Schranke beseitigen zu wollen. Danach sollen die allgemeinen Regeln des Völkerrechts Rechte und Pflichten unmittelbar für die einzelnen erzeugen[405]. Dem einzelnen ist also unmittelbare Völkerrechtssubjektivität nicht zu versagen.

bb) Rechtsträgerschaft

Bei der Prüfung, ob eine Völkerrechtsnorm dem einzelnen ein Recht gewährt, muß begrifflich streng differenziert werden. Einerseits kommt eine echte völkerrechtliche Berechtigung im Sinne einer personalen Zuordnung des Rechts zum einzelnen als dessen Inhaber in Betracht, andererseits lediglich eine Begünstigung des einzelnen, welche als Reflex aus Rechten und Pflichten des Staates entstehen kann[406].

Maßgebliches Kriterium für die Unterscheidung zwischen einer solchen echten völkerrechtlichen Berechtigung und einer bloßen Begünstigung als Reflex einer Völkerrechtsnorm ist die Bereitstellung eines völkerrechtlichen Verfahrens zur Durchsetzung der zugeordneten Rechte. Wie im innerstaatlichen Recht, so führt auch hier nur eine verfahrensmäßige Durchsetzbarkeit zur Rechtsverwirklichung. Insofern liegt eine völkerrechtliche Individualberechtigung in der Regel nur dann vor, wenn dem einzelnen durch eine Völkerrechtsnorm unmittelbar die Befugnis eingeräumt wird, von einem Staat in einem völkerrechtlichen Verfahren ein bestimmtes Verhalten zu verlangen[407]. Der partiellen Rechtsfähigkeit des Menschen im Völkerrecht ist somit eine komplementäre Handlungsfähigkeit zugeordnet.

(1) Mittelbare völkerrechtliche „Berechtigungen"

Beachtlich ist, daß durch eine steigende Anzahl von völkerrechtlichen Verträgen Einzelpersonen Ansprüche zugestanden werden, die lediglich vor staatlichen Gerichten geltend gemacht werden können. Auch wenn es sich hier um Ansprüche aus völkerrechtlichen Verträgen handelt, so stellen diese doch keine echten

405 Vgl. BVerfGE 6, S. 300; Doehring, S. 10.
406 Epping, in: Ipsen, § 7 Rn. 5; Ziegler, S. 184.
407 Verdross/Simma, § 424.

völkerrechtlichen Berechtigungen dar[408]. Die jeweiligen Ansprüche kommen nur infolge eines staatlichen Durchführungsaktes oder einer verfassungsrechtlichen Adoption im innerstaatlichen Recht zustande. Insbesondere können sie nur vor innerstaatlichen Gerichten geltend gemacht werden.

Von einer völkerrechtlichen Berechtigung des einzelnen kann erst dann gesprochen werden, wenn diesem durch eine Völkerrechtsnorm die Befugnis verliehen wird, von einem Staat ein bestimmtes Verhalten in einem völkerrechtlich geregelten Verfahren einzufordern.

(2) Europäische Menschenrechtskonvention (EMRK)

Die EMRK begründet eine von diesem Vertrag abgeleitete echte und nicht bloß eine mittelbare völkerrechtliche Berechtigung des einzelnen und somit dessen partielle Völkerrechtssubjektivität[409] in diesem Bereich[410]. Sie stellt damit eine bedeutsame Durchbrechung der Mediatisierung dar[411]. Gemäß Art. 34 EMRK wird dem einzelnen – zumindest für die Geltungsdauer des Vertrags – die Möglichkeit eingeräumt, den Europäischen Gerichtshof für Menschenrechte (EGMR) anzurufen. Hiermit wird ihm ein Zugang zu einem internationalen Gericht gewährt und die Einleitung eines internationalen Verfahrens ermöglicht. Einen eigenen Minderheitenschutzartikel enthält die EMRK selbst jedoch nicht, so daß der Rechtsschutz für Volksgruppen über einzelne – zum Teil in den Zusatzprotokollen statuierte – Freiheitsrechte zu gewährleisten ist[412].

(3) Völkerrechtlicher Individualschutz durch die Vereinten Nationen und Regionalorganisationen

Die im Bereich der VN, der OAU und der OAS entstandenen Pakte und Konventionen zum Schutz der Menschenrechte bieten kein der EMRK vergleichbares Verfahren. Dies zeigt sich insbesondere daran, daß in keiner dieser Konventionen eine Institution vorgesehen ist, die eine für den betroffenen Staat verbind-

---

408 Epping, in: Ipsen, § 7 Rn. 6.

409 Vgl. Bleckmann, § 3 Rn. 144 m.w.N.

410 Dies beruht zwar auf dem Festhalten der Staaten an der vertraglichen Bindung. Die Kündigung eines menschenrechtlichen Vertrages gem. Art. 54 ff. WVK erscheint allerdings kaum möglich und mit der fortschreitenden Einigung Europas auch immer unwahrscheinlicher.

411 Epping, in: Ipsen, § 7 Rn. 7.

412 Dazu auch Bils, S. 261; Duchrow, S. 21.

liche Entscheidung treffen kann[413]. So setzt beispielsweise ein Verfahren nach Art. 44 AMRK vor dem Interamerikanischen Gerichtshof für eine Entscheidung die vorherige Zuständigkeitserklärung des betroffenen Staats voraus. Auch das Verfahren vor der „Afrikanischen Kommission für Menschenrecht und Rechte der Völker“ bleibt wegen der fehlenden Gerichtsförmigkeit gegenwärtig noch hinter dem EMRK-Verfahren zurück[414].

Art. 1 Nr. 3, Art. 56 i.V.m. Art. 55 lit. c. SVN statuieren lediglich den Schutz der Menschenrechte als wesentliches Ziel der Vereinten Nationen. Dem entspricht auch die am 10. Dezember 1948 verkündete AEMR und die mittlerweile große Anzahl an internationalen Konventionen zum Menschenrechtsschutz. Indes ist nicht zu übersehen, daß die materiell eingeräumten und verfahrensrechtlich durchsetzbaren völkerrechtlichen Individualrechte stets auf einem völkerrechtlichen Vertrag beruhen, von dem sich die Vertragsstaaten jederzeit einvernehmlich wieder lösen können.

cc) Zwischenergebnis

Vom Völkerrecht wird dem einzelnen eine wohl gegenwärtig noch beschränkte, indes aber im Vordringen befindliche unmittelbare Inhaberschaft von Rechten und Pflichten zuerkannt[415]. Vergleichbares gewährt übrigens Art. 25 GG im deutschen Verfassungsrecht. Völkerrecht und deutsches Verfassungsrecht bewegen sich so in gleicher Tendenz aufeinander zu[416]. Der Einzelmensch ist, soweit er unmittelbarer Inhaber völkerrechtlicher Rechte ist, dann zumindest abgeleitetes Völkerrechtssubjekt, wenn seine – ihm in internationalen Abkommen gewährten – Menschenrechte betroffen sind[417].

c) Völkerrechtssubjektivität von Volksgruppen

Eine schwierige und durch das Völkerrecht bisher verneinte Frage ist, ob über den Kreis der Völkerrechtssubjektivität besitzenden souveränen Staaten hinaus auch Volksgruppen Träger von Rechten und Pflichten im Völkerrecht sein können. Bislang waren sie allenfalls Begünstigte der Normen[418]. Aufgrund der bis-

---

413 Ipsen, in: ders., § 49 Rn. 18 f.
414 Ipsen, in: ders., § 49 Rn. 22.
415 Doehring, S. 10.
416 Doehring, S. 10.
417 In diese Richtung auch: Ziegler, S. 186.
418 Verdross/Simma, § 422; vgl. auch Schillhorn S. 34.

her skizzierten Lage der Volksgruppen – speziell als Adressaten kollektiver Enteignungen – ist hier die Möglichkeit einer Weiterentwicklung des Völkerrechts zu untersuchen.

aa) Koordinationsrechtlicher Charakter des Völkerrechts

Gegen die Zubilligung von Völkerrechtssubjektivität könnte sprechen, daß darüber die Staaten als originäre Völkerrechtssubjekte in den Hintergrund geraten könnten. Die Zuerkennung von Völkerrechtssubjektivität für Volksgruppen hieße, den Kreis der Akteure um ein möglicherweise Vielfaches zu erweitern. Viele der Rechte und Pflichten des allgemeinen Völkerrechts sind von Volksgruppen nicht oder kaum erfüllbar. Der völkerrechtliche Grundsatz der Nichteinmischung in innere Angelegenheiten würde nahezu obsolet. Denn bislang waren innerstaatliche Sachverhalte grundsätzlich der völkerrechtlichen Ebene entzogen. Mit der Zuerkennung von Völkerrechtssubjektivität für Volksgruppen entstünde gleichsam ein Dualismus Staat-Volksgruppe, so daß nahezu jeder Konflikt mit einer Volksgruppe völkerrechtliche Implikationen hätte. Zwar könnte man meinen, dies sei wegen des – mittlerweile mehr als ein Rechtsprinzip darstellenden – Selbstbestimmungsrechts bereits der Fall. Anders als das Selbstbestimmungsrecht vermittelt Völkerrechtssubjektivität jedoch nicht lediglich Ansprüche für einen bestimmten Fall, sondern macht grundsätzlich den gesamten Katalog völkerrechtlicher Rechte und Pflichten anwendbar.

Das Aufrücken von Volksgruppen zu vollen Völkerrechtssubjekten widerspräche ferner dem originären Charakter des Völkerrechts als einer Rechtsordnung zwischen gleichberechtigten souveränen Staaten ohne jedes Über- oder Unterordnungsverhältnis. Insoweit erscheint – wie bereits aufgezeigt – die Zuerkennung voller Völkerrechtssubjektivität im Hinblick auf den Gesamtcharakter des Völkerrechts als nicht wünschenswert.

bb) Sozialistische Auffassung

Die Völkerbund-Ära erweckte – schon ob der Bezeichnung „Völkerbund" – die Hoffnung, daß als Rechtsträger auf völkerrechtlicher Ebene nunmehr auch Völker und Volksgruppen in Erscheinung treten könnten. Um den Unabhängigkeitskampf der nach ihrer Ansicht unterdrückten Völker zu unterstützen, hat sich im weiteren Verlauf des 20. Jahrhundert die Sowjetunion diese Forderung zu eigen gemacht. Diese Bestrebungen konnten sich aber nicht durchsetzen[419].

---

419 Kimminich, Rechtsprobleme, S. 49.

cc) Neuere Tendenzen

Es erscheint im Lichte der neueren Entwicklungen im Völkerrecht nicht angezeigt, die Frage nach Gruppenrechten und speziell der Völkerrechtssubjektivität von Gruppen im Völkerrecht ad acta legen zu wollen[420]. Denn in der neueren völkerrechtlichen Entwicklung werden durchaus auch andere Institutionen als souveräne Staaten mit mindestens begrenzter Rechtspersönlichkeit ausgestattet[421]. So spiegelt eben auch die völkerrechtliche Beschäftigung mit der Volksgruppenproblematik insoweit welthistorische Ereignisse wider[422]. Nicht nur der Zerfall des Vielvölkerstaates Sowjetunion, sondern die gerade gegenwärtigen vielfältigen Konflikte zwischen Volksgruppen, unterhalb der Staatenebene, verdeutlichen, daß die internationale Gemeinschaft künftig nicht nur den Staaten Rechte und Pflichten zubilligen kann, will sie ihren Anspruch als umfassendes Konfliktverhütungsinstrument aufrechterhalten[423]. Denn auch wenn der Volksgruppenbegriff mißbraucht wurde, so sind doch die Probleme, die bisweilen durch die Schaffung von Pseudo-Nationalstaaten auf dem Gebiet dort siedelnder ethnischer Minderheiten entstanden sind, vielfach noch heute virulent[424].

dd) Finalität völkerrechtlicher Schutznormen

Für eine Ausdehnung der Völkerrechtssubjektivität auf die autochthone Volksgruppe selbst sprechen gewichtige Gründe, die im positiven Völkerrecht zu suchen sind. So ist es ja gerade Sinn und Zweck einiger Verträge, den Volksgruppen Schutz zu gewähren.

Erst im Jahre 1966 wurde im IPbpR in Art. 27 ein internationaler Minderheitenschutz festgeschrieben[425]. Die Regelung ist der einzige universell verbindliche Schutz der Minderheiten[426]. Nicht unmöglich ist auch, in Art. 27 IPbpR eine Stütze für die hier vertretene These der Völkerrechtssubjektivität von Volks-

---

420 Ähnlich auch Hummer, in: Neuhold/Hummer/Streuer, Rn. 1183; vorsichtig in diese Richtung tendiert wohl auch Gornig, in: AWR-Bulletin 1991, S. 73 (75); vgl. auch Heintze, in: The Protection, S. 3, der allerdings die partielle Völkerrechtsfähigkeit indigener Völker im Blick hat.

421 Schillhorn, S. 33.

422 Kimminich, Rechtsprobleme, S. 51.

423 Hönig, S. 211, bringt in diesem Zusammenhang das Stichwort „Globalisierung".

424 Kimminich, Rechtsprobleme, S. 51.

425 BGBl. 1973 II, 1543.

426 Tomuschat, in: FS für Mosler, S. 949; Duchrow, S. 18.

gruppen zu sehen[427]. Das in Art. 27 IPbpR formulierte Beschwerderecht beinhaltet mit der Formulierung „gemeinsam mit anderen Angehörigen ihrer Gruppe" ein kollektives Element[428]. Zwar wird in Art. 27 IPbpR nicht explizit von Volksgruppen geredet, die hier vertretene Auslegung unter Berücksichtigung des internationalen völkerrechtswissenschaftlichen Sprachgebrauchs muß aber dazu führen, daß gerade auch Volksgruppen hier adressiert werden[429]. So hat auch der Menschenrechtsausschuß in der Lubicon-Lake-Band-Entscheidung die Dimension der kollektiven Rechte mit den traditionell gewährten Individualrechten verbunden[430]. Damit verfügt auch das Beschwerdeverfahren nach Art. 1 ff. des Fakultativprotokolls zum IPbpR über ein kollektives Element. Auch wenn hierbei noch nichts über die Vertretungsbefugnis für die berechtigte Gruppe gesagt wird, so ist doch auch der kollektive Ansatz ersichtlich. Art. 27 IPbpR unterstützt damit die These der Völkerrechtssubjektivität von Volksgruppen.

ee) Effektivere Geltung des Menschenrechtsschutzes

Auch im Hinblick auf den Menschenrechtsschutz ist festzustellen, daß durch die sukzessive völkerrechtliche Normierung der Menschenrechte Regelungsbereiche der allein nationalen Kompetenz entzogen und dem Völkerrecht eingegliedert wurden[431]. Fraglich ist dann jedoch auch, ob die alleinige Konzentration auf die individuellen Menschenrechte den Interessen des internationalen Menschenrechtsschutzes dient. So haben die Menschenrechtsverträge gerade die Verletzungen von Personen aufgrund ihrer Zugehörigkeit zu einer bestimmten Gruppe als Hintergrund[432]. Daß auch Gruppenrechte komplementär den Menschenrechtsschutz zu verstärken vermögen, deutet schon eine Auffassung aus der Völkerrechtsliteratur an: „Nur die Individuen als ursprüngliche Rechtssubjekte anzuerkennen heißt, die Teile in die Hand nehmen, nachdem man das geistige

---

427 Diese Dimension wird schon im Kitok-Fall erkannt; vgl. dazu Schneeweiß, S. 83, unter Hinweis auf Kitok vs. Sweden, Communication No. 197/1985, UN-Doc. A/43/40, S. 221 (Entscheidung v. 10.08.1988).

428 Blumenwitz, Schutzmechanismen, S. 96; Niewerth, S. 65 ff.

429 Baer, S. 208 f.; bezüglich der internationalen Anerkennung zurückhaltender sieht dies freilich Bils, S. 262.

430 Dazu ausführlich, Niewerth, S. 65 ff.

431 Schillhorn, S. 33; nach Fink, in: Forum für Kultur und Politik 1999, S. 7 (11), trägt gerade dies zu einer größeren Wirksamkeit des Völkerrechts bei.

432 Schroder, S. 48.

Band zwischen ihnen zerrissen hat"[433]. Die Fokussierung auf individuelle Rechte ist unter rechtsdogmatischen Gesichtspunkten freilich dem christlich-okzidentalen Menschenrechtsverständnis geschuldet, nach dem Menschenrechte zuerst individuelle Rechte sind[434].

ff) Parallelität zur Weiterentwicklung von Individualrechten

Ebenso, wie das Völkerrecht zusehends auch diejenigen Einzelpersonen als Träger individueller Rechte zur Kenntnis nimmt, die ohne Mediatisierung durch einen souveränen Staat – allerdings aufgrund von Vertragsrecht – völkerrechtlich in Erscheinung treten[435], müssen gleichfalls Gruppen als Träger eigener Rechte berücksichtigt werden, die sich in derselben Situation befinden, also international aktiv oder mindestens präsent sind, ohne jedoch einen Staat zu repräsentieren[436].

Die Verankerung von Gruppenrechten, wie etwa in der „Allgemeinen Erklärung über die Rechte der indigenen Völker" der Unterkommission des Menschenrechtsausschusses von 1994[437], reiht sich in jene neueren Tendenzen ein, Gruppenrechte im Völkerrecht anzuerkennen, was dem langjährigen Vorrang der Individualrechte widerspricht[438]. Die Zubilligung von – zumindest partieller – Völkerrechtssubjektivität an Volksgruppen ist dann auch kaum als radikale Wendung des Völkerrechts anzusehen, sondern vielmehr als Anpassung an gegebene Realitäten und damit lediglich als Weiterentwicklung des bislang geltenden Völkerrechts[439]. So wird heute auch anerkannten Befreiungsorganisationen, ohne daß diese Staatsqualität besitzen, partielle Völkerrechtssubjektivität zuerkannt[440].

---

433 Pernthaler, Gemeinschaften, S. 9.

434 Kimminich, Rechtsprobleme, S. 82.

435 Kugelmann, in: AVR 39 (2001), S. 233 (235).

436 Kimminich, Rechtsprobleme, S. 49; Tomuschat, in: FS für Partsch, S. 183 (211); mit einem etwas anderen - menschenrechtlichen - Ansatz will auch de Quadros Minderheiten eigene Rechte zuerkennen, in: FS für Schambeck, S. 853 (855 ff.).

437 Der Text ist der Resolution als Anlage beigefügt, E/CN.4/1995/2-E/CN.4/Sub.2/1994/56 v. 28.10.1994; dazu auch Wolfrum, in: ZaöRV 59 (1999), S. 369 (370 ff.).

438 Hausotter, in: Vereinte Nationen 2001, S. 135; allerdings gehen auch heute bspw. die Lund-Empfehlungen von einer rein individualrechtlichen Dimension der Menschen- und Minderheitenrechte aus.

439 In diese Richtung auch Hafner, in: Ermacora/Tretter/Pelzl, S. 178.

440 Williams-Vedder, S. 194; Verdross/Simma, § 409.

Erkennt man grundsätzlich die individualrechtliche Dimension der Menschenrechte an, ist freilich nicht einzusehen, warum an die Position des der staatlichen Personal- und Territorialhoheit unterworfenen Individuums nicht eine gleichfalls dieser Hoheit unterworfene Gruppe von Individuen treten kann[441]. Dabei wäre vorauszusetzen, daß es Rechte gibt, die der Gruppe als solcher zustehen. Diese Ansicht drängt sich in den Fällen, in denen Volksgruppen ohne Ansehen des einzelnen enteignet und vertrieben werden, gerade auf. Insbesondere bei aufgrund staatlicher Regelungen vorgenommenen Enteignungen einer bestimmten Volksgruppe ist deren Betroffensein als Kollektiv offensichtlich.

Auch aus systematischen Gründen kann die Völkerrechtssubjektivität von Volksgruppen nicht ausgeschlossen werden[442]. Wenn im Völkerrecht immer mehr auch dem Individuum Rechtssubjektivität zuerkannt wird, wobei dies sowohl in der Völkerrechtspraxis als auch in der Völkerrechtslehre eher zunimmt, erscheint eine Berücksichtigung von Volksgruppen in diesem Kontext als substaatliches Gefüge logisch möglich. Bedenkt man, daß Gruppen als Zwischenstufe auf der Linie vom einzelnen zum – ohnehin als geborenes Völkerrechtssubjekt anerkannten – Staat mit seinem Staatsvolk stehen, so muß in einem Schluß *a maiore ad minus* auch die grundsätzliche Möglichkeit der Völkerrechtssubjektivität von Volksgruppen, als quasi Volksfragmenten, angenommen werden. Dabei ist aber zwischen Volksgruppe und Volk zu differenzieren. Letzteres nimmt – bis auf die Ausnahme des Selbstbestimmungsrechts der Völker – bisher grundsätzlich nur mit Hilfe des Staates, als dessen Element es betrachtet wird, am Völkerrecht teil[443].

gg) Völkerrechtssubjektivität im Zuge des Selbstbestimmungsrechts?

Daß Volksgruppen Träger des Selbstbestimmungsrechts sind, stellt eine Anomalie des geltenden Völkerrechts dar, da Völkerrechtssubjekte, also Träger völkerrechtlicher Rechte und Pflichten, bislang eben nur die souveränen Staaten, Internationale Organisationen und andere Gebilde waren[444]. Aufgrund dieser Ausnahme der Zuerkennung von Völkerrechtssubjektivität von Volksgruppen bezüglich des Selbstbestimmungsrechts ist fraglich, ob es sich um eine einmalige

---

441 Kimminich, Rechtsprobleme, S. 82.

442 Dies erkennt auch Schillhorn, S. 36, an. Freilich werden die fürsprechenden Argumente äußerst vorsichtig vertreten und im Ergebnis zugunsten des koordinationsrechtlichen Charakters des Völkerrechts verworfen.

443 Kimminich, Rechtsprobleme, S. 83.

444 Kimminich, Rechtsprobleme, S. 123.

Ausnahme handelt, oder ob die Zuerkennung umfassender sein kann. Freilich sind Ausnahmen im Rahmen herkömmlicher juristischer Interpretation grundsätzlich eher eng auszulegen; für die Ausweitung der zuerkannten Völkerrechtssubjektivität sprechen aber, im Hinblick auf die gewandelte Völkerrechtsrealität der letzten Dekade, gute Gründe[445].

Die Völkerrechtssubjektivität im Rahmen des Selbstbestimmungsrechts kann daher kaum allein stehen.

hh) Einschränkungen

(1) Umfang der Völkerrechtssubjektivität

Zu überlegen ist allerdings, ob hierbei von einer vollen Völkerrechtssubjektivität der Volksgruppe auszugehen ist. Dies erscheint im Hinblick auf die noch vorherrschende Sichtweise des Völkerrechts – eben als Verkehrsrecht der Staaten – gegenwärtig ausgeschlossen. Indes ist bei einer partiellen Völkerrechtssubjektivität von Volksgruppen deren sukzessive Ausdehnung festzustellen. Es ist kaum einzusehen, warum Volksgruppen im Rahmen des ihnen zuerkannten Selbstbestimmungsrechts theoretisch sogar zur Sezession berechtigt sein sollen[446], im Falle einer Konfiskation aber keine eigenen Rechte geltend machen dürfen. Insoweit ist die Völkerrechtssubjektivität zumindest um diesen Bereich zu erweitern. Hierbei erscheint eine Orientierung an den verschiedenen Völkerrechtsquellen, vor allem minderheitenrechtlicher und menschenrechtlicher Art, angezeigt.

Zu beachten ist in diesem Zusammenhang, daß in diesen Völkerrechtsquellen grundsätzlich auch in Belangen, welche die betroffene Volksgruppe angehen, bisher lediglich Individualrechtsmittel zur Verfügung stehen[447]. Dies wird dem intendierten Ausschluß der Popularklage geschuldet. Die Ausdehnung der Klagebefugnis auf die Volksgruppen käme nicht nur diesen, sondern auch dem einzelnen selbst zugute und würde so die Individualrechtsmittel unterstützen.

---

445 Dies entspricht auch dem Geist der SVN und der antikolonialistischen Ausprägung des Selbstbestimmungsrechts der Völker, vgl. Verdross/Simma, § 409.

446 Vgl. Kimminich, Rechtsprobleme, S. 125.

447 Dazu Kugelmann, in: AVR 39 (2001), S. 234 (265).

(2) Völkerrechtssubjektivität nur diskriminierter Volksgruppen?

Eine Einschränkung könnte auch in die Richtung vorgenommen werden, daß von der Frage der Völkerrechtssubjektivität auch nur diejenigen Volksgruppen erfaßt sein sollten, die von dem betreffenden Territorialstaat diskriminiert werden[448], da erst dann ein Bedürfnis für eine so tiefgreifende Erweiterung der Akteure im koordinationsrechtlichen System des Völkerrechts gegeben sei. Jedoch ist eine solche Einschränkung schon wegen der kaum zu klärenden Maßstäbe, wann eine entsprechende Diskriminierung vorliegt, abzulehnen.

ii) Exkurs: Problematik von Volksgruppenrechten für Zuwanderungsminderheiten

Soweit – wie in der vorliegenden Untersuchung – von der wenigstens partiellen Zuerkennung eigener Rechte für Volksgruppen ausgegangen wird, stellt sich die Frage, ob auch Zuwanderungsminderheiten in den Genuß solcher Rechte kommen können[449]. Betrachtet man den hier vertretenen Ansatz, daß Volksgruppen als objektives Bestimmungsmerkmal ein angestammtes Siedlungsgebiet haben, so ist fraglich, ab welchem Zeitablauf ein Siedlungsgebiet als angestammt bezeichnet werden kann. Denn ab einem bestimmten Zeitpunkt der Siedlungsdauer muß das besiedelte Gebiet ja notwendig als „angestammt" bezeichnet werden können[450]. Nicht anders ist auch die gegenwärtige Situation nach der europäischen Völkerwanderung entstanden. Die gegenwärtige Migrationsbewegung steht in zahlenmäßiger Dimension kaum der Wanderung am Ende der Antike und zu Beginn des frühen Mittelalters nach[451]. Insofern wird konkret immer die Frage zu stellen sein, wann zu den Minderheiten nicht nur die bodenständigen Volksgruppen, sondern eben auch Zuwanderer zu zählen sind. Die Beantwortung dieser Frage strahlt unter finalen Aspekten in die hier im Schwerpunkt erörterte Frage der Völkerrechtssubjektivität von Volksgruppen hinein.

Bezüglich der Zuerkennung des Volksgruppen- oder Minderheitenstatus wird aber – unter Berufung auf das objektive Merkmal „angestammtes Siedlungsge-

---

448 Für diese Einschränkung plädiert, freilich mit etwas anderer Zielrichtung, auch de Quadros, in: FS für Schambeck, S. 853 (858); im Ergebnis auch Heintze, in: Osteuropa 2002, S. 598 (605).

449 Kimminich, Rechtsprobleme, S. 114 f.; Schroder, S. 46.

450 Ähnlich sieht dies auch Niewerth, S. 44, der aber einen dauerhaften Aufenthalt ausreichen läßt.

451 Vgl. Kimminich, Rechtsprobleme, S. 115.

biet“ – die Verwurzelung der Gruppe in dem Siedlungsgebiet zu fordern sein. Diese kann kaum ad hoc eintreten, der Verbleib der Gruppe über mindestens drei Generationen respektive 100 Jahre hinweg erscheint als eher brauchbarer Ansatz[452]. In diesem Kontext ist zu berücksichtigen, daß für den zukünftigen Fall der Zuerkennung eines Volksgruppenstatus dieser kaum zusätzlich neben den bisherigen ausländerrechtlichen Status treten kann. Ein gleichsam doppelter Schutz durch Verfassungs- und Völkerrecht erscheint im Hinblick auf geltendes Völkerrecht weder angelegt noch wünschenswert[453].

jj) Zwischenergebnis

Festzuhalten bleibt, daß zumindest in Westeuropa gegenwärtig Zuwanderungsminderheiten aufgrund des fehlenden Zeitablaufs ihrer Ansiedlung keinen Volksgruppenstatus erlangen können. Ihnen bleibt, anders als den autochthonen Volksgruppen, Völkerrechtssubjektivität versagt. Bezüglich letzteren ist im Hinblick auf die sich wandelnden Anforderungen an das Völkerrecht von einer Völkerrechtssubjektivität *in statu nascendi* und gegenwärtig von einer partiellen Völkerrechtssubjektivität auszugehen.

d) Repräsentation der Gruppe

Problematisch ist, sofern Volksgruppen also Völkerrechtssubjektivität zuzubilligen ist, wer auf der Völkerrechtsebene die Vertretungsbefugnis für die Gruppe besitzt. Dies ist dann unproblematisch, wenn die Volksgruppe selbst für ausreichende Legitimation des Repräsentanten sorgt[454]. Das ist dann der Fall, wenn der Vertreter durch ein demokratisches Legitimationsverfahren gekürt wird[455]. Ist solches hingegen nicht erkennbar, so ist nach den Regelungen des allgemeinen Völkerrechts zu verfahren. Dabei ist das Effektivitätsprinzip zu beachten. Zwar kommt dem Effektivitätsprinzip vor allem bei der Frage der für die Staatsqualität eines Gebietes notwendigen Staatsgewalt Bedeutung zu, aufgrund der aufgezeigten Notwendigkeit zu einer Weiterentwicklung des Völkerrechts ist der Grundsatz aber auch hier anzuwenden.

---

452 So Veiter, S. 32.

453 Kimminich, Rechtsprobleme, S. 120.

454 Vgl. hier nur das Verfahren der Lubicon Lake Band v. Canada vor dem Menschenrechtsausschuß, Nachweis in: Niewerth, S. 62.

455 Haffner, in: Ermacora/Tretter/Pelzl, S. 125 (178).

Im internationalen Kontext ist nämlich die demokratische Legitimation einer Vertretung jedenfalls dann unbeachtlich, wenn sich ihre Hoheitsgewalt über ein Gebiet tatsächlich durchgesetzt hat[456]. Die interne Rechtmäßigkeit, gemäß den staatsrechtlichen Vorgaben, ist also nicht maßgeblich beziehungsweise nur solange die neue Gewalt noch nicht effektiv ausgeübt wird. Effektivität geht vor Legitimität. Denn wie sich die Gruppe organisiert, ist trotz der fortschreitenden Berücksichtigung der Menschenrechte für eine effektive Repräsentation der Gruppe nicht relevant. Es ist vielmehr die Sache der Gruppe selbst. Dies folgt auch durch Auslegung aus dem in Art. 2 Ziff. 7 SVN angesprochenen Grundsatz der Nichteinmischung, soweit er auf nichtstaatliche Subjekte ausgedehnt wird. Mit dieser Begründung ist dann auch die Überlegung abzulehnen, Volksgruppen zum Zwecke der Demokratisierung und besseren Außenwahrnehmung in bestimmte Rechtsformen zu drängen. So ist denn auch die Organisation einer Volksgruppe als Verein im Sinne des deutschen Vereinsrechts zwar für die geforderte Legitimation ihrer Vertreter als hilfreich anzusehen. Völkerrechtlich kann dies gleichwohl nicht erwartet werden. In diesem Rahmen ist vielmehr ebenfalls lediglich die effektive Durchsetzung der Repräsentation nötig.

IV. Vertreibung und Recht auf die Heimat

Im folgenden ist die Korrelation von kollektiver Enteignung und Vertreibung von Volksgruppen zu untersuchen. Zumeist gehen kollektive Enteignungen mit Vertreibungen der betroffenen Volksgruppe einher.

1. Allgemeines

Die Erkenntnis, daß die Vertreibung von Volksgruppen und Völkern völkerrechtliches Unrecht darstellt, erscheint zunächst nicht abhängig von Kenntnissen des Völkerrechts zu sein[457]. Sie entspricht auch dem allgemeinen Rechtsgefühl und den Stellungnahmen moralischer Autoritäten[458]. Dennoch ist der Nachweis des Vertreibungsverbots gegenüber Volksgruppen im Völkerrecht nicht einfach, da das Völkerrecht in erster Linie ein Recht der Staaten ist[459] und sich erst seit

---

[456] Epping, in: Ipsen, § 5 Rn. 8.

[457] Einen Vorschlag in andere Richtung macht vorsichtig jedoch Krist, S. 122 f., der auch heute die Umsiedlung von Gruppen zur „dauerhaften Befriedung“ in Betracht zieht.

[458] So z. B. Papst Pius XII, S. 7.

[459] Verdross/Simma, § 375.

kurzer Zeit auch in die Sphäre des Verhältnisses des Gebietsstaates zu seinen Staatsbürgern ausdehnt[460]. Massenausweisungen aus ethnischen Gründen, wie sie erst in jüngster Zeitgeschichte auftreten, sind dem klassischen Völkerrecht ohnehin fremd[461].

Zwar ist bekannt, daß beispielsweise die Assyrier unter Tiglath-Pileser III. bereits 745-727 v. Chr. zur Festigung ihres Machtbereiches Deportationen ganzer Volksstämme vornahmen[462], bis zum 20. Jahrhundert erfolgten Austreibungen aber meist aus religiösen Gründen[463], oder es handelte sich um die Ausweisung von Fremden[464]. Große Bevölkerungsverschiebungen erfolgten ferner bis zu dieser Zeit nicht unter Zwang, stellten mithin keine Vertreibung dar. Die Massenausweisung von im Staat ansässigen Gruppen ist also ein weitgehend neues Phänomen[465]. Gerade das 20. Jahrhundert ist jedoch von Vertreibungen und Zwangsumsiedlungen von bislang nicht bekanntem Ausmaß gekennzeichnet[466]. Nunmehr wurde die Vertreibung als Instrument vor allem zur Beseitigung unerwünschter Minderheiten eingesetzt und bekam so einen ethnischen Charakter.

a) Abgrenzung zum völkerrechtlichen Recht auf Abweisung

Ein souveräner Staat kann für sich in Anspruch nehmen, eigene Staatsangehörige auszuweisen[467], sofern ein vom Völkerrecht anerkannter Ausweisungsgrund

---

460 Kimminich, in: Blumenwitz, Flucht und Vertreibung, S. 95 (106).

461 Gornig, in: Rill, S. 42; Blumenwitz, in: AWR-Bulletin 2000, S. 163, weist darauf hin, daß noch während der Haager Friedenskonferenz 1899-1907 kein rechtlicher Regelungsbedarf dieses Phänomens bestand; ähnlich Kimminich, Das Unrecht von 1945, in: Forum für Kultur und Politik 1996, S. 35 (38).

462 Heintze, in: HuV 2001, S. 88; Lehmler, S. 49.

463 Zu denken sei hier besonders an die zahlreichen Judenvertreibungen aus mitteleuropäischen Staaten im 13. - 15. Jahrhundert, die Ausweisung der Muslime aus Spanien 1502 sowie die Flucht der Hugenotten aus Frankreich im 17. Jahrhundert. Die britischen Vertreibungen der katholischen Iren aus Ulster erfolgten freilich, wenn auch unter religiösem Deckmantel, aus strategischem Kalkül.

464 Vgl. Kimminich, in: Blumenwitz, Flucht und Vertreibung, S. 95 (105), z. B. die Ausweisung türkischer Untertanten aus Rußland 1711; Vertreibung der Engländer aus Frankreich 1753 oder die Vertreibung der Deutschen aus Frankreich 1870.

465 So auch Gornig, in: AWR-Bulletin 1991, S. 72 (75).

466 Lehmler, S. 50 m.w.N.; Heintze, in: HuV 2001, S. 88, mit Hinweis u. a. auf die Vertreibung von Armeniern und Kurden im Nahen Osten; vgl. auch die Vertreibungen im Gefolge des Zweiten Weltkrieges.

467 Vgl. von Ullmann, S. 368; Hold-Ferneck, S. 30; Kimminich, in: Blumenwitz, Neubestätigung und Weiterentwicklung, S. 39 (45).

vorliegt[468]. Geschieht dies, so handelt es sich zunächst um eine innerstaatliche Angelegenheit. Zwischenstaatliche Implikationen zeitigen diese Maßnahmen freilich dann, wenn der so Ausgewiesene sich um Aufenthalt in einem fremdem Staat bemüht. Denn laut einem allgemeinen Grundsatz des Völkerrechts ist kein Staat verpflichtet, fremde Staatsangehörige oder Staatenlose aufzunehmen, es sei denn, er verpflichtet sich dazu durch völkerrechtliche Verträge[469]. In der Tat befassen sich zahlreiche Verträge, sowohl auf bilateraler als auch auf multilateraler Ebene mit dem Recht auf Abweisung[470] und schränken es ein[471]. Problematisch wird eine Berufung auf die souveräne Entscheidung zur Ausweisung dann, wenn es sich um Kollektivausweisungen – unter Umständen mit Strafcharakter – handelt[472].

b) Begriff der Vertreibung

aa) Vertreibung im engeren Sinne

Der Begriff entbehrt eines spezifisch rechtlichen Gehalts, so daß sich eine Definition am allgemeinen Sprachgebrauch zu orientieren hat[473]. Unter Vertreibung wird allgemein die mit Gewalt oder sonstigen Zwangsmitteln bewirkte – zumindest zeitweilige – Aussiedlung der Bevölkerung aus ihrer Heimat verstanden[474]. Dabei bildet die Durchtrennung des Bandes der betroffenen Bevölkerungsteile mit ihrem angestammten Wohnsitz gleichsam den Kern eines jeden solchen Vorgangs[475]. Die Vertreibung ist so ein einseitiger Akt des austreibenden Staates, der darauf zielt, die unerwünschte Bevölkerungsgruppe aus dem Staatsverband zu entfernen[476]. Zentrales Kriterium von Vertreibungsakten ist die Anwendung oder zumindest Androhung von Gewalt und Zwangsmaßnahmen[477]. Kenn-

---

468 So auch Gornig, in: AWR-Bulletin 1991, S. 72 (77).

469 Seidl-Hohenveldern, in: Neuhold/Hummer/Schreuer, Rn. 995; so auch Gornig, in: AWR-Bulletin 1991, S. 72 (77 f.).

470 Z. B. Handels-, Freundschafts-, Schiffahrts-, Niederlassungs- und Konsularverträge.

471 So etwa Art. 32 der Genfer Flüchtlingskonvention v. 28.7.1958, enger Art. 3 des Europäischen Niederlassungsabkommen v. 13.12.1955; Art. 13 des Internationalen Paktes über bürgerliche und politische Rechte v. 19.12.1966.

472 Kimminich, in: Blumenwitz, Neubestätigung und Weiterentwicklung, S. 39 (46).

473 Münch, in: Blumenwitz, Flucht und Vertreibung, S. 113 (130); Lehmler, S. 65.

474 Lehmler, S.65 m.w.N.; Gornig, in: AWR-Bulletin 1991, Nr. 2, S. 72 (76); Krist, S. 36.

475 Lehmler, S. 57.

476 Vgl. zu den Varianten der Vertreibung auch Gornig, in: AWR-Bulletin 1991, Nr. 2, S. 72 (76).

477 Lehmler, S. 65; Blumenwitz, in: Blumenwitz, Flucht und Vertreibung, S. 3 (13).

zeichen für die Vertreibung ist mithin der behördliche Ausweisungsbefehl[478]. Die Vertreibung erfolgt in der Regel über die Grenzen des vertreibenden Staates hinweg[479]. Unter Beachtung der nicht-internationalen Konflikte müssen Vertreibungen aber nicht notwendig grenzüberschreitend erfolgen. Vielmehr erscheint das Verlassenmüssen des Wohnsitzes entscheidend[480].

bb) Flucht

Dagegen liegt terminologisch Flucht, aber keine Vertreibung dann vor, wenn die angestammte Bevölkerung von den örtlichen Machthabern durch sonstiges Tun oder Unterlassen gezwungen wird, ihre Heimat aufzugeben[481]. Sofern sie aber aufgrund staatlichen Drucks oder unter Anwendung von *vis absoluta* erfolgt, muß die rechtliche Würdigung wie im Fall der Vertreibung ausfallen[482].

c) Betroffene und Handelnde

aa) Akteur

Bei nicht-internationalen Konflikten ist mit Blick auf den Akteur von Vertreibungsmaßnahmen keine Beschränkung auf Regierungskräfte anzunehmen, so daß bei nicht grenzüberschreitenden Sachverhalten auch dann von Vertreibung zu sprechen ist, wenn sie beispielsweise von Aufständischen durchgeführt wird. Im letzteren Fall muß für eine Zurechnung der Maßnahme der Akteur lediglich die effektive Herrschaftsgewalt über das betroffene Gebiet innehaben[483].

bb) Objekt

Fraglich ist noch, wer taugliches Objekt der Vertreibung sein kann. Man könnte meinen, daß sich der Begriff nur auf die zwangsweise Entfernung fremder Staatsbürger bezieht. Insofern könnte es sich um eine Parallele zum Ausweisungsbegriff handeln[484]. Eine personelle Einschränkung erfolgt aber nicht, da

---

478 Gornig, AWR-Bulletin 2000, S. 19 (22).

479 Bülck, in: Schlochauer, S. 560.

480 Münch, in: Blumenwitz, Flucht und Vertreibung, S. 113 (117); Lehmler, S. 66.

481 Blumenwitz, in: Blumenwitz, Flucht und Vertreibung, S. 3 (13); Gornig, in: Blumenwitz/Gornig, Rechtliche und politische Perspektiven, S. 22 (40).

482 Lehmler, S. 58.

483 Lehmler, S. 68.

484 Vgl. z. B. Union Académique Internationale, Dictionnaire, S. 279.

Opfer des Phänomens – unabhängig von möglichen Legalitätserwägungen – sowohl eigene als auch fremde Staatsangehörige sein können[485].

2. *Völkerrechtliches Vertreibungsverbot*

Völkerrechtlich sind drei Arten von Normen abzugrenzen, durch welche die Vertreibung verboten wird[486]. Es muß zwischen dem Verbot der Vertreibung, unabhängig von der Staatsangehörigkeit der Betroffenen, dem Verbot der Vertreibung fremder Staatsangehöriger und dem Verbot der Vertreibung eigener Staatsangehöriger unterschieden werden. Darüber hinaus ist zu differenzieren, ob ein Staat fremde Staatsangehörige aus dem von ihm kriegerisch besetzten Gebiet vertreibt oder ob es sich um eine Vertreibung eigener oder fremder Staatsangehöriger – sofern diese eine unerwünschte Minderheit darstellen – aus seinem eigenen Staatsgebiet handelt[487].

a) Völkervertragsrecht

aa) Vor dem Zweiten Weltkrieg

Obwohl hinsichtlich des Bestehens eines Vertreibungsverbots bis zum Ende des Zweiten Weltkrieges scheinbar Einigkeit herrscht, ist der Nachweis dennoch schwierig, fehlen doch konkrete Normen. Es erscheint angezeigt festzustellen, daß das völkerrechtliche Vertreibungsverbot – wie es gegenwärtig bekannt ist – sich 1945 im Vertragsrecht noch nicht herausgebildet hatte[488]. Dies gründet vornehmlich darauf, daß viele der heute einschlägigen völkerrechtlichen Instrumente zu diesem Zeitpunkt noch nicht formuliert oder zumindest noch nicht in Kraft getreten waren. Dennoch ist natürlich mit der Erwähnung des alten „vae victis" nicht genug für die Behauptung der Rechtmäßigkeit der Handlungen getan.

(1) Haager Landkriegsordnung (HLKO)

Die HLKO äußert sich zur Deportationsfrage nicht ausdrücklich, da dieses Problem zum Zeitpunkt der Entstehung bei der Haager Friedenskonferenz noch weit-

---

485 Lehmler, S. 65 m.w.N.

486 Gornig, in: AWR-Bulletin 1991, S. 72 (76).

487 Vgl. zu dieser Differenzierung auch: Gornig, in: AWR-Bulletin 1991, Nr. 2, S. 72 (76).

488 de Zayas, in: Blumenwitz, Flucht und Vertreibung, S. 239.

hin unbekannt war[489]. Dennoch ist auch möglicherweise aus der HLKO die Völkerrechtswidrigkeit der Vertreibung abzuleiten.

(a) Normqualität

Die HLKO war ursprünglich gemäß Art. 2 des Abkommens als völkerrechtlicher Vertrag nur für die Vertragsparteien, *inter partes*, gültig. Heute werden die Regeln der HLKO gleichwohl dem Völkergewohnheitsrecht zugeordnet. Denn die HLKO hat nicht neues und eigenes Kriegsrecht begründet, sondern vielmehr bestehende Regeln kodifiziert. So ist aus Art. 9 HLKO zu ersehen, daß die allgemein verbindlichen, völkerrechtlichen Grundsätze, auf die zumindest die allgemeinen Regelungen der HLKO rekurrieren, der Bevölkerung eines von Krieg oder Besetzung betroffenen Landes einen gewissen Mindestbestand an Rechten gewährleisten[490].

(b) Anwendbarkeit

Nach der Definition ist für eine Anwendbarkeit der HLKO grundsätzlich das Vorliegen eines Kriegszustandes zu fordern. Es muß mindestens die Besetzung eines fremden Territoriums vorliegen[491].

(c) Schutzbereich

Nicht unumstritten ist, ob in der HLKO der intendierte Schutz der Zivilbevölkerung auch die eigenen Staatsangehörigen erfaßt[492]. Jedoch ist im Wege eines Erst-Recht-Schlusses zu argumentieren, daß für Personen, die nicht feindlich sind, nicht weniger Schutz gelten kann als für feindliche Personen.

(d) Regelungen

Der Text des Abkommens spricht ein Vertreibungsverbot nicht explizit aus. Nach Art. 43 HLKO muß der Besetzende jedoch die öffentliche Ordnung sowie das öffentliche Leben unter Beachtung der Landesgesetze wiederherstellen. Mit der Vornahme von Vertreibungshandlungen an denjenigen, um deren Willen letztlich die öffentliche Ordnung besteht, wird diese jedenfalls nicht hergestellt.

---

489 So auch Gornig, in: AWR-Bulletin 1991, Nr. 2, S. 72 (76).

490 Mahr, S. 27.

491 Vgl. Geisler, S. 72.

492 Vgl. Ipsen, in: ders., § 65 Rn. 12, 16 sowie § 68 Rn. 32.

Der besetzende Staat handelt gemäß Art. 55 HLKO lediglich als Verwalter und Nutznießer der Besetzungen, was kaum eine taugliche Rechtfertigung für Vertreibungsmaßnahmen ermöglicht. Für dieses Ergebnis spricht auch die sogenannte Martens'sche Formel gemäß Abs. 8 der Präambel der HLKO, wonach in jedem Fall der Schutz des Völkerrechts intakt bleibt[493]. Zu beachten ist auch Art. 49 Abs. 1 des IV. Genfer Abkommens, welcher Einzel- und Massenzwangsverschickungen untersagt[494]. Art. 46 und Art. 47 HLKO schützen daneben die Rechte der Familien sowie Leben und Eigentum. In Art. 46 HLKO wird sogar ausdrücklich ein Konfiskationsverbot statuiert, wenngleich dies in anderen Artikeln relativiert wird (z. B. Art. 49 und 52 HLKO). In toto sprechen auch diese Normen eher für die Existenz eines Vertreibungsverbots.

(2) Völkerrechtliches Delikt

Ein Verbot der Vertreibung könnte aus dem Statut des Nürnberger Militärgerichtshofes hergeleitet werden; das Vertreibungsverbot wurde als völkerrechtliches Delikt normiert[495]. So wertet Art. 6 (c) des Statuts des Nürnberger Militärgerichtshofs Vertreibungen wegen der Verletzung des Kernbereichs der Menschenrechte als Verbrechen gegen die Menschlichkeit[496]. Nach Art. 6 (b) des Statuts sind Vertreibungen, nämlich die Deportation von Angehörigen der Zivilbevölkerung, zudem als Kriegsverbrechen zu qualifizieren[497]. Es ergibt sich somit auch aus diesen Regelungen ein Verbot vertreibender Maßnahmen.

(3) Resümee

Damit ist – schon aus diesen Quellen – für die Zeit vor dem Ende des Zweiten Weltkriegs ein völkerrechtliches Vertreibungsverbot nachweisbar.

bb) Nach dem Zweiten Weltkrieg

Eine Kodifikation, welche speziell ein Vertreibungsverbot ausspricht, existiert im Völkerrecht gegenwärtig nicht[498]. Es könnte aber abzuleiten sein.

---

493 So auch Gornig, in: AWR-Bulletin 2000, S. 19 (23).

494 Kimminich, Das Recht auf die Heimat, S. 184 ff.; Anstötz, S. 133.

495 Dazu Zayas, in: Blumenwitz, Flucht und Vertreibung, S. 239 f.

496 Gornig, in: Neue Justiz 1992, S. 4 (8); ähnlich auch von der Beck, S. 190.

497 Die Anwendung des Kriegsrechts dauerte auch noch nach der bedingungslosen deutschen Kapitulation vom 07./08.05.1945 an.

498 Ziegler, S. 199; Fronhöfer, in: AVR 34 (1996), S. 276 (282).

(1) Völkermordkonvention

In der Konvention über die Verhütung und Bestrafung des Völkermords vom 9. Dezember 1948[499] wird Völkermord als eine Handlung definiert, die in der Absicht begangen wird, „eine nationale, ethnische, rassische oder religiöse Gruppe als solche ganz oder teilweise zu zerstören"[500]. Unter solch einer Handlung kann auch die „Verursachung von schweren körperlichen oder seelischen Schäden an Mitgliedern der Gruppe" und die „vorsätzliche Auferlegung von Lebensbedingungen für die Gruppe" verstanden werden, sofern diese „geeignet sind, ihre körperliche Zerstörung ganz oder teilweise herbeizuführen". Schutzgut der Konvention ist die Erhaltung der Gruppe und ihres sozialen Zusammenhalts in ihrem angestammten Siedlungsgebiet[501]. Die durch systematische Vertreibung auferlegten Lebensbedingungen erscheinen daher geeignet, die Gruppe als solche in ihrer Existenz zu gefährden[502]. Zu fordern für den Verstoß gegen die Konvention ist über den objektiven Tatbestand hinaus aber auch eine auf die Vernichtung der Gruppe gerichtete Absicht[503]. Vertreibungsmaßnahmen können somit den Völkermordtatbestand erfüllen[504].

(2) Genfer Abkommen zum Schutze von Zivilpersonen in Kriegszeiten

Zivilpersonen, welche sich im Machtbereich einer Konfliktpartei aufhalten, ohne deren Staatsangehörige zu sein, werden durch die Art. 27-46 des IV. Genfer Abkommens[505] sowie durch die Art. 72-79 des 39. Zusatzprotokolls zu den Genfer Abkommen geschützt. Damit sind geschützte Personen, neben Ausländern, die Staatsangehörigen des Konfliktgegners, auch wenn sie sich auf faktisch besetztem Gebiet aufhalten[506]. Aus dem IV. Genfer Abkommen zum Schutze von Zivilpersonen in Kriegszeiten vom 12. August 1949 ergibt sich auch ein Deportationsverbot. Durch Art. 49 Absatz 1 des IV. Genfer Abkommens werden Einzel-

---

499 Text: BGBl. 1954 II, S. 730 ff.

500 Vgl. hierzu auch Safferling, in: JuS 2001, S. 735 (746); Schneeweiß, S. 63 f.

501 Dazu BGHSt. 45, S. 65 (80), sowie das Schreiben des bayerischen Ministerpräsidenten an den Präsidenten der EU-Kommission und den Präsidenten des Europäischen Parlaments, Nr. A III 7-020189-8-470.

502 Zurückhaltender zu dieser Schutzrichtung äußert sich allerdings Kugelmann, in: AVR 39 (2001), S. 233 (244 f.).

503 Schneeweiß, S. 64.

504 Vgl. auch Dam, S. 57; Anstötz, S. 132, der die Vertreibung allerdings eher als Verbrechen gegen die Menschlichkeit i.S.d. Art. 1 IÜRD einordnet.

505 BGBl. 1990 II, S. 1551, 1637.

506 Ipsen, in: ders., § 69 Rn. 11.

oder Massenzwangsverschickungen sowie die Vertreibung von geschützten Personen von besetztem Gebiet – ohne Rechtfertigungsmöglichkeit – verboten. Absatz 2 statuiert eine solche Rechtfertigung in engen Grenzen. Nach Absatz 2 Satz 3 besteht die Verpflichtung, Vertriebene unmittelbar in ihre Heimat zurückkehren zu lassen. Art. 49 Abs. 2 Satz 3 des IV. Genfer Abkommens gewährt der vertriebenen Bevölkerung also ein Rückkehrrecht in ihre Heimat[507]. Darüber hinaus verbietet Art. 52 alle gezielten Maßnahmen zur Schaffung von Arbeitslosigkeit, da bei der Bevölkerung auch insoweit der Exodus aus der Heimat erreicht werden könne.

(3) Viertes Zusatzprotokoll zur Europäischen Menschenrechtskonvention

Ein Vertreibungsverbot für fremde Staatsbürger findet sich in Art. 4 des Vierten Zusatzprotokolls zur Europäischen Menschenrechtskonvention (EMRK) vom 16. September 1963[508]. Kollektivausweisungen von Ausländern sind hiernach unzulässig. Dabei gibt die Norm freilich bereits geltendes Völkerrecht wieder[509]. Das Vierte Zusatzprotokoll zur Europäischen Menschenrechtskonvention verankert aber daneben in Art. 3 Abs. 1 auch ein Vertreibungsverbot eigener Staatsangehöriger. Hiernach darf niemand aus dem Hoheitsgebiet des Staates, dessen Staatsbürger er ist, durch Einzel- oder Kollektivmaßnahmen ausgewiesen werden. Im übrigen wird vom Völkerrecht gefordert, daß Fremde vor willkürlicher Ausweisung zu schützen sind, es sei denn völkerrechtlich anerkannter Ausweisungsgrund liege vor[510].

(4) Verstoß gegen weitere Menschenrechtspakte

Zwangsumsiedlungen können gegen weitere Menschenrechtspakte verstoßen und als Verstoß gegen Individualrechte zu werten sein. In Betracht kommen dabei die Regelungen zum Schutze der persönlichen Freiheit und Sicherheit gemäß Art. 3 AEMR und Art. 9 Abs. 1 IPbpR, ebenso die zum Schutze der freien Wahl des Wohnsitzes gemäß Art. 12 Abs. 1 IPbpR und zur Achtung der Privatsphäre gemäß Art. 12 AEMR[511].

---

507 So auch Parameswaran, in: AVR 41 (2003), S. 1 (44).
508 Text: BGBl. 1968 II, S. 423 ff.
509 Kimminich, in: Blumenwitz, Neubestätigung und Weiterentwicklung, S. 39 (47).
510 Gornig, Refoulementverbot, S. 6.
511 de Zayas, in Rill, S. 36 f.; Pallay, S. 228 ff.

b) Völkergewohnheitsrecht

Im Völkergewohnheitsrecht gilt der Satz, daß kein Staat Nichtstaatsangehörige aufnehmen muß[512]. Daraus folgt schließlich das Verbot, eigene Staatsangehörige auszuweisen[513]. Insofern kann auch hier auf ein Vertreibungsverbot geschlossen werden. Im übrigen ist dann völkergewohnheitsrechtlich ebenso die Massenausweisung verboten[514]. Das Völkergewohnheitsrecht erkennt somit die Aufhebung der Verbindung zwischen Bevölkerung und angestammtem Siedlungsgebiet nur bei freiwilligem Abwanderungsentschluß als rechtmäßig an[515]. Dies kann gewohnheitsrechtlich auch aus dem Selbstbestimmungsrecht der Völker hergeleitet werden, da auch die Wahl des Siedlungsgebiets ein Aspekt der Selbstbestimmung ist[516]. Das Vertreibungsverbot hat dann kollektivrechtlichen Charakter[517]. So kann der Tatbestand der Völkermordkonvention auch auf solche Sachverhalte angewendet werden, die vor dem Inkrafttreten der Konvention liegen[518].

3. Recht auf die Heimat

Auch wenn die Herkunft des Terminus aus der deutschen Völkerrechtswissenschaft auf einen Bezug auf die ehemals von Deutschen besiedelten Gebiete hinzudeuten scheint, so wird doch von dem Institut gegenwärtig keine bestimmte Adressatengruppe besonders angesprochen[519]. Es geht also nicht um zeitlich oder räumlich begrenzte Fragen bei der Einordnung dieses hochaktuellen Rechts; vielmehr handelt es sich um ein Menschenrecht für alle[520]. Es geht um Grundfragen der internationalen Rechtsordnung selbst. Die Frage nach dem Recht auf Heimat wird stets dann aktuell, wenn einzelne oder eine Gruppe aus der Heimat entfernt werden sollen.

---

512 Zu den Voraussetzungen der Ausweisung: Ziegler, S. 225 f.
513 Gornig, in: AWR-Bulletin 1991, S. 77.
514 Verdross/Simma, § 1211.
515 Gornig, in: AWR-Bulletin 2000, S. 19 (24).
516 Heintze, in: Ipsen, § 27 Rn. 12; Kimminich, Das Recht auf die Heimat, S. 169 ff.
517 Anstötz, S. 132.
518 Vgl. ICJ Rep. 1951, S. 15 ff.; Blumenwitz, Rechtsgutachten, S. 26.
519 Heintze, in: HuV 2001, S. 88 (93); ähnlich Tomuschat, in: FS für Partsch, S. 183; Parameswaran, in: AVR 41 (2003), S. 1 (4).
520 Kimminich, in: Blumenwitz, Neubestätigung und Weiterentwicklung, S. 39.

a) Feststellung des Tatbestands des Rechts auf die Heimat

aa) Begriff und Inhalt von „Heimat“

Im Rahmen der völkerrechtlichen Diskussion um ein Recht auf die Heimat als dem Recht zum Verbleib an einem bestimmten Aufenthaltsort[521] werden zunächst verschiedene Heimatbegriffe erörtert[522]. Es ist also die Frage zu beantworten, was „Heimat“ eigentlich ist[523]. Dabei werden in teilweise unterschiedlicher Ausprägung die Komponenten Raum, soziale Umwelt und Zeit miteinander verknüpft[524]. Weitgehend unstreitig ist, daß das Wort „Heimat“ keine ausschließlich deutsche Bedeutung hat[525]. Auch andere Sprachen kennen den Begriff oder doch zumindest Synonyme und Umschreibungen.

Auch im verfassungsrechtlichen Schrifttum findet sich der Begriff „Heimat“, so vor allem im Zusammenhang mit der Kommentierung von Art. 3 Abs. 3 GG. Durch ihn wird unter anderem verboten, jemanden wegen seiner Heimat und Herkunft zu benachteiligen oder zu bevorzugen. Dabei wird Heimat gekennzeichnet durch die örtliche (räumliche) Herkunft und Ansässigkeit[526]. Eine positive Definition leistet das Verfassungsrecht allerdings nicht. Über diese Definition hinaus ist der Begriff der Heimat freilich auch emotional beladen, ist doch die Heimat ein Ort, welcher einem lieb und teuer ist[527].

Einer exakten Begriffsbestimmung unter juristischen Aspekten entspricht eine primäre Anknüpfung an das territoriale Element der Wohnsitzbegründung. Wohnsitz ist dabei der ererbte oder freiwillig gewählte Ort, von dem man in der Absicht dauernden Verbleibens seine Rechte wahrnehmen und seine Pflichten erfüllen will[528]. Dafür spricht auch die Verwendung des bestimmten Artikels bei der Bezeichnung der Norm, wodurch die Heimat als ein spezieller Ort gekenn-

---

521 Heintze, in: HuV 2001, S. 88 (93); Parameswaran, in: AVR 41 (2003), S. 1 (4), der auch den Inhalt des Rechts erörtert.

522 Lehmler, S. 57; Ziegler, S. 235 f.; weniger differenziert äußert sich Heintze, in: HuV 2001, S. 88 (93), der die Heimat als vorgegeben und in praxi undefinierbar betrachtet.

523 Lehmler, S. 57.

524 Kimminich, in: Blumenwitz, Neubestätigung und Weiterentwicklung, S. 39 (41); Lehmler, S. 57.

525 So auch Gornig, in: AWR-Bulletin 2000, S. 19.

526 Starck, S. 210; Dürig, in: M/D/H/S, Bd. I, Rn. 75 zu Art. 3 III.

527 Gornig, AWR-Bulletin 2000, S. 19 (20).

528 Lehmler, S. 58; ähnlich auch von Starck, S. 210.

zeichnet wird[529]. Die dort ansässigen Menschen müssen zu dem Raum eine besondere Beziehung haben. Sowohl Raum als auch Bevölkerung werden auch gerade durch diese Beziehung näher bestimmt[530]. Insofern ist Schutzgut vorliegend das Recht, an diesem Ort ungestört zu verbleiben und gegebenenfalls jederzeit dorthin zurückzukehren[531]. Der Verstoß dagegen führt zu einer Durchtrennung des rechtlichen Bandes zwischen diesem Ort und der Bevölkerung als Träger dieses Rechtsgutes. Ausweisungen und Deportationen aus diskriminatorischen Gründen sind ebenso völkerrechtswidrig wie die Vertreibung als „ethnische Säuberung"[532]. Aus der Verletzung des Rechts auf die Heimat folgt das damit korrespondierende Recht auf die Rückkehr[533]. Nicht relevant ist dabei die Frage, ob die Heimat durch eine Staatsgrenze getrennt wird[534].

bb) Rechtsträgerschaft

Es könnte angenommen werden, daß das Recht auf die Heimat, beziehungsweise das Recht auf die Rückkehr dorthin, jedem einzelnen zusteht[535]. Andererseits könnte es sich aber auch um eine Berechtigung von Stämmen, Volksgruppen und Völkern handeln[536]. Freilich ist die Notwendigkeit einer Einschränkung nicht ersichtlich, da Gruppenrechte die Existenz von Individualrechten nicht ausschließen müssen. Ebenso können sie durch Individualrechte geschützt werden[537]. Allerdings kommt das Staatsvolk als solches eher weniger als Rechtsträger in Betracht, hat es doch bereits durch den Staat die nötigen völkerrechtlichen Abwehrrechte[538].

---

529 Kimminich, in: Blumenwitz, Neubestätigung und Weiterentwicklung, S. 39 (40); Eisert, S. 178 f., weist darauf hin, daß das Recht auf die Heimat abwehrrechtlichen Charakter hat und insoweit ausschließlich in einem Recht auf die angestammte Heimat besteht.

530 Gornig, AWR-Bulletin 2000, S. 19 (20); ähnlich auch schon Fukas, S. 19.

531 Gornig, AWR-Bulletin 2000, S. 19 (21); Parameswaran, in: AVR 41 (2003), S. 1 (4), der hierbei noch auf die englischen Begriffe "right to return" sowie "repatriation" hinweist; Ziegler, S. 237.

532 Gornig, AWR-Bulletin 2000, S. 19 (21).

533 Parameswaran, in: AVR 41 (2003), S. 1 (5); Rechtsfragen, S. 8.

534 Ziegler, S. 307.

535 Kimminich, in: Blumenwitz, Neubestätigung und Weiterentwicklung, S. 39 (40); Ziegler, S. 249.

536 Fronhöfer, in: AVR 34 (1996), S. 276 (286); Kimminich, Das Recht auf die Heimat, S. 19.

537 Kimminich, in: Blumenwitz, Neubestätigung und Weiterentwicklung, S. 39 (40).

538 Gornig, AWR-Bulletin 2000, S. 19 (20).

Unbestritten ist, daß mit dem geltenden allgemeinen Völkerrecht davon auszugehen ist, daß jeder Staat grundsätzlich dazu verpflichtet ist, seine Staatsangehörigen auf seinem Staatsgebiet wohnen zu lassen[539]. Nicht geklärt ist damit die Frage, inwieweit dies auch für jene gilt, denen zuvor die Staatsbürgerschaft entzogen wurde. Zwar wird das völkerrechtliche Recht des Staates auf Ausweisung einzelner aufgrund seiner völkergewohnheitsrechtlichen Anerkanntheit als mit dem Recht auf Heimat konform angesehen werden müssen. Die kollektive Entziehung der Staatsangehörigkeit und die damit verbundene Ausweisung würden den Schutzgehalt des Rechts auf die Heimat allerdings vollständig aushöhlen.

b) Recht auf die Heimat in den Völkerrechtsnormen

aa) Allgemeines

Der Tatsache, daß das Völkerrecht zunächst ausschließlich ein Recht der Staaten war und sich nicht darum kümmerte, wie ein Staat seine Staatsangehörigen behandelte, folgt, daß es zunächst auch zu keinem Verbot von Massenausweisungen eigener Bürger kam[540]. Allerdings beanspruchte bereits in den vierziger Jahren des 20. Jahrhunderts das Recht auf die Heimat Gültigkeit in der internationalen Staatengemeinschaft der neu gegründeten Vereinten Nationen[541]. Das Recht auf die Heimat wird aber auch durch das Kriegsrecht mit dem bereits in der HLKO enthaltenen Deportationsverbot bestätigt, welches in Art. 49 des Genfer Abkommens zum Schutze von Zivilpersonen in Kriegszeiten vom 12. August 1949 bekräftigt wurde, sowie auch in der Völkermordkonvention vom 9. Dezember 1948[542]. Daneben kann auch aus der Behandlung der Umsiedlungsverträge in der Völkerrechtswissenschaft abgeleitet werden, daß bereits das vor dem Zweiten Weltkrieg gültige Völkerrecht ein individuelles Recht sowie ein Recht für Gruppen auf den Verbleib in der angestammten Heimat kannte[543].

---

539 Vgl. nur Kimminich, in: Blumenwitz, Neubestätigung und Weiterentwicklung, S. 39 (45).

540 Gornig, in: AWR-Bulletin 2000, S.19 (22).

541 Res. 194 (III) (1948) bzgl. des Rückkehrrechts der palästinensischen Flüchtlinge, vgl. dazu Parameswaran, in: AVR 41 (2003), S. 1 (5 ff.), mit dem Hinweis auf § 11 der Resolution, welcher ein bestehendes Prinzip oder Recht voraussetzt.

542 Kimminich, in: Blumenwitz, Neubestätigung und Weiterentwicklung, S. 39 (48).

543 Kimminich, in: Blumenwitz, Neubestätigung und Weiterentwicklung, S. 39 (48).

Zu prüfen ist nicht zuletzt, ob das Recht auf die Heimat als ein Teil des möglicherweise *ius cogens* darstellenden Selbstbestimmungsrechts der Völker anzusehen ist[544].

bb) Recht auf die Heimat im Völkervertragsrecht

(1) Schlußbericht der VN-Unterkommission für Menschenrechte

Trotz langjähriger Diskussion haben die Vereinten Nationen erst in den letzten Jahren verschiedene Schritte in Richtung der Kodifizierung des Rechts auf die Heimat und des Rückkehrrechts für Vertriebene, *„right to return to their home and property"*[545], unternommen. Dabei spielt der Schlußbericht der VN-Unterkommission für Menschenrechte vom August 1997, der aber bis heute von der Generalversammlung noch nicht als Erklärung verabschiedet wurde, eine besondere Rolle[546]. Art. 4 der Erklärung bestimmt das Recht des einzelnen, in seiner Heimat zu verbleiben, während gemäß Art. 7 Bevölkerungstransfers nicht durch internationale Vereinbarungen legalisiert werden können. In Art. 8 wird weiter ein Rückkehrrecht in das Land und den Ort der Heimat statuiert. Schließlich begründen nach Art. 9 die Bevölkerungstransfers Völkerrechtsverstöße und damit neben staatlicher Verantwortlichkeit auch individuelle strafrechtliche Verantwortlichkeit. Trotz der fehlenden Qualität als Erklärung der Generalversammlung gewinnt die in Rede stehende Erklärung, ob der Zitation durch Politiker, Wissenschaftler und Journalisten, beständig mehr an Gewicht[547]. Sie ist nach wie vor die maßgebende VN-Erklärung und sowohl von der MRK, als auch vom ECOSOC abgesegnet. Daneben haben aber auch andere VN-Ausschüsse in Beschlüssen und Kommentaren das Recht auf die Heimat hervorgehoben[548]. Insofern scheint das Recht auf die Heimat sicher zu existieren[549].

(2) Allgemeine Erklärung der Menschenrechte (AEMR)

In Art. 13 Abs. 2 der Erklärung von 1948 wurde verkündet, daß jeder Mensch das Recht habe, jedes Land zu verlassen und in sein Land zurückzukehren.

---

544 Beispiele, nach denen das Recht auf die Heimat in vielen Fällen nicht durchgesetzt wurde, vermögen nicht das Bestehen des Rechtssatzes zu widerlegen. Solche Beispiele können ebenso für eine Rechtsverletzung und damit für die Existenz der Norm sprechen.

545 Zur unterschiedlichen englischen Terminologie des Rechts: Ziegler, S. 232 f.

546 UN-Doc. E/CN.4/Sub.2/1997/23.

547 de Zayas, in: Rill, S. 30.

548 Nachweise bei: de Zayas, in: Rill, S. 31.

549 de Zayas, in: Rill, S. 36.

Damit wurde allerdings lediglich das schon damals geltende Völkerrecht wiedergegeben. Die Erklärung selbst konnte keine bindende Wirkung entfalten[550]. Eine völkerrechtliche Rechtsgrundlage des Rechts auf die Heimat bietet sie nicht.

(3) Internationaler Pakt über bürgerliche und politische Rechte (IPbpR)

Bei der Suche nach einer Stütze des Rechts auf die Heimat im IPbpR ist zunächst an die Art. 12 Abs. 4 und Art. 13 IPbpR zu denken. Nach Art. 12 Abs. 4 IPbpR darf niemandem das Recht entzogen werden, in sein eigenes Land einzureisen. Dabei ist aber kritisch zu fragen, ob dies auch dann der Fall ist, wenn in dem Vertreibungsgebiet eine neue, fremde Hoheitsgewalt erstarkt ist[551]. Daneben ist Art. 13 IPbpR zu betrachten, da die dort angesprochene Ausweisung – unter systematischen Aspekten – nicht die Massenausweisung betrifft[552]. Die – zulässige – Einzelausweisung setzt die Erfüllung des Tatbestandes eines Gesetzes voraus. Die Massenausweisung betrifft dagegen eine ganze Gruppe von Menschen. Es wird aber grundsätzlich nicht jedes Mitglied der Gruppe diese Tatbestände erfüllen, so daß damit eine zulässige Massenausweisung so gut wie ausgeschlossen ist.

(4) Europäische Menschenrechtskonvention (EMRK)

Eine weitere Begründung in völkerrechtlichen Dokumenten könnte das Recht auf die Heimat in Art. 4 des Vierten Zusatzprotokolls zur EMRK finden[553]. Zum ersten Mal wird hier in einer Norm des Völkervertragsrechts festgelegt, daß Kollektivausweisungen von Ausländern unzulässig sind. Damit gibt die Vorschrift geltendes allgemeines Völkerrecht und den Stand der Literatur wieder. Auch eigene Staatsangehörige werden vor der Kollektivausweisung geschützt. Dies bekräftigt Art. 3 Abs. 1 des Vierten Zusatzprotokolls zur EMRK. Im Wege eines Erst-recht-Schlusses muß das Massenausweisungsverbot „erst recht“ für Inländer gelten, die kollektiv ihrer Heimat beraubt würden. Somit findet das Recht auf die Heimat eine Stütze in der EMRK, da das Ausweisungs- und Vertreibungsverbot nicht weniger als die Kehrseite des Rechts auf die Heimat ist.

---

550 Kimminich, in: Blumenwitz, Neubestätigung und Weiterentwicklung, S. 39 (47); Donelly, in: Lyons/Mastanduno, S. 115 (125 ff.); Ziegler, S. 252.

551 Vgl. dazu die Überlegungen Tomuschats, in: FS für Partsch, S. 183 (192).

552 Kimminich, in: Blumenwitz, Neubestätigung und Weiterentwicklung, S. 39 (46).

553 Dazu auch Schermers, in: FS für Bernhardt, S. 187 (192 ff.).

cc) Recht auf die Heimat im Völkergewohnheitsrecht

(1) Völkerrechtliche Praxis und Ableitung des Rechts auf die Heimat

Nicht nur die Kodifizierung der Freizügigkeitsrechte ist ein bedeutender Schritt für die Herleitung des Recht auf die Heimat[554]. Aus den völkergewohnheitsrechtlichen Rechtssätzen, wie beispielsweise dem Verbot der Massenausweisung, kann ebenso ein im Völkergewohnheitsrecht bestehendes Recht auf die Heimat abgeleitet werden[555]. Dazu muß regelmäßig eine dementsprechende Staatenpraxis, *consuetudo*, sowie eine entsprechende Rechtsüberzeugung, *opinio iuris*, erkennbar sein. Allerdings ist die systematische Vertreibung – von Ausnahmen abgesehen – ein Phänomen, welches erst seit dem Zweiten Weltkrieg von der Völkerrechtsgemeinschaft beobachtet und durchweg als Unrecht erkannt wird[556]. Die Verbindung von Menschen mit dem besiedelten Boden hingegen ist seit jeher so selbstverständlich, daß das Recht auf die Heimat, als das Recht eines Volkes, als gewohnheitsrechtlich gegeben angesehen werden muß. Der völkergewohnheitsrechtliche Charakter spiegelt sich in einer Reihe von Resolutionen der Vereinten Nationen und Staatenpraxis wider[557].

(2) Selbstbestimmungsrecht und Recht auf die Heimat

Bei der Frage, aus welcher völkerrechtlichen Norm das Recht auf die Heimat herzuleiten ist, kommt auch das Selbstbestimmungsrecht in Betracht. Dabei kann auf eine Gebietsbezogenheit des Selbstbestimmungsrechts rekurriert werden, da Schutzobjekt dieses Rechts auch das Siedlungsgebiet eines Volkes ist[558]. Dem entspricht bereits das Sondervotum des Richters Dillards im Westsahara-Fall: „It is for the people to determine the destiny of the territory and not the territory the destiny of the people."[559] Dennoch sind die beiden Rechtssätze – das

---

554 Vgl. Ziegler, S. 249 m.w.N.

555 Ziegler, S. 297; Hailbronner, in: ZaöRV 57 (1997), S. 1; Gornig, in: AWR-Bulletin 2000, S. 19 (24).

556 Vgl. Gornig, in: AWR-Bulletin 2000, S. 19 (24).

557 Vgl. dazu nur die GV-Res. 48/158 (1993), preamb. para 1 (Palästina), welche wiederum alle Resolutionen zitiert; GV-Res. 3312 para. 6 (Zypern); SR-Res. 1199 (1998), preamb. para 8, u. op. para 5 (e).

558 Heintze, in: HuV 2001; S. 88 (93).

559 Vgl. ICJ Rep. 1975, S. 114.

Selbstbestimmungsrecht und das Recht auf die Heimat – nicht vollständig gleichen Inhalts[560].

(a) Natur und Inhalt des Selbstbestimmungsrechts

Zu prüfen sind nun Rechtsnatur und Inhalt des Selbstbestimmungsrechts, dessen Begriffsbildung vornehmlich dem 19. Jahrhundert entspringt[561].

Das Selbstbestimmungsrecht hat dabei gleichsam zwei Wurzeln, aus denen sich zwei unterscheidbare Aspekte des Rechtsinstitutes entwickelt haben[562]. Bereits die Kolonisten des Amerikanischen Unabhängigkeitskrieges haben sich auf das Selbstbestimmungsrecht berufen. Sie wollten damit ihre Sezession und die Entstehung eines neuen Staates rechtfertigen[563]. Dies entspricht heute dem sogenannten äußeren Selbstbestimmungsrecht. Dagegen berief man sich während der Französischen Revolution auf das Selbstbestimmungsrecht, um die Umgestaltung der eigenen Verfassungsordnung zu rechtfertigen[564]. Im Verlauf der weiteren Revolutionskriege bildete sich daraus das innere Selbstbestimmungsrecht[565].

(aa) Rechtsnatur und Verankerung

Mit Ende des Ersten Weltkriegs und im Kontext des berühmten 14 Punkte-Plans des US-amerikanischen Präsidenten Woodrow Wilson zur Neuordnung Europas fand das Selbstbestimmungsrecht zumindest als politisches Prinzip internationale Beachtung[566].

(aaa) Völkervertragsrecht

Geht man vom Wortlaut der Satzung der Vereinten Nationen in Art. 1 Abs. 2 SVN aus, so könnte dieses im Originaltext als „Recht", im französischen Originaltext dagegen als „Prinzip" bezeichnete Institut des Selbstbestimmungsrechts als reiner Programmsatz zu qualifizieren sein. Allerdings hat sich mittlerweile durch langjährige Übung der Vereinten Nationen das Selbstbestimmungsrecht

---

560 Gornig, in: AWR-Bulletin 2000, S. 19 (25); Ziegler, S. 308; Heintze, in: Ipsen, § 27 Rn. 12; vgl. dazu auch Du Buy, S. 79 ff.

561 Schneeweiß, S. 67.

562 Fink, in: Forum für Kultur und Politik 1999, S. 7 (13).

563 Thürer, S. 16.

564 Fink; in: Forum für Kultur und Politik 1999, S. 7 (13 f.).

565 Thürer, S. 16 f.

566 Vgl. nur Fink, in: Forum für Kultur und Politik 1999, S. 7 (14).

als Norm etabliert[567]. Insbesondere sprechen auch zahlreiche internationale Dokumente wie Art. 1 IPbpR, die „Friendly Relations Declaration“ oder die rechtlich unverbindliche KSZE-Schlußakte von Helsinki von einem Recht auf Selbstbestimmung.

Daraus, daß die Selbstbestimmung in der SVN als Grundsatz enthalten ist, ist zu schließen, daß ihre Beachtung eine rechtliche Pflicht sein soll und nicht allein politisches Programm[568].

(bbb) Völkergewohnheitsrecht

Zudem könnte das Selbstbestimmungsrecht als Norm des Völkergewohnheitsrechts Bindung entfalten[569]. Dafür müßte es aber durch das Vorhandensein der zwei für das Entstehen von Völkergewohnheitsrecht konstitutiven Elemente, der objektiven Übung und der sie tragenden Rechtsüberzeugung, allgemeine Verbindlichkeit erlangt haben[570]. Als Beispiel hierfür mag neben Art. 20 der Afrikanischen Charta der Rechte der Menschen und Völker[571] das Rechtsgutachten des IGH zur West-Sahara dienen, welches feststellt, daß sich das Selbstbestimmungsrecht als völkerrechtliche Norm etabliert habe[572]. Schließlich haben sowohl die Europäische Gemeinschaft[573] als auch die Schiedskommission der Konferenz für Frieden in Jugoslawien[574] dieses Recht als Völkergewohnheitsrecht anerkannt. Das Selbstbestimmungsrecht ist also als Völkergewohnheitsrecht nun akzeptiert[575].

(bb) Inhalt

Inhalt des Selbstbestimmungsrechts ist das Recht eines Volkes, frei und ohne Einmischung von außen über seinen politischen Status sowie seine ökonomische

---

567 Fink, in: Forum für Kultur und Politik 1999, S. 7 (14 f.).

568 Kimminich, S. 122; Anstötz, S. 47 .

569 Fink, in: JZ 1998, S. 330 (335).

570 Frey, in: Seidl-Hohenveldern, S. 31 (35).

571 ILM 21 (1982), S. 58.

572 ICJ Rep. 1975, S. 12 (31 ff.), Advisory Opinion on Western Sahara.

573 Außerordentliche EPZ-Ministertagung in Brüssel, „Richtlinien für die Anerkennung neuer Staaten in Osteuropa und in der Sowjetunion“, vom 16.12.1991, Bulletin des Presse- und Informationsamtes der Bundesregierung, 1991, S. 1173.

574 Avis No 2 de la Commission d'arbitrage, 11.01.1992, Conférence pour la Paix en Yougoslavie, RGDIP 96 (1992), S. 266.

575 So bereits Thürer, S. 131 ff.

und kulturelle Entwicklung zu entscheiden[576]. Zwar könnte man meinen, daß sich das Selbstbestimmungsrecht praktisch gegen einen bestehenden, oftmals legalen Zustand, richtet[577]; daß es sich hierbei um mehr als ein politisches Prinzip handelt, wird aber gegenwärtig nicht mehr bestritten[578]. Indem das Selbstbestimmungsrecht Völkern und Volksgruppen das Recht gewährt, frei über ihren politischen Status, ihre kulturelle, wirtschaftliche und soziale Entwicklung zu entscheiden, berücksichtigt es auch die Bindung des Volkes an den heimatlichen Boden. In dem Recht eines Volkes, in seiner Heimat in innerer und äußerer Freiheit zu leben, verfestigt sich gleichsam ein Teilaspekt des Rechts auf die Heimat.

Die Satzung der Vereinten Nationen erkennt das Selbstbestimmungsrecht der Völker in Art. 1 Ziff. 2 und im Art. 55 Ziff. 1 als ein Ziel der Vereinten Nationen an. Allerdings definiert sie weder den Begriff „Volk" (people, peuple) noch bestimmt sie den Inhalt und Umfang des Rechts. Auch die Entstehungsgeschichte der Satzung gibt hierzu keine Auskunft. Ähnliches gilt für die von der VN-Generalversammlung am 16. Dezember 1966 angenommenen Menschenrechtspakte[579]. Die – allerdings rechtlich nicht verbindlichen – Resolutionen der Vereinten Nationen zum Selbstbestimmungsrecht zählen jedenfalls das Rückkehrrecht eines vertriebenen Volkes zum Selbstbestimmungsrecht der Völker[580]. Das Recht auf die Heimat ist also zumindest partiell als Komponente im völkerrechtlichen Selbstbestimmungsrecht normiert[581].

(b) Selbstbestimmungsrecht und ius cogens

Möglicherweise besitzt das Selbstbestimmungsrecht – nicht nur im Zusammenhang mit der Entkolonialisierung[582] – sogar *ius-cogens*-Charakter[583].

---

576 Fink, in: JZ 1997, S. 334 (336); Kimminich, S. 115 f.; Wodarz, S. 170.

577 Münch, in: FS für Mosler, S. 617 (625).

578 Baer, S. 200; Fink, in: JZ 1998, S. 339 (335); Kimminich, Rechtsprobleme, S. 122.

579 Verdross/Simma, § 510.

580 So bereits Res. 194 (III) (1948).

581 Vgl. auch Ermacora, in: AVR 38 (2000), S. 285 (291), für den das Selbstbestimmungsrecht notwendig auch die Verwirklichung der Menschenrechte manifestiert; im Ergebnis ebenso Tomuschat, in: FS für Partsch, S. 183 (194 ff.) m.w.N.

582 Kimminich, in: FS für Meissner, S. 603.

583 Baer, S. 200; Hilpold, Jura 2000, S. 118 (120); Hönig, S. 214; Randelzhofer, in: FS für Lerche, S. 51 (58).

Die Existenz des völkerrechtlichen *ius cogens* ist neben den Art. 53 S. 2, 64 WVK durch den IGH und die Völkerrechtswissenschaft anerkannt[584]. Dabei wird unter *ius cogens* das für die Völkerrechtssubjekte zwingende Recht verstanden[585]. Zwingend ist die betreffende Rechtsregel entsprechend Art. 53 WVK dann, wenn sie von der Gesamtheit der Völkerrechtsgemeinschaft als eine solche Norm akzeptiert wird, von der keine Abweichung erlaubt ist, und die nur durch spätere Normen desselben Ranges geändert werden darf. Unter „Völkerrechtsgemeinschaft" sind insoweit alle Völkerrechtssubjekte zu verstehen[586]. Dabei gibt diese Definition das allgemeine Verständnis der Völkerrechtsordnung hinsichtlich des Bestehens zwingender Normen wieder, das auch außerhalb des Anwendungsbereichs der WVK liegt[587].

Für die Ansehung des Selbstbestimmungsrechts der Völker als *ius cogens* spricht, daß die Völkerrechtskommission der Vereinten Nationen jede Verletzung des Selbstbestimmungsrechts in Art. 19 des Entwurfs zur Konvention über die Staatenverantwortlichkeit als internationales Verbrechen (*international crime*) bezeichnet[588]. Allerdings ist das Verhältnis zwischen *ius cogens*, *international crimes* und *erga-omnes*-Verpflichtungen noch nicht abschließend beantwortet[589]. Obwohl vielfach Überschneidungen vorliegen[590], sind die Konzepte des *international crime*, des *ius cogens* und der *erga-omnes*-Verpflichtungen nur teilweise identisch[591]. So kann das *international crime* als deliktsrechtliche Ausformung von *ius cogens* und von Verpflichtungen *erga omnes* angesehen werden. Das Selbstbestimmungsrecht wird jedoch mittlerweile gesichert zum *ius cogens* gezählt; seine Verletzung stellt also ein *international crime* dar[592].

Ferner wurde das Selbstbestimmungsrecht durch die beiden internationalen Menschenrechtspakte vom 19. Dezember 1966 in seinem zwingenden Charakter

---

584 Art. 19 ILC Entwurf; Münch, in: FS für Mosler, S. 618; Kimminich, S. 169.

585 Verdross, in: AJIL 60 (1966), S. 55; Kimminich, S. 169.

586 Kimminich, S. 170.

587 Seidl, in: AVR 38 (2000), S. 23 (29); Verdross/Simma, § 524; Res. der GV A/1514 (XV) (1960) sowie Entscheidungen des IGH vom 16.10.1975, in: ICJ Rep. 1975, S. 12, 31 ff. und vom 27.06.1986, ICJ Rep. 1986, S. 100 f.

588 Draft articles on State responsability, Part I, in: YBILC 32 (1980), II/2, S. 30.

589 Kokott, in: Ress/Stein, S. 45 (48); ILC Rep. on the work of its fiftieth session, UN Doc. A/53/10, Chapter VII, para. 251 (278 ff.).

590 So lehnt sich die Definition von *international crimes* in Art. 19 Abs. 2 (1996) der Draft Articles an jene des *ius cogens* gem. Art. 53 WVK an, Verdross/Simma, § 530.

591 Ziegler, S. 566.

592 Vgl. nur Hannikainen, S. 317 ff.; Ziegler, S. 567.

gestärkt. Nicht nur bestimmt Art. 1 SVN, daß alle Völker das Recht auf Selbstbestimmung haben, auch wird dieses gemäß den Durchführungsabkommen als das Recht zur selbständigen Entscheidung über den politischen Status definiert.

Eine weitere Stütze dieses Ansatzes der *ius-cogens*-Qualität des Selbstbestimmungsrechts kann in der sogenannten „Friendly Relations Declaration" der Generalversammlung der Vereinten Nationen vom 24. Oktober 1970[593] gefunden werden. Zwar fällt es schwer, die Resolutionen der Generalversammlung in das Rechtsquellensystem einzuordnen, sie dienen aber als Indiz für eine bestehende Rechtsüberzeugung. Entsprechend der „Friendly Relations Declaration" haben „alle Völker das Recht, ohne Eingriff von außen über ihren politischen Status zu entscheiden". Weiter heißt es, daß der Übergang zu irgendeinem anderen, vom Volk frei bestimmten politischen Status, eine Verwirklichung des Selbstbestimmungsrechts darstelle[594].

Die Ansicht, daß das Selbstbestimmungsrecht eine Norm des *ius cogens* ist, wird weiter durch die Ergebnisse zweier, durch die Vereinten Nationen in Auftrag gegebene Gutachten gestärkt[595]. Im Ergebnis ist das Selbstbestimmungsrecht daher heute dem *ius cogens* zuzuordnen.

dd) Recht auf die Heimat als ius cogens

Indem das Recht auf die Heimat als Teilbereich des völkerrechtlichen Selbstbestimmungsrechts anzusehen ist[596], kommt ihm dieselbe Rechtsqualität zu. Aufgrund der Einordnung des Selbstbestimmungsrechts als *ius cogens* handelt es sich bei dem Recht auf die Heimat somit auch um ein Recht dieses Ranges.

ee) Zwischenergebnis

Somit bleibt festzuhalten, daß seit der allgemeinen Akzeptanz des Selbstbestimmungsrechts der Völker das Recht auf die Heimat aus eben dieser Norm – als deren Kernbestandteil – herzuleiten ist. Es kann gegenwärtig nicht mehr in

---

593 Res. 2625 (XXV), in: Vereinte Nationen 1975, S. 120.

594 Fink, in: JZ 1998, S. 330 (335).

595 Vgl. Aureliu Cristesco, The Right to Self-Determination, Historical and Current Development on the Basis of United Nations Instruments, New York 1981, UN-Document E/CN.4/Sub.2/404/Rev.1; Héctor Gros Espiell, The Right to Self-Determination, Implementation of United Nations Resolutions, New York 1980; UN-Document E/CN.4/Sub.2/405/Rev.1.

596 Tomuschat, in: FS für Partsch, S. 183 (204) m.w.N.

Abrede gestellt werden, daß ein Recht auf die Heimat als geltendes Völkerrecht existiert. Auch wenn es keine eindeutige positive Bestätigung des Rechts auf die Heimat in einem der Menschenrechtspakte gibt[597], ist es abzuleiten aus zahlreichen Normen, die den einzelnen und die Volksgruppen gegen die unter Zwang erfolgende Entfernung vom Wohnsitz- oder Siedlungsort schützen. Zu diesen Einzelrechten gehören vielfach kodifizierte Rechtsnormen, wie das Vertreibungsverbot, das Verbot des Völkermordes, der Eigentumsschutz oder auch die Freizügigkeit[598]. Jedoch kann es nur verwirklicht werden, wenn der politische Wille dazu vorhanden ist.

c) *Anwendbarkeit auf Volksgruppen*

Es stellt sich die Frage, ob dieses Recht auch rassischen oder ethnischen Minderheiten oder Volksgruppen zusteht[599], da der Begriff des Volkes doch weder in der SVN noch in anderen internationalen Pakten umschrieben wird[600]. Insofern ist zu klären, ob Volksgruppen selbst überhaupt Träger des Selbstbestimmungsrechts respektive des daraus abzuleitenden Rechts auf die Heimat sein können.

aa) *Wortlaut und Systematik*

Neben Art. 1 Ziff. 2 SVN gewährt Art. 1 des Menschenrechtspaktes „allen Völkern“[601] das Selbstbestimmungsrecht[602]. Dies legt nahe, daß mit Völkern nicht nur diejenigen gemeint sind, die staatlich organisiert sind[603]. Zwar spricht bei systematischer Betrachtung für eine Kongruenz von Völkern und Staaten, daß sich die SVN-Vertragspartner als „Völker der Vereinten Nationen“ bezeichnen[604], jedoch widerspricht diesem Ansatz Art. 73 SVN, welcher auf Völker ohne Selbstregierung Bezug nimmt.

---

597 Kimminich, in: Blumenwitz, Neubestätigung und Weiterentwicklung, S. 39 (48).

598 Ermacora, Menschenrechte, S. 515; Kimminich, in: Blumenwitz, Neubestätigung und Weiterentwicklung, S. 39 (48).

599 Ablehnend: Anderes, 41; Rehman, S. 231 f.

600 Ebenso Wodarz, S. 171 ff.

601 Der Pakt spricht hier von „people“ anstatt von „nation“.

602 Aufgrund der Nennung des Selbstbestimmungsrechts unter den Zielen der VN war zunächst unklar, ob es sich dabei eher um Grundprinzip oder um ein Recht handeln sollte, vgl. Williams-Vedder, S. 196.

603 Murswiek, in: Der Staat 24 (1984), S. 523 (528); Wodarz, S. 171; Ermacora, in: AVR 38 (2000), S. (285) 293.

604 Gusy, in: AVR 30 (1992), S. 385 (391).

bb) Spätere Praxis

Anhand der Übung der Vereinten Nationen und der Vertragsstaaten der Menschenrechtspakte könnte eine Bestimmung des Volkes als Träger des Selbstbestimmungsrechts möglich sein. Dabei stehen im Rahmen der Vereinten Nationen zunächst die Akte ihrer Organe als Anwender der Satzung im Vordergrund[605]. Berücksichtigt man die Entkolonialisierungsresolution der Generalversammlung, so ist in Paragraph 2 in abstrahierender Weise lediglich von „allen Völkern" die Rede. Aus weiteren Resolutionen ist ebenfalls keine Definition dieses Begriffs zu gewinnen[606]. Obwohl der Menschenrechtsausschuß in seinem Kommentar zu Art. 1 der Menschenrechtspakte die allgemeine Natur des Volksbegriffs herausgestellt hat[607], läßt sich, abgesehen von einem über den Kolonialbereich hinausgehenden Anwendungsfeld, eine klare Konturierung des Begriffs „Volk" durch die Praxis im Rahmen der SVN nicht herauskristallisieren[608].

cc) Travaux Préparatoires

Zwar läßt sich aus den traveaux préparatoires[609] zu den Menschenrechtspakten ein Indiz für die Rechtssubjektivität auch von Teilen des Staatsvolkes gewinnen[610]. Eine Bestimmung der Kriterien dessen, was den Volksbegriff im Rahmen des Selbstbestimmungsrechts ausmacht, liefern sie jedoch nicht.

dd) Schlüsse

Die bisherigen Auslegungsversuche haben gezeigt, daß die Zuordnung des Volksbegriffs im Rahmen des Selbstbestimmungsrechts zu einem Träger nicht unproblematisch ist[611].

Gegen eine unbeschränkte Zuerkennung des Selbstbestimmungsrechts für Volksgruppen spricht, daß in diesem Fall der Volksgruppe zugleich auch alle Ausübungsformen dieses Rechts – bis hin zur Sezession – zukämen[612]. Dies aber

---

605 Frey, in: Seidl-Hohenveldern, S. 31 (39).
606 GV-Res. 2649 (XXV), GA OR, 25th Session, Suppl. 28 (A/8029), S. 73; GV-Res. 2625 (XXV), UNYB 1970, S. 788.
607 Frey, in: Seidl-Hohenveldern, S. 31 (40).
608 Frey, in: Seidl-Hohenveldern, S. 31 (40).
609 Vgl. Frey, in: Seidl-Hohenveldern, S. 31 (41).
610 Vgl. Wodarz, S. 173.
611 So auch Heintze, in: Ipsen, § 28 Rn. 15; Wodarz, S. 180.
612 Dazu auch Williams-Vedder, S. 206 f.

würde mit dem völkerrechtlichen Grundsatz der staatlichen Souveränität kollidieren[613].

Es erscheint allerdings immerhin geklärt zu sein, daß das Selbstbestimmungsrecht nicht dem einzelnen, wohl aber einer Gruppe zusteht[614]. Auch ist daran festzuhalten, daß einzelne ein Kollektiv „Volk“ nicht einfach gründen können[615]. Voraussetzung ist aber, daß ein Kollektiv aus eigener Kraft nach innen und außen existieren kann. Die zum Begriff „Volk“ vertretenen Definitionsversuche weisen als gemeinsame Bestandteile das Kriterium der Gebietsbezogenheit sowie den Willen einer Gruppe[616] zur Homogenität auf. Für eine Bestimmung der Trägerschaft muß aber die ethnische hinter die territoriale Komponente zurücktreten. Damit wird deutlich, daß das Selbstbestimmungsrecht dem Volk als Träger dieses Rechts auch über bestehende Staatsgrenzen hinweg zugebilligt werden muß[617]. Für die Bestimmung sind also objektive und subjektive Elemente vorhanden. Es ist gleichfalls nicht notwendig ein lediglich einer Minorität zustehendes Recht[618]. Somit ist einer gemischt objektiv-subjektiven Bestimmung der Vorzug zu geben[619].

Daher ist davon auszugehen, daß das Selbstbestimmungsrecht der Völker nicht nur Völkern, sondern auch Volksgruppen als Teilen eines Staatsvolkes zukommt[620]. Die Völkerrechtslehre sowie die Staatenpraxis wollen das Selbstbestimmungsrecht der Volksgruppe dann aber gegebenenfalls auf ein „inneres“ Selbstbestimmungsrecht beschränken[621].

---

613 Wodarz, S. 175.

614 Frey, in: Seidl-Hohenveldern, S. 31 (43).

615 Baer, S. 203; Heintze, S. 44 m.w.N.

616 Doehring, in: FS für Grewe, S. 445 (451); Oeter, in: AVR 30 (1992), S. 741 (761).

617 Veiter, Nationalitätenkonflikt, S. 241; Wodarz, S. 173.

618 Gusy, in: AVR 30 (1992), S. 385 (410).

619 Peters, S. 376.

620 Kimminich, S. 115; Williams-Vedder, S. 206; vorsichtig dazu Heintze, S. 44.

621 Heintze, S. 46 m.w.N.; Hillgruber/Jestaedt, S. 175; in diese Richtung zielt auch die Sorge des ehemaligen deutschen Bundespräsidenten Roman Herzog, der fragt, „was eigentlich geschehen soll, wenn alle 3500 Ethnien der Welt jeweils einen eigenen Staat gründen wollen“, Bulletin der Bundesregierung 8/1995, S. 61.

d) *Minderheitenschutz und Recht auf die Heimat*

aa) *Verhältnis der Rechtssätze zueinander*

Die Frage nach dem Konnex des aus dem Selbstbestimmungsrecht abzuleitenden Rechts auf die Heimat und dem Minderheitenschutz ist auch verknüpft mit der Frage nach dem Träger des Rechts[622]. Bejaht man, daß Minderheiten Träger des Selbstbestimmungsrechts sind, so könnte man annehmen, daß der Minderheitenschutz bereits einen Aspekt des inneren Selbstbestimmungsrechts darstellt. Andererseits könnte man der Auffassung folgen, daß das Selbstbestimmungsrecht nur dann zu gewähren ist, wenn der Minderheitenschutz innerstaatlich versagt wird. Die Minderheit oder Volksgruppe könnte dann wählen, ob sie ihr Recht innerhalb des Wohnsitzstaates ausüben oder auf Sezession dringen will. Beachtlich ist, daß es sich hauptsächlich um einen terminologischen Unterschied der Ansichten handelt, da in jedem Fall zunächst der Schutz favorisiert wird, der mit der territorialen Souveränität des Wohnsitzstaates vereinbar ist[623]. Unabhängig von der Reichweite des Selbstbestimmungsrechts ist nämlich unstreitig, daß Minderheiten und Volksgruppen innerhalb ihres Aufenthaltsstaates eines Schutzes bedürfen.

Dabei ergibt sich der konzeptionelle Unterschied zwischen dem Minderheitenschutz und dem aus dem Selbstbestimmungsrecht hervorgehenden völkerrechtlichen Recht auf die Heimat vor allem daraus, daß der Minderheitenschutz dem innerstaatlichen Recht obliegt[624]. Sofern ein Staat aus völkerrechtlichen Verträgen zum Minderheitenschutz verpflichtet ist, steht ihm die Ausgestaltung im einzelnen weiterhin frei.

Aus dem – aus dem Selbstbestimmungsrecht hervorgehenden – völkerrechtlichen Recht auf die Heimat ergibt sich dagegen, wie dargelegt, grundsätzlich ein eigener Rechtsanspruch der betroffenen Volksgruppe. So werden sich Volksgruppen beziehungsweise ethnische Minderheiten um so mehr auf ihr völkerrechtliches Recht auf die Heimat berufen, je schlechter es um die innerstaatlichen Schutznormen bestellt ist[625].

---

622 Wodarz, S. 178.
623 Ausführlich zu den Konzepten, Wodarz, S. 178 ff.
624 So, mit weiterer Differenzierung, Wodarz, S. 180.
625 Mit Blick auf das Selbstbestimmungsrecht, Wodarz, S. 180.

bb) Rechtsschutz im Rahmen der Europäischen Union

Zwar wurden auf der Ebene der EU in den vergangenen Jahren verschiedene Anträge eingebracht, in welchen zumeist die Schaffung einer Minderheitenkonvention gefordert wurde. So war der Entwurf des Abgeordneten Graf Stauffenberg für eine Charta der Volksgruppenrechte der Europäischen Gemeinschaft (EG) aus dem Jahr 1988 der bis dato progressivste Vorschlag. Tatsächliche Maßnahmen sind daraus aber nicht erwachsen. Ein Minderheiten- und Volksgruppenschutz ist auf der Ebene der EU also bislang weder in prozessualer noch in materieller Hinsicht gegeben.

Überlegenswert ist aber, ob einzelne Rechtssätze aus dem Bereich des Gemeinschaftsrechts umgedeutet werden können. So könnte man etwa annehmen, daß die Niederlassungsfreiheit des Art. 52 EGV als Ersatz für das völkerrechtliche Recht auf die Heimat angesehen werden könnte. Relevant wird diese Sichtweise bei einem Beitritt der Tschechischen Republik und Polens[626]. Allerdings ist kaum zu bezweifeln, daß das bloße Recht auf Niederlassungsfreiheit des EGV ein Recht von Vertriebenen auf Rückkehr in die angestammte Heimat nicht vollständig ersetzen kann[627].

e) Folgen bei Rechtsverletzung

aa) Restitution

Das Recht auf die Heimat bedeutet aber nicht nur das Recht, dort zu verbleiben, sowie das Recht zur Rückkehr. Es beinhaltet zugleich ein Recht auf Restitution. Dies besagt auch Art. 8 des erwähnten Abschlußberichts der VN-Unterkommission, welcher neben dem Rückkehrrecht von einer angemessenen Wiedergutmachung und der Rückgabe von Gütern spricht[628]. Die Verletzung des Rechts auf die Heimat zieht somit nicht allein die Wiedereinräumung der ursprünglichen Rechtsposition, sondern eine darüber hinausgehende Entschädigung nach sich.

---

626 Blumenwitz, Schutzmechanismen, S. 133; bzgl. Polens eingehender von Redeker, S. 45 ff.

627 Blumenwitz, Schutzmechanismen, S. 133.

628 Vgl. de Zayas, in: Rill, S. 36.

bb) Kollision mit dem Recht auf die Heimat der Neuangesiedelten

Im Zusammenhang mit dem Recht auf die Heimat stellt sich die Frage, ob die nach der Vertreibung in der Heimat der Vertriebenen ansässigen und gegebenenfalls dort geborenen Menschen zu möglicherweise konkurrierenden Rechtsträgern werden[629]. Nimmt man Bezug auf die hier gewonnene Definition, so erscheinen auch die Neuangesiedelten als taugliche Rechtsträger. Zu fordern ist die Erfüllung der Voraussetzung der Ansässigkeit, also der Verwurzelung mit dem Siedlungsraum[630]. In jedem Fall ist zu entscheiden, wessen Recht auf die Heimat vorgeht. Zwar könnte man aus praktischen Überlegungen heraus eine Priorität des späteren Rechts erwägen, doch würden in diesem Fall der Akt der Vertreibung sanktioniert und der Grundsatz *ex iniuria non ius oritur* in Frage gestellt werden. Es ist auch systematisch kaum einzusehen, warum das spätere Recht das frühere verdrängen sollte. Zu beachten ist allerdings, daß die Durchsetzung dieses Anspruches – zu einem Zeitpunkt, an dem die Neuangesiedelten selbst ein Recht auf die Heimat haben – zu einer neuen Völkerrechtsverletzung führen und darüber hinaus in der Regel Unbeteiligte treffen würde. Für diesen Fall der konkurrierenden Rechte ist unter Berücksichtigung der Völkerrechtswirklichkeit sowie der Ziele der Vereinten Nationen gemäß Art. 1 Ziff. 3 SVN und des Gewaltverbots nach Art. 2 Ziff. 4 SVN ein angemessener Ausgleich zwischen den Rechtsträgern im Rahmen einer Art praktischer Konkordanz anzustreben[631]. Dabei ist auf eine mögliche und erfolgversprechende Durchsetzung zu zielen, welche gleichwohl die bestehenden Rechtsansprüche befriedigt. Nur ein solches Bemühen kann dem Anspruch des Völkerrechts als durchsetzungsfähige Ordnung genügen. Hiervon bleiben unbeeinträchtigt die bestehenden Wiedergutmachungsansprüche der vertriebenen Bevölkerung. Diese Ansprüche wandeln sich dann allerdings vom Primärschutz der Naturalrestitution in den völkerrechtlichen Sekundärschutz der Entschädigung[632]. In Betracht für eine wirksame Regelung kommt auch das dem Völkerrecht bekannte Institut der Verjährung, wenngleich deren Eintritt nicht geklärt erscheint[633]. Ein Ausschluß des

---

629 Ziegler, S. 305 f.

630 Gornig, in: AWR-Bulletin 2000, S. 19 (21).

631 Gornig, in: AWR- Bulletin 2000, S. 19 (22).

632 In diese Richtung auch Ziegler, S. 306.

633 Vgl. zum Vertrauensprinzip die Aussagen des Präsidenten des Ständigen Internationalen Schiedsgerichtshofes, Max Huber, als Schiedsrichter im Palmas-Fall, in: Reports of International Arbitral Awards, Bd. II, S. 829 ff.; ebenso Gornig, in: AWR-Bulletin 2000, S. 19 (22).

Rückkehrrechts kann schließlich möglicherweise über das Prinzip des Vertrauensschutzes – das allerdings schwer von der Verjährung zu trennen ist – erreicht werden[634].

V. Geltendmachung der Eigentumsrechte und des Rechts auf die Heimat durch Nachkommen

1. Eigentum

Fest steht, daß ein völkerrechtswidrig enteignender Staat für diese Enteignung haftet[635]. In Betracht kommen hier Ansprüche auf Naturalrestitution, die auch den Erben zustehen könnten[636]. Dies bedeutet dann grundsätzlich Rückkehr in die Heimat und Wiedereinräumung der verlorenen Eigentumsrechte. Dabei erscheint die Wiedererlangung desjenigen Eigentums, über das der enteignende Staat noch verfügt, ohne weiteres möglich. Fraglich ist, wie es sich mit der Naturalrestitution verhält, wenn der konfiszierende Staat nicht mehr das Eigentum in Besitz hat. Hier ist zunächst dem Grundsatz zu folgen, daß die völkerrechtliche Pflicht zur Wiederherstellung des früheren Zustandes nicht durch den zwischenzeitlichen privaten Eigentumserwerb Dritter ausgeschlossen werden kann[637]. Der in Anspruch genommene Staat ist zunächst zur Naturalrestitution verpflichtet und muß sich das Eigentum gegebenenfalls selbst durch Enteignung verschaffen. Dies birgt gleichwohl neue Probleme. Nichtsdestoweniger ist ein Staat erst einmal zur Erfüllung völkerrechtlicher Verpflichtungen angehalten. Soweit das Eigentum nicht mehr in natura restituierbar ist, steht dem gegenwärtigen Anspruchsinhaber – dem Erben – als Sekundäranspruch Schadenersatz zu. Dabei ist der gesamte Schaden zu ersetzen, für den die Konfiskation kausal war.

Das Effektivitätsprinzip könnte aber darauf hindeuten, ebenso wie beim Recht auf die Heimat, nur den Vertriebenen selbst Ansprüche auf Rückgabe und Entschädigung einzuräumen. Da allerdings der Grundsatz der Vererbbarkeit von

---

634 Vgl. dazu Parameswaran, in: AVR 41 (2003), S. 1 (51 f.), der hier insbesondere auf die Institute von *„estoppel"* und *„acquicence"* eingeht. Nach *„estoppel"* wird eine Partei an ein Verhalten – ausdrücklich oder stillschweigend – gebunden, in das die andere Vertrauen gesetzt hat. Nach *„acquicence"* ist insofern der Faktor Zeit bedeutsam, als das Stillschweigen der verletzten Seite gegenüber der verletzenden Partei das Vertrauen in das eigene Verhalten befördert.

635 Gornig, in: AWR-Bulletin 2000, S. 19 (27).

636 Gornig, in: Rill, S. 58.

637 Gornig, in: AWR-Bulletin 2000, S. 19 (27).

Eigentumsrechten nicht bestritten wird, würde das Phänomen eintreten, daß de facto durch die Vertreibung enterbt würde. Der grundsätzlich durch das Eigentumsrecht begünstigte Erbe, würde also seiner Rechte verlustig gehen.

Die rechtlichen und nicht zuletzt politischen Verwerfungen würden – betrachtet man die Situation aus dem Blickwinkel der in der Grundrechtsdogmatik bekannten praktischen Konkordanz – jedoch allzu groß werden, wollte man in jedem Fall konsequent am Grundsatz festhalten. Im Interesse einer Durchbrechung neuerlicher Völkerrechtsverletzungen ist daher einer einzelfallorientierten Betrachtung das Wort zu reden. Die Durchsetzung der Rechte könnte etwa durch Unmöglichkeit gehemmt werden.

2. *Recht auf die Heimat*

In Betracht kommt, daß auch die Nachkommen der Vertriebenen selbst das Recht auf die Heimat geltend machen können. Andernfalls ginge dieses Recht mit dem Tode des in der Heimat Geborenen unter. Ob der bislang aufgefundenen Definitionsmerkmale der Heimat, welche an eine Beziehung durch Geburt oder Ansässigkeit anknüpfen, muß allerdings wohl eine solche Beziehung der, gerade nicht in diesem Sinne mit der Heimat verbundenen, Nachkommen grundsätzlich abgelehnt werden[638].

Allerdings ist kaum einzusehen, warum Ansprüche wegen völkerrechtswidriger Konfiskationen auf die Nachkommen übergehen sollten, Rückkehrrechte in die angestammte Heimat indes nicht. Bedenkenswert ist auch, daß der vertreibende Staat nach spätestens hundert Jahren keinen Ansprüchen mehr ausgesetzt wäre. Dadurch würden Rechtsverstöße in praxi belohnt werden. Dennoch kann das Recht auf die Heimat als Gruppenrecht nur existieren, solange es auch die entsprechende Gruppe der Heimatvertriebenen – als Träger dieses höchstpersönlichen Rechtsguts – gibt. Damit ist den Inhabern des Rechts auf die Heimat ein Rückkehrrecht durch den Vertreiberstaat einzuräumen. Dies gilt jedoch nur für Vertriebene selbst, nicht für ihre Abkömmlinge.

---

638 Gornig, in: AWR-Bulletin 2000, S. 19 (27).

VI. Rechtsschutz

Untersucht wird nun, auf welchem Rechtsweg Alteigentümer sowie Volksgruppen als eigene Anspruchsinhaber ihre Ansprüche mit Aussicht auf Erfolg geltend machen können. Dabei wird – im Hinblick auf umfassenden Schutz – sowohl auf die Geltendmachung durch Einzelpersonen als auch durch die Gruppe sowie, im Wege des diplomatischen Schutzes, durch den betreffenden Schutzstaat einzugehen sein. Im Hinblick auf die hier geforderte Völkerrechtssubjektivität von Volksgruppen ist deutlich zwischen den Rechtsschutzmöglichkeiten *de lege lata* und *de lege ferenda* zu unterscheiden.

1. Geltendmachung von Ansprüchen vor nationalen Gerichten

a) Enteignender Staat

Prinzipiell ist zuvörderst der innerstaatliche Rechtsschutz in Betracht zu ziehen. Allerdings wird regelmäßig den Volksgruppen beziehungsweise ihren Angehörigen, so sie Enteignung und Vertreibung ausgesetzt waren, der Rechtsweg zu den Gerichten ihres ehemaligen Aufenthaltsstaates versagt sein. Die Parteifähigkeit von Einzelpersonen wäre allerdings kaum problematisch. Indes müßten die betreffenden nationalen Rechtsordnungen auch den Volksgruppen als solchen eigene Parteifähigkeit in den Verfahren zubilligen. Dies ist aber in den innerstaatlichen Rechtsordnungen gegenwärtig erkennbar nicht der Fall. Oftmals werden auch die nationalen Enteignungsrechtssätze von der Überprüfbarkeit durch nationale Gerichte ausgenommen[639].

b) Aufenthaltsstaat

Sofern der Aufenthaltsstaat mit dem enteignenden Staat nicht identisch ist, stellt sich die Frage, ob die Ansprüche auch am Ort des jeweiligen Aufenthalts geltend gemacht werden können. Dabei wird, sofern es sich nicht um einen Fall mit Inlandsberührung handelt, aber vom nationalen IPR regelmäßig die lex rei sitae berufen. Dadurch wäre wieder das Recht des enteignenden Staates anzuwenden, so daß der Alteigentümer in der Regel keinen Erfolg hätte.

Ob allerdings die Entscheidung des enteignenden Staates im Aufenthaltsstaat anerkannt wird, wird durch den betreffenden nationalen *ordre public* entschieden.

---

639 Ammann, S. 115.

2. *Rechtsschutzmöglichkeiten vor internationalen Institutionen*

a) *Internationaler Gerichtshof (IGH)*

aa) *Parteifähigkeit von Volksgruppen*

Zweifelhaft ist, ob Volksgruppen als berechtigte Streitparteien überhaupt eigene Rechte vor dem IGH geltend machen können[640].

Nach Art. 34 Abs. 1 IGH-Statut steht nur souveränen Staaten das Recht zu, als Partei vor dem Gerichtshof aufzutreten. Grundsätzlich können darüber hinaus auch nur solche Staaten vor dem Gerichtshof klagen, die gemäß Art. 35 Abs. 1 IGH-Statut Vertragsmitglieder sind[641]. Nichtmitglieder des Statuts können allerdings über Art. 35 Abs. 2 IGH-Statut[642] und Art. 93 Abs. 2 SVN dennoch Zugang zum IGH erhalten. Als taugliche Parteien werden aber expressis verbis ausschließlich Staaten genannt. Volksgruppen kommen danach gegenwärtig nach dem Wortlaut der Satzung des IGH als Partei nicht in Betracht[643].

Für eine solche Auslegung spricht überdies die Konstituierung des IGH als Staatengerichtshof. Über Art. 93 Abs. 1 SVN sind die Mitglieder der Vereinten Nationen ohne weiteres Vertragsparteien des Statuts. Andere Völkerrechtssubjekte außer Staaten[644] kommen nicht in Betracht, so daß die Einbeziehung von Volksgruppen auch im Wege einer weiten Auslegung des Textes nicht möglich ist. Damit zieht die mögliche Erweiterung des Kreises der Völkerrechtssubjekte eben nicht auch eine automatische Erweiterung der tauglichen Streitparteien vor dem IGH nach sich. Die Rechtschutzmöglichkeiten der Volksgruppen werden durch dieses Ergebnis zudem auch nicht unverhältnismäßig eingeschränkt. Bislang können also nur Staaten den IGH anrufen, auch wenn letztlich Streitigkeiten zwischen Einzelpersonen – oder eben Gruppen – den Anlaß für das entsprechende Verfahren bieten[645].

Fraglich ist aber, ob – *de lege ferenda* – für den Fall der Zuerkennung von Völkerrechtssubjektivität für Volksgruppen auch die Parteifähigkeit vor dem IGH zu fordern ist. Dann könnten die mit Völkerrechtssubjektivität ausgestatteten Volksgruppen auch international Rechtsschutz in Anspruch nehmen. Entspre-

---

640 In diese Richtung äußert sich vorsichtig Heintze, S. 82.

641 Dies sind gemäß Art. 93 Abs. 1 SVN alle Mitgliedsstaaten der Vereinten Nationen.

642 Vgl. dazu die SR-Res. 9 (1946).

643 Bleckmann § 26 Rn. 1008.

644 Wie das IKRK oder der Malteser Orden.

645 Bleckmann, § 3 Rn. 109.

chend der hier vertretenen Auffassung sind Volksgruppen aber nur Völkerrechtssubjekte *in statu nascendi*. Ihnen ist derzeit höchstens eine partielle Völkerrechtssubjektivität zuzubilligen. Bezüglich der Parteifähigkeit vor dem IGH ist derzeit aber ein Ansatz für eine erweiternde Auslegung des Vertrags nicht erkennbar. Ebenso fehlt es an einer entsprechenden *opinio iuris*. Die Parteifähigkeit von Volksgruppen ist daher von einer Fortentwicklung der Völkerrechtspraxis abhängig.

bb) Art. 36 IGH-Statut

Überdies ist ein Tätigwerden des Gerichtshofes grundsätzlich an die Zustimmung der Konfliktparteien gebunden. Es bedarf nach Art. 36 IGH-Statut eines besonderen Einwilligungsaktes. Somit hinge, selbst im Falle der in Rechtsfortbildung angenommenen Parteifähigkeit von Volksgruppen, jedes konkrete Verfahren von der Zustimmung des betreffenden Klagegegners ab.

b) Menschenrechtsausschuß (MRA)

aa) Individualbeschwerdeverfahren

Die Individualbeschwerde ist nach dem Fakultativprotokoll zum IPbpR vom 19. Dezember 1966 möglich[646], soweit die Vertragsstaaten des Paktes das Fakultativprotokoll unterzeichnet haben[647]. Danach erkennt jeder Vertragsstaat die Zuständigkeit des Ausschusses für die Entgegennahme und Prüfung von Mitteilungen der seiner Hoheitsgewalt unterstehenden Personen an, die eine Verletzung der im Pakt niedergelegten Menschenrechte geltend machen[648]. Der Ausschuß kann jedoch keine Mitteilung entgegennehmen, wenn sich die Beschwerde gegen einen Vertragsstaat des Paktes richtet, der nicht auch zugleich dem Fakultativprotokoll beigetreten ist (Art. 1 Fakultativprotokoll). Im weiteren Verfahren leitet der Menschenrechtsausschuß die Mitteilung dem beschwerten Vertragsstaat zu. Dieser muß sich innerhalb einer Sechsmonatsfrist äußern. Nach einer Verhandlung ohne Anwesenheit der beteiligten Parteien sowie ohne Schlichtung übermittelt der Ausschuß beiden Parteien eine Stellungnahme, welche auch den Hinweis auf die Verletzung des Paktes enthält. Dabei ist Voraussetzung, daß dieselbe Sache nicht bereits in einem anderen internationalen

---

646 BGBl. 1992 II, S. 1246.

647 Gegenwärtig haben freilich mehr als 45 Staaten die notwendige Unterwerfungserklärung abgegeben, vgl. Klein, in: FS für Steinberger, S. 247 (249).

648 Ipsen, in: ders., § 48 Rn. 51.

Untersuchungs- oder Streitbeilegungsverfahren untersucht wird. Außerdem muß die Person alle innerstaatlichen Rechtsbehelfe zuvor ausgeschöpft haben („*local-remedies-rule*").

Freilich ist eine judizielle Streitschlichtung oder sogar ein Menschenrechtsgerichtshof in dem Fakultativprotokoll nicht enthalten. Das in Rede stehende Institut bietet, seinem Namen entsprechend, lediglich für den einzelnen Rechtsschutzmöglichkeiten[649]. Beschwerden von juristischen Personen, Personenvereinigungen sowie internationalen nichtstaatlichen Organisationen sind nicht vorgesehen[650]. Die Erhebung der Individualbeschwerde durch die Volksgruppe erscheint damit ausgeschlossen.

Eine erweiternde Auslegung kommt nicht in Betracht, da es den Angehörigen der Volksgruppe als Individuen ohne weiteres möglich ist, den Ausschuß anzurufen. Auch richten sich die Regelungen des Paktes nicht speziell an Volksgruppen und Minderheiten[651]. Andererseits würde es bei der kollektiven Verletzung der Rechte der einzelnen aus dem Pakt – sofern die Betroffenen alle derselben Volksgruppe angehören – Sinn machen, wenn die Volksgruppe die Rechte ihrer Mitglieder und somit auch eine eigene Verletzung geltend machen könnte. Indes ist der Pakt explizit lediglich an Einzelpersonen adressiert, auch juristische Personen sind nicht in den Schutzbereich einbezogen. Hieraus ist letztlich eine klare Kundgabe der intendierten Schutzrichtung abzuleiten. Es bleibt somit bei der ausschließlichen Berechtigung von Einzelpersonen vor dem Ausschuß.

bb) Bedeutung des VN-Menschenrechtsausschusses

Fraglich ist, welche Möglichkeiten der Rechtsdurchsetzung ein Verfahren vor dem MRA bietet. Der MRA gibt zum Abschluß eines Verfahrens ein Votum ab. Von einer rechtsverbindlichen Feststellung der Rechtswidrigkeit (und Forderung nach Restitution) der betreffenden Maßnahmen seitens des VN-Menschenrechtsausschusses kann aber nicht die Rede sein. Der Ausschuß ermittelt, verhandelt und entscheidet gerade nicht wie ein internationales Gericht. Seine Feststellungen (im Berichtsverfahren) haben nicht die Wirkungen wie etwa Urteile des EGMR. Sie sind vielmehr in erster Linie politisch bedeutsam[652].

---

649 Vgl. nur den eindeutigen Wortlaut bspw. in Art. 5 des Fakultativprotokolls zum IPbpR.

650 Niewerth, S. 199.

651 Außer Art. 27 IPbpR.

652 Harris, in: Harris/Joseph, S. 24.

cc) Abdrängende Sonderzuweisung

Beachtlich ist, daß der Weg zum MRA nur dann offen steht, wenn nicht zur selben Zeit ein anderes internationales Verfahren angestrengt wird. Wird ein anderer internationaler Rechtsbehelf verfolgt, kommt eine Beschwerde vor dem MRA erst gar nicht in Betracht

dd) Subsidiarität

Der MRA befaßt sich mit der Sache nur, wenn zuvor der innerstaatliche Rechtsweg ausgeschöpft wurde. Den Volksgruppen ist somit zunächst der Gang vor die Gerichte des enteignenden Staates aufgegeben.

ee) Gegenstand

Es muß eine Verletzung der im IPbpR verbürgten Rechte geltend gemacht werden. Die in Rede stehende Verletzung darf ferner erst nach Entstehung des IPbpR erfolgt sein.

c) „1503-Verfahren“

Für den Fall der Unzuständigkeit des Menschenrechtsausschusses nach den Menschenrechtspakten besteht bei schweren Menschenrechtsverletzungen noch die Möglichkeit, eine Unterkommission der VN-Menschenrechtskommission (Human Rights Commission) anzurufen[653]. Das aus der Resolution 1503 des VN-Wirtschafts- und Sozialrats entwickelte Verfahren steht nicht-regierungsamtlichen Organisationen (NGOs) offen[654]. Durch das Verfahren können den mit der Menschenrechtsproblematik befaßten VN-Organen Sachverhalte unterbreitet werden.

Möglicherweise ist im Wege einer Auslegung *de lege ferenda* auch eine Erweiterung des Adressatenkreises auf die Volksgruppe selbst nicht ausgeschlossen. Dabei könnte im Wege eines Erst-recht-Schlusses angenommen werden, daß, wenn schon auf diesem Wege grundsätzlich nicht mit Völkerrechtssubjektivität ausgestattete Organisationen wegen Menschenrechtsverletzungen auftreten können, dies erst recht solchen organisierten Gebilden möglich sein muß, welche über zumindest partielle Völkerrechtsfähigkeit verfügen. Somit erscheint eine

---

653 Resolution 1503 (XLVIII) des Wirtschafts- und Sozialausschusses vom 27.05.1970.
654 Ipsen, in: ders., § 48 Rn. 48.

Öffnung des 1503-Verfahrens für Volksgruppen – die entsprechend repräsentiert werden – im Wege einer erweiternden Auslegung möglich.

d) Europäischer Gerichtshof für Menschenrechte (EGMR)

Bezüglich einer erfolgversprechenden Durchsetzung des von der EMRK auch für Volksgruppen, oder zumindest für deren Angehörigen, vermittelten Schutzes sind bei der Individualbeschwerde gemäß Art. 35 EMRK die Zulässigkeitsvoraussetzungen der Beschwerdefähigkeit sowie der Beschwerdebefugnis besonders zu betrachten[655]. Dabei betreffen diese Kategorien mit ihren spezifischen Funktionen[656] allein die Frage der erfolgreichen Geltendmachung bestehender Rechte.

aa) Parteifähigkeit gemäß Art. 34 EMRK von natürlichen Personen und Volksgruppen

Der Wortlaut von Art. 34 der Konvention ist sehr weit auslegbar. Dies entspricht dem Streben nach möglichst umfassendem Rechtsschutz[657]. Sofern sie die Staatsangehörigkeit eines Vertragsstaates besitzen, sind Angehörige von Volksgruppen als natürliche Personen ohne weiteres parteifähig[658].

Volksgruppen können, auch ohne entsprechende Organisation, zumindest als „group of individuals" im Sinne einer „unorganisierten Personenmehrheit"[659] angesehen werden. Bei bestehender Teil- oder Vollrechtsfähigkeit, sind sie auch als „non-governmental organisation" zu betrachten[660]. Nach der hier vertretenen Auffassung besitzen Volksgruppen mindestens partielle Völkerrechtsfähigkeit. Ihre Parteifähigkeit ist somit gegeben. Allerdings ist auch bei der unorganisierten „group of individuals" mit Art. 47 Abs. 2 der Verfahrensordnung der EMRK[661] zu fordern, daß im Falle der Beschwerde ein Bevollmächtigter mit Vertretungsmacht auftritt, so daß die Prozeßhandlungsfähigkeit gewährleistet

---

655 Hillgruber/Jestaedt, S. 80.

656 Vgl. Matscher, in: EuGRZ 1982, S. 489 (493).

657 Hillgruber/Jestaedt, S. 80; Traveaux préparatoires, Vol. IV, S. 38.

658 Murswiek, in: JuS 1986, S. 8 (9); Hillgruber, Jestaedt, S. 82; vgl. Malik v. Tschechische Republik, Communication No. 669/1995, MRA, 03.11.1998; Schlosser v. Tschechische Republik, Communication No. 670/1995, MRA, 03.11.1998, mit Hinweis auf Drobek v. Slowakei, Communication No. 643/1995, MRA, 15.08.1997 .

659 Frowein/Peukert, Art. 25 Rn. 13.

660 Vgl. Hillgruber/Jestaedt, S. 82.

661 Vgl. BGBl. 1980 II, S. 1378.

ist. Hinsichtlich der notwendigen Repräsentation der Volksgruppe ist hier eine ausreichende Legitimation des für die Gruppe Handelnden zu fordern. Insgesamt läßt der Wortlaut der EMRK die Annahme der Parteifähigkeit sowohl für die betroffenen Individuen als auch für die Volksgruppe an sich zu.

bb) Beschwerdebefugnis gemäß Art. 34 EMRK

(1) Geltendmachung eigener Rechte

Der Beschwerdeführer muß substantiiert darlegen, daß er durch einen Vertragsstaat unmittelbar in seinen durch die Konvention geschützten Rechten verletzt worden ist[662]. Der Aktivprozeßführungsbefugte muß also Inhaber des materiellen Rechts sein. Die der Gruppe angehörenden Personen müssen – sofern die Gruppe als Beschwerdeführende auftritt – als einzelne jeweils eigene Rechte geltend machen[663]. Die Konvention billigt Volksgruppen respektive nationalen Minderheiten allerdings keine eigenen Rechte aus ihren Regelungen zu. Soweit es die Geltendmachung eigener Rechte betrifft, sind Volksgruppen nach dem Wortlaut der Konvention nicht prozeßführungsbefugt; ihre Mitgliedern dagegen schon.

(2) Geltendmachung von Rechten der Angehörigen

Fraglich ist, ob Volksgruppen nach der EMRK Rechte ihrer Angehörigen in eigenem Namen geltend machen können. Entsprechend dem Wortlaut von Art. 34 EMRK kennt die Individualbeschwerde die Kategorie der Prozeßstandschaft nicht. Der Sinn der in Art. 34 EMRK begründeten Beschwerdebefugnis ist der Ausschluß der Popularklage[664]. Ein Rückgriff auf die Staatenbeschwerde in Art. 33 EMRK scheidet schon ob des eindeutigen Wortlauts aus. Ein gewollter Ausschluß jeglicher Beschwerde durch eine Gruppe kann daraus aber nicht unbedingt geschlossen werden.

Zu überlegen bleibt, ob andere Ansätze in Betracht kommen, nach denen Volksgruppen aufgrund der Verletzung von Rechten ihrer Angehörigen auftreten können. Hierbei sind verschiedene Varianten zu betrachten. Sofern der Vertreter der Volksgruppe zugleich mit der Verletzung von einzelnen Mitgliedern der Gruppe

---

662 Vgl. hierzu auch Entscheidung v. 10.05.1979 betr. Beschwerde Nr. 8612/79, DR 15, 259 (269) – Alliance des Belges de la Communauté Européenne gegen Belgien.

663 Vgl. hierzu EKMR, E. v. 21.03.1975 betr. Beschwerde Nr. 6538/74, DR2, 90 (95 f.).

664 Matscher, in: EuGRZ 1982, S. 489 (494).

die Verletzung eigener Rechte geltend macht, ist die Beschwerdebefugnis unproblematisch anzunehmen[665]. Dann ist aber nicht ohne weiteres ersichtlich, warum neben einer möglichen Individualbeschwerde auch noch die Beschwerde der Volksgruppe möglich sein soll.

Zu bedenken ist bei dieser Frage aber, daß die Volksgruppe aus solchen natürlichen Personen besteht, für die die Gruppe – gleichsam als mittelbar Verletzte – als Beschwerdeführerin auftreten könnte[666]. Dann ist allerdings zu differenzieren, ob dem Kollektiv lediglich die Befugnis zur Ausübung der Rechte der Gruppenmitglieder zugestanden werden soll oder ob die Gruppe sogar selbst Inhaberin der Rechte ist[667]. Für eine Befugnis zur Ausübung der Rechte der Gruppenmitglieder könnte die Lehre vom „indirekten Opfer“ sprechen[668]. Danach wird der Opferbegriff und somit auch die Beschwerdebefugnis auf den Kreis von Personen erweitert, die notwendigerweise ein schutzwürdiges Interesse daran haben, daß die konventionswidrige Situation beseitigt wird[669]. Das „indirekte Opfer“ muß sowohl in enger Beziehung zu der gerügten Maßnahme als auch in einem Näheverhältnis zum unmittelbar Betroffenen stehen.

Für den Fall der Konfiskation von Eigentum sowie der Vertreibung der Volksgruppe wird oftmals – seitens des handelnden Staates – eben gerade auch ein Betroffensein der Volksgruppe als Kollektiv beabsichtigt sein. Die Handlungen gegenüber den einzelnen Mitgliedern der Gruppe sind, im Hinblick auf die hier zu untersuchende Fragestellung, zunächst ein Vehikel, um der Gruppe als solcher zu schaden. Unter diesem Gesichtspunkt erscheint es zumindest als grundsätzlich möglich, der Volksgruppe eine Beschwerdebefugnis – bezüglich der Rechte ihrer Angehörigen – zuzugestehen[670]. Damit ist die Geltendmachung von Konventionsrechten durch Volksgruppen – bei einer weiten Konventionsauslegung – nach der hier vertretenen Auffassung unter bestimmten Voraussetzungen möglich.

---

665 Hillgruber/Jestaedt, S. 85, mit Bezug auf die Entscheidung des EMKR v. 10.07.1975 betr. Beschwerde Nr. 6742/74, DR 3, 98 (100).

666 Dies hat die EKMR zumindest für Kirchen angenommen: EKMR, Entscheidung v. 05.05.1979 betr. Beschwerde Nr. 7805/77, DR 16, 68 (70).

667 Frowein/Peukert, Art. 9 Rn. 8.

668 Frowein/Peukert, Art. 25 Rn. 18 ff.

669 Hillgruber/Jestaedt, S. 87, die u. a. auf die Entscheidungen der EKMR v. 28.02.1983 betr. Beschwerde Nr. 9360/81, DR 32, 211, verweisen.

670 Anderer Ansicht sind im Ergebnis wohl Hillgruber/Jestaedt, S. 87, welche die Beschwerdebefugnis zumindest dann ablehnen wollen, wenn der unmittelbar Betroffene selbst Beschwerde erheben könnte.

cc) Weitere Zulässigkeitsvoraussetzungen

Die weiteren Zulässigkeitsvoraussetzungen sind zu wahren, wie zum Beispiel die Erschöpfung des Rechtswegs[671], die Wahrung der Sechsmonatsfrist gemäß Art. 35 Abs. 1 EMRK sowie die nicht anonyme Beschwerdeerhebung gemäß Art. 35 Abs. 2 EMRK und das Erfordernis aus Art. 28.

dd) Zwischenergebnis

Nach alledem erscheint die Beschwerde zum EGMR sowohl für die Volksgruppe als Ganze, als auch für ihre Mitglieder möglich.

3. Diplomatischer Schutz

Die Interessen der Volksgruppe könnten bei Beibehaltung des aktuellen Wortlauts der Statuten der meisten internationalen Gerichte allein im Wege der Ausübung diplomatischen Schutzes beziehungsweise der – bis dato kaum zur Anwendung gekommenen – Staatenbeschwerde durch einen Schutzstaat zu verfolgen sein[672].

a) Vorfragen

Neben der Berufung auf Eigentumspositionen durch die Alteigentümer selbst ist auch zu untersuchen, welche Rolle der Eigentumsbegriff im Rahmen der Normen über die Ausübung des diplomatischen Schutzes spielt[673]. Auch Ansprüche der Volksgruppen könnten möglicherweise – abgesehen von Ansprüchen des einzelnen oder des Kollektivs – im Wege der Ausübung diplomatischen Schutzes verfolgt werden[674].

Zwar dürfen Staaten Fremde nicht rechtswidrig enteignen. Wegen der Mediatisierung des Bürgers im Völkerrecht kann diesem aber die selbständige Verfolgung seiner Ansprüche gegenüber fremder obrigkeitlicher Enteignung dennoch verwehrt sein: Das Recht auf Ausübung diplomatischen Schutzes ist nämlich ein Recht der Staaten[675]. Dabei zielt das Institut des diplomatischen Schutzes grund-

---

671 Frowein/Peukert, Art. 26 Rn. 28.

672 Schroder, S. 53; Niewerth, S. 197.

673 Dolzer, S. 162.

674 Die Geltendmachung des Rechts auf die Heimat der Volksgruppe durch Staaten im Wege einer *actio popularis* ist mit Bils, S. 263, abzulehnen.

675 Wirth, S. 104.

sätzlich auf den Schutz natürlicher oder juristischer Personen vor fremder Hoheitsgewalt[676]. Dadurch sind zunächst die Angehörigen der enteigneten Volksgruppe in die Schutzgewährung durch die Schutzmacht einbezogen. Da weiter das Recht zur Schutzausübung ein Recht des Staates und nicht ein Recht des Verletzten auf Schutzgewährung ist[677], kann die Schutzmacht auch die Rechte einer Volksgruppe als eigene Rechte geltend machen, auch wenn diese nur unzureichend organisiert sein sollte.

Das Recht auf diplomatischen Schutz ist ein anerkannter Bestandteil des Völkergewohnheitsrechts[678]. Der diplomatische Schutz ist ein unbestrittenes Institut zur Verfolgung völkerrechtlicher Ersatzansprüche[679], sofern ein Staat in völkerrechtswidriger Weise und mit völkerrechtlicher Anknüpfung Eigentum verletzt[680].

b) Völkerrechtswidriges Verhalten

Damit diplomatischer Schutz überhaupt erwogen werden kann, wird zunächst ein völkerrechtswidriges Verhalten eines fremden Hoheitsträgers, zumeist eines Staates, vorausgesetzt[681]. Dieses kann sowohl die Verletzung einer völkervertragsrechtlichen wie auch einer völkergewohnheitsrechtlichen Pflicht sein[682]. Auf den Rang oder die Art der verletzten Völkerrechtsnorm kommt es dabei allerdings nicht an[683]. Indessen ist vorauszusetzen, daß die Völkerrechtsverletzung dem in Anspruch zu nehmenden Staat zurechenbar ist[684].

c) Bestimmung der Schutzmacht

Da hier für eine eigene Völkerrechtssubjektivität *in statu nascendi* von Volksgruppen eingetreten wird, könnte man die Ansicht vertreten, daß die Volksgruppe sogar selbst als Schutzmacht die Rechte ihrer Angehörigen verfolgen kann. Dies ist allerdings zweifelhaft, da es sich bei der hier angesprochenen Völkerrechtsfähigkeit von Volksgruppen nur um eine partielle Völkerrechtssubjektivi-

---

676 Gloria, in: Ipsen, § 24 Rn. 32.
677 Gloria, in: Ipsen, § 24 Rn. 33.
678 Dazu bereits StIGH v. 30.08.1924; PCIJ, Ser. A, Nr. 2, S. 12.
679 Klein, S. 19.
680 Ipsen, in: ders., § 40 Rn. 49; Dolzer, S. 160.
681 Klein, S. 24; Gloria, in: Ipsen, § 24 Rn. 33.
682 Gloria, in: Ipsen, § 24 Rn. 33.
683 Klein, S. 24.
684 Klein, S. 24.

tät handelt. Akteure im Völkerrechtsverkehr sind Volksgruppen – noch – nicht. Diplomatische und konsularische Instrumente können sie nicht einsetzen, da sie auf diplomatischer Ebene nicht handlungsfähig sind. Dies ist Staaten vorbehalten.

Der Staat als schutzgewährendes Völkerrechtssubjekt muß zum Eintreten für den Schutzbegehrenden berechtigt sein. Diese Berechtigung vermittelt im Regelfall die Staatsangehörigkeit (*nationality rule*) als *genuine link*[685]. Wer als sein Staatsangehöriger gilt, legt der als Schutzmacht in Frage kommende Staat im Regelfall selbst fest[686].

Ausnahmen von dem Erfordernis der Innehabung der Staatsangehörigkeit des schutzgewährenden Staates sind allerdings denkbar. Nicht nur kann das Recht auf Ausübung diplomatischen Schutzes durch völkerrechtliche Verträge übergehen[687], ein Staat kann unter Umständen sogar bereits für Bürger eines anderen Staates tätig werden, um einen völkerrechtswidrigen Zustand zu beenden[688].

Die in Rede stehende Konstellation ist freilich von dem Fall der Konkurrenz zweier Schutzstaaten gegenüber den Rechten von Doppelstaatern zu unterscheiden. In diesem Fall gilt grundsätzlich das Prinzip der „effektiven" Staatsangehörigkeit, wonach dem Staat, in dem sich der gewöhnliche Aufenthalt des Doppelstaaters befindet, das Schutzrecht zukommt[689].

In den Fällen der Enteignung von Volksgruppen gehen die Rechtsverletzungen zumeist vom Aufenthaltsstaat, dessen Staatsangehörigkeit die Mitglieder der Volksgruppe auch besitzen können, aus.

In der Regel wird, aus einer historisch-faktischen Perspektive heraus, die Funktion der Schutzmacht jenem Völkerrechtssubjekt – zumeist einem Staat – zugeschrieben, das eine enge Beziehung zur jeweiligen Volksgruppe beziehungsweise ethnischen Minderheit aufweist[690]. Als Schutzmacht wird dann das Völkerrechtssubjekt bezeichnet, das berechtigt ist, die Verletzung von Minderheitenrechten gegenüber dem Staat, dessen Staatsangehörigkeit die Minderheit besitzt,

---

685 Klein, S. 26; Gloria, in: Ipsen, § 24 Rn. 34.

686 Zu fordern ist aber mit dem IGH im Fall „Nottebohm", in: ICJ Rep. 1955, S. 4 (24), ein „*genuine link*"; vgl. auch Turner, S. 52 f.

687 So übt bspw. die Schweiz diplomatischen Schutz für die Bürger Liechtensteins aus.

688 Gloria, in: Ipsen, § 24 Rn. 35 m.w.N.

689 Vgl. den Mergé-Fall (RIAA, Bd. 14, S. 214 (236)); Hailbronner, in: Vitzthum, 3. Abschnitt Rn. 95.

690 Hafner, in: Ermacora/Tretter/Pelzl, S. 128.

geltend zu machen[691]. An historischen Beispielen hierfür ermangelt es nicht. So beanspruchte der Kaiser des Heiligen Römischen Reiches die Schutzmachtfunktion für alle Christen und Frankreich jene für die Katholiken im ottomanischen Imperium[692].

Zwar kennt das Völkerrecht unbestritten die Schutzmacht als rechtliche Institution, allerdings nicht im Zusammenhang mit Volksgruppenrechten. Als Schutzmacht wird normalerweise im Konnex mit Kriegsrecht und Diplomatenrecht ein – meistens neutraler – Staat verstanden, der auf Ersuchen eines anderen Staates dessen Interessen und die seiner Staatsangehörigen auf dem Territorium eines dritten Staates schützt[693]. Im Gegensatz zum Minderheitenrecht werden hier nicht Staatsangehörige des Gebietsstaates geschützt. Voraussetzung ist aber ein dreiseitiges – von der Zustimmung der beteiligten Staaten abhängiges – Vertragsverhältnis[694].

Nun muß die Frage aufgeworfen werden, inwieweit der Begriff der Schutzmacht auch auf das Minderheiten- und Volksgruppenrecht zur Bezeichnung eines solchen Völkerrechtssubjekts übertragbar ist, welches Verletzungen der Rechte der Minderheit oder Volksgruppe – weitergehend als andere Staaten – geltend machen kann. Anders als im herkömmlichen Sinne kann es im Minderheitenrecht nur um ein bilaterales anstelle eines trilateralen Verhältnisses gehen. Wie auch bei den Menschenrechten ist auch das Minderheitenrecht immer ein solcher Rechtsbereich, der die Beziehungen eines Staates mit seinen Angehörigen regelt.

Im Lichte des klassischen zwischenstaatlichen Charakters des Völkerrechts können die Rechte der Minderheit nur geschützt werden, wenn sich ihrer ein auf zwischenstaatlicher Ebene handlungsfähiger Akteur annimmt[695]. Allerdings ist weder eine Pflicht einer Schutzmacht zum Schutz einer Minderheit noch ein Recht einer Minderheit auf Schutz durch die Schutzmacht auszumachen[696].

Damit bleibt noch die Frage, welchem Staat überhaupt diese Funktion zukommen kann, sofern kein gemeinsamer Heimatstaat für alle Angehörigen der Volksgruppe auszumachen ist. Ausgehend von einem gemeinsamen National-

---

691 So gilt Österreich als Schutzmacht für Südtirol.

692 Moskov, S. 12 f.

693 Raub, in: EPIL III, S. 314; Hafner, in: Ermacora/Tretter/Pelzl, S. 128.

694 Hafner, in: Ermacora/Tretter/Pelzl, S. 128.

695 Hafner, in: Ermacora/Tretter/Pelzl, S. 129.

696 Insoweit ergeben sich Parallelen zum diplomatischen Schutzrecht.

bewußtsein, welches auch dem Nationalstaatskonzept zugrunde liegt, erscheint es sinnvoll, den – sofern existenten – „co-nationalen" Staat zur jeweiligen Schutzmacht zu erheben[697].

d) Local remedies rule

Als weitere Voraussetzung ist die *local remedies rule* zu beachten. Danach muß, bevor der Schutzmacht ein Wiedergutmachungsanspruch zukommen kann, der Schutzsuchende zunächst mit allen rechtlich gebotenen Mitteln versuchen, sein Begehren vor den Gerichten des Aufenthaltsstaates geltend zu machen[698]. Die geschädigte Person muß hierbei alle rechtlichen Möglichkeiten ausschöpfen[699]. Eine Ausnahme hiervon ist allerdings dann zu machen, wenn der Aufenthaltsstaat keine wirksamen rechtlichen Mittel bereithält oder sich die Rechtsverfolgung übermäßig verzögert[700]. Ebenso erscheint in den Fällen, in denen Menschenrechtsverpflichtungen *erga omnes* verletzt werden, die Einhaltung der *local remedies rule* nicht geboten, dürften andernfalls doch alle Staaten solchen Rechtsverletzungen mit Gegenmaßnahmen begegnen, während der Heimatstaat der Verletzten den innerstaatlichen Rechtsweg abwarten müßte[701].

Gerade dies wird aber in den in Rede stehenden Fällen der Konfiskation und Vertreibung allzu häufig der Fall sein.

e) Anspruch des Staates

Diplomatischen Schutz auszuüben ist nach herkömmlicher Auffassung ein eigenes Recht des Staates[702]. Dies entspricht der Auffassung, daß durch einen völkerrechtswidrigen Hoheitsakt, welcher die Rechte von Privaten beeinträchtigt, das Recht des Heimatstaates auf völkerrechtskonforme Behandlung seiner Angehörigen verletzt ist[703]. Eine völkerrechtliche Verpflichtung für den Staat, die

---

697 Hafner, in: Ermacora/Tretter/Pelzl, S. 130.

698 Interhandel-Fall, in: ICJ Rep. 1959, S. 6 (27); Herdegen, in: Ress/Stein, S. 63; Ammann, S. 119; Gloria, in: Ipsen, § 24 Rn. 38; wenn die geschädigte Person dies unterläßt, kann sie – allerdings negativ - doch de facto Einfluß auf die Ausübung des diplomatischen Schutzes nehmen.

699 Klein, S. 29.

700 Bils, S. 267; Ammann, S. 119.

701 Vgl. Herdegen, in: Ress/Stein, S. 63 (68).

702 Klein, S. 21, 32; Gloria, in: Ipsen, § 24 Rn. 38; IGH, Barcelonal-Traction, Second Phase, in: ICJ Rep. 1970, S. 45 f.

703 Gloria, in: Ipsen, § 24 Rn. 38 m.w.N.

Interessen seiner Angehörigen oder Schutzbefohlenen im Ausland zu vertreten, besteht jedoch nicht[704].

Fraglich ist – nach den hier gewonnenen Ergebnissen –, wie es sich verhält, wenn dem einzelnen oder der Volksgruppe eigene Völkerrechtssubjektivität zukäme. Dann könnte der Anspruch womöglich nicht länger nur der eines Staates sein. In Betracht käme dann, daß die Volksgruppe den Anspruch selbst wahrnehmen könnte. Dies scheitert aber bereits an den fehlenden effektiven diplomatischen Instrumenten der Volksgruppe. Mit dem Anspruch könnten aber gleichsam in Prozeßstandschaft auch Rechte der neuen Völkerrechtssubjekte geltend gemacht werden[705].

Bei Völkerrechtsfähigkeit der Schutzbegehrenden – namentlich der Volksgruppe – wäre es wohl auch konsequenterweise ihr eigener Anspruch, den die Volksgruppe gegenüber dem Verletzerstaat geltend macht. Das Danebentreten eines eigenen Anspruchs qua „mittelbarer Verletztheit", also eine Verletzung des Staates selbst in Person des Schutzbegehrenden, wäre dann nicht mehr erforderlich. Je mehr nun dem einzelnen und auch Volksgruppen eigene Rechte zugebilligt werden, desto mehr muß sich auch die Betrachtungsweise auf die Natur des diplomatischen Schutzes verschieben[706].

f) Umfang der Geltendmachung

Fraglich ist, in welchem Umfang das Schutzrecht durch den Staat geltend zu machen ist. Diese Entscheidung obliegt – ebenso wie die Frage, ob die Schutzmacht überhaupt den Anspruch verfolgt – dem Staat als Anspruchsinhaber[707]. Es liegt also zunächst im Ermessen des Staates, volle Wiedergutmachung in Form der Naturalrestitution oder einer adäquaten Entschädigung zu fordern[708] oder aber überhaupt keine. Aus rein völkerrechtlicher Perspektive ist damit auch die Reduktion des Wiedergutmachungsanspruchs auf eine nur symbolische Entschädigung oder gar eine Entschuldigung möglich[709].

---

704 Ammann, S. 119; so auch die völkerrechtliche Judikatur in: PCIJ, Ser. A, No. 17 (1928), 16; ICJ Rep. 1955, 24; 1970, 44.

705 Dazu eingehend Doehring, in: Ress/Stein, S. 9 (14).

706 In diese Richtung auch Ammann, S. 121.

707 Klein, S. 33.

708 Darin ist der entgangene Gewinn, *lucrum cessans*, eingeschlossen.

709 Klein , S. 34, der auch auf den häufigen Modus der *lump sum agreements* mit einer vereinbarten Entschädigungssumme hinweist.

VII. Ergebnis des Allgemeinen Teils

1. Enteignung und Konfiskation

Konfiskationen als entschädigungslose Enteignungen sind – insbesondere wenn sie kollektiv gegenüber einer bestimmten Gruppe erfolgen – grundsätzlich unzulässig und damit völkerrechtswidrig. Sofern ein Staat völkerrechtskonform zu enteignen sucht, muß er gemäß den Grundsätzen der Hull-Formel Entschädigung leisten.

2. Volksgruppen und Rechtssubjektivität

Volksgruppen beziehungsweise ethnische Minderheiten sind schon heute als Völkerrechtssubjekte *in statu nascendi* anzusehen. Ihnen ist partielle Völkerrechtssubjektivität zuzugestehen.

3. Vertreibung und Recht auf die Heimat

Die Vertreibung von Volksgruppen verstößt sowohl gegen Völkervertrags- als auch gegen Völkergewohnheitsrecht. Eine Rechtfertigung solcher Maßnahmen kommt nicht in Betracht. Außerdem entspricht das Vertreibungsverbot gleichsam der negativen Ausformung des mittlerweile anerkannten Rechts auf die Heimat. Dieses steht den Volksgruppen und ihren Angehörigen zu. Im Falle der Vertreibung wandelt sich das Recht zum Verbleib in der angestammten Heimat in ein Recht auf Rückkehr in die Heimat.

4. Rechtsschutzmöglichkeiten

Gegenwärtig stehen die effektiven Rechtsdurchsetzungsmöglichkeiten der Volksgruppen gegenüber den existierenden materiellen Schutzrechten zurück. Bieten sich für den einzelnen Angehörigen der Volksgruppe eine Reihe von Verfahrensmöglichkeiten an, so können Rechte der Volksgruppe bislang jedoch kollektiv kaum durchgesetzt werden.

C. Besonderer Teil

Hier sollen nun exemplarisch an zwei europäischen und einer außereuropäisch ansässigen Volksgruppe die in Frage kommenden Rechtsansprüche und ihre Durchsetzbarkeit vor nationalen und internationalen Gerichten geprüft werden. Diese Ausführungen knüpfen an die Untersuchungen im Rahmen der abstrakten Betrachtung der Problematik im Allgemeinen Teil an und überprüfen die erarbeiteten Erkenntnisse am konkreten Fall. Einerseits wird auf die Rechtsschutzmöglichkeiten eingegangen, welche den Alteigentümern der in Rede stehenden Volksgruppen als Individuen zur Verfügung stehen. Weiter wird gemäß der gewählten Fragestellung geprüft, ob auch der betroffenen Volksgruppe selbst als Kollektivverband eine Klagemöglichkeit – für sich und für das einzelne Mitglied – zukommt. Im übrigen wird analysiert, ob ein Anspruch auf Ausübung diplomatischen Schutzes durch den Heimatstaat besteht, sofern die Alteigentümer der betreffenden Volksgruppe eine ausländische Staatsangehörigkeit besitzen. Besonderes Augenmerk bei der rechtlichen Beurteilung erfordert darüber hinaus – im Unterschied zu den im Allgemeinen Teil gewonnenen Erkenntnissen – die Beachtung der zeitlichen Umstände der Enteignungsmaßnahmen. Die folgende Untersuchung an einem ersten konkreten Fall ist in einigen Punkten, gegenüber den nachfolgenden Fällen, intensiver. Sie ist gleichsam pars pro toto zu nehmen, bietet aber gerade aus Sicht der deutschen Völkerrechtswissenschaft zusätzlich wissenschaftlich erörterungswürdige Probleme.

I. Ansprüche der sudetendeutschen Alteigentümer in der ehemaligen Tschechoslowakei (CSR)[710]

Die vermögensrechtlichen Folgen der Vertreibung der deutschen Bevölkerung sind ein Teilbereich der Konsequenzen des Zweiten Weltkrieges, die in den zwischenstaatlichen Beziehungen der betroffenen Länder noch heute eine Rolle spielen. Dabei wird das verlorengegangene Vermögen der Sudetendeutschen aus dem Vertreibungsgebiet „ehemalige Tschechoslowakei" auf bis zu 63 Milliarden Reichsmark geschätzt[711]. Dies entspräche einem heutigen Verkehrswert von vermutlich mehreren hundert Milliarden Euro. Indes differieren die Zahlenwerte bezüglich der insgesamt konfiszierten Werte[712].

---

710 Die Tschechoslowakei (CSR) nannte sich ab 1960 CSSR und von 1989 bis 1993 CSFR.

711 Tomuschat, in: ZaöRV 56 (1996), S. 4, sowie mit ähnlichen Angaben: Ermacora, S.156f.

712 Vgl. die Ausführungen der Bundesregierung, BT-Drucksache 7/1455 vom 18.12.1973, S. 2.

Die Lösung der vorliegenden Fragen steht im Spannungsverhältnis mit der Außenpolitik Deutschlands zu seinem östlichen Nachbarn. Die aufgeworfenen Fragen haben schon mehrfach die bundesdeutschen Gerichte beschäftigt. Ferner hat der Menschenrechtsausschuß der Vereinten Nationen in dieser Frage mehr als einmal eine eindeutige Position bezogen und die Tschechische Republik verurteilt[713]. Doch ist bis dato eine Reaktion der Nachfolgestaaten der Tschechoslowakei in Richtung eines völkerrechtskonformen Verhaltens in dieser Frage ausgeblieben. Im Hinblick auf den nahenden Beitritt der Tschechischen Republik zur Europäischen Union im Jahre 2004 erscheint eine strikte juristische Aufarbeitung der nicht nur mit dem Benesch-Dekret Nr. 12[714] verbundenen Probleme unbedingt notwendig[715].

1. Historischer Überblick

Das Zusammenleben von Tschechen und Deutschen in Böhmen und Mähren ist bis in das 12. Jahrhundert zurückzuverfolgen[716]. Auf Einladung tschechischer Fürsten ließen sich seinerzeit deutsche Siedler vorwiegend im böhmischen Grenzraum zum Deutschen Reich nieder; diese Gebiete waren damals zumeist von Wäldern bedeckt und kaum bewohnt. Bis auf Spannungen während der hussitischen Aktivitäten im 15. und 16. Jahrhundert – in deren Verlauf es erstmals zu einer Abwendung von den im Land lebenden Deutschen kam – wurde auch in der Zeit der Habsburger Monarchie ein friedliches Miteinander bewahrt[717]. Mit dem Ende des Ersten Weltkriegs kam es erstmals zur Errichtung eines tschechisch-slowakischen Nationalitätenstaats[718]. Trotz der Tatsache, daß etwa ein Viertel der Bürger dieses Staates deutscher Herkunft war[719], hat die tsche-

713 Vgl. die Fälle: Simunek et al. v. Czech Republic, Communication No. 516/1992; Adam v. Czech Republic, Communication No. 586/1994; des Fours Walderode v. Czech Republic, Communication No. 747/1997; Bork v. Czech Republic, Communication No. 774/1997 sowie Alzbeta Pezoldova v. Czech Republic, Communication No. 229/1991 und 757/1997.

714 Die Zählweise der hier angeführten Benesch-Dekrete entspricht der Sammlung der Gesetze und Verordnungen der Tschechoslowakischen Republik.

715 Blumenwitz, in: Blumenwitz/Gornig, Der Schutz, S. 31 (32).

716 Perzi, S. 13.

717 Zu diesem Schluß kommt auch die Präambel der deutsch-tschechischen Erklärung von 1997, die von einem gemeinsamen „reichen kulturellen Erbe“ spricht; dazu auch Perzi, S. 60 f.

718 Vgl. dazu Prinz, S. 16; Perzi, der den 28.10.1918 als Gründungsdatum annimmt.

719 Im Zeitpunkt der Vertreibung waren es rund 3,2 Millionen Deutsche, vgl. statt vieler Müller, in: Forum für Kultur und Politik 1993, S. 20 (21).

choslowakische Regierung, entgegen anders lautenden Ankündigungen[720], dieser Gruppe eigene Rechte vorenthalten[721]. Darüber hinaus wurde im Vorfeld der Münchner Konferenz von 1938 eine nahezu umfassende Diskriminierung der Sudetendeutschen festgestellt[722], ohne daß dies zu einem Einschreiten des Völkerbundes geführt hätte.

Kurz nach dem Ende des Zweiten Weltkrieges 1945 – freilich aufgrund bereits vorausgegangener Planungen[723] – wurde der überwiegende Teil der sudetendeutschen Bevölkerung, immerhin rund 3,2 Millionen Menschen[724], aus ihren angestammten Siedlungsgebieten in der Tschechoslowakei – dem Sudetenland – vertrieben[725], wobei die Vertriebenen ihr Hab und Gut weitestgehend aufgeben mußten[726]. Diese Maßnahmen stellten den Endpunkt einer Reihe von Ereignissen dar, die spätestens mit der unter internationalem Druck erfolgten Abtretung des Sudetenlandes im Zuge des Münchner Abkommens vom 29. September 1938 ihren Ausgangspunkt genommen hatten. Das Deutsche Reich besetzte 1939 die Tschechoslowakei und errichtete in völkerrechtswidriger Weise an ihrer statt das Protektorat Böhmen und Mähren. Der spätere Präsident Eduard Benesch verfaßte bereits von seinem Londoner Exil aus eine Vielzahl von Dekreten, deren Inhalt zum Teil darauf abzielte, die unterstellte Illoyalität der deutschen wie auch magyarischen Volksgruppe während der deutschen Besetzung

---

720 So Präsident Benesch vor den Versailler Friedensverhandlungen, Nachweis bei Prinz, S. 382.

721 Der Begriff der „Sudetendeutschen" bürgerte sich erst in dieser Zeit ein; Dolzer, Gutachten, S. 7.

722 Vgl. den Bericht des britischen Beobachters Lord Runciman, in: de Zayas, S. 52.

723 Dazu Wenk, S. 94 m.w.N. und dem Hinweis auf das sog. „Kaschauer Programm" v. 05.04.1945; Blumenwitz, in: FS für Weinacht, S. 258 (260).

724 Entsprechend der Volkszählung von 1921 entsprach das einem Bevölkerungsanteil von 23,4 %, Nettesheim, Gutachten, S. 7; Müller, in: Forum für Kultur und Politik 1993, S. 20 (21); ähnlich Tomuschat, in: ZaöRV 56 (1996), S. 1 (4), der auf eine etwas niedrigere Zahl kommt.

725 Vgl. auch Tomuschat, in: ZaöRV 56 (1996), S. 1 (2, 5); Müller, in: Forum für Kultur und Politik 1993 S. 20 (21), mit dem Hinweis, daß 1950 lediglich noch 250.000 Personen deutscher Volkszugehörigkeit in der Tschechoslowakei verblieben waren; nach Lemberg, S. 97, befinden sich seit den 90er Jahren des 20. Jahrhunderts nurmehr ca. 53.000 Angehörige der deutschen Volksgruppe auf dem ehemaligen Siedlungsgebiet.

726 Im übrigen sind weit mehr als 100.000 Menschen aufgrund der Vertreibungsmaßnahmen ums Leben gekommen, Dolzer, Gutachten, S. 1; ferner gingen die Regelungen der Benesch-Dekrete weit über die Absichten des vorhergehenden Kaschauer-Programms vom 05.05.1945 hinaus, vgl. dazu Blumenwitz, in: Forum für Kultur und Politik 1993, S. 5 (7).

zu bestrafen[727]. Bis heute ist zwischen Deutschen und Tschechen strittig, ob die Vertreibung[728], die mit der Konfiskation des Vermögens der Betroffenen einherging, gerechtfertigt war.

2. *Sudetendeutsche als Volksgruppe*

Zu untersuchen ist vorab, ob es sich bei den Sudetendeutschen überhaupt um eine Volksgruppe handelt.

a) *Objektive Merkmale*

Im Hinblick auf die im Allgemeinen Teil gewonnenen Voraussetzungen kommt als objektives Merkmal einer Volksgruppe hier eine gemeinsame, von der Mehrheit divergierende Sprache in Betracht. Im Gegensatz zur Bevölkerungsmehrheit in der damaligen Tschechoslowakei war die deutsche Sprache die gemeinsame Sprache der Gruppe der Sudetendeutschen[729]. Weiter ist von einer Kulturgemeinschaft und einer Schicksalsgemeinschaft auszugehen[730]. Auch besitzen die Sudetendeutschen die deutsche Volkszugehörigkeit. Sie wurden bereits mit der Einführung des Grundgesetzes 1949 Deutsche im Sinne des Art. 116 Abs. 1 GG. Ihre vormals tschechoslowakische Staatsangehörigkeit wurde ihnen kollektiv – aufgrund ihrer Zugehörigkeit zu einer bestimmten Gruppe – durch die Benesch-Dekrete in völkerrechtswidriger Weise entzogen[731]. Die Regelungen der Benesch-Dekrete, die sie als Angehörige der deutschen Bevölkerung in der Tschechoslowakei bestrafen, schweißten die Sudetendeutschen weiter zusammen. Damit sind ausreichend objektive Merkmale zur Bestimmung der Volksgruppe vorhanden.

---

727 FAZ, v. 20.04.2002, S. 8; vgl. Perzi, S. 245, der von „noch weiter reichenden Plänen" spricht.

728 Die Vertreibung durch tschechoslowakische Organe sowie die geduldeten „wilden" Vertreibungen forderten nach Schätzungen bis zu 250.000 Opfer unter den Angehörigen der deutschen Volksgruppe; indessen wird bis heute von tschechischer Seite der Terminus „Vertreibung" mit der im deutschen damit verbundenen Konnotation vermieden, Blumenwitz, in: AVR 36 (1998), S. 19 (30).

729 Kimminich, Volksgruppenrecht, in: Forum für Kultur und Politik 1996, S. 23 (25).

730 Kimminich, Volksgruppenrecht, in: Forum für Kultur und Politik 1996, S. 23 (25).

731 Dies erfolgte durch das Dekret Nr. 33 vom 02.08.1945.

b) *Subjektive Merkmale*

Weiter müssen subjektive Merkmale erkennbar sein, um von einer Volksgruppe ausgehen zu können. Die Gruppe der Sudetendeutschen bekannte sich zum Zeitpunkt der zu prüfenden Handlungen zu einer ihnen gemeinsamen deutschen Identität. Eine sich von der Mehrheit des Staatsvolks unterscheidende sudetendeutsche Kultur und ein damit verbundenes Zugehörigkeitsempfinden sind ohne weiteres gegeben. Auch durch die Bildung von Landsmannschaftsverbänden[732] wird das Solidaritätsgefühl ausreichend dokumentiert. Somit ist auch das Vorhandensein eines subjektiven Merkmals festzustellen.

c) *Zwischenergebnis*

Im Ergebnis ist festzuhalten, daß es sich bei den Sudetendeutschen um eine Volksgruppe handelt[733].

3. *Vorfragen*

a) *Geltendes Völkerrecht zum Zeitpunkt der Vertreibung*

Für die Frage nach gegenwärtigen Ansprüchen stellt sich die Frage, welches Recht auf die in Rede stehenden Ereignisse anzuwenden ist[734]. Dabei gilt – durch die Rechtsprechung bestätigt[735] – auch im Völkerrecht der Grundsatz „*tempus regit actum*“, wonach dasjenige Recht anzuwenden ist, das zum Zeitpunkt des nämlichen Sachverhalts galt[736]. Es besteht im Völkerrecht der Grundsatz der Nichtrückwirkung neuer Rechtssätze, sowohl von Völkervertrags-[737] als

---

732 So gibt es z. B. die Sudetendeutsche Landsmannschaft.

733 Ohne weitere Erörterungen dazu auch Fink, in: Forum für Kultur und Politik 1999, S. 7 (24).

734 Mit Bernitz, Legal opinion, S. 7, ist von einem engen Zusammenhang von Enteignung und Vertreibung auszugehen.

735 So z. B. Haager Schiedsgerichtshof v. 23.10.1909 im Fall Grisbadarna, in: Reports of International Arbitral Awards, vol. XI, S. 147, 159; Schiedsspruch vom 04.04.1928 im Fall Island of Palmas, in: Reports of International Arbitral Awards, vol. II, S. 829, 845; Rechtsgutachten v. 09.12.1931 von Karl Strupp im Ostgrönland-Fall, in: Publications of the Permanent Court of International Justice, Series C, Pleadings, Oral Statements and Documents, No. 64, S. 1876, 1900.

736 Gemäß Art. 38 Abs. 1 lit. c IGH-Statut gehören die von den Kulturvölkern anerkannten allgemeinen Rechtsgrundsätze zu den auch völkerrechtlich anwendbaren Prinzipien.

737 Vgl. Krause-Ablaß, S. 72 f., 85 f.; Gornig, in: AWR-Bulletin 1991, S. 72 (74).

auch von Völkergewohnheitsrecht[738]. Dies ist um so einsichtiger, als es unmöglich ist, von jemandem durch neues Recht ein bereits in der Vergangenheit wirksames Verhalten zu fordern[739].

b) *Status des Sudetenlandes und der Sudetendeutschen*

Bis zum Münchner Abkommen vom 29. September 1938 gehörte das Sudetenland unbestritten nicht zum deutschen Staat. Vielmehr war es nach dem Zerfall der österreichisch-ungarischen Doppelmonarchie ab 1919, entsprechend Art. 53 ff. des Friedensvertrages von St. Germain vom 10. September 1919, Teil der Tschechoslowakei. Die Sudetendeutschen besaßen nach Art. 70 des Vertrages mithin nicht die deutsche Staatsbürgerschaft, auch wenn sie Angehörige des deutschen Volkes waren[740]. Infolge des Münchner Abkommens und der damit zusammenhängenden Verträge wurde das Sudetenland offiziell Teil des Deutschen Reichs. Die Sudetendeutschen erhielten die deutsche Staatsbürgerschaft.

aa) *Das Münchner Abkommen*

Zu untersuchen sind die Konsequenzen einer möglichen Nichtigkeit des Münchner Abkommens vom 29. September 1938[741] von Anfang an, also *ex tunc*.

Gemäß der Präambel des deutsch-tschechoslowakischen Vertrages vom 11. Dezember 1973 wird von den Vertragsparteien die Nichtigkeit des – immerhin multilateralen – Münchner Abkommens vom 29. September 1938 – allerdings *ex nunc* – festgestellt[742]. Dabei wird darauf verwiesen, daß das Abkommen unter Androhung von Gewalt zustande gekommen sei.

Die Nichtigkeit könnte sich aus den Regelungen der Wiener Vertragsrechtskonvention ergeben. In Betracht kommen dabei die Regelungen nach Art. 51 und

---

738 Ein allgemeines Verbot der Rückwirkung kennt auch das Völkerrecht nicht. Die Rückwirkung ist aber dann ausgeschlossen, wenn es um die Bewertung zurückliegenden Verhaltens geht; in diesem Sinne auch Krause-Ablaß, S. 30; Gornig, in: AWR-Bulletin 1991, S. 72 (74).

739 Gornig, in: AWR-Bulletin 1991, S. 73 (75).

740 So hieß es in Art. 70 des Friedensvertrages: „Toute personne ayant l'indigénat sur un territoire faisant antérieurement partie des territoires de l'ancienne Monarchie austro-hongroise acquerra de plein droit et à l'exclusion de la nationalité autrichienne, la nationalité de l'État exercant la souveraineté sur le dit territoire.“

741 RGBl. 1938 II, S. 895.

742 Vgl. Blumenwitz, Der Prager Vertrag, S. 31.

Art. 52 WVK[743]. Diese Regelungen sind allerdings nach dem Wortlaut des Art. 4 nur auf solche Verträge anwendbar, die im zeitlichen Geltungsbereich der WVK geschlossen wurden. Dies ist jedoch beim Münchner Abkommen von 1938 nicht der Fall[744]. Im übrigen verhindert das Völkerrecht durchaus nicht Verträge zwischen „ungleichen“ Vertragspartnern[745]. Hinweise für die fehlende Nichtigkeit des Abkommens ergeben sich daraus, daß das effektiv angewendete Recht auf dem sudetendeutschen Gebiet deutsches Recht war. In diese Richtung der Rechtswirksamkeit des Abkommens ist auch die Rechtsansicht anderer am Abkommen beteiligter Staaten zu deuten[746].

Dennoch hielt die Tschechoslowakei das Abkommen – spätestens mit der Verletzung der Grenzgarantien – für nichtig. Die Bundesrepublik Deutschland teilt diese Auffassung nicht. Sie hat sich mit der Tschechoslowakei in den Verträgen vom 11. Dezember 1973[747] und vom 27. Februar 1992[748] dahingehend geeinigt, daß das Abkommen heute als nichtig zu betrachten sei. Von welchem Zeitpunkt ab die Nichtigkeit des Vertrages gelten sollte, wurde allerdings bislang nicht amtlich geregelt.

bb) Staatsangehörigkeit der Sudetendeutschen

Die Staatsangehörigkeit der Sudetendeutschen ist insoweit von Bedeutung, als von ihrer Charakterisierung als Fremde oder als Inländer abhängt, ob völkerrechtliches Fremdenrecht oder möglicherweise lediglich innerstaatliches Recht der Tschechoslowakei für eine rechtliche Beurteilung der tschechoslowakischen Handlungen anwendbar ist.

Mit dem multilateralen Abkommen von München änderte sich der Status des Sudetenlandes. Es wurde aufgrund der Abtretung durch die Tschechoslowakei deutsch. Dadurch erwarben auch die Sudetendeutschen aufgrund eines, mit dem

---

743 So könnte man – bezüglich des Vertrages über das Protektorat Böhmen und Mähren – die Drohung Görings mit der Bombardierung Prags für den Falle der Nichtunterzeichnung gegenüber dem tschechoslowakischen Präsidenten Hacha sowohl als Fall des Art. 51 als auch des Art. 52 WVK werten.

744 Dazu auch Blumenwitz, Der Prager Vertrag, S. 96 f.

745 Vgl. nur Heintschel von Heinegg, in: Ipsen, § 15 Rn. 34.

746 Ermacora, S. 41, mit dem Hinweis auf die Auffassung Großbritanniens, welches 1967 die Grenzen der Tschechoslowakei zu Deutschland eben nicht anerkannte, da es das Abkommen nicht für nichtig hielt.

747 BGBl. 1974 II, S. 990.

748 BGBl. 1992 II, S. 463.

Münchner Abkommen korrespondierenden, bilateralen Vertrages zwischen der Tschechoslowakischen Republik und dem Deutschen Reich die deutsche Staatsangehörigkeit[749]. Da aber jeder Staat nur über seine eigene Staatsangehörigkeit verfügen kann, blieb die tschechoslowakische Staatsangehörigkeit der Sudetendeutschen zunächst unberührt[750].

Entsprechend den tschechoslowakischen Vorschriften wurde ihnen dann durch das Präsidialdekret vom 2. August 1945[751] die tschechoslowakische Staatsangehörigkeit rückwirkend auf den Tag des Erwerbs der deutschen Staatsangehörigkeit entzogen. Dadurch wurde die deutsche Staatsangehörigkeit aber nicht berührt[752]. Dies hat die Tschechoslowakei 1945 auch anerkannt[753]. Darüber hinaus hat sie mit den, auf die Benesch-Dekrete gestützten Enteignungen auch tatsächlich zu verstehen gegeben, daß sie die Sudetendeutschen als Deutsche und nicht als Staatsbürger der Tschechoslowakei behandelt wissen wollte[754].

Aber auch wenn man das Münchner Abkommen *ex tunc* als nichtig betrachtet, sind die Sudetendeutschen als deutsche Staatsangehörige anzusehen, da das Deutsche Reich und auch später die Bundesrepublik Deutschland – als mit der Rechtsperson des Deutschen Reichs identisches Staatsgebilde – an der Verleihung der deutschen Staatsangehörigkeit festgehalten hat[755]. Nach völkerrechtlichen Grundsätzen kann jeder Staat selbst über die Verleihung seiner Staatsangehörigkeit entscheiden. Zum Zeitpunkt der Vertreibung sind die Sudetendeutschen damit als Deutsche zu betrachten[756].

Eine tschechische Argumentation, die darauf hinausläuft, daß die Sudetendeutschen von September 1938 bis zum 8. Mai 1945 staatenlos gewesen seien, ist widersprüchlich. Einen solchen Standpunkt kann die Tschechische Republik als Rechtsnachfolgerin der Tschechoslowakei mit rechtlichen Argumenten nicht

---

749 Dazu Tomuschat, in: ZaöRV 56 (1996), S. 1 (24).

750 Wenk, S. 90 m.w.N.

751 „Verfassungsdekret des Präsidenten der Republik v. 02.08.1945 über die Regelung der tschechoslowakischen Staatsbürgerschaft der Personen deutscher und madjarischer Nationalität"; deutsche Übersetzung in: Dokumentation der Vertreibung, Bd. IV/1, S. 250 f.; Nachweis, bei Wenk, S. 91.

752 Vgl. Ermacora, S. 210.

753 Tomuschat, in: ZaöRV 56 (1996), S. 1 (23 ff.); Fassbender, in: EuGRZ 2001, S. 459 (462).

754 Fassbender, in: EuGRZ 2001, S. 459 (463); so auch Ermacora, S. 156.

755 Vgl. BVerfGE 1, S. 322 (328 ff.).

756 Vgl. Seidl-Hohenveldern, in: IPRax. 1996, S. 410 (411); Tomuschat, in: ZaöRV 56 (1996), S. 1 (25).

einnehmen[757]. Die Entscheidung zur Ausbürgerung erfolgte gerade im Hinblick auf die den Sudetendeutschen zuteil gewordene Verleihung der deutschen Staatsangehörigkeit.

cc) Zwischenergebnis

Festzuhalten ist, daß das Münchner Abkommen entweder rechtswirksam war, wobei es sich bei den Sudetendeutschen dann ohne weiteres um deutsche Staatsangehörige handelte. Für diesen Fall ist unstreitig Fremdenrecht anwendbar.

Sofern das Abkommen andererseits aber nichtig gewesen sein sollte, wurde den Sudetendeutschen durch die Tschechoslowakei kollektiv die tschechoslowakische Staatsbürgerschaft entzogen, und sie wurden als Deutsche behandelt[758]. Entsprechend dieser Haltung kommt auch in diesem Fall Fremdenrecht zur Anwendung. Eine vertiefte Auseinandersetzung mit der Frage der Nichtigkeit des Münchner Abkommens ist daher entbehrlich.

c) Die Benesch-Dekrete

Die Konfiskationspolitik des Tschechoslowakischen Staates der deutschen Bevölkerungsgruppe gegenüber setzte nach dem Ende des Zweiten Weltkrieges mit dem Inkrafttreten der Dekrete des Präsidenten der Republik, den sogenannten Benesch-Dekreten, ein[759]. Vertreibung und Konfiskation stellen sich dabei als einheitlicher Sachverhalt dar, die auch gemäß der Intention der Benesch-Dekrete durch einen einheitlichen staatlichen Gesamtvorsatz verbunden sind[760]. Somit besteht bei Verstößen gegen zwingendes Völkerrecht ein rechtlicher Zusammenhang zwischen Vertreibung und entschädigungsloser Enteignung[761].

aa) Die Präsidialdekrete und damit verbundene Rechtsakte

Unter den Begriff „Präsidialdekrete“ werden die Legislativakte der tschechoslowakischen Exil-Regierung in London zwischen Oktober 1940 und April 1945 sowie die Gesetzgebung der in die befreite Tschechoslowakei zurückgekehrten

---

757 Tomuschat, in: ZaöRV 56 (1996), S. 1 (27).

758 Tomuschat, in: ZaöRV 56 (1996), S. 1 (26).

759 Tomuschat, in: ZaöRV 56 (1996), S. 1 (3).

760 Dies war die Schaffung eines national-tschechoslowakischen Staates ohne die deutsche Volksgruppe; vgl. dazu auch die Präambel des Dekrets v. 21.06.1945 (Slg. Nr. 12); dazu auch Blasius, in: FAZ v. 12.02.2002, S. 7.

761 Blumenwitz, Interessenausgleich, S. 31.

Regierung in der unmittelbaren Nachkriegszeit (April 1945 - 28. Oktober 1945) subsumiert. Sowohl im Londoner Exil als auch in der unmittelbaren Nachkriegszeit übte der formell an die tschechoslowakische Verfassung von 1920 gebundene Präsident der Exilregierung, Eduard Benesch, die Gesetzgebung vermittels Gesetzes- und Verfassungsdekreten aus. Dies wurde am 28. März 1946 von der Provisorischen Nationalversammlung genehmigt. Von insgesamt 142 Dekreten wurden 44 der Zeit in London, 98 dagegen der unmittelbaren Nachkriegszeit zugeordnet. Im unmittelbaren Kontext mit den Dekreten und ihrer Durchführung in der Nachkriegszeit steht das Gesetz Nr. 115 vom 8. Mai 1946, welches an sich rechtswidrige strafbare Handlungen, die zwischen dem 30. September 1938 und dem 28. Oktober 1945 mit dem Ziel der Befreiung begangen wurden, als „Vergeltung für die Taten der Okkupanten" rechtfertigt[762]. Somit ist nach tschechischer Auffassung die Vertreibung von 3,2 Millionen Deutschen und 600.000 Magyaren aus ihren angestammten Siedlungsgebieten, einschließlich der hierbei verübten weiteren Exzesse, gerechtfertigt.

Ab Mai 1945 wurden Konfiskationen gegen volksdeutsches und anderes „feindliches" Vermögen betrieben. Die Enteignungen erfolgten auf der Grundlage der sogenannten Benesch-Dekrete, nämlich:

- Dekret Nr. 5 des Präsidenten der Republik vom 19. Mai 1945[763] über die Ungültigkeit einiger vermögensrechtlicher Rechtsgeschäfte aus der Zeit der Unfreiheit über die nationale Verwaltung der Vermögenswerte der Deutschen, der Madjaren, der Verräter und Kollaborateure und einiger Organisationen und Anstalten;
- Dekret Nr. 12 des Präsidenten der Republik vom 21. Juni 1945 über die Konfiskation und beschleunigte Aufteilung des landwirtschaftlichen Vermögens der Deutschen, Madjaren, wie auch der Verräter und Feinde des tschechischen und slowakischen Volkes;
- Dekret Nr. 28 des Präsidenten der Republik vom 20. Juli 1945 über die Besiedlung des landwirtschaftlichen Bodens der Deutschen, der Madjaren und anderer Staatsfeinde durch tschechische, slowakische und andere slawische Landwirte;

762 Indes muß der tschechoslowakischen Seite die strafrechtliche Relevanz der Handlungen bewußt gewesen sein, sonst hätte sie wohl kaum das betreffende Gesetz erlassen; vgl. dazu auch Ermacora, S. 169.

763 Vgl. dazu Ermacora, S. 161 f.

- Dekret Nr. 108 des Präsidenten der Republik vom 25. Oktober 1945 über die Konfiskation des feindlichen Vermögens und die Fonds der Nationalen Erneuerung.

Die Verwertung der Vermögen erfolgte später gemäß Gesetz vom 14. Februar 1947 über einige Grundsätze für die Aufteilung des Feindvermögens, das aufgrund des Dekretes Nr. 108 des Präsidenten der Republik vom 25. Oktober 1945 über die Konfiskation des feindlichen Vermögens und über die Fonds der Nationalen Erneuerung konfisziert wurde.

bb) Wirkung des Untergangs der Tschechoslowakei auf die Haftung

Es stellt sich die Frage, ob die heutige Tschechische Republik überhaupt rechtlich für Handlungen der ehemaligen Tschechoslowakei einzustehen hat. Dabei ist beachtlich, daß die Haftung des Staates auch dann fortdauert, wenn das für das Unrecht verantwortliche Regime nicht mehr existiert. Erst wenn der Staat als Völkerrechtssubjekt untergeht, erlischt die Haftung.

So könnte im Falle des vollständigen Untergangs des Altstaates durch Dismembration das *tabula-rasa*-Prinzip gelten, wonach der Neustaat – als echter Sukzessor – nicht für Handlungen des untergegangenen Altstaates haften würde[764]. Dann würde die heutige Tschechische Republik nicht für Handlungen der Tschechoslowakei einzustehen haben[765].

Beim Ende der Tschechoslowakei beziehungsweise der mit ihr identischen Tschecho-Slowakischen Föderativen Republik handelt es sich aber nicht um einen völligen Staatsuntergang, sondern um eine Emanzipation und die Sezession der Slowakei[766]. Für diese Einordnung kommt es entscheidend auf das Selbstverständnis des Staates an[767]. Neben verschiedenen äußeren Hinweisen darauf, daß sich die Tschechische Republik als mit der Tschechoslowakei identisch ansieht[768], entspricht dies auch der mehrheitlichen Auffassung in der Staatengemeinschaft[769].

---

764 Epping, in: Ipsen, § 25 Rn. 5 f.

765 So sieht dies Blumenwitz, in: FS für Weinacht, S. 258 (260).

766 Gornig, in: Forum für Kultur und Politik, S. 3 (40); a.A. Blumenwitz, in: Interessenausgleich, S. 48.

767 Dies konzediert auch Blumenwitz, Interessenausgleich, S. 48.

768 Für die Identität sprechen u. a. die Beibehaltung der Nationalfarben, des Nationalfeiertags und der ersten Strophe der Nationalhymne.

769 Tomuschat, in: ZaöRV 56 (1996), S. 1 (50); Blumenwitz, in: AVR 36 (1998), S. 19 (22 f.); vgl. auch Schmidt, in: Die Friedenswarte 69 (1993), S. 72 (84) m.w.N.

Die Tschechoslowakei lebt somit in der heutigen Tschechischen Republik fort, so daß diese – als nach wie vor Bereicherte und mit Verfügungsgewalt über die Vermögenswerte[770] – für das Unrecht des Vorgängerstaates haftet. Wäre die Tschechoslowakei untergegangen, wäre die Tschechische Republik ungerechtfertigt bereichert und Adressat eines Bereicherungsanspruchs.

cc) Ansicht der Tschechischen Republik zur Gültigkeit der Dekrete

Die objektive Betrachtung des gegenwärtigen Rechts in der Tschechischen Republik ist eindeutig. Der am 1. Januar 1993 neu entstandene Staat „Tschechische Republik" hält im vollen Umfang an den Enteignungsdekreten des Jahres 1945 fest. Er betrachtet sie noch heute nebst allen Durchführungsakten als gültig. Entsprechend dem Willen der verantwortlichen Staatsorgane soll es bei der entschädigungslosen Enteignung bleiben[771].

Gemäß ihrer offiziellen Sprachregelung hält die Tschechische Republik die 98 Dekrete der „unmittelbaren Nachkriegszeit" freilich mittlerweile für „erloschen" („extinct")[772]. Allerdings gibt es Dekrete – zumeist solche, deren Wirkung ohnehin konsumiert wurde[773] –, welche erst durch nachfolgende Gesetze aufgehoben wurden[774], sowie solche, die weiterhin in der vom Justizministerium der Tschechischen Republik herausgegebenen Sammlung des geltenden Rechts von 1992 abgedruckt sind. Letztere sind insbesondere die Regelungen, die den vermögensrechtlichen und staatsangehörigkeitsrechtlichen Status der Entrechteten betreffen. Auch das tschechische Parlament beharrt in einer Erklärung vom 23. April 2002 darauf, daß die aus den Dekreten hervorgegangenen Eigentumsverhältnisse „unbestreitbar, unantastbar und unveränderbar" seien; ebenso hält das Verfassungsgericht der Tschechischen Republik die Dekrete nicht nur für legal, sondern auch für legitim[775].

Dennoch bemüht sich das tschechische Verfassungsgericht gleichwohl um eine neue Bewertung der Vorgänge im Jahre 1945. Dabei wird versucht, den

---

770 Tomuschat, in: ZaöRV 56 (1996), S. 1 (49).

771 So das tschechische Verfassungsgericht, in: BayVBl. 1996, S. 14 ff. sowie die Auffassung des tschechischen Ministerpräsidenten Spidla, in: FAZ v. 17.05.03, S. 10.

772 Dies gilt wohl auch für die Dekrete aus dem Londoner Exil.

773 So Blumenwitz, in: FS für Weinacht, S. 258 (261).

774 Dazu Wenk, S. 80.

775 Übersetzung in: BayVBl. 1996, S. 14 (17); von der gegenwärtigen und auch zukünftigen Gültigkeit der Dekrete geht neuerdings auch der tschechische Ministerpräsident Spidla aus, vgl. FAZ v. 17.05.03, S. 10.

Benesch-Dekreten das Stigma der ethnischen Säuberung zu nehmen. Die Anknüpfung an die Volkszugehörigkeit soll lediglich als Ersatz für die inoperable Staatsangehörigkeit gelten. Dies zeigt sich auch im Hinblick auf das 23. Verfassungsgesetz der ehemaligen Tschecho-Slowakischen Föderativen Republik vom 9. Januar 1991, dessen § 6 statuiert, daß alle Vorschriften, welche sich „mit der Deklaration der Grundrechte und -freiheiten nicht in Übereinstimmung befinden“, am 31. Dezember 1991 ihre Wirksamkeit verloren haben. So darf auch die Zugehörigkeit zu einer nationalen oder ethnischen Minderheit niemandes Nachteil sein. Allerdings gelten diese Bekenntnisse zur Rechtsstaatlichkeit ebenso wie die tschechischen Bindungen an die Europäische Menschenrechtskonvention (EMRK) nur für die Zukunft, *pro futuro*[776]. Bereits vergangene Maßnahmen werden insoweit nicht zur Diskussion gestellt. Dabei wird übersehen, daß die völkerrechtswidrigen Enteignungen der Nachkriegsjahre bis zum heutigen Tag rechtlich relevante Auswirkungen haben.

4. *Vertreibung und Recht auf die Heimat*

a) *Völkerrechtliche Würdigung der Vertreibung*

Die Frage nach der Völkerrechtsmäßigkeit der Vertreibung der Deutschen zwischen 1944 und 1948 bedarf einer vielschichtigen Untersuchung.

Dabei ist der Status des Sudetenlandes sowie die Staatsangehörigkeit der Sudetendeutschen zu beachten. Beachtlich ist, daß zum Beginn der Vertreibung die betroffenen Gebiete möglicherweise nicht tschechoslowakisches Staatsgebiet waren[777]. In diesem Fall wurden durch die Vertreibung fremde Staatsbürger in fremdem Staatsgebiet betroffen. Erfolgte dagegen eine Grenzänderung, dann hat die Tschechoslowakei nicht die Bevölkerung eines eroberten neuen Gebietes, sondern vielmehr im Land selbst Ansässige vertrieben[778].

aa) *„Ethnische Säuberung“ als Sonderform der Vertreibung*

In neuerer Zeit taucht in der völkerrechtlichen Diskussion als Sonderform der Vertreibung zunehmend der Begriff der „ethnischen Säuberung“ (*ethnic purifi-*

---

776 Council of Europe, Human Rights, Information Sheet No. 30, January-May 1992, S. 7; Sheet No 32, January-June 1993, S. 1.

777 Rill, in: ders., S. 6.

778 Vgl. zu dieser Problematik auch Gornig, in: AWR-Bulletin 1991, S. 72 (73 ff.)

cation, la purification ethnique) auf[779]. Dabei ist die Vertreibung einer ethnischen Minderheit aus einem Gebiet, um einen Volksgruppenkonflikt in eigenem Sinne zu lösen, kein besonders neues Phänomen. Die ethnische Säuberung ist eine Sonderform der Vertreibung und als solche ebenso völkerrechtswidrig[780]. Hierbei folgt der rechtswidrigen Einverleibung eines Gebietes die Vertreibung der Landeseinwohner – anstatt sie in seinen Hoheitsbereich zu übernehmen – vertreibt, um in dem dadurch geräumten Territorium eigene Volksgruppenangehörige anzusiedeln. Die ethnische Säuberung trifft damit auch Volksgruppen.

Fraglich ist hier, ob der Tatbestand der Vertreibung der Sudetendeutschen als ethnische Säuberung zu werten ist. Der ehemaligen Tschechoslowakei als vertreibendem Staat ging es bei der Durchführung der Vertreibungsmaßnahmen gerade oder zumindest auch darum, eine möglichst homogene Bevölkerungssituation – eben unter Ausschluß der deutschen Volksgruppe – zu schaffen[781]. Insofern ist der Tatbestand der ethnischen Säuberung als erfüllt anzusehen.

bb) Rechtsverletzungen

(1) Vor Kriegsende

Um eine völkerrechtliche Beurteilung über das Vertreibungsgeschehen zu ermöglichen, müssen zunächst die gültigen völkerrechtlichen Normen des in Rede stehenden Zeitpunktes aufgefunden werden.

Geht man vom Beginn der Vertreibung der Deutschen aus dem Gebiet der ehemaligen Tschechoslowakei bereits im Frühjahr 1945 aus, also vor der Kapitulation der Wehrmacht, so begannen diese Handlungen jedenfalls noch während der Geltung des völkerrechtlichen Kriegszustandes, der im übrigen bis weit nach der Kapitulation andauerte[782]. Der Normalfall, also die Beendigung des Kriegszustandes durch einen von den beteiligten Parteien geschlossenen Friedensvertrag, liegt im Verhältnis Deutschlands zu seinen ehemaligen Gegnern nicht vor[783]. Vielmehr wurde einseitig von deutscher Seite das „Gesetz über die Aufhebung der Kriegsvorschriften“ erlassen[784]. Ein Ende des völkerrechtlichen Kriegszustandes kann für die Zeit nach der Kapitulation Deutschlands frühe-

779 Lehmler, S. 68.
780 Rechtsfragen, S. 5, mit Hinweis auf Res. des SR 941 (1994).
781 Kimminich, in: Blumenwitz, Neubestätigung und Weiterentwicklung, S. 39 (46).
782 Vgl. de Zayas, in: Blumenwitz, Flucht und Vertreibung, S. 239 (242).
783 Dazu Blumenwitz, in: Lexikon des Rechts, S. 188 (190).
784 BGBl 1951 I, S. 391.

stens durch einen faktischen Friedensschluß erfolgt sein. Dafür kommt es auf die Aufnahme normaler Beziehungen zwischen den Parteien an[785].

Dann ist – für die Zeit der hier in Rede stehenden Handlungen – aber auch auf die Regelungen der Haager Landkriegsordnung einzugehen, welche bestehendes Völkergewohnheitsrecht abbildet[786]. Von Interesse sind hier insbesondere die Art. 42-56 HLKO, welche die Rechte der Besatzungsmacht in besetztem Gebiet festlegen[787]. Gemäß Art. 43 HLKO hat der Besatzer, nachdem die gesetzmäßige Gewalt tatsächlich in seine Hände übergegangen ist, alle von ihm abhängigen Vorkehrungen zu treffen, um nach Möglichkeit die öffentliche Ordnung und das öffentliche Leben wiederherzustellen und aufrechtzuerhalten. Dies soll – soweit möglich – unter Beachtung der Landesgesetze geschehen. Laut Art. 46 und 47 HLKO sollen die Ehre und die Rechte der Familie, das Leben der Bürger und das Privateigentum sowie die religiösen Überzeugungen und gottesdienstlichen Handlungen geachtet werden. Das Privateigentum darf nicht eingezogen werden; es ist grundsätzlich unverletzlich. In diesem Zusammenhang kann es nicht darauf ankommen, ob die Maßnahmen unter Freiheitsberaubung oder Anwendung von physischer Gewalt gegen die Eigentümer durchgeführt wurde[788].

Ferner darf nach Art. 50 HLKO keine Strafe in Geld oder anderer Art über eine ganze Bevölkerung wegen der Handlungen einzelner verhängt werden, für welche die Bevölkerung nicht als mitverantwortlich angesehen werden kann. Die Konfiskationen mit dem von der Tschechoslowakei intendierten Straf- und Vergeltungscharakter stehen somit im Widerspruch zu den völkerrechtlichen Regeln der HLKO[789].

Nun könnte man anführen, daß die HLKO wegen der sogenannten si-omnes-Klausel des Art. 2 keine Anwendung finden konnte. Hiernach sollte das Abkommen nur zwischen den Vertragsmächten Anwendung finden sowie nur für den Fall, daß die Kriegführenden sämtlich Vertragsparteien sind. Für die vorliegende Untersuchung könnte bezüglich des Besatzungsregimes zu prüfen sein, ob die CSR überhaupt an die Regelungen der HLKO gebunden war. Dies wäre unproblematisch dann zu bejahen, wenn die Tschechoslowakei selbst Vertragspartei der HLKO gewesen wäre, deren Normen als völkerrechtliches Vertragsrecht

785 Dazu Blumenwitz, in: Lexikon des Rechts, S. 188 (189).
786 Kritisch dazu Hess, S. 58.
787 von der Beck, S. 153.
788 Vgl. Mahr, S. 27 m.w.N.
789 Vgl. Krülle, S. 82.

grundsätzlich nur für die Signatarstaaten sowie für die später beigetretenen Länder Geltung beanspruchten[790]. Jedoch beanspruchten die Normen der HLKO bereits nach Völkergewohnheitsrecht ihrem Inhalt nach Geltung auch für die Tschechoslowakei. Die Festlegungen zumindest hinsichtlich der hier genannten Art. 43, 46 und 50 HLKO waren während beider Weltkriege allgemein als rechtlich bindend angesehen worden und banden auf dieser Grundlage bereits als Völkergewohnheitsrecht auch Nichtvertragsstaaten, so daß der Einwand der Allbeteiligungsklausel nicht durchgreifen kann[791]. Somit war auch die Tschechoslowakei an die Normen der HLKO gebunden. Dann kann aber ihre Anwendung auf den Fall der Vertreibung der Deutschen nicht bestritten werden.

Hiernach war die Vertreibung der Deutschen während des andauernden Kriegszustandes ein Bruch geltenden Völkergewohnheitsrechts.

(2) Nach Kriegsende

(a) Überlegungen zum Geltungszeitraum der HLKO

Zu erwägen ist darüber hinaus die Anwendbarkeit der HLKO nach der deutschen Kapitulation vom 8. Mai 1945 oder nach der Auflösung der Regierung Dönitz am 23. Mai 1945 beziehungsweise nach der Berliner Erklärung vom 5. Juni 1945 oder nach den Potsdamer Beschlüssen vom 2. August 1945. Dies ist nämlich insoweit bedeutsam, als die HLKO das Ende ihrer Geltungsdauer selbst nicht angibt.

Man könnte einerseits annehmen, daß bis zu einem Friedensvertrag das Kriegsrecht und damit auch die HLKO weiter in Kraft blieben[792]. Fest steht, daß der völkerrechtliche Kriegszustand jedenfalls nicht mit der bedingungslosen Kapitulation der Wehrmacht beendet wurde. Fraglich ist aber das Ende des Kriegszustands. Theoretisch ist auch eine Zeit denkbar, in der das Kriegsrecht nicht mehr, der Schutz des Friedensvölkerrechts für die betroffene deutsche Volksgruppe dagegen noch nicht anwendbar war.

---

790 Durch Art. 2 des IV. Haager Abkommens vom 18.10.1907 wird dieses Prinzip in Form der sog. Allbeteiligungsklausel explizit für die HLKO zum Ausdruck gebracht.

791 de Zayas, in: Blumenwitz, Flucht und Vertreibung, S. 239 (243); Berber, Bd. II, S. 124; von der Beck, S. 155; Seidl-Hohenveldern, Völkerrecht, S. 134, 414.

792 So wurde der Kriegszustand zwischen den Vereinigten Staaten und Deutschland erst am 19.10.1951 durch eine gemeinsame Entschließung des Kongresses (Pub. L. No. 82-181, Stat. Bd. 66, S. 3) sowie durch eine Proklamation Präsident Trumans (Proc. No. 2950), Fed. Reg. Bd. 16, S. 10915, Dept. State Bull. Bd. 25, S. 269 (1951) beendet.

Zur Klärung dieser Frage kommt es entscheidend auf den Rechtsstatus der Alliierten in Deutschland an. Die in Betracht kommenden Möglichkeiten divergieren hier zwischen vollkommener Verfügungsgewalt, Besatzungsmacht unter dem Regime der HLKO und einer „Quasi-Treuhandschaft"[793]. Dabei ist allerdings zu beachten, daß die Alliierten unter „Deutschland" das Deutschland in seinen Grenzen von 1937 verstanden[794]. Unabhängig von der Geltung des Münchner Abkommens erstreckte sich die Autorität der alliierten Siegermächte nach ihrem Willen also nicht auf das Sudetenland.

(aa) Vertretungsbefugnis

Großadmiral Karl Dönitz beendete den Krieg durch Einleitung der militärischen Kapitulation der deutschen Streitkräfte am 7. Mai in Reims und am 8. Mai 1945 in Berlin. Hieraus ist aber nicht abzuleiten, daß der Schutz des Völkerrechts aufgegeben oder die Haager Konvention aufgekündigt werden sollte. Selbst eine „bedingungslose Kapitulation" geschieht unter dem Regime des Völkerrechts auch dann, wenn keine expliziten Bedingungen vereinbart werden[795]. Die Alliierten akzeptierten zumindest de facto die Autorität von Großadmiral Dönitz, indem sie die Unterzeichnung der Kapitulation anerkannten und die Regierung bis zum 23. Mai 1945 im Amt beließen.

(bb) Außerkraftsetzung der HLKO?

Indem die Dönitz-Regierung zunächst im Amt verblieb, konnte mindestens bis zu diesem Datum der Status der fremden Streitkräfte im Sudetenland nur der von kriegerischen Besatzungsmächten sein, welche stellvertretend für ein legitimes deutsches Oberhaupt handelten und keine absolute Verfügungsgewalt besaßen. Abseits von der Frage des völkerrechtlichen Schutzes für Gesamtdeutschland kann zumindest festgestellt werden, daß der Schutz der HLKO für die Sudetendeutschen nicht von den Alliierten aufgehoben werden konnte.

In Betracht kommt jedoch, folgte man der Ansicht der Tschechoslowakei zur Nichtigkeit des Münchner Abkommens, daß sich diese zum Zeitpunkt der – fortgesetzten – Vertreibung nicht im Kriegszustand befand, so daß eine Geltung der Regelungen der HLKO auszuschließen sein könnte. Allerdings ist die

---

[793] de Zayas, in: Blumenwitz, Flucht und Vertreibung, S. 239 (244).
[794] So die Berliner Erklärung vom 05.06.1945.
[795] de Zayas, in: Blumenwitz, Flucht und Vertreibung, S. 239 (244).

Geltung der Schutznormen in einem Schluß *a maiore ad minus* gerade auch für Friedenszeiten annehmbar. Denn wenn bestimmte Handlungen gegen die Rechte anderer schon im Krieg verboten sind, so muß dies erst recht außerhalb des Krieges gelten. Somit ist eine Bindung der Tschechoslowakei an die HLKO anzunehmen. Die Schutznormen der HLKO bezüglich der Vertreibung galten damit unabhängig davon, ob die Vertreibungshandlungen während oder nach dem Krieg begannen.

(b) Anwendbarkeit völkerrechtlichen Fremdenrechts

Zu prüfen ist für die Zeit nach Ende des Zweiten Weltkriegs auch die Anwendbarkeit der Regelungen des völkerrechtlichen Fremdenrechts. Die Anwendbarkeit des Fremdenrechts erfordert, daß von den Handlungen eines Staates Staatsangehörige eines anderen Staates betroffen sind. Für die Anwendbarkeit des Fremdenrechts spricht, wie bereits gezeigt, daß die Tschechoslowakei die Deutschen eben nicht als eigene Staatsangehörige betrachtet hat. Dabei steht im Mittelpunkt die willkürliche Behandlung einzelner Sudetendeutscher im Sinne einer Kollektivbehandlung der Gruppe.

Soweit es die Ausweisung einzelner Mitglieder der Volksgruppe betrifft, welche nicht die Staatsangehörigkeit des Aufenthaltsstaates besitzen, kommt dem Staat – auch dem damaligen Völkerrecht entsprechend – grundsätzlich ein Recht auf Ausweisung zu[796], wobei die Ausweisung nicht willkürlich erfolgen darf. Vielmehr muß ein völkerrechtlich anerkannter Ausweisungsgrund gegeben sein[797]. Dabei ist für den vorliegenden Fall insbesondere an den Ausbruch des Krieges mit dem Staat zu denken, dessen Staatsangehörigkeit der Ausländer besitzt[798]. Freilich ist zu beachten, daß die angesprochene Zulässigkeit der Ausweisung nur die Einzelausweisung betrifft[799]. Auf die hier zu prüfende Massenausweisung nahezu der gesamten Volksgruppe ist dieser Rechtfertigungsgrund nicht übertragbar. Es ist vielmehr als völkerrechtlich unstrittig festzuhalten, daß die totale Ausbürgerung einer numerisch bedeutenden Gruppe von Staatsbürgern durch einen einseitigen staatlichen Akt mit der Überlieferung des abendländischen Völkerrechts nicht in Einklang zu bringen ist[800]. Aufgrund der Massenauswei-

---

796 Hold-Ferneck, S. 30; Ullmann, S. 368; Gornig, in: AWR-Bulletin 1991, S. 72 (77).
797 Ullmann, S. 368.
798 Hold-Ferneck, S. 31.
799 Vgl. Verdross/Simma, § 1211; Dahm, S. 529; Berber, Bd. I, S. 388.
800 Statt vieler: Raschhofer/Kimminich, S. 285.

sung der Sudetendeutschen ist hierbei eine Berufung auf das völkerrechtliche Recht zur Ausweisung nicht möglich. Die Handlungen waren gemäß dem völkerrechtlichen Fremdenrecht rechtswidrig.

(c) Anwendbarkeit des Selbstbestimmungsrechts

In Betracht kommt als Schutznorm vor Vertreibungshandlungen das Selbstbestimmungsrecht der Völker, welches mit seiner Verankerung in den SVN heute als Rechtssatz – nicht nur des Völkergewohnheitsrechts – anerkannt ist.

Die freie Entfaltung der Existenz und der Identität eines Volkes weist einen territorialen Bezug auf.

Vertreibungsmaßnahmen können nach heutiger Auffassung auch eine Verletzung des Selbstbestimmungsrechts der Völker darstellen[801]. Wird eine Volksgruppe aus ihrem angestammten Siedlungsgebiet bewußt vertrieben, um nicht mehr über ihr politisches Schicksal frei entscheiden zu können, ist in jedem Fall heute von einer Verletzung des Selbstbestimmungsrechts auszugehen.

Die Vertreibungshandlungen, hier die von der Tschechoslowakei an den Sudetendeutschen durchgeführten, verletzen aber eben diesen Kernbereich des Selbstbestimmungsrechts. Danach könnten die Vertreibungen der Sudetendeutschen als völkerrechtswidrig anzusehen sein, da die Vertreibung gerade auch mit Blick darauf erfolgte, den Vertriebenen die Mitgestaltung ihres zukünftigen politischen Status zu versagen[802].

Zu beachten ist aber, daß entsprechend dem Grundsatz *tempus regit actum* bei einer Beurteilung der Handlungen zum Zeitpunkt ihres Stattfindens das Selbstbestimmungsrecht im Zeitpunkt der Vertreibungen lediglich als politisches Prinzip anerkannt war. Es kommt als Schutzrecht im Zeitpunkt der Vertreibungsmaßnahmen daher nicht in Betracht.

(d) Nürnberger Rechtsprechung

Bei der völkerrechtlichen Beurteilung der Vertreibung ist weiterhin das Statut des Internationalen Militärtribunals von Nürnberg als Maßstab des damals geltenden Menschenrechtsstandards zu berücksichtigen[803]. Auch wenn in Nürnberg

---

801 Fink, in: Rill, S. 96.

802 Fink, in: Rill, S. 96.

803 Blumenwitz, Interessenausgleich, S. 27.

ausschließlich deutsche Kriegsverbrechen und Verbrechen gegen die Menschlichkeit verurteilt wurden, so gilt doch das Völkerrecht gleichermaßen für alle Staaten[804]. Indem das Statut von 23 Staaten – unter ihnen alle Großmächte – unterzeichnet wurde, ist davon auszugehen, daß die dort manifestierten Regelungen zum damals geltenden Völkerrecht gehören sollten. Es stellt sich somit die Frage, ob die Bevölkerungsumsiedlungen nach dem Statut und nach der Rechtsprechung völkerrechtswidrig waren. In Art. 6 des Statuts werden die Verbrechenstatbestände aufgezählt, deren Fundament jeweils ein Verstoß gegen die Menschenrechte ist. So sind die an den Sudetendeutschen verübten Handlungen nicht anders zu werten, als die in Punkt 3 Abschnitt J der Nürnberger Anklage aufgeführten Tatbestände[805].

Auch wenn in der Hauptsache deutsche Vertreibungsverbrechen beurteilt wurden, kann hieraus keine „relative" Geltung der Menschenrechte abgeleitet werden[806]. Eine Inanspruchnahme der ultima ratio regum, der „neuen Regeln des totalen Kriegs" oder auch eine Verleugnung der Anwendbarkeit der HLKO hat keinen Erfolg[807]. Dort heißt es: „In gewissen besetzten, als von Deutschland annektiert ausgegebenen Gebieten, zielten die Bestrebungen der Angeklagten methodisch und fortgesetzt darauf ab, diese Gebiete politisch, kulturell, sozial und wirtschaftlich dem Deutschen Reiche anzugleichen. Die Angeklagten bemühten sich, den bisherigen Volkscharakter dieser Gebiete zum Verschwinden zu bringen. In Verfolgung dieses Plans und Bestrebens deportierten die Angeklagten gewaltsam Einwohner, die überwiegend nicht-deutsch waren und brachten dafür Tausende von deutschen Siedlern in die betreffenden Gebiete[808]."

Zwar wurde auch explizit die Frage der Völkerrechtsmäßigkeit der Vertreibung der Deutschen kurz erörtert, der Gerichtshof vermied aber eine Bewertung dieser konkreten Frage[809]. Dennoch ist aus der Rechtsprechung des Tribunals eindeutig die Völkerrechtswidrigkeit des Tatbestandes Vertreibung zu schließen[810]. Deren Allgemeingültigkeit wurde auch in der Resolution 95 (1) der Vollversammlung der Vereinten Nationen am 11. Dezember 1946 anerkannt. Diese

---

804 de Zayas, in: Blumenwitz, Flucht und Vertreibung, S. 239 (246).

805 de Zayas, in: Blumenwitz, Flucht und Vertreibung, S. 239 (247).

806 Blumenwitz, Interessenausgleich, S. 27.

807 IMT, Bd. 18, S. 102 ff.; de Zayas, in: Blumenwitz, Flucht und Vertreibung, S. 239 (250).

808 Zit. nach Blumenwitz, Interessenausgleich, S. 27.

809 IMT, Bd. 18, S. 167.

810 Darin bestätigte die GV „the principles of international law recognized by the Charter of the Nürnberg Tribunal and the judgement of the Tribunal".

Erkenntnis wurde durch die spätere Rechtsprechung bestätigt. In diesem Sinne wirkt das Urteil des amerikanischen Militärtribunals in Nürnberg im sogenannten Krupp-Prozeß[811]. Danach sind Tatbestandsmerkmale geschaffen worden, bei deren Vorliegen die Überführung von Zivilpersonen von einem Land in ein anderes Land während Kriegszeiten ein Verbrechen darstellt. Dies ist insbesondere dann der Fall, wenn ein Staat aus einem von ihm besetzten Land Menschen deportiert, während das unter Besetzung stehende Land fortfährt, Widerstand zu leisten[812]. Hiernach wären zumindest jene Vertreibungen rechtswidrig, die vor der deutschen Kapitulation stattgefunden haben.

Unklar ist aber, wie es sich verhält, wenn das Sudetenland entsprechend tschechoslowakischer Auffassung eben nicht Teil des deutschen Staates war und der tschechoslowakische Staat somit kein Eindringling i.S.d. der Rechtsprechung des Tribunals sein konnte[813]. Wenn also von der Nichtigkeit des Münchner Abkommens ausgegangen wird, so wäre eine Berufung auf die Argumente zur Völkerrechtswidrigkeit entsprechend Punkt 3 Abschnitt J der Nürnberger Anklage versagt[814]. Dieser Auffassung ist allerdings in keinem Fall zu folgen. Entweder handelte es sich – nach der hier vertretenen Auffassung von der Gültigkeit des Münchner Abkommens – bei dem Sudetenland um deutsches Staatsgebiet, dann war die Tschechoslowakei auch „Eindringling" gemäß der Rechtsprechung des Tribunals. Wollte man andererseits davon ausgehen, daß es sich beim Sudetenland nicht um deutsches Staatsgebiet handelte, ist die Rechtsprechung des Tribunals im Krupp-Prozeß fruchtbar zu machen. Die Sudetendeutschen wären danach in ein anderes Land vertrieben worden. Nach den Grundsätzen der Nürnberger Rechtsprechung sind die Vertreibungsmaßnahmen an den Sudetendeutschen in jedem Fall völkerrechtswidrig.

(e) Rechtstitel der vertreibenden Staaten

Neben der Frage nach der Anwendbarkeit der Nürnberger Prinzipien auf die Vertreibung der Deutschen ist auch ein möglicher Rechtstitel der vertreibenden Staaten zu prüfen. Für die Zeit vor der deutschen Kapitulation ist ein solcher Rechtstitel ausgeschlossen. Aus der Unterwerfung des deutschen Staates konnten die Siegermächte bestimmte Rechte ableiten. In der Berliner Erklärung vom

---

811 Vgl. das Urteil v. 31.07.1948, amtliche Protokolle, Bd. X, S. 13802-13844.

812 Schilling, in: Heinze, S. 247.

813 So Tomuschat, in: ZaöRV 56 (1996), S. 1 (15 ff.).

814 de Zayas, in: Blumenwitz, Flucht und Vertreibung, S. 239 (247); IMT, Bd. I, S. 68.

5. Juni 1945 werden auch solche in Anspruch genommen. Die Fragen im Zusammenhang mit der Vertreibung werden allerdings erst in den Potsdamer Beschlüssen vom 2. August 1945 behandelt[815]. Die nach Art. XIII genehmigte Überführung sollte allerdings in geordneter und humaner Weise erfolgen. Dabei stellt Art. XIII nach der Auffassung der vertreibenden Staaten eine ausreichende Genehmigung und somit auch eine Legalisierung der Vertreibung dar. Zweifelhaft ist, ob Siegermächte solche Beschlüsse zu Lasten Dritter treffen können, wenn sie überdies Verstöße gegen die Schutzbestimmungen der HLKO und anderer völkerrechtlicher Prinzipien beinhalten[816].

Unabhängig davon wäre zweifelhaft, ob die vertreibenden Staaten die Überführung tatsächlich gemäß Art. XIII „in ordnungsgemäßer und humaner Weise" veranlaßt haben. Daneben müßten die Anweisungen des Kontrollrates über Zeitpunkt und Ausmaß respektiert und das von den Siegermächten erwünschte Moratorium beachtet worden sein[817]. Freilich zeigen sowohl die Erlebnisberichte von Tausenden deutscher Flüchtlinge sowie offizielle US-amerikanische und britische Beobachtungen, daß eben diese Kriterien nicht eingehalten wurden[818]. Es ist daher festzuhalten, daß eine Berufung auf Art. XIII des Potsdamer Protokolls zur Legalisierung der Vertreibung schon wegen fortdauernden Verstoßes gegen Wortlaut und Ziel des Abkommens ausscheidet. Unabhängig davon, ob die Umsiedlung einer Bevölkerung unter bestimmten Umständen in Friedenszeiten mit Völkerrechtsnormen vereinbar sein kann, ist dies jedoch auf jeden Fall dann abzulehnen, wenn die Aussiedlung von Menschen von Ausschreitungen und Unmenschlichkeiten begleitet wird. Dies ist im in Rede stehenden Fall geschehen, so daß die Vertreibung der Deutschen von dem Gebiet der ehemaligen Tschechoslowakei einen schweren Völkerrechtsbruch darstellt, für den kein Rechtstitel in Betracht kommt.

cc) Völkerrechtliche Verantwortung der Tschechischen Republik

Die Vertreibungsmaßnahmen müssen der Tschechischen Republik zuzurechnen sein. Grundsätzlich sind dem Staat die Handlungen seiner Organe zuzurechnen, da er durch sie handelt. Wer Staatsorgan ist, wird durch innerstaatliches Recht festgelegt[819].

---

815 de Zayas, in: Blumenwitz, Flucht und Vertreibung, S. 239 (253).
816 de Zayas, in: Blumenwitz, Flucht und Vertreibung, S. 239 (253).
817 de Zayas, in: Blumenwitz, Flucht und Vertreibung, S. 239 (253).
818 de Zayas, S. 98 ff.
819 Ipsen, in: ders., § 40 Rn. 3.

Die in Rede stehenden Handlungen wurden von tschechoslowakischen Stellen sowohl veranlaßt als aus ausgeführt. Insbesondere die Dekrete selbst weisen darauf hin[820]. Problematisch könnte die völkerrechtliche Verantwortung der Tschechischen Republik aber dann sein, wenn das verantwortliche Völkerrechtssubjekt, nämlich die Tschechoslowakei, untergegangen ist und das Prinzip des *tabula rasa* gelten würde. Nach einer solchen Auffassung wären die völkerrechtlichen Rechtsansprüche gegen die Tschechoslowakei nicht auf deren Nachfolgestaaten übergegangen[821]. Das Problem hätte sich daher insoweit gelöst, als sich die Tschechoslowakei durch ihre Teilung von jeglicher Haftung freigemacht hätte. Entsprechend der bisherigen Untersuchung zur Auffassung der Tschechischen Republik sowie der Auffassung in der Staatengemeinschaft lebt das Rechtssubjekt „Tschechoslowakei“ in der Tschechischen Republik fort[822].

Fraglich könnte dieses Ergebnis nur insoweit sein, als sich auch Privatpersonen an den Maßnahmen beteiligt haben. Dies wäre dann der Fall, wenn die Tschechoslowakei zum Zeitpunkt der Handlungen keinen organisierten Behördenaufbau gehabt hätte, der imstande gewesen wäre, die Handlungen Privater zu unterbinden.

Zu berücksichtigen ist aber, daß die Maßnahmen den von Eduard Benesch – zum Teil noch im Exil – verfaßten Dekreten entsprachen. Auch fanden solche Handlungen mit Kenntnis der tschechoslowakischen Behörden statt und wurden von diesen gebilligt und nicht unterbunden[823]. Insbesondere ab dem Prager Aufstand vom Mai 1945 und Brünner Todesmarsch vom 5. Juni 1945 wird die Zurechnung auch mit der „Theorie für die Verantwortlichkeit für revolutionäre Vorgänge“ bejaht[824]. Somit sind auch die Vertreibungshandlungen von Privatpersonen der Tschechoslowakei zuzurechnen.

dd) Rechtfertigung der Vertreibung

Zu erörtern ist dennoch, ob es für den erfüllten Tatbestand der Vertreibung möglicherweise Rechtfertigungsgründe gibt.

---

820 Vgl. Dolzer, Gutachten, S. 83.

821 Wenk, S. 118 f.; vorsichtig: Blumenwitz, in: FS für Weinacht, S. 258 (262).

822 Schmidt, in: Die Friedenswarte 69 (1993), S. 72 (84); Tomuschat, in: ZaöRV 56 (1996), S. 1 (50); Blumenwitz, in: AVR 36 (1998), S. 19 (22 f.); Gornig, in: Forum für Kultur und Politik 1996, S. 3 (41).

823 Dolzer, Gutachten, S. 83.

824 Ermacora, S. 160.

(1) Vollkommene Verfügungsgewalt

Nach einer Ansicht könnte davon ausgegangen werden, daß die Alliierten eine vollkommene Verfügungsgewalt über die besetzten deutschen Gebiete nach der bedingungslosen Kapitulation hatten. Damit würde freilich die Anwendbarkeit der Haager Landkriegsordnung negiert und eine *occupatio sui generis* auch bezüglich des Sudetenlandes postuliert werden[825]. Eine Rechtfertigung mit dieser Begründung ist daher abzulehnen.

(2) Lausanner Vertrag

Ein weiterer Rechtfertigungsgrund könnte dann angenommen werden, wenn, bei zulässiger Berufung auf den Präzedenzfall des Lausanner Vertrages, Bevölkerungsumsiedlungen eine völkerrechtlich akzeptable Lösung von Minderheitenproblemen wären[826]. Eine allgemeine Anwendung verbietet sich aber bereits im Hinblick auf eine Aufweichung des Rechts auf die Heimat. Dessen Inhalt würde durch die grundsätzliche Zulässigkeit von Bevölkerungsumsiedlungen aufgehoben.

(3) Einwilligung

Weiter könnte die Völkerrechtswidrigkeit dann entfallen, wenn in die Vertreibungsmaßnahmen wirksam eingewilligt worden wäre. Dies ist allerdings zweifelhaft. Sofern der deutschen Volksgruppe auch nur partielle Rechtssubjektivität zuerkannt wird, ist eine Einwilligung nicht erfolgt. Auch eine Einwilligung des Deutschen Reichs ist nicht bekannt. Das Potsdamer Abkommen schließlich wirkt nur unter den Beteiligten selbst und nicht als wirksame Einwilligung, da eine Übernahme der Regierung durch Annexion nicht erfolgt ist[827]. Eine Legitimation der inhumanen Vertreibungsmaßnahmen kommt durch das Abkommen nicht in Betracht[828].

(4) Repressalie

Darüber könnte die Vertreibung als völkerrechtlich zulässige Repressalie eingeordnet werden. Die Voraussetzungen für die Zulässigkeit einer Repressalie sind

---

825 Skubiszewski, in: AVR 23 (1985), S.40.

826 Gelberg, S. 65.

827 Vgl. Tomuschat, in: ZaöRV 56 (1996), S. 1 (37 ff.); BVerfGE 40, S. 41 (157 f).

828 Klein, S. 51.

aber eng und seit langem festgelegt. Eine Repressalie ist nicht einfach Rache oder Vergeltung[829]. Vielmehr ist die Repressalie eine Selbsthilfemaßnahme unterhalb der Schwelle der bewaffneten Gewalt[830]. Sie ist ein ihrerseits rechtswidriger Akt als Reaktion auf einen vorangegangenen Völkerrechtsbruch. Sie muß verhältnismäßig sein und vorher angekündigt werden[831]. Ziel der Repressalie muß es sein, den Adressaten zum Umschwenken auf eine völkerrechtskonformen Kurs zu veranlassen. Im Fall der Vertreibung der Deutschen läßt bereits die Wahl der Maßnahme Zweifel zu, ob mit ihr ein geeignetes Mittel angewendet wurde. Entscheidende Bedeutung kommt aber dem Ziel der Repressalie zu. Die Vertreibung konnte den nationalsozialistischen Staat zu keiner völkerrechtskonformen Haltung mehr bewegen. Er hatte schon kapituliert. Im übrigen ist eine Verletzung von Leib und Leben, also auch Vertreibung, als unzulässiges Mittel der Repressalie anzusehen[832]. Eine Rechtfertigung der Vertreibung als Repressalie scheidet somit aus.

(5) Tu quoque

Auch scheidet eine Vertreibung nach dem Prinzip „*tu quoque*" aus, welches dem Völkerrecht nicht bekannt ist[833].

(6) Zwischenergebnis

Es ist als Zwischenergebnis festzuhalten, daß die Vertreibungsmaßnahmen an der deutschen Bevölkerung in toto rechtswidrig waren[834]. Eine völkerrechtliche Rechtfertigung ist nicht ersichtlich.

b) Recht auf die Heimat der Sudetendeutschen

aa) Bestehen des Rechts

Wie bereits dargestellt, handelt es sich bei dem Recht auf die Heimat nicht nur um ein Völkerrechtsprinzip, sondern um einen Rechtssatz. Dieses Recht ist in

---

829 de Zayas, in: Blumenwitz, Flucht und Vertreibung, S. 239 (241); vgl. auch Bernhardt, in: EPIL IV, S. 1982.

830 Fischer, in: Ipsen, § 59 Rn. 45.

831 Partsch, in: Strupp/Schlochauer, Bd. III, S. 103 (104 f.); Gornig, in: Bumenwitz/Gornig, S. 28.

832 Verdross/Simma, § 1343.

833 Verdross/Simma, § 67.

834 Statt vieler: Fink, in: Rill, S. 96.

den Vereinten Nationen in bezug auf die Vertreibung der Deutschen nicht Gegenstand der Diskussion gewesen[835]. Im Zusammenhang mit der Nahost-Frage hat die Beschäftigung mit diesem Recht immerhin zur Anerkennung des Rechts des palästinensischen Volkes zur Rückkehr geführt.[836] Auch eine Anerkennung des Rechts auf die Heimat der Sudetendeutschen erscheint danach angezeigt[837].

bb) Sudetendeutsche als Rechtsträger

Träger des Rechts auf die Heimat könnten sowohl die betroffenen Individuen als auch die sudetendeutsche Volksgruppe als ganze sein. Entsprechend der im Allgemeinen Teil vertretenen Ergebnisse sind sowohl die Volksgruppe als auch ihre Angehörigen Rechtsträger des Rechts auf die Heimat.

cc) Kollision mit dem Recht auf die Heimat der Neuangesiedelten

Zu erörtern ist aber auch, ob neben den Sudetendeutschen ebenso die jetzt ansässige tschechische Bevölkerung ein Recht auf die Heimat hat. Dabei ist nach der bisherigen Erörterung des Rechts auf die Heimat – von rechtlicher Warte aus – nicht ohne weiteres anzunehmen, daß einem Heimatrecht der Vertriebenen ein zwischenzeitlich entstandenes Heimatrecht der gegenwärtig dort wohnenden Bevölkerungsgruppe entgegenzustellen wäre. Es ist also nicht a priori bei einer Konkurrenz gleichgerichteter Rechte von einem Vorrang des später entstandenen Rechts auszugehen[838]. Vielmehr steht das Recht auf die Heimat zumindest auch denjenigen Individuen und Volksgruppen zu, die es vor der Rechtsverletzung besaßen[839]. Das Recht auf die Heimat ist im Lichte der Völkerrechtswirklichkeit[840] – im Hinblick auf die mögliche Konkurrenz – eher als Recht auf Wiederansiedlung, denn als Recht auf Rückkehr in die alte Heimat zu verstehen. Die dennoch virulente Frage, wie die gegenwärtig dort lebende Bevölkerung zu einem wirksamen eigenen Recht auf die Heimat kommen kann, ist von der hier gestellten Problematik der Feststellung des Rechts auf die Heimat der Sudeten-

---

835 de Zayas, in: Blumenwitz, Flucht und Vertreibung, S. 239 (241).

836 Vgl. die Res. der GV der VN Nr. 194 (III) (1948).

837 So auch Blumenwitz, in: Blumenwitz/Gornig, Rechtliche und politische Perspektiven, S. 13 ff., der allerdings ein Rückkehrrecht mit Naturalrestitution gleichgesetzt wissen will.

838 Kimminich, in: Blumenwitz, Neubestätigung und Weiterentwicklung, S. 39 (49).

839 Kimminich, in: Blumenwitz, Neubestätigung und Weiterentwicklung, S. 39 (49).

840 Sowie auch hinsichtlich des tschechischen Beitritts zur EU und damit zum Katalog der Grundfreiheiten.

deutschen abweichend. Aufgrund der im Allgemeinen Teil gewonnen Erkenntnisse scheitert die Durchsetzbarkeit der Rückkehr in die alte Heimat wohl an der Völkerrechtswidrigkeit der mit dieser Rückkehr verbundenen Maßnahmen. Die Neuangesiedelten würden nach 50 Jahren nicht gerechtfertigte Eingriffe in ihre höchstpersönlichen Rechte erleiden. Dennoch sind auch die Rechte der Alteigentümer zu wahren, sollen nicht die ehedem völkerrechtswidrigen Maßnahmen des tschechoslowakischen Staates „belohnt" werden[841]. Anstatt der *restitutio ad integrum* wird – neben des erwähnten Wiederansiedlungsrechts – als Sekundärschutz ein Anspruch auf Entschädigung anzunehmen sein.

5. *Vermögensschäden*

a) *Vermögensentzug durch die Dekrete*

Entsprechend § 2 des Dekrets Nr. 5 des Präsidenten der Tschechoslowakischen Republik vom 19. Mai 1945 „über die Ungültigkeit einiger vermögensrechtlicher Rechtsgeschäfte aus der Zeit der Unfreiheit und über die nationale Verwaltung der Vermögenswerte der Deutschen, der Madjaren, der Verräter und Kollaborateure und einiger Organisationen und Anstalten" sollte das im Gebiet der Tschechoslowakischen Republik belegene Vermögen der „staatlich unzuverlässigen Personen" unter behördliche Aufsicht gestellt werden. Unter diese Bezeichnung fielen alle Personen deutscher Nationalität respektive deutscher Volkszugehörigkeit[842]. Schon damit war die intendierte Wegnahme des Vermögens der Sudetendeutschen de facto vollzogen. Rasch folgten die weiteren Maßnahmen zur Vollendung der tschechoslowakischen Konfiskationspolitik[843]. So wurde das Präsidialdekret Nr. 12 „über die Konfiskation und beschleunigte Aufteilung des landwirtschaftlichen Vermögens der Deutschen, Madjaren wie auch der Verräter und Feinde des tschechischen und des slowakischen Volkes" bereits am 21. Juni 1945 erlassen. Gemäß § 1 Abs. 1 Buchstabe a) des Dekrets wurde das landwirtschaftliche Vermögen im Eigentum „aller Personen deutscher und madjarischer Nationalität, ohne Rücksicht auf die Staatsangehörigkeit" mit „augenblicklicher Wirksamkeit und entschädigungslos" entzogen. Insofern ist schon bezüglich dieser, gegenüber den Sudetendeutschen erfolgten, Maßnahmen von einer *„ex-lege-*Konfiskation" zu sprechen.

---

841 Vgl. Gornig, in: AWR-Bulletin 2000, S. 19 (27).
842 Tomuschat, in: ZaöRV 56 (1996), S. 1 (3).
843 Tomuschat, in: ZaöRV 56 (1996), S. 1 (4).

Ausgenommen von dieser Kollektivsanktion sollten nur diejenigen sein, „die sich aktiv am Kampf für die Wahrung der Integrität und die Befreiung der Tschechoslowakischen Republik“ beteiligt hatten. Am 25. Oktober 1945 wurde schließlich mit dem Dekret Nr. 108 „über die Konfiskation des feindlichen Vermögens und der Fonds der Nationalen Erneuerung“ das verbliebene Vermögen der deutschen oder ungarischen – natürlichen und juristischen – Personen entzogen. Gemäß § 1 Abs. 1 Nr. 2 des Dekrets konnten lediglich Personen von dieser umfassenden Maßnahme verschont werden, die der Tschechoslowakischen Republik erwiesenermaßen besonders ergeben waren[844]. Gerade dieses Dekret wurde in seiner Rechtmäßigkeit jüngst vom Verfassungsgericht der Tschechischen Republik bestätigt[845]. Bei dem enteigneten Vermögen handelt es sich annähernd um das gesamte Vermögen der vertriebenen deutschen Bevölkerung. Ohne daß es vorliegend darum gehen kann, spezifische Summen zu errechnen, so muß jedoch davon ausgegangen werden, daß es sich – in Anbetracht von rund drei Millionen Vertriebener – um einen außerordentlich hohen Gesamtwert handelt.

b) *Gegenwärtigkeit möglicher Rechtsverletzungen*

Bisweilen werden die in der Tschechischen Republik nach wie vor zum geltenden Recht zählenden Dekrete im Rahmen der Beitrittsverhandlungen zur der Europäischen Union als „obsolet“ bezeichnet[846]. Dieser Begriff ist freilich genauer zu betrachten. „Überholt“ beziehungsweise „obsolet“ ist eine Norm entweder dann, wenn sie durch eine neuere ersetzt wurde (*lex posterior derogat legi priori*), oder wenn der zu regelnde Sachverhalt entfallen ist. Die in Rede stehenden Dekrete sind allerdings bislang nicht aufgehoben und werden von allen tschechischen Staatsorganen weiter als „fester Bestandteil der tschechischen Rechtsordnung“[847] betrachtet. Von einer impliziten Aufhebung durch die tschechoslowakische Charta der Grundrechte und Grundfreiheiten vom 9. Januar 1991 oder durch Bestimmungen der Verfassung der Tschechischen Republik

---

844 Tomuschat, in: ZaöRV 56 (1996), S. 1 (4).

845 Tomuschat, in: ZaöRV 56 (1996), S. 1 (4).

846 In der Tat heißt es auch in einer Erklärung des tschechischen Außenministeriums nicht, daß den Dekreten „keine“ rechtliche Bedeutung mehr zukomme, sondern lediglich, daß sie „überwiegend“ heute keine Bedeutung mehr hätten, Fundstelle: http://www.czech-embassy.org/wwwo/mzv

847 So besagt die „Dreithaler-Entscheidung“ des Verfassungsgerichts der Tschechischen Republik vom 08.03.1995 eben nicht, daß die Dekrete überhaupt rechtlich wirkungslos wären, Pl. US 14/94.

kann somit nicht ausgegangen werden. Vielmehr ist zu fragen, ob die von den Dekreten zu regelnden Sachverhalte entfallen sind, die einzelnen Regelungen also mithin „konsumiert“ sind. Jedoch zeigt ein Blick auf die tschechoslowakische Gesetzgebung, daß bestimmte Dekrete förmlich auf-gehoben wurden, so beispielsweise die Dekrete Nr. 16[848], 27[849], 71[850], 126[851], 137[852].

Die das Eigentum und staatsangehörigkeitsrechtliche Fragen betreffenden Dekrete gelten gleichsam fort[853] und müssen auch in der Tschechischen Republik bei entsprechendem Verweis nachbefolgt werden[854]. In Kraft sind danach u. a. noch die sich auf die Vermögensverschiebung beziehenden bereits erwähnten Dekrete:

- das Dekret Nr. 5 vom 19. Mai 1945 über die Ungültigkeit einiger vermögensrechtlicher Rechtsgeschäfte aus der Zeit der Unfreiheit über die nationale Verwaltung der Vermögenswerte der Deutschen, der Magyaren, der Verräter und Kollaborateure und einiger Organisationen und Anstalten;
- das Dekret Nr. 12 vom 21. Juni 1945 über die Konfiskation und beschleunigte Aufteilung des landwirtschaftlichen Vermögens der Deutschen, Magyaren wie auch der Verräter und Feinde des tschechischen und des slowakischen Volkes;
- das Dekret Nr. 100 vom 24. September 1945 über die Nationalisierung der Bergwerke und einiger Industriebetriebe; sowie
- das Dekret Nr. 108 vom 25. Oktober 1945 über die Konfiskation des feindlichen Vermögens und die Fonds der nationalen Erneuerung[855].

---

848 Durch das Gesetz v. 25.03.1948, Slg. Nr. 33.
849 Durch das Gesetz v. 09.03.1950, Slg. Nr. 18.
850 Durch das Gesetz v. 16.06.1965, Slg. Rn. 65.
851 Durch das Gesetz v. 12.07.1950, Slg. Nr. 87.
852 Durch das Gesetz v. 12.07.1950, Slg. Nr. 87.
853 So hat sich die tschechische Republik im Zuge des Zustandekommens der deutsch-tschechischen Erklärung v. 21.01.1997 dem Ansinnen um Änderung oder Aufhebung bestimmter Dekrete verschlossen und so deren Fortgeltung betont, vgl. dazu Nettesheim, Gutachten, S. 38.
854 So der tschechische Oberste Gerichtshof in seiner Entscheidung vom 29.06.2000, 33 Cdo. 2398/98.
855 So ausdrücklich das tschechische Verfassungsgericht in seiner Entscheidung v. 08.03.1995 (Az. 14/94) (Fall Dreithaler), Übersetzung in: Brunner/Hoffmann/Holländer, S. 151.

Weiterhin in Kraft ist das Dekret Nr. 33 mit seinen staatsangehörigkeitsrechtlichen Wirkungen[856]. Daneben bestimmen die Dekrete Nr. 122 und Nr. 123 nach wie vor die Auflösung der deutschen Hochschulen sowie die Aberkennung der von ihnen verliehenen akademischen Grade.

c) *Völkerrechtliche Würdigung*

aa) *Einfluß allgemeinen Völkerrechts*

Für eine rechtliche Bewertung der von der Tschechoslowakei vorgenommenen Konfiskationen ist zunächst das allgemeine Völkerrecht in Betracht zu ziehen. Enteignungen sind unbestritten dann von völkerrechtlichem Interesse, wenn ausländisches Eigentum betroffen ist. Vorliegend wurden die Mitglieder der deutschen Volksgruppe gerade nicht als eigene Staatsangehörige der Tschechoslowakei, sondern als Deutsche in Anspruch genommen[857]. Durch eben diese Zielrichtung ist eine völkerrechtliche Bewertung gerechtfertigt. Fraglich könnte sein, wie es sich auswirkt, daß das 1945 geltende Völkerrecht noch nicht die Gewährleistung des Eigentums eigener Staatsangehöriger kannte[858]. Da die Tschechoslowakei die Sudetendeutschen aber eben nicht als eigene Staatsbürger betrachtete, ist zu prüfen, ob sich zum Zeitpunkt der Enteignung eine fremdenrechtliche Norm nachweisen läßt, welche das Vermögen fremder Staatsangehöriger schützte, so daß dieses nicht entschädigungslos entzogen werden durfte. In Betracht kommt in diesem Zusammenhang der Streit zwischen den USA und Mexiko über die Bodenreform, welche im Jahre 1915 einsetzte und verstärkt ab 1927 fortgeführt wurde. In ihm prägte der amerikanische Außenminister Hull den US-amerikanischen Standpunkt in der Note vom 22. August 1928[859]. Danach wäre eine Entschädigung zu leisten, die sofort, adäquat und effektiv erfolgen müßte.

Völkerrechtlichen Schranken unterliegen aber auch die nach der *lex rei sitae* durchgeführten Enteignungen. Sie sind maßgeblich für die Wirkung der Enteignung in Drittstaaten und erlangen vor allem dann Bedeutung, wenn das kollisionsrechtlich maßgebliche Belegenheitsrecht der Willkür Tür und Tor öffnet

---

856 Die Frage der Massenausbürgerung ist allerdings nicht isoliert, sondern als integraler Bestandteil der tschechischen Vertreibungspolitik zu werten, Dolzer, Gutachten, S. 94.

857 Krülle, S. 83.

858 Im Jahre 1948 wurde in der AEMR der VN-Generalversammlung, Res. 217 A (III), in Art. 17 II festgelegt, daß „niemand ... willkürlich seines Eigentums beraubt werden" darf, abgedr. in: Tomuschat, Menschenrechte, S. 26.

859 Sog. Hull-Formel, nach Hackworth, S. 658 ff.

und Enteignungsexzesse duldet. Eine solche entschieden völkerrechtsfeindliche Haltung vertritt nach wie vor die Tschechische Republik als mit der Tschechoslowakei rechtlich identischer Staat.

(1) Verletzung der HLKO

Die HLKO war auch während des Zweiten Weltkrieges in Kraft[860]. Die Regeln der HLKO sind, wie bereits dargestellt, für die Zeit des Kriegszustands auch als Völkergewohnheitsrecht anwendbar. Für die Bewertung der mißbräuchlichen Ausübung von Besatzungsgewalt gegen die Eigentumsordnung eines besetzten Staates ist die „Interalliierte Erklärung gegen Akte der Enteignung in Gebieten unter feindlicher Besetzung oder Herrschaft" von besonderer Bedeutung[861]. Die Erklärung wendet sich gegen jede mißbräuchliche Änderung der Eigentumsordnung unter der Ägide der Besatzungsmacht. Die Enteignungen der Sudetendeutschen haben so gegen damals geltendes Völkerrecht verstoßen[862]. Nach dem Haager Abkommen, betreffend die Gesetze und Gebräuche des Landkriegs vom 18. Oktober 1907 in Verbindung mit Art. 46 der Anlage zum Abkommen, ist es der Besatzungsmacht untersagt, Privateigentum einzuziehen. Sie hat das Privateigentum zu achten. Die Tschechoslowakei durfte mithin Privateigentum nicht einziehen, es sei denn, daß es im öffentlichen Interesse, jedoch unter Beachtung der Bedingungen der allgemeinen völkerrechtlichen Grundsätze, verlangt worden wäre. Die Bedingungen für eine völkerrechtskonforme Enteignung sind aber gerade nicht eingehalten worden. Damit sind die Konfiskationen nach der HLKO völkerrechtswidrig[863].

(2) Sudetendeutsches Eigentum als res nullius?

Obgleich bisweilen wieder diskutiert, ist die aus römischen Zeiten stammende Auffassung, daß es sich bei feindlichem Privatvermögen um eine *res nullius* handele, mit der überwiegenden Ansicht im heutigen Völkerrecht abzulehnen[864].

---

860 Aus der unmittelbaren Bindung der Vertragsstaaten ergibt sich, daß auch durch partielle Verstöße gegen die HLKO diese ihre Gültigkeit nicht einbüßte. Dadurch, daß einzelne Verstöße nicht von einer allgemeinen *opinio iuris* getragen wurden, ist auch der Konnex zu den durch Gewohnheitsrecht gebundenen Staaten gewahrt; vgl. Verdross/Simma, §§ 549 ff.; von der Beck, S. 193.

861 Vgl. Klein, S. 53.

862 Dolzer, Gutachten, S. 97; ebenso Klein, S. 53.

863 Zu diesem Ergebnis kommt auch Klein, der noch auf den – freilich nicht tragenden – Rechtfertigungsversuch wegen quasi-strafrechtlichen Charakters hinweist, S. 53.

864 Vgl. Krülle, S. 84 m.w.N.

Ein allgemeiner Völkerrechtssatz, der die Tschechoslowakei zu einer Konfiskation des Privatvermögens unter dem Gesichtspunkt der Reparation befugte, ist nicht zu erkennen[865]. Insbesondere stützt sich auch die Rechtsauffassung der Tschechoslowakei und ihres Nachfolgestaates Tschechische Republik nicht darauf[866].

(3) Fremdenrecht

(a) Die Enteignungszuständigkeit der Tschechoslowakei

Grundsätzlich ist die Enteignungszuständigkeit bei demjenigen Staat angesiedelt, in dessen Hoheitsbereich die zu enteignenden Sachen belegen sind[867]. Bei der Enteignung von Sachen könnte sich hier ein Problem des Gebietsübergangs stellen. Dabei ist zu untersuchen, wer auf dem Gebiet der Sudetendeutschen zum Zeitpunkt der Konfiskationen Hoheitsgewalt ausüben konnte. In diesem Zusammenhang ist es für die völkerrechtliche Würdigung unabdingbar, die Staatsangehörigkeit der Alteigentümer festzustellen, da die Vertreibung und Enteignung fremder Staatsangehöriger rechtlich doch anders zu beurteilen ist als die eigener Staatsangehöriger.

(b) Anwendbarkeit völkerrechtlichen Fremdenrechts auf die Enteignung

Infolge der alliierten Grenzfestlegung auf „Deutschland in den Grenzen vom 31. Dezember 1937“ erlangte die Tschechoslowakei im Mai 1945 die effektive Herrschaftsgewalt über die sudetendeutschen Gebiete[868]. Auch wenn, wie bereits im Allgemeinen Teil erörtert, die Gestaltung des Privateigentums eine innerstaatliche Angelegenheit ist, so sind doch bei der Enteignung von Ausländern bestimmte völkerrechtliche Voraussetzungen einzuhalten. Konfiskationen und diskriminierende Enteignungen sind danach unstatthaft[869]. Die Sudetendeutschen müßten, um in den Genuß fremdenrechtlicher Schutzregelungen zu kommen, in der damaligen Tschechoslowakei Ausländer gewesen sein. Aufgrund des „Vertrages zwischen dem Deutschen Reich und der Tschechoslowakischen

---

865 Krülle, S. 84, ebenso sieht es Dolzer, Gutachten, S. 97 f.; zu einer anderen Auffassung gelangt freilich das Verfassungsgericht der Tschechischen Republik, in: BayVBl. 1996, S. 14 (16).

866 Wenk, S. 115; Seidl-Hohenveldern, in: NJW 1953, S. 1389 (1390).

867 Korte, S. 78.

868 Wenk, S. 90.

869 Klein, S. 47; Verdross/Simma, § 805 ff.

Republik vom 20. November 1938"[870] haben die Angehörigen der deutschen Volksgruppe in der Regel die deutsche Staatsbürgerschaft, unbeschadet der bis dato gültigen tschechoslowakischen, erworben[871]. Gemäß dem Präsidialdekret vom 2. August 1945 wurde ihnen diese aber rückwirkend auf den Tag des Erwerbs der deutschen Staatsangehörigkeit entzogen[872]. Somit waren – im Zeitpunkt der Rechtsverletzungen – die Angehörigen der deutschen Volksgruppe für die Tschechoslowakei Fremde im Sinne des Völkerrechts.

Fraglich ist, wie es sich hinsichtlich des Dekrets Nr. 5 vom 19. Mai 1945 sowie des Bodenreformgesetzes vom 21. Juni 1945 verhält, da zu diesem Zeitpunkt der Entzug der Staatsangehörigkeit noch nicht erfolgt war. Handlungen auf Grund dieser Dekrete könnten dann der völkerrechtlichen Beurteilung entzogen sein. Es widerspräche aber dem Grundsatz von Treu und Glauben und stellte gleichsam einen Rechtsmißbrauch dar, könnte sich die Tschechoslowakei auf der einen Seite auf Inländerenteignung berufen, andererseits aber ihre Staatsbürger dennoch rückwirkend als Fremde behandeln[873]. Völkerrechtliches Fremdenrecht ist somit anwendbar. Daraus folgt auch, daß es sich aus der Sicht der Tschechoslowakei um ausländisches Vermögen handelte.

(c) Verstoß gegen Fremdenrecht

Enteignungen fremden Privatvermögens sind aber nur unter den im Allgemeinen Teil gewonnenen Voraussetzungen völkerrechtlich zulässig.

Ansprüche der enteigneten Alteigentümer könnten dann bestehen, wenn die von der Tschechoslowakei vorgenommenen entschädigungslosen Enteignungen nichtig wären. Ansprüche wären ausgeschlossen, wenn – entsprechend der Auffassung der heutigen Tschechischen Republik – auch entschädigungslose Enteignungen völkerrechtlich nicht als nichtig anzusehen wären[874]. Nach dieser Ansicht wären die betroffenen Vermögenspositionen zudem mittlerweile erloschen.

Beachtung muß allerdings auch die Ansicht erfahren, daß alle Maßnahmen – also auch Konfiskationen von Privatvermögen – nach Ende des Zweiten Welt-

---

870 RGBl. 1938 II, S. 895.

871 Dazu Seidl-Hohenveldern, in: IPRax. 1996, S. 410 (411).

872 Nachweis bei Wenk, S. 91.

873 So auch Wenk, S. 91.

874 So i. E. das von der Fraktion der GRÜNEN in Auftrag gegebene „Tomuschat-Gutachten", in: ZaöRV 56 (1996), S. 1 ff.; anders sieht das Blumenwitz, in: Forum für Kultur und Politik 1996, S. 45 (64), der auf den hohen Rang des gegenüber den Sudetendeutschen verübten völkerrechtlichen Unrechts verweist.

krieges gegen das zu diesem Zeitpunkt geltende Völkerrecht verstoßen haben, da Konfiskationen im Zusammenhang mit den Vertreibungsmaßnahmen auch damals völkerrechtswidrig waren[875]. Freilich ist in diesem Zusammenhang auch die Geltung des Münchner Abkommens von 1938 und seiner Folgeverträge zu thematisieren. Die Beurteilung der Gültigkeit der mit dem Abkommen zusammenhängenden staatsangehörigkeitrechtlichen Abmachungen entscheidet nämlich indirekt darüber, ob es sich um Enteignungen inländischen oder ausländischen Vermögens handelte und damit darüber, ob der Sachverhalt völkerrechtlich unter Anwendung des Fremdenrechts zu würdigen ist. Entsprechend der hier vertretenen Auffassung ist das Abkommen als multilateraler Vertrag als wirksam anzusehen. Die Konfiskationsmaßnahmen durch die Tschechoslowakei haben fremde Staatsbürger in fremdem Staatsgebiet betroffen[876].

Entscheidend ist vorliegend jedoch etwas anderes. Denn es war nämlich gerade die Tschechoslowakei, die, unabhängig von der Geltung des Münchner Abkommens, über die Staatsangehörigkeit der Sudetendeutschen entscheiden konnte und insoweit mit der Entziehung deren tschechoslowakischer Staatsangehörigkeit dem Fremdenrecht zur Anwendung verhalf[877]. Nach den Regeln des Fremdenrechts dürfen Staaten aber nur unter bestimmten engen Voraussetzungen enteignen. So müssen die Enteignungen im öffentlichen Interesse liegen. Zweifelhaft ist unter fremdenrechtlichen Gesichtspunkten aber bereits, ob die kollektive Enteignung der deutschen Volksgruppe im öffentlichen Interesse erfolgte, insofern sie eng mit den Vertreibungshandlungen zusammenhingen[878]. So war ein Ziel der Konfiskationen auch die Herstellung nationaler Homogenität der Eigentumsordnung sowie eine entsprechende Siedlungsstruktur. Zwar ist einerseits bei der Beurteilung des öffentlichen Interesses auf das Interesse des enteignenden Staates abzuheben[879]. Bereits durch die Verwobenheit mit der völkerrechtswidrigen Vertreibung ergibt sich andererseits der völkerrechtswidrige Charakter der Enteignungen. Die Anerkennung eines solchen Verhaltens als „öffentliches Interesse“ würde das Völkerrecht zu sich selbst in Widerspruch setzen[880]. Somit ergibt sich vorliegend schon aus dem fehlenden öffentlichen Interesse die Unzulässigkeit der Konfiskationen nach Fremdenrecht.

875 Gornig, Völkerrechtswidrigkeit, S. 19.
876 Rill, in: Ders., S. 6.
877 Gornig, Völkerrechtswidrigkeit, S. 18.
878 So schon Klein, S. 48 m.w.N.
879 Dahm, Bd. I, S. 513 f.
880 Klein, S. 48.

Zu den Voraussetzungen gehört auch, daß nur gegen die Leistung von Entschädigungen enteignet werden darf. Die kollektiv durchgeführte Konfiskation, also entschädigungslose Enteignung, verstößt gegen Völkerrecht.

bb) Rechtfertigung der Konfiskation

Fraglich ist, ob eine Rechtfertigung aufgrund des Territorialitätsprinzips in Betracht kommt. Danach wären die Enteignungen als ausländische Hoheitsakte – *Act of State* – grundsätzlich hinzunehmen, wenn sie im Rahmen der Gebietshoheit der örtlichen Machthaber durchgeführt wurden[881].

(1) Rechtfertigung aufgrund Reparationsrechts

Die an den Deutschen vorgenommenen Konfiskationen könnten als Reparationen möglicherweise nach Art. IV des Potsdamer Abkommens völkerrechtlich gerechtfertigt sein[882]. Dabei ist aber schon beachtlich, daß die Tschechoslowakei nicht zu dem von den Siegermächten besetzten Gebiet gehörte. So war „deutsches" Vermögen – nach dem Willen der Siegermächte – grundsätzlich nur solches, das auf dem Gebiet des Deutschen Reiches in seinen Grenzen vor dem Münchner Abkommen belegen war[883]. In Betracht kommt allein, daß das sudetendeutsche Vermögen gemäß der Potsdamer Absprache zu „German external assets" gehörte[884]. Jedoch ist – aufgrund der Annahme der damaligen Gültigkeit des Münchner Abkommens – eben dann kein solches Vermögen gegeben, welches als deutsches Auslandsvermögen einziehbar wäre[885]. Reparationsleistungen aus sudetendeutschem Vermögen kommen also nicht in Frage, so daß eine Rechtfertigung aus diesem Grunde ausscheidet[886].

---

881 Blumenwitz, in: Blumenwitz/Gornig/Murswiek, S. 153 (154).

882 Vgl. eingehend zum reparationsfähigen Schaden, Eichhorn, S. 188 ff.

883 Hierzu Dolzer, S. 100 f.; Blumenwitz, Der Prager Vertrag, S. 80.

884 So Dolzer, Gutachten, S. 100; Blumenwitz, in: FS für Steinberger, S. 73 (79); vgl. dazu auch Wenk, S. 80 f., die auf die von der tschechischen Seite angeführten Art. VI und XIII - und deren Nichtanwendbarkeit - abhebt.

885 Vgl. eingehend dazu Blumenwitz, Der Prager Vertrag, S. 80 f., wonach das Gebiet der CSR nicht für Reparationen aufgrund des Potsdamer Abkommens erwähnt wird.

886 Der Verfall des sudetendeutschen Vermögens in der Tschechoslowakei erscheint gemäß Blumenwitz, in: Blumenwitz, Flucht und Vertreibung, S. 196, dann auch nicht als Reparation, sondern als kollektive Bestrafung; ebenso Seidl-Hohenveldern, in: NJW 1953, S. 1389 (1390); ähnlich Klein, S. 52, der noch auf die Unzulässigkeit ob der Unterschreitung des völkerrechtlichen Mindeststandards hinweist.

(2) Rechtfertigung als Repressalie

Fraglich ist, ob eine Rechtfertigung der Konfiskationen als völkerrechtlich zulässige Repressalie in Betracht kommt. Die Repressalie könnte als Antwort auf mögliche deutsche Völkerrechtsverletzungen, beispielsweise Verletzungen des auch von Deutschland zu achtenden *ius cogens*, angewendet werden.

Wie bereits festgestellt wurde, konnte Deutschland nach seiner Kapitulation nicht weiter zu völkerrechtskonformem Verhalten bewegt werden. Die deutsche Aggression während des Zweiten Weltkriegs rechtfertigt völkerrechtlich nicht die Diskriminierung der deutschen Bevölkerung durch Vertreibung[887]. Im übrigen ist die völkerrechtlich grundsätzlich notwendige Androhung der Repressalie unterblieben. Außerdem muß die Repressalie reversibel sein. Somit ist grundsätzlich allenfalls die Sequestrierung, nicht aber die Konfiskation zulässig[888].

(3) Deutsch-tschechische Erklärung von 1997

Die Konfiskationsmaßnahmen werden von tschechischer Seite mit dem Hinweis auf die deutsch-tschechische Erklärung vom 21. Januar 1997[889] zu rechtfertigen gesucht[890]. Danach seien die noch spürbaren Folgen in dieser Erklärung abschließend geregelt worden. Allerdings erwähnt die Erklärung die Benesch-Dekrete nicht ausdrücklich. Vielmehr verweist Ziff. IV der Erklärung auf die weiter bestehenden divergierenden Rechtsauffassungen[891]. Auch aufgrund der Beteiligung mehrerer Staaten an den Vermögensfragen[892] erscheint diese bilaterale Erklärung nicht als zur abschließenden Regelung geeignet. Die Erklärung kann somit zwar als Grundlage für die künftige Entwicklung angesehen werden, eine Rechtfertigung der Konfiskationen ist aber aus ihr gegenwärtig nicht abzuleiten.

---

887 Vgl. dazu auch Gornig, Das rechtliche Schicksal, S. 43.

888 Verdross/Simma, § 1343.

889 Die offizielle Bezeichnung lautet: „Deutsch-Tschechische Erklärung über die gegenseitigen Beziehungen und deren künftige Entwicklung".

890 Vgl. Bulletin des Presse- und Informationsamtes der Bundesregierung Nr. 7, 1997, S. 61.

891 So verwies Bundeskanzler Kohl anläßlich der Unterzeichnung der Erklärung ausdrücklich auf die Offenheit der Vermögensfragen, vgl. Blumenwitz, in: AVR 36 (1998), S. 19.

892 So können weder Österreich noch Ungarn oder das Fürstentum Liechtenstein durch diese Erklärung präjudiziert werden.

cc) Unwirksamkeit der Maßnahmen

Die Rechtslage – vor allem im Verhältnis zur Bundesrepublik Deutschland – ist möglicherweise dann differenzierter zu beurteilen, wenn die Enteignungsmaßnahmen gegen die deutsche Volksgruppe als besonders schwerwiegender Verstoß gegen das Völkerrecht anzusehen wären. In diesem Fall könnten die Maßnahmen als nichtig anzusehen sein[893].

Die Unwirksamkeit der Maßnahmen kommt in Betracht, sofern in ihnen ein Verstoß gegen *ius cogens* zu erkennen ist. Die Unwirksamkeit einer solchen Maßnahme richtet sich *erga omnes*. Als Rechtsfolge ist dann Herausgabe und Wiedereinräumung des Besitzes zu leisten[894]. Dies bedeutet für den vorliegenden Fall, daß – auf völkerrechtlicher Ebene – die Eigentumstitel der Sudetendeutschen bei einem solchen völkerrechtswidrigen Verstoß unberührt blieben[895]. Grundsätzlich bleibt es allerdings dem innerstaatlichen Recht überlassen, für seinen Bereich die Regeln und Grenzen des Eigentums festzulegen[896]. Nach tschechischem Recht sind die Konfiskationen aber eben nicht rechtswidrig. Nun stellt sich die Frage, wie sich die Völkerrechtsordnung zum nationalen Recht verhält. Um der Bedeutung des *ius cogens* als zwingendem Recht gerecht zu werden, muß man annehmen, daß auf staatlicher Ebene bei Verstößen gegen das *ius cogens* dem Völkerrecht der Vorrang vor dem nationalen Recht einzuräumen ist[897]. Die Konfiskation des Eigentums der Sudetendeutschen ist dann *ipso iure* auch als innerstaatlich nichtig anzusehen.

d) Beurteilung nach nationalem Recht

Bei der Prüfung müssen verschiedene Fragen auseinander gehalten werden. Es ist zu untersuchen, wie sich die Ansprüche nach den Rechtsordnungen der beteiligten Staaten beurteilen lassen und welches Recht überhaupt anwendbar ist. Hier muß wegen der möglichen Anwendung von Kollisionsrecht besonderer Wert auf das Auffinden des richtigen Anknüpfungspunktes gelegt werden[898]. Praktisch kommt für diese Prüfung entweder das Recht des enteignenden Staates oder das Recht des Staates in Frage, in dessen Gebiet die zu enteignenden

---

893 Tomuschat, in: ZaöRV 56 (1996), S. 1 (7).

894 Klein, S. 55.

895 Vgl. dazu Blumenwitz, Interessenausgleich, S. 36.

896 Blumenwitz, Interessenausgleich, S. 36.

897 Vgl. dazu Blumenwitz, Interessenausgleich, S. 37.

898 Pammel, S. 3.

Sachen belegen sind. Dies führt vorliegend zu einem Problem des zeitlichen Geltungsbereiches. Schwierigkeiten hinsichtlich des möglichen Vorliegens von Ansprüchen der Alteigentümer könnten sich dann ergeben, wenn die in Betracht kommenden Normen *ratione temporis* nicht angewendet werden dürfen[899]. Nach diesem allgemein anerkannten Grundsatz des Völkerrechts sind die Normen eines Vertrages nicht anwendbar auf Situationen, welche sich vor seinem Inkrafttreten ergeben haben[900].

aa) Verlust der Eigentumspositionen nach der lex rei sitae

Aus der Tatsache, daß die Eigentumsordnung ein wesentliches Element staatlicher Herrschaftsordnung bildet, folgt, daß sie in einem bestimmten Gebiet durch den territorial zuständigen Staat festgelegt wird[901]. Dann gilt nach dem Internationalen Privatrecht für Liegenschaften und bewegliche Sachen grundsätzlich die *lex rei sitae*, also das Recht des Ortes, an dem sich das Grundstück oder die Fahrnis befindet[902]. Der Geltungsbereich der *lex rei sitae* ist allerdings auf das Sachenrecht limitiert[903]. Dies gilt auch für den durch Hoheitsakt erfolgten Eigentumsentzug. Enteignung und Konfiskation beurteilen sich nach den örtlich geltenden Gesetzen und entfalten ihre Wirksamkeit innerhalb der Grenzen des jeweiligen Hoheitsgebiets, soweit die Schranken des Völkerrechts eingehalten sind[904]. Die Frage, ob der tschechoslowakische Staat 1945 das Eigentum der Anspruchsteller erworben hat, richtet sich grundsätzlich nach dem damals geltenden tschechoslowakischen Recht.

bb) Rechtslage nach tschechischem Recht

Im Hinblick auf die gegenwärtige Rechtslage ist festzuhalten, daß die neu entstandene Tschechische Republik, welche hier als identisch mit der Tschechoslowakei[905] qualifiziert wird, insgesamt an den Enteignungsdekreten des Jahres

---

899 Blumenwitz, in: Blumenwitz/Gornig, Rechtliche und politische Perspektiven, S. 13 (22).

900 Blumenwitz, Schutzmechanismen, S. 98.

901 Tomuschat, in: ZaöRV 56 (1996), S. 1 (6).

902 Kegel, S. 854 f.; Firsching/v. Hoffmann, S. 257; Turner, S. 21; Palandt/Heldrich, Anhang II zu Art. 38 EGBGB Rn. 2 m.w.N.

903 Rauscher, S. 273; Korte, S. 52.

904 Kegel/Seidl-Hohenveldern, in: FS für Ferid, S. 233 (242).

905 Council of Europe, Human Rights. Information Sheet No. 32, January-June 1993, S. 1. Dabei sind sowohl die Tschechische als auch die Slowakische Republik Ergebnis einer Dismembration der Tschechoslowakei.

1945 festhält und sie als weiterhin gültig betrachtet[906]. Insofern können die betroffenen deutschen Alteigentümer nach der anzuwendenden *lex rei sitae* keine Ansprüche auf Restitution oder Entschädigung geltend machen. Das Eigentum der deutschen Volksgruppe ist nach dem bis heute geltenden Willen der verantwortlichen Staatsorgane entschädigungslos entzogen worden. Nach der – völkerrechtswidrigen – Rechtslage in der Tschechoslowakei sowie in der jetzigen Tschechischen Republik hatten die völkerrechtswidrigen Konfiskationsakte den wirksamen Entzug der Eigentumsrechte zur Folge. Gemäß § 288 des tschechoslowakischen Zivilgesetzbuches haben die Neuerwerber ihr Eigentum von der damaligen Tschechoslowakei lastenfrei, also frei von Rechten Dritter, erworben[907]. Sowohl die Dekrete des Präsidenten, als auch die spätere Rechtsprechung bestätigten ausdrücklich die erfolgten Eigentumsentziehungen. Die Vorenthaltung des Eigentums macht die Verletzung freilich auch heute noch spürbar.

Allerdings sind gemäß Art. 10 der Verfassung der Tschechischen Republik die völkervertragsrechtlichen Regelungen zum Menschenrechtsschutz auch für die Tschechische Republik unmittelbar verbindlich und gehen dem nationalen Recht vor. In diesem Sinne erscheint die tschechische Rechtspraxis bezüglich der Ansprüche von Alteigentümern als nicht mit diesem Prinzip konform.

cc) Rechtslage nach deutschem Recht

Zu prüfen ist auch, wie die Maßnahmen nach dem Recht der Bundesrepublik Deutschland zu beurteilen sind und ob den vertriebenen Sudetendeutschen eigene Rechtsansprüche nach deutschem Recht zustehen. In diesem Fall wäre jede Regelung, welche diesen Ansprüchen den Boden entzieht, für die Bundesrepublik Deutschland im Hinblick auf Art. 14 GG zu prüfen[908].

(1) Wirkung rechtsstaats- beziehungsweise völkerrechtswidriger Enteignungen im deutschen Recht

Von den bisherigen Ausführungen abweichend zu beurteilen sind die Auswirkungen, welche die Völkerrechtswidrigkeit der Konfiskationsakte auf deren Wirksamkeit im innerstaatlichen Recht der Bundesrepublik Deutschland hatte oder heute noch hat. Ob jemandem eine bestimmte Rechtsposition zusteht, kann

---

906 Tomuschat, in: ZaöRV 56 (1996), S. 1 (7).

907 Vgl. dazu auch Wenk, S. 80; Blumenwitz, in: Forum für Kultur und Politik, 1993, S. 5 (11).

908 Tomuschat, in: ZaöRV 56 (1996), S. 1 (6).

nämlich nur in Ansehung einer konkreten Rechtsordnung beantwortet werden[909]. Es ist also möglich, das rechtliche Schicksal des in der Tschechoslowakei entzogenen deutschen Eigentums auch unter dem Blickwinkel der bundesdeutschen Rechtsordnung zu beurteilen. Dabei ist für den Umgang mit fremden völkerrechtswidrigen Normen im innerstaatlichen Bereich zunächst anzunehmen, daß keine Regelung des Völkerrechts existiert, nach welcher schon die Völkerrechtswidrigkeit eines fremden Hoheitsaktes unmittelbar zu dessen Nichtigkeit führt[910]. Diese Rechtsfolge wäre lediglich dann gegeben, wenn ein strikter Monismus mit völkerrechtlichem Primat angenommen würde[911]. Aus der Völkerrechtswidrigkeit der Konfiskationsakte läßt sich mithin nicht ohne weiteres deren Nichtigkeit für die Rechtsordnung der Bundesrepublik Deutschland schließen[912].

Zu untersuchen ist dann gleichsam, ob sich eine Völkerrechtsregel nachweisen läßt, nach der ein Staat verpflichtet ist, völkerrechtswidrige Akte anderer Staaten nicht anzuerkennen[913]. Eine solche völkerrechtliche Pflicht ist freilich nicht ersichtlich[914]. Jedoch besteht genauso wenig eine Verpflichtung dahingehend, völkerrechtswidrige Akte in den eigenen Grenzen anzuerkennen[915]. Eine kohärente Staatenpraxis ist insoweit noch nicht gegeben. Dies obliegt vielmehr der nationalen Rechtsordnung[916]. Zwar folgert der US-Supreme Court aus der Unabhängigkeit der souveränen Mitglieder der Völkerrechtsgemeinschaft, daß kein US-amerikanisches Gericht dazu berechtigt sei, Enteignungsmaßnahmen fremder Staaten auf deren Völkerrechtsmäßigkeit hin zu überprüfen[917]. Diese Doktrin stellt aber allenfalls einen Grundsatz US-amerikanischen Verfassungsrechts, nicht jedoch ein Völkerrechtsprinzip dar[918]. Somit ist es allein Sache des nationalen Rechts, wie es fremde völkerrechtswidrige Akte behandelt und ob ihnen die Wirksamkeit im innerstaatlichen Bereich zu versagen ist[919]. Eine solche

---

909 von der Beck, S. 183; BVerfGE, 84, S. 90 (122).

910 Blumenwitz, Das Offenhalten der Vermögensfrage, S. 74; von der Beck, S. 184; Wenk, S. 132.

911 von der Beck, S. 184; Verdross/Simma, § 72 f.

912 In diese Richtung auch Wenk, S. 132.

913 Vgl. Tomuschat, in: ZaöRV 56 (1996), S. 1 (16), der die Pflicht zur Nichtanerkennung prüft, eine solche jedoch im Ergebnis verneint.

914 Seidl-Hohenveldern, Völkerrecht, S. 314; von der Beck, S. 184; Blumenwitz, S. 74.

915 Schütz, S. 122.

916 Seidl-Hohenveldern, Internationales Enteignungsrecht, S. 265 ff.; ebenso Wenk, S. 132.

917 So die Entscheidung, Banco Nacional de Cuba v. Sabbatino, in: AJIL 58 (1964), S. 779.

918 von der Beck, S. 184; Seidl-Hohenveldern, Völkerrecht, S. 313.

919 Blumenwitz, Das Offenhalten der Vermögensfrage, S. 74.

Pflicht zur Nichtbeachtung ergibt sich für den Bereich der Bundesrepublik Deutschland aus Art. 25 GG sowie aus Art. 6 EGBGB.

Sofern ein Inlandsbezug gegeben ist, ist die nach dem Territorialitätsprinzip und der *lex rei sitae* gültige Enteignung noch am nationalen sowie internationalen *ordre public* zu messen[920]. Denn auch eine im Ausland unter Beachtung des Territorialitätsprinzips entsprechend der *lex rei sitae* durchgeführte Enteignung, welche als *Act of State* im Grundsatz hinzunehmen wäre, kann nur dann Wirksamkeit entfalten, wenn sie im Einklang mit dem nationalen und internationalen *ordre public* steht.

(2) Art. 25 GG als Ausdruck der Völkerrechtsfreundlichkeit des Grundgesetzes

Das Grundgesetz weist in toto eine deutlich völkerrechtsfreundliche Tendenz auf, steht dem Völkerrecht also keineswegs indifferent gegenüber[921]. Dies zeigt sich insbesondere in Art. 25 GG, wonach die allgemeinen Regeln des Völkerrechts Bestandteile des Bundesrechts sind und somit in die deutsche Rechtsordnung integriert werden. Zwar sind sie dem Verfassungsrecht nachgeordnet, rangieren aber noch vor einfachem Bundesrecht[922]. Im Sinne des Art. 25 GG handelt es sich dann um „allgemeine Regeln des Völkerrechts", wenn sie von der überwiegenden Mehrheit der Staaten – nicht notwendig auch von der Bundesrepublik Deutschland – anerkannt werden[923]. Zwar wird die bundesdeutsche Staatsgewalt insoweit zu völkerrechtskonformem Verhalten verpflichtet, hinsichtlich völkerrechtswidriger Akten fremder Staaten fehlt es allerdings an einer grundgesetzlichen Handlungsanleitung[924].

(3) Ius cogens und Art. 25 GG

Bezüglich der fehlenden Handlungsanordnung des Grundgesetzes hinsichtlich fremder völkerrechtswidriger Akte stellen jene Normen des allgemeinen Völkerrechts eine Ausnahme dar, welche dem völkerrechtlichen *ius cogens* zuzuordnen

920 Staudinger/Blumenwitz, Art. 6 EGBGB Rn. 54; Gornig, in: Forum für Kultur und Politik, S. 3 (29).
921 BVerfGE 31, S. 58 (75 ff.); von der Beck, S. 185; Stern, Bd. I, S. 474.
922 Schmidt-Bleibtreu/Klein, Art. 25 Rn. 1.
923 BVerfGE 15, S. 16 (33).
924 Geisler, S. 73.

sind[925]. Im Falle der Verletzung von *ius cogens* ist die Bundesrepublik Deutschland verpflichtet, den verletzenden ausländischen Hoheitsakten die innerstaatliche Geltung zu versagen[926]. Sofern in den durch die Tschechoslowakei betriebenen völkerrechtswidrigen Konfiskationsakten gleichzeitig ein Verstoß gegen das völkerrechtliche *ius cogens* zu sehen ist, ergibt sich unter Bezugnahme auf Art. 25 GG für die deutsche Staatsgewalt ein unmittelbares Verbot für deren Anerkennung im innerstaatlichen Bereich[927]. Insofern nämlich eine Völkerrechtsregel dem *ius cogens* angehört, ist sie der individuellen Disposition der einzelnen Staaten entzogen. Auch ist die Anerkennung und Anwendung eines gegen sie verstoßenden fremden Hoheitsaktes versagt. Jedes andere Ergebnis stände im diametralen Widerspruch zum Begriff des *ius cogens*. Darüber hinaus würde die Bedeutung und die Funktion des Art. 25 GG für die deutsche Rechtsordnung verkannt[928]. Die Anerkennung eines völkerrechtswidrigen Aktes würde die Verletzung des Völkerrechts sanktionieren und sogar vertiefen. Eben dies soll durch Art. 25 GG für die deutsche Verfassungswirklichkeit ausgeschlossen werden.

(4) Konfiskation deutschen Eigentums in der Tschechoslowakei als Verstoß gegen ius cogens

Zu prüfen ist, ob die Konfiskationsakte auf dem Gebiet der Tschechoslowakei als Verstöße gegen völkerrechtliches *ius cogens* anzusehen sind. In diesem Fall müßte die zwingende Nichtanerkennung in der deutschen Rechtsordnung folgen.

(a) Konfiskationen und das völkerrechtliche ius cogens

Als *ius cogens* werden die Völkerrechtsregeln bezeichnet, welche zu dem Kreis der tragenden Rechtsprinzipien zählen und somit unverzichtbare Bestandteile des *ordre public* der Völkerrechtsgemeinschaft darstellen[929]. Bestätigung findet diese Lehre im Wiener Übereinkommen über das Recht der Verträge (WVK) vom 23. Mai 1969[930]. Durch Art. 53 des Übereinkommens wird ein völkerrecht-

---

925 Vgl. Wenk, S. 133; Schütz, S. 22; Gornig, in: Forum für Kultur und Politik, S. 3 (28).

926 Kimminich, in: JZ 1971, S. 485 (486); Wenk, S. 133.

927 Wenk, S. 133.

928 von der Beck, S. 186.

929 Verdross/Simma, § 524; von der Beck, S. 186.

930 BGBl. 1985 II, S. 927; vgl. auch Art. 64 WVK, in dem das *ius cogens* ebenfalls Erwähnung findet.

licher Vertrag dann für nichtig erklärt, wenn er zum Zeitpunkt seines Abschlusses in Widerspruch zu einer zwingenden Völkerrechtsnorm steht. Eine Norm ist dann dem *ius cogens* zuzurechnen, wenn sie entsprechend Art. 53 S. 2 WVK „von der internationalen Staatengemeinschaft in ihrer Gesamtheit angenommen und anerkannt wird, als eine Norm, von der nicht abgewichen werden darf, und die nur durch eine spätere Norm des allgemeinen Völkerrechts derselben Rechtsnatur geändert werden kann". Entsprechend der Rechtsprechung des Bundesverfassungsgerichts kann die „Qualität solcher zwingender Normen ... nur jenen in der Rechtsüberzeugung der Staaten fest verwurzelten Rechtssätzen zuerkannt werden ..., die für den Bestand des Völkerrechts als einer internationalen Rechtsordnung unerläßlich sind und deren Beachtung alle Mitglieder der Staatengemeinschaft verlangen können ..."[931]. Dem *ius cogens* gehören zum Beispiel das Recht auf Leben, das Verbot des Völkermordes, der Sklaverei, des Menschenhandels, des Rassismus und der Folter an. Seit dem Briand-Kellog-Pakt vom 27. August 1928[932] zählt hierzu auch das Kriegs- und Aggressionsverbot. Des weiteren wird nunmehr auch das völkerrechtliche Selbstbestimmungsrecht dazu gerechnet[933].

Hier ist nun fraglich, ob auch das völkerrechtliche Verbot gesellschaftsumwälzender Konfiskationen als Folge einer kriegerischen Besetzung als *ius cogens* angesehen werden muß. Dabei ist beachtlich, daß in der Völkerrechtswissenschaft und -praxis die Annahme von *ius cogens* sehr restriktiv gehandhabt wird[934]. Dennoch beziehen sich Rechtsprechung und Staatenpraxis – wenn auch nur teilweise explizit – auf zwingendes Völkerrecht[935].

Für eine nähere Bestimmung des Wesens des *ius cogens* erscheint ein Eingehen auf die voneinander abzugrenzenden Begriffe des „völkerrechtlichen Verbrechens" und des „völkerrechtlichen Delikts" geboten. Darüber hinaus ist zu untersuchen, ob die Staatenpflichten ohne Unterschied, also „*erga omnes*", oder nur gegenüber einem begrenzten Teil von Völkerrechtssubjekten bestehen.

---

931 BVerfGE 18, S. 441 (449); dazu auch von der Beck, S. 187 f. m.w.N.
932 RGBl. 1929 II, S. 97 ff.
933 Statt vieler: Blumenwitz, Das Offenhalten der Vermögensfrage, S. 75 f.; von der Beck, S. 188.
934 von der Beck, S. 188.
935 Vgl. Ipsen, in: ders.: § 3 Rn. 53.

(b) Orientierung am Begriff des völkerrechtlichen Verbrechens

Für eine Unterscheidung zwischen dem völkerrechtlichen Verbrechen und einem Delikt ist auf den Konventionsentwurf der International Law Commission (ILC) zum Recht der Staatenverantwortlichkeit abzuheben[936]. Darin findet sich die Definition für das völkerrechtliche Verbrechen in Art. 19 Abs. 2 des Entwurfs. Dies ist danach ein „internationally wrongful act which results from the breach by a State of an international obligation so essential for the protection of fundamental interests of the international community that its breach is recognized as a crime by that community as a whole ...“. Kaum zu übersehen ist hier die Bezugnahme auf den das *ius cogens* definierenden Art. 53 WVK. Somit sollen für die Qualifizierung einer Völkerrechtsverletzung als Verbrechen vergleichbare Maßstäbe angelegt werden wie für die Qualifizierung als *ius cogens*[937]. Die Konzepte des *international crime*, *ius cogens* und der *erga-omnes*-Verpflichtungen werden allerdings nur teilweise als identisch erachtet[938]. Immerhin knüpfen alle drei Konzepte an die fundamentale Bedeutung der im konkreten Fall verletzten Norm an[939]. Insoweit könnte Art. 19 des ILC-Entwurfs als deliktsrechtliche Ausformung des *ius-cogens*-Gedankens und der Vorstellung von den Völkerrechtspflichten *erga omnes* betrachtet werden[940]. Dem entspricht auch die Auffassung der ILC von einer teilweisen Kongruenz von Völkerrechtsverbrechen und Verletzungen des *ius cogens*[941], wobei das *international crime* der engere Begriff ist[942].

(c) Orientierung an den Staatenpflichten erga omnes

Fraglich ist noch, wem gegenüber die völkerrechtlichen *erga omnes*-Pflichten bestehen. In Rede steht hier ein Bezug auf einen limitierten Kreis von Völkerrechtssubjekten oder aber gegenüber der Völkerrechtsgemeinschaft als Ganzer (concern of all states). Im Barcelona-Traction-Fall vertrat der IGH die Auffas-

936 Originaltext abgedruckt, in: AVR, Bd. 24, 1986, S. 472 ff.

937 Verdross/Simma, § 530; von der Beck, S. 189; vgl. aber auch Kadelbach, der auf die noch nicht befriedigend erfolgte Klärung des Verhältnisses der Begriffe hinweist.

938 Ziegler, S. 566 m.w.N.

939 Ziegler, S. 566.

940 von der Beck, S. 189; Ziegler, S. 577; vgl. auch Art. 18 II und Art. 29 II des Entwurfes bzgl. der expliziten Erwähnung der „peremptory norm of general international law“.

941 YBILC 28 (1976), II/2, S. 102; Blumenwitz, Interessenausgleich, S. 24 m.w.N.

942 Gornig, in: Forum für Kultur und Politik 1996, S. 3 (26); Ziegler, S. 560; Simma, in: AVR 24 (1986), S. 357 (377); für die a.A. vgl. nur Malanczuk, S. 60.

sung, daß bestimmte Pflichten *erga omnes*, also nicht nur bestimmten Staaten gegenüber, gelten[943]. Auch wenn der IGH nicht explizit auf das *ius cogens* Rekurs nimmt, sondern exemplarisch Rechtssätze anführt, so erscheint eine Verknüpfung der *erga-omnes*-Verpflichtungen mit *ius cogens* intendiert und sinnvoll[944].

(d) Einordnung der Konfiskationen auf dem Gebiet der Tschechoslowakei

Im folgenden sind die Konfiskationen auf dem Gebiet der Tschechoslowakei völkerrechtlich einzuordnen.

(aa) Ius-cogens-Verstoß durch die Konfiskationen allein

Es fragt sich, ob die Maßnahmen der Tschechoslowakei bereits zur damaligen Zeit die Voraussetzungen eines völkerrechtlichen Verbrechens erfüllten und damit gegen *ius cogens* verstießen. Bei der Betrachtung der Bestimmungen des Statuts des Nürnberger Militärgerichtshofs und der dort in bezug genommenen Verbrechen gegen die Menschlichkeit als geschütztem völkerrechtlichen Kernbereich wird man zu dem Schluß kommen können, daß Konfiskationen allein – zumal auf eigenem Hoheitsgebiet durchgeführt – keinen *ius-cogens*-Verstoß darstellten[945], wohl aber einen Verstoß gegen Fremdenrecht.

(bb) Völkerrechtswidrigkeit durch Gesamtcharakter der Konfiskationen

Die Völkerrechtswidrigkeit der Konfiskationen kann sich aber aus ihrem Gesamtcharakter als Instrument zur gesellschaftlichen Umwälzung auf dem Gebiet der Tschechoslowakei ergeben[946]. Die Konfiskationsmaßnahmen intendierten zumindest auch die Änderung der Sozialstruktur in dem betroffenen Gebiet[947]. Daraus ergibt sich, daß die Gesamtheit der Enteignungen nicht nur den menschenrechtlichen Eigentumsschutz tangieren[948]. Sie beinhalteten in Verbindung mit den Vertreibungsmaßnahmen auch schwere Eingriffe in das kulturelle und

---

943 ICJ Rep. 1970, S. 3 ff.

944 Ähnlich äußert sich Blumenwitz, Interessenausgleich, S. 25.

945 Zu diesem Ergebnis kommt Tomuschat, in: ZaöRV 56 (1996), S. 1 (15 f.); ebenso Gornig, in: Forum für Kultur und Politik, S. 3 (29).

946 Vgl. von der Beck, S. 191.

947 Vgl. von der Beck, S. 192.

948 Vgl. zur Menschenrechtswidrigkeit auch: Wenk, S. 93 f.

soziologische Erbe der deutschen Volksgruppe auf dem Gebiet des Sudetenlandes, die unter gravierenden Verletzungen der Menschenrechte auf Leben, Gesundheit, Freiheit und eben auch auf Eigentum vorgenommen wurden[949]. Diese wertende Gesamtschau der Maßnahmen legt eine Einordnung der staatlichen Maßnahmen - gemäß heutiger Maßstäbe - als *international crime* nahe. Hierin liegt eine Verletzung von für die Völkerrechtsgemeinschaft grundlegenden Pflichten *erga omnes*[950], also gegenüber allen Staaten. Die Konfiskationsmaßnahmen gegenüber den Sudetendeutschen auf deren Siedlungsgebiet können so als Verstoß gegen völkerrechtliches *ius cogens* gewertet werden. Entsprechend Art. 25 GG ist den Konfiskationsmaßnahmen daher die Anerkennung im innerstaatlichen Recht der Bundesrepublik Deutschland zu versagen.

(5) Verstoß gegen den nationalen ordre public gemäß Art. 6 EGBGB

Ist man der Ansicht, die entschädigungslosen Enteignungen der Sudetendeutschen begründeten keinen Verstoß gegen *ius cogens*, wäre weiter zu prüfen, ob deren Folgen dann im deutschen Recht automatisch anerkannt werden müßten.

Außerhalb von Verstößen gegen *ius cogens* wird die Nichtbeachtung eines ausländischen Hoheitsaktes im deutschen Recht nicht zwingend vorgeschrieben. Vielmehr ist diese Frage dann an Art. 6 EGBGB zu messen[951]. Solange eine Enteignung - auch fremder Staatsangehöriger - im eigenen Machtbereich, also gemäß der *lex rei sitae*, vollzogen wird, ist sie, selbst wenn sie den Regeln des allgemeinen Völkerrechts zuwiderläuft, als Rechtstatsache hinzunehmen, also anzuerkennen[952]. Dies folgt aus dem Territorialitätsprinzip und dem gemeinsamen Interesse an internationaler Ordnung[953]. Fraglich ist, ob die Anwendung fremden Rechts unter allen Umständen erfolgen muß[954] oder ob eine Korrektur durch den *ordre public* in Betracht kommt. Mit *ordre public* wird dabei derjenige Teil der deutschen Rechtsordnung bezeichnet, dessen Beachtung auch im internationalen Rechtsverkehr unverzichtbar ist[955].

---

949 Mit Ermacora, S. 177 ff., ist sogar Völkermord anzunehmen.

950 Vgl. dazu Blumenwitz, Interessenausgleich, S. 23 ff.

951 Wenk, S. 135.

952 Geisler, S. 68; ebenso Wenk, S. 131; Palandt/Heldrich, Anhang II zu Art. 38 EGBGB Rn. 2 m.w.N.

953 BVerfGE 84, S. 90, (124).

954 Vergleichbar mit dem „Sprung ins Dunkle": Raape/Sturm, S. 199.

955 Firsching/von Hoffmann, S. 248; Voltz, S. 9.

(a) Grundsätze für die Bundesrepublik Deutschland

(aa) Internationaler ordre public im Internationalen Privatrecht (IPR) der Bundesrepublik Deutschland

Zwar wird, anders als in der deutschen Rechtsordnung, im französischen IPR ausdrücklich zwischen „*ordre public international*“ und „*ordre public interne*“ differenziert[956]. Gleichwohl entspricht der *ordre-public*-Vorbehalt des Art. 6 EGBGB dem Ansatz des internationalen *ordre public*[957].

(bb) Allgemeine Regeln des Völkerrechts als wesentliche Grundsätze der deutschen Rechtsordnung

Innerhalb des deutschen IPR stellt die Vorschrift des Art. 6 EGBGB ein Nichtanwendungsgebot gegenüber solchen ausländischen Rechtsnormen dar, welche mit dem deutschen Recht offensichtlich unvereinbar sind[958]. Dabei soll gemäß Art. 6 S. 2 EGBGB eine Nichtbeachtung ausländischen Rechts insbesondere dann erfolgen, wenn dessen Anwendung unvereinbar mit deutschen Grundrechten ist. Fraglich ist daher, ob die Anerkennung der durch die Konfiskationen gegenüber den Sudetendeutschen geschaffenen rechtlichen Verhältnisse mit den Grundsätzen der deutschen Rechtsordnung möglicherweise unvereinbar ist. Indem zu den hier maßgeblichen Elementen der deutschen Rechtsordnung, im Sinne des Art. 6 EGBGB gemäß Art. 25 GG, auch die allgemeinen Grundsätze des Völkerrechts gehören, müssen eben diese bei der Auslegung der Vorbehaltsklausel Berücksichtigung finden[959]. Diese Einbeziehung der allgemeinen Völkerrechtsnormen über Art. 25 GG in den Wertungsbereich der Vorbehaltsklausel des Art. 6 EGBGB wird als internationaler *ordre public* im deutschen IPR bezeichnet[960]. Dieser internationale *ordre public* im *ordre public* der Bundesrepublik Deutschland verpflichtet die deutsche Staatsgewalt bei Anwendung des Internationalen Privatrechts zum wirksamen Schutz von im Völkerrecht anerkannten Grundpositionen[961]. Dies muß in Fällen gravierender Verstöße gegen allgemeines Völkerrecht regelmäßig die Nichtbeachtung des fremden Hoheitsaktes im innerstaatlichen Bereich zeitigen.

---

956 Batiffol/Lagarde, Rn. 354.

957 Firsching/von Hoffmann, S. 252.

958 Staudinger/Blumenwitz, Art. 6 EGBGB Rn. 8.

959 Vgl. Staudinger/Blumenwitz, Art. 6 EGBGB Rn. 57 ff.; MüKo/Sonnenberger, Art. 6 EGBGB Rn. 69; Wenk, S. 135.

960 Staudinger/Blumenwitz, Art. 6 EGBGB Rn. 59; von der Beck, S. 196.

961 Staudinger/Blumenwitz, Art. 6 EGBGB Rn. 57.

(cc) *Besonderer Schutz der Menschenrechte und Bewertung der Konfiskationsakte in der Tschechoslowakei*

Bei der Untersuchung, ob die Anwendung des fremden Rechts tatsächlich mit wesentlichen Grundsätzen der deutschen Rechtsordnung unvereinbar ist, muß auch die Zielrichtung des fremden Völkerrechtsverstoßes berücksichtigt werden. Je intensiver der Völkerrechtsverstoß den Grundbestand des internationalen Menschenrechtsschutzes tangiert, desto größer ist der Konflikt mit dem deutschen *ordre public*[962]. Die herausragende Bedeutung der Menschenrechte bei der Anwendung der Vorbehaltsklausel im deutschen IPR betonte das Bundesverfassungsgericht im sogenannten „Spanier-Beschluß" vom 4. Mai 1971 hinsichtlich des Rangs des verfassungsrechtlichen Grundrechtsschutzes in der deutschen Rechtsordnung[963]. Als Kernaussage dieser Entscheidung ist festzuhalten, daß mit der Ansicht des Bundesverfassungsgerichts wegen des Vorrangs der Verfassung und der zentralen Bedeutung der Grundrechte die deutschen Gerichte und Behörden auch bei internationalen Sachverhalten gemäß Art. 1 Abs. 3 GG an die Grundrechte gebunden sind[964]. In Art. 6 S. 2 EGBGB hat diese Wertung auch Eingang in den Gesetzestext selbst gefunden.

Da die deutsche Rechtsordnung gemäß Art. 25 GG – sowie vor dem Hintergrund der verfassungsrechtlichen Grundwertungen – auch dem internationalen Menschenrechtsschutz in besonderer Weise verbunden sein muß, kann im Bereich des völkerrechtlichen Menschenrechtsschutzes nichts anderes gelten. Insofern hat der internationale *ordre public* gerade bei der Beurteilung völkerrechtswidriger entschädigungsloser Enteignungen, denen die innerstaatliche Geltung grundsätzlich versagt wird, praktische Bedeutung erlangt[965]. Die Konfiskationen gegenüber den Sudetendeutschen stellen wegen der Verletzung der allgemeinen völkerrechtlichen Grundsätze einen evidenten Verstoß gegen den *ordre public* im deutschen Internationalen Privatrecht dar, wobei es keines notwendigen Rekurses auf den internationalen *ordre public* bedarf[966].

---

962 von der Beck, S. 196.

963 BVerfGE 31, S. 58 (70).

964 BVerfGE 31, S. 58 (70); Firsching/von Hoffmann, S. 38; Voltz, S. 36.

965 Vgl. BGHZ 104, S. 244; LG Hamburg, RabelsZ 37 (1973), S. 579 ff.; Staudinger/Blumenwitz, Art. 6 EGBGB Rn. 57.

966 Vgl. von der Beck, S. 197; Blumenwitz, Das Offenhalten der Vermögensfrage, S. 77; anders sieht das Gornig, in: Forum für Kultur und Politik 1996, S. 3 (29), der primär den internationalen *ordre public* als Beurteilungsmaßstab heranzieht.

(dd) Keine Anerkennung der Rechtsfolgen

Entsprechend Art. 6 EGBGB in Verbindung mit Art. 25 GG ist die Anerkennung der durch die Konfiskationsmaßnahmen entstandenen Rechtsfolgen für die innerstaatliche Rechtsordnung mithin ausgeschlossen[967].

(b) Anwendung des ordre-public-Vorbehalts als Kontrollmaßstab

Der *ordre-public*-Vorbehalt gilt dient der Durchsetzung tragender Elemente der deutschen Rechtsordnung, da gemäß diesem Vorbehalt das Ergebnis des ausländischen Rechts kontrolliert wird[968]. Dies gilt umso mehr in dem Fall, daß man in den Konfiskationen eben keinen Verstoß gegen *ius cogens* sähe. Neben dem internationalen kann hilfsweise der nationale *ordre public* zur Überprüfung herangezogen werden[969].

(aa) Inlandsbezug

Für die vorliegende Untersuchung muß für eine Störung der inländischen Rechtsordnung und der damit verbundenen Anwendbarkeit des Art. 6 EGBGB der Sachverhalt selbst eine gewisse Inlandsbeziehung aufweisen[970]. Je geringer der Inlandsbezug ist, desto bedeutender müssen die verletzten inländischen Rechtsgrundsätze sein[971]. Umgekehrt schwinden mit zunehmender Anstößigkeit der fremden Hoheitsakte die Anforderungen an die Intensität der Inlandsbeziehung[972]. Nun kommen als relevante Inlandsbeziehungen grundsätzlich alle persönlichen und territorialen Umstände in Betracht. Ausreichend muß also sein, wenn der Betroffene Deutscher ist[973]. Beachtlich ist, daß für das Vorliegen der Inlandsbeziehung die Umstände zur Zeit des Urteilserlasses maßgebend sind[974]. Es kommt somit nicht auf den Zeitpunkt des Eintritts des streitigen Ereignisses an, sondern darauf, ob die Anwendung fremden Rechts im gegenwärtigen Zeit-

---

967 Vgl. Schütz, S. 122 f.; Dahm, in: FS für Kraus, S. 67 (89).

968 Firsching/von Hoffmann, S. 253; Kropholler, S. 229; zu diesem Ergebnis kommt auch Blumenwitz, in: AVR 36 (1998), S. 19 (24).

969 Dahm, in: FS für Kraus, S. 67 (89 f.).

970 Voltz, S. 30.

971 Staudinger/Blumenwitz, Art. 6 EGBGB Rn. 110; MüKo/Sonnenberger, Art. 6 Rn. 72; Kropholler, S. 225.

972 Mahr, S. 56; Kegel, IPR, S. 188.

973 Vgl. KG, in: NJW, 1988; S. 343; BGHZ 28, S. 375.

974 Mahr, S. 55; Palandt/Lauterbach, Art. 30 EGBGB Nr. 2 b; Soergel/Kegel, Art. 30 EGBGB Rn. 18; RGZ 114, S. 172.

punkt des Urteils gegen den Zweck eines deutschen Gesetzes verstoßen würde. Da die Konfiskationsmaßnahmen gerade auf die deutsche Volksgruppe zielten, den Betroffenen heute die Durchsetzung ihrer Rechtspositionen versagt wird – und die Betroffenen auch deutsche Staatsbürger waren –, ist ein hinreichender Binnenbezug anzunehmen[975].

(bb) Gegenwartsbezug

Neben der notwendigen Inlandsbeziehung hat für die Bejahung eines Verstoßes gegen den innerstaatlichen *ordre public* der in Rede stehende Sachverhalt eine Gegenwartsbeziehung aufzuweisen[976]. Dabei ist nicht auszuschließen, daß, obwohl ein Inlandsbezug zu bejahen ist, die erforderliche Gegenwartsbeziehung fehlt. Dies ist der Fall, wenn der fremde Hoheitsakt lange Zeit zurückliegt. Für diesen Fall kann sich der Normverstoß abgeschwächt oder gar „verflüchtigt" haben[977]. Insofern wird mit der Vorbehaltsklausel um so restriktiver umgegangen, je schwächer der Gegenwartsbezug eines zurückliegenden Sachverhalts ist[978]. Hinsichtlich der Enteignung der Sudetendeutschen ist die Annahme eines hinreichenden Gegenwartsbezuges problematisch. Bedenkt man, daß die Enteignungsakte heute mehr als 50 Jahre zurückliegen, könnte man einen Gegenwartsbezug verneinen. Freilich läßt diese Ansicht wichtige Aspekte unberücksichtigt. Unbestritten gilt, daß ein fremder Rechtsakt um so eher von der inländischen Rechtsordnung toleriert werden kann, je geringer der Bezug zur Gegenwart ist. Andererseits ist auch das Ausmaß des zu beurteilenden Verstoßes in die Wertung einzubeziehen. Genauso wie bei der notwendigen Intensität des Inlandsbezugs steht auch die zeitliche Relativität in umgekehrtem Verhältnis zur Erheblichkeit des Anwendungsergebnisses vom deutschen *ordre public*[979]. Mithin kann für die Anwendung der Vorbehaltsklausel auch ein relativ schwacher Gegenwartsbezug genügen, wenn ein besonders intensiver Verstoß gegen deutsche Verfassungsprinzipien vorliegt[980]. In bezug auf die Intensität eines solchen Verstoßes kommt dem Bereich des Menschenrechtsschutzes wiederum eine besonders exponierte Stellung zu. Geht es bei einem Sachverhalt somit um schwerwiegende Menschenrechtsverletzungen – und dies ist vorliegend anzu-

---

975 Vgl. von der Beck, S. 198.
976 MüKo/Sonnenberger, Art. 6 Rn. 79; Firsching/von Hoffmann, S. 198; Voltz, S. 30.
977 Mahr, S. 103.
978 Firsching/von Hoffmann, S. 198.
979 MüKo/Sonnenberger, Art. 6 Rn. 73; Firsching/von Hoffmann, S. 199.
980 Firsching/von Hoffmann, S. 199.

nehmen –, so müssen an die Voraussetzung der Gegenwartsbeziehung auch weniger strenge Anforderungen gestellt werden. Eine generelle Nichtanwendung der Vorbehaltsklausel erscheint lediglich dann unbedenklich, wenn unter keinem Gesichtspunkt ein Bezug zur Gegenwart festzustellen ist. Letztlich folgt aber aus der Völkerrechtsfreundlichkeit des Grundgesetzes, daß ein grundsätzlicher Standard von Grundrechten, dessen Umfang beispielsweise durch die internationale Menschenrechtsgewährleistung bestimmt werden könnte, vom deutschen *ordre public*, losgelöst von jeglicher Inlands- und Gegenwartsbeziehung, geschützt werden muß[981].

Im Hinblick hierauf erscheinen eine Ablehnung des hinreichenden Gegenwartsbezuges und eine darauf gestützte Nichtanwendung des Art. 6 EGBGB für den Bereich der Konfiskationen sudetendeutschen Eigentums nicht annehmbar. Ein ausreichender Gegenwartsbezug ist somit gegeben.

Fraglich ist noch, wie in diesem Zusammenhang der möglicherweise faktische Untergang der Eigentumspositionen über die Jahrzehnte hinweg einzuordnen ist. Mit der Umgestaltung der Tschechoslowakei und dem avisierten Beitritt der Tschechischen Republik zur EU könnte die Hoffnung auf Restitution gleichsam handgreiflich werden. Der Gegenwartsbezug ergibt sich gerade aus der Rechtshängigkeit der Frage[982].

(cc) Normative Kraft des Faktischen

Nun ist aber zu klären, ob tatsächlich geschaffene Zustände von der deutschen Rechtsordnung als irreversibel hinzunehmen sind. Dabei könnte man annehmen, daß die Vorbehaltsklausel des EGBGB ihre Grenze an der normativen Kraft des Faktischen finde. Nach dieser Auffassung kann eine vorerst unkorrigierbare Tatsachenlage durch den Maßstab der hier geltenden Rechtsordnung nicht einfach theoretisch als nicht existent betrachtet werden[983].

Gegen diese Ansicht spricht jedoch, daß vermittels des Kriteriums des Gegenwartsbezugs bereits das Zeitmoment Berücksichtigung findet[984]. Solange also noch eine gegenwärtige Rechtsbeeinträchtigung durch den Hoheitsakt gegeben ist und die damit verbundenen Rechtswirkungen noch hinreichend spürbar sind,

---

981 Firsching/von Hoffmann, S. 199; Staudinger/Blumenwitz, Art. 6 Rn. 99, 113.

982 Firsching/von Hoffmann, S. 200.

983 Vgl. Entscheidung des KG v. 12.07.1958, in: WM 1958, S. 1343.

984 Mahr, S. 54 f.

kann die Vorbehaltsklausel durchgreifen. Wenn aber eine Gegenwartsbeziehung vorliegt, so kann nicht gleichzeitig eingewendet werden, daß sich die Zustände solcherart verfestigt hätten, daß die Vorbehaltsklausel ausgeschlossen sei. Damit ist eine Beschränkung durch die normative Kraft des Faktischen abzulehnen.

(6) Zwischenergebnis

Die entschädigungslosen Enteignungen wirken in der deutschen Rechtsordnung fort. Sie sind insofern ungültig, als nur völkerrechtskonforme Hoheitsakte von Besatzungsmächten anerkannt werden[985]. Für die Bundesrepublik Deutschland ist nach der hier vertretenen Auffassung – unter rechtlichen Gesichtspunkten – die Nichtanerkennung der Konfiskationsakte gegenüber den Sudetendeutschen geboten. Als Folge müßten die ursprünglichen Eigentumspositionen weiter als existent behandelt werden. Allerdings kann die deutsche Rechtsordnung das Eigentum an Vermögenswerten außerhalb ihres durch den Geltungsbereich des Grundgesetzes limitierten effektiven Herrschaftsbereichs tatsächlich weder einräumen noch garantieren[986]. Daher verbleibt es für die sudetendeutschen Alteigentümer dabei, daß ihnen aus tatsächlichen Gründen die Ausübung ihrer Rechte aus dem Eigentum verwehrt ist. Den Eigentumsrechten, die als *nudum ius* zu betrachten sind[987], ermangelt es an der Durchsetzbarkeit.

dd) Exkurs: Enteignetes Fahrniseigentum im Hoheitsbereich der Bundesrepublik Deutschland

Diese Problematik betrifft das Eigentum von Vertriebenen an beweglichen Sachen, die zwar nach 1945 in den Vertreibungsgebieten zurückgelassen werden mußten, in der Folgezeit aber in die Bundesrepublik Deutschland gelangten.

Den bekanntesten Fall stellt der sich nun seit vielen Jahren hinziehende „Bilderstreit" des Fürsten von und zu Liechtenstein gegen deutsche und europäische Gerichte dar[988]. Der Kläger, als Erbe des früheren Fürsten von und zu Liechtenstein, verlangt dabei ein in Deutschland befindliches Gemälde, welches aufgrund der Benesch-Dekrete konfisziert wurde, heraus. Dieses wird ihm bislang mit dem Hinweis auf den Anwendungsvorrang der tschechoslowakischen Enteignungsdekrete versagt.

---

985 Geisler, S. 73.
986 Firsching/von Hoffmann, S. 200.
987 Vgl. auch Wenk, S. 137.
988 Dazu auch Seidl-Hohenveldern, in: IPrax 1996, S. 410 ff.

Zwar wird vom deutschen IPR hinsichtlich der Enteignung grundsätzlich die *lex rei sitae* berufen, für die Beachtung der fremden Anordnungen gelten jedoch Schranken. So sind die völkerrechtlichen Schranken, welche fremde Eingriffe in Privatrecht begrenzen, im Rahmen des nationalen und internationalen *ordre public* zu beachten. So schreibt Art. 6 Abs. 2 EGBGB den „Spanierbeschluß" des Bundesverfassungsgerichts fest[989] und bestimmt die Nichtbefolgung fremder Rechtsanordnungen, wenn diese nicht mit den Grundrechten vereinbar sind[990]. Die entschädigungslosen Enteignungen verstoßen aber gegen Art. 14 GG.

Art. 25 GG inkorporiert die allgemeinen Regeln des Völkerrechts und verpflichtet die Bundesrepublik Deutschland zur Einhaltung des internationalen *ordre public*. Dieser ist betroffen, wenn *ius cogens* verletzt wird. Aufgrund des Verstoßes der Konfiskationen gegen *ius cogens* sind die ursprünglichen Eigentumsrechte nicht untergegangen[991]. Die Bundesrepublik Deutschland kann die in ihrem Hoheitsbereich befindlichen Sachen also an die Alteigentümer zurückgeben.

e) Exkurs: Vereinbarkeit mit Europarecht

Aufgrund des bevorstehenden Beitritts der Tschechischen Republik zur EU sind die fraglichen Rechtsnormen an den europarechtlichen Vorgaben zu messen[992]. Der Beitrittskandidat zur Europäischen Union, vorliegend die Tschechische Republik, muß den *acquis communautaire*, also das geschriebene und ungeschriebene Gemeinschaftsrecht einhalten. Nach Art. 307 EGV werden indes vor dem Beitritt geschlossene Völkerrechtsverträge nicht berührt, es sei denn, diese sind nicht mit dem EGV vereinbar. In diesem Fall ist eine Harmonisierung anzustreben. Die Beitrittsanforderungen finden sich in Art. 49 i.V.m. Art. 6 Abs. 1 EUV. Gemäß Art. 49 Abs. 1 EUV kann jeder Staat die Mitgliedschaft in der EU beantragen, der die in Art. 6 Abs. 1 EUV genannten Grundsätze achtet[993]. Danach beruht die Union auf den „Grundsätzen der Freiheit, der Demokratie, der Ach-

---

989 BVerfGE 31, S. 58.

990 BGHZ 104, S. 240 (243 f.).

991 Anders sieht dies – wohl fälschlich – das OLG Köln im Fall „Fürst von Liechtenstein gegen Stadt Köln", in: EuGRZ 2001, S. 466 (467 f.).

992 So hat das Europäische Parlament 1999 die tschechische Regierung zur Aufhebung derjenigen weiter gültigen Gesetze und Dekrete aufgefordert, die auf die Vertreibung nationaler Minderheiten angelegt sind, vgl. Europäisches Parlament, Entschließung zum regelmäßigen Bericht der Kommission über die Fortschritte der Tschechischen Republik auf dem Weg zum Beitritt (KOM (98) 0708 – C4-0111/99), A4-0157/99, Ziffer 7.

993 Dazu auch Vedder, in: Grabitz/Hilf, Art. 49 Rn. 3.

tung der Menschenrechte und Grundfreiheiten sowie der Rechtsstaatlichkeit". Insoweit ist die EU, bestätigt durch die Kopenhagener Kriterien, auch eine Wertegemeinschaft, die nicht zuletzt auch den Schutz von Minderheiten fordert.

aa) Die Dekrete und der acquis communautaire

Meist stehen die Dekrete Nr. 12 und Nr. 108 bei rechtlichen Erörterungen des *acquis communautaire* im Vordergrund. So ist der Verlust des Eigentums der aus ihrer angestammten Heimat vertriebenen Sudetendeutschen auch heute noch fühlbar, da Vermögen aufgrund der Zugehörigkeit der Alteigentümer zu einer diskriminierten Volksgruppe weder restituiert noch entschädigt wird.

Eine Gemeinschaftsnorm, die sich unmittelbar mit den Folgen des Zweiten Weltkriegs befaßt, existiert nicht. Auch eine echte Rückwirkung von Gemeinschaftsregeln kommt nicht in Betracht[994]. So tangiert Art. 395 EGV die Eigentumsordnung in den jeweiligen Mitgliedsstaaten gerade nicht. Insoweit kann die Tschechische Republik unter Berufung auf Art. 295 EGV nicht zu einer *ex tunc* oder *ex nunc* Aufhebung der Dekrete, vor allem der Nrn. 12 und 108, gezwungen werden.

Freilich darf durch die innerstaatliche Ausgestaltung der Eigentumsordnung die Gemeinschaftsrechtsordnung nicht gefährdet werden. Durch Art. 295 EGV, welcher die Eigentumsordnung in den Vertragsstaaten grundsätzlich unberührt läßt, wird gleichwohl namentlich das Diskriminierungsverbot des Vertrages nicht eingeschränkt. So gilt für die Tschechische Republik mit ihrem Beitritt der Gleichheitssatz gemäß Art. 12 EGV. Danach ist die Diskriminierung von EU-Angehörigen aus Gründen der Staatsangehörigkeit untersagt. Zwar schützen die europarechtlichen Vorschriften die Freizügigkeit, die Niederlassungsfreiheit sowie den Erwerb von Grundeigentum. Sie schützen aber Restitutionsansprüche, selbst wenn sie im Unterschied zur weit zurückliegenden Konfiskation *ratione temporis* in den Anwendungsbereich des Gemeinschaftsrechts fielen, nicht. Eine Diskriminierung von EU-Angehörigen aufgrund deren Staatsangehörigkeit könnte sich – wegen des Dekrets Nr. 12 – dennoch ergeben, da durch die tschechische Restitutionsgesetzgebung tschechischen Staatsangehörigen der Erwerb von Immobilien gegenüber anderen EU-Bürgern erleichtert wird [995].

---

994 Dazu auch Tomuschat, in: ZaöRV 56 (1996), S. 1 (15 f.)

995 Dagegen wendet sich auch eine neuere Entschließung des Europäischen Parlaments (KOM (2002) 700-CS-0474/2002-2002/2160 – INI –, Ziff. 57); vgl. auch Blumenwitz, in: FS für Weinacht, S. 258 (264f).

bb) Die Dekrete im Hinblick auf die Strukturklausel

Die aus der Vergangenheit resultierenden, aber noch gegenwärtig spürbaren Rechtsfragen sind im Rahmen der sogenannten Strukturklausel des Art. 6 EUV zu würdigen.

(1) Art. 49 Abs. 1 i.V.m. Art. 6 Abs. 1 EUV

Die Maßnahmen der Tschechoslowakei könnten europarechtlich gemäß Art. 49 Abs. 1 i.V.m. Art. 6 Abs. 1 EUV beachtlich sein. Danach muß der Beitrittskandidat die gemeinsamen Grundsätze – Freiheit, Demokratie, Achtung der Menschenrechte und Grundfreiheiten sowie Rechtsstaatlichkeit – erfüllen. Aus Art. 6 Abs. 1 EUV läßt sich jedenfalls das Gebot ableiten, den völkerrechtlichen Mindeststandard zu achten. Die Mißachtung eines dieser Grundsätze stellt ein zwingendes Beitrittshindernis dar, welches von jedem Mitgliedsstaat geltend gemacht werden kann. Neben den Mitgliedsstaaten sind auch alle Gemeinschaftsorgane dazu angehalten, über die Einhaltung der Grundsätze zu wachen.

(2) Ratione temporis

Von Art. 6 Abs. 1 EUV wird – *ratione temporis* – zunächst das gegenwärtige Verhalten der Mitgliedsstaaten respektive Beitrittskandidaten erfaßt, so daß zu fragen ist, ob die Benesch-Dekrete heute noch Rechtswirkungen entfalten[996]. Mängel an der Beitrittsreife sind dann gegeben, wenn Verstöße gegen die Vorgaben aus Art. 6 Abs. 1 EUV in der Rechtsordnung des Beitrittskandidaten bereits angelegt sind[997]. Zwar konzentriert sich die Gemeinschaft auf das geltende Recht. Der Ausgleich immer noch spürbaren Unrechts aus der Vergangenheit – insbesondere hinsichtlich der Verletzung von *ius cogens* – stellt aber möglicherweise auch Anforderungen an die Gegenwart. Die Zielrichtung der Europäischen Union, die unter anderem auf gegenseitigen Respekt und Aussöhnung gründet, würde gefährdet, wenn ein neuer Mitgliedsstaat die Entrechtung einer Volksgruppe durch kollektive Konfiskation und Vertreibung erfolgreich als gerechte Strafe betrachten könnte[998]. Die Konfiskation des Vermögens der deutschen Volksgruppe in der ehemaligen Tschechoslowakei wirkt bis heute fort. Die tschechische Behauptung, die Restitution sei seit 1996 abgeschlossen, ist

---

996 Nettesheim, Gutachten, S. 36; Blumenwitz, in: FS für Weinacht, S. 258 (264).

997 Vgl. dazu, Nettesheim, Gutachten, S. 36.

998 Zu einem anderen Ergebnis kommt hingegen Frowein, Legal opinion, S. 9, der einen Gegenwartsbezug verneint.

rechtlich nicht haltbar. So gelten, wie schon gezeigt, die Dekrete Nr. 5, Nr. 12, Nr. 100 und Nr. 108 in die gegenwärtige tschechische Rechtsordnung hinein und hindern die Geltendmachung von Ansprüchen der Angehörigen der deutschen Volksgruppe. Dabei wurden die Konfiskationen ohne individuelle Prüfung durchgeführt; sie galten vielmehr aufgrund der Zugehörigkeit der Eigentümer zur deutschen Volksgruppe. Durch die Zielrichtung der Dekrete, nämlich die Zerstörung des Siedlungsgebietes der betroffenen Volksgruppe durch die Zerstörung der Lebensgrundlagen der einzelnen waren sie Bestandteil des Genozids an der bis dahin dort siedelnden deutschen Volksgruppe.

In Betracht kommt aber, daß die Belassung der Dekrete in der tschechischen Rechtsordnung lediglich deklaratorischen Charakter hat und nicht neue Tatsachen schafft. Die Dekrete hätten sich dann im Zeitpunkt ihrer Anwendung „erschöpft", so daß eine erneute Anwendung ohnehin ausgeschlossen wäre[999]. Es ist nämlich zweifelhaft, ob solche Entscheidungen über die im Jahr 1945 eingetretenen Rechtsverluste hinaus belastende Rechtswirkungen entfalten können. Ein Beitrittshindernis wäre insoweit nicht gegeben. Jegliche rechtliche Bedeutung für die Gegenwart haben sie allerdings nicht verloren. Ein Beitrittshindernis könnte sich möglicherweise aus Verwaltungs- oder Gerichtsentscheidungen ergeben, welche die Wirkung der durch die Dekrete eingetretenen Folgen bestätigen. Diese Bestätigung – im Falle von Restitutionsverfahren – perpetuiert die von den Dekreten geschaffene Rechtslage aufs Neue[1000]. In diesem Kontext ist die auf die Dekrete bezogene tschechische Rechtsprechung zur Restitution[1001] beitrittshindernd.

cc) Achtung und Schutz der Gruppenrechte der auf dem Gebiet der Tschechischen Republik (CR) siedelnden Volksgruppe

Auch wenn die Gruppen- und Minderheitenrechte – im Gegensatz zu den Menschenrechten – nicht nach Art. 6 Abs. 1 EUV zu den Grundlagen der EU gehören, so sind sie doch Bestandteil der vom Europäischen Rat 1993 in Kopenhagen formulierten Beitrittskriterien. Durch die im tschechischen Recht fortgeltenden Anknüpfungsmomente an Staatsangehörigkeit und Aufenthalt wirken die durch die Benesch-Dekrete vollzogenen Maßnahmen bis in die Gegenwart hinein.

---

999 Zu diesem Ergebnis kommt auch Nettesheim, Gutachten, S. 48.

1000 Denn bei einer *ex tunc*-Aufhebung würde die vorhergehende Rechtslage wieder hergestellt.

1001 Vgl. die Fälle „Dreithaler", „Des Fours Walderode" sowie den „liechtensteinischen Bilderstreit".

(1) Gesetz Nr. 229 vom 21. Mai 1999

Die entschädigungslos enteignenden Maßnahmen können sich womöglich noch heute manifestieren. Aufgrund der Wahl des Stichtags vom 25. Februar 1948 für das Gesetz Nr. 229 über die außergerichtliche Rehabilitierung werden vermögensbezogene Unrechtstaten gemäß den Benesch-Dekreten nicht mehr berücksichtigt. Weiter sieht das Gesetz 243/1992 aus dem Jahr 1992, geändert durch das Gesetz vom 9. Februar 1996 – die sogenannte „lex Walderode“[1002] – die Restitution von aufgrund des Benesch-Dekrets Nr. 12 enteigneten Eigentums nur dann vor, wenn der Antragsteller die ununterbrochene tschechoslowakische und tschechische Staatsbürgerschaft und den dortigen ständigen Wohnsitz vom Ende des Zweiten Weltkriegs an bis zum 1. Januar 1990 geltend machen kann. Dadurch ist aber eine Benachteiligung derjenigen Mitglieder der deutschen Volksgruppe gegeben, die enteignet und später ausgebürgert wurden.

(2) Weitere Rechtsverletzungen

Weitere Rechtsverletzungen wirken in die Gegenwart hinein. So wirken sich die Niedriglöhne der bis 1966 der Zwangsarbeit unterworfenen deutschen Volksgruppe auf die heute auszubezahlenden Renten aus.

Im übrigen werden Nachkommen aus deutsch-tschechoslowakischen Ehen noch heute vor tschechischen Gerichten aufgrund ihrer teilweisen deutschen Abstammung von der Restitution ausgeschlossen und mithin diskriminiert.

dd) Problem bei der Verwirklichung der „immer engeren Union“

Gemäß Art. 1 Abs. 2 EUV obliegt den Mitgliedsstaaten und dem Europäischen Parlament auch die Verwirklichung einer „immer engeren Union der Völker Europas“. Für dieses Ziel stellt die Fortgeltung der Benesch-Dekrete eine Belastung dar[1003]. Auch wenn sich die Tschechische Republik darauf beruft, daß in der deutsch-tschechischen Erklärung vom 21. Januar 1997 alle fühlbaren Folgen der Benesch-Dekrete bereinigt wurden, so trifft dies doch in concreto nicht

---

[1002] In dem namensgebenden Fall wurde Dr. Karel Des Fours Walderode 1945 zunächst enteignet, nicht aber vertrieben. Später wurde er ausgebürgert. Der VN-Menschenrechtsausschuß sah in der Unmöglichkeit der Restitution aufgrund der tschechischen Gesetze eine Verletzung des Art. 26 IPbpR, dazu vgl. auch Schwarz, in: FAZ v. 04.09.2003, S. 7.

[1003] So wird auch Bernitz, Legal opinion, S. 5, zu verstehen sein, der sich die Aufnahme neuer Länder in die Union nur im Falle des gegenseitigen Vertrauens in die Rechtsordnungen vorstellen kann.

zu[1004]. Allein aus verfassungsrechtlicher Sicht müßte die Bundesrepublik Deutschland an der Offenheit der mit der Vertreibung verbundenen Vermögensfrage festhalten. Darüber hinaus weist das durch die Benesch-Dekrete erfolgte Unrecht auch eine genuin europäische Dimension auf. Die Tschechische Republik wie auch die Slowakische Republik sind als Rechtsnachfolger der ehemaligen Tschechoslowakei für die Folgen der Dekrete weiter völkerrechtlich verantwortlich. Deutschland sowie Ungarn für die magyarische Volksgruppe sind berechtigt, diplomatischen Schutz für die Vertriebenen und ihre Rechtsnachfolger auszuüben. Dieses Recht könnte womöglich auch Österreich zukommen, welches viele Sudetendeutsche aufgenommen hat. In anderer Weise involviert ist ferner das Fürstentum Liechtenstein, dessen Staatsoberhaupt, obwohl im Zweiten Weltkrieg neutral, von der Tschechoslowakei – allein aufgrund seiner deutschen Muttersprache – enteignet wurde. Freilich ist Liechtenstein nicht EU-Mitglied, jedoch könnte es, durch sein Verhalten gemäß Art. 128 Abs. 1 und 2 EWR-Abkommen im Rahmen des Europäischen Wirtschaftsraumes (EWR) mittelbar Einfluß auf die Aufnahme der Tschechischen Republik in die EU nehmen.

ee) Zwischenergebnis

Die Tschechische Republik hält an dem durch die Benesch-Dekrete gesetzten Unrecht fest[1005]. Eine Vereinbarkeit der tschechischen Rechtsauffassung mit dem Europarecht ist daher zu verneinen.

ff) Konsequenzen

Fraglich ist, welche Konsequenzen sich aus dem Verstoß des Beitrittslandes Tschechische Republik gegen das Europarecht ergeben. Grundsätzlich besteht Einigkeit darin, daß kein Staat Anspruch auf Beitritt zur Europäischen Union hat[1006]. Dem Beitrittskandidaten, welcher den Anforderungen aus Art. 49 i.V.m. Art. 6 Abs. 1 EUV nicht genügt, ermangelt es an der nötigen Beitrittsreife. Eine automatische Nichtaufnahme in die Union folgt daraus allerdings noch nicht[1007]. Gemäß Art. 49 EUV ist auf eine Anpassung des Rechts zu dringen. In diesem

---

[1004] Gemäß der Erklärung des Parlaments der Tschechischen Republik vom 23.04.2002 sind die aus den Dekreten hervorgegangenen Eigentumsverhältnisse „unbestreitbar, unveränderbar und unantastbar".

[1005] Gemäß Frowein, Legal opinion, S. 6, hält neben der Tschechischen Republik auch die Slowakische Republik an der Dekreten als geltendem Recht fest.

[1006] Nettesheim, Gutachten, S. 20.

[1007] Nettesheim, Gutachten, S. 28.

Sinne ist die Bundesrepublik Deutschland bislang nicht gehindert, die Frage nach Rechtsverletzungen bis zum Beitritt im Frühjahr 2004 aufzuwerfen[1008]. Sofern sie darauf verzichtet, ist dies seitens der Tschechischen Republik nur so aufzufassen, daß die bisherige Rechtsauffassung als gegenstandslos anzusehen ist[1009]. In diesem Fall wäre aber ein Wiederaufwerfen der Fragen nach dem erfolgten Beitritt verwehrt[1010], so daß tatsächlich gelten würde: *ex iniuria ius oritur.*

6. *Vertreibung und Enteignung als Völkermord*

Zu untersuchen ist weiter, ob die Handlungen an den Angehörigen der deutschen Volksgruppe möglicherweise als Völkermord[1011] zu werten sind[1012].

a) *Anwendbarkeit von Art. 2 der Völkermordkonvention*

Die Völkermordkonvention datiert auf das Jahr 1948 und ist somit gemäß des Grundsatzes *nullum crimen sine lege* nicht direkt auf die Ereignisse auf dem Gebiet der Tschechoslowakei anwendbar. Jedoch ist unumstritten, daß der in der Konvention enthaltene Tatbestand des Völkermords ebenso ein Satz des Völkergewohnheitsrechts und darüber hinaus auch des *ius cogens* ist[1013]. Insoweit hatte das Völkermordverbot auch schon zum Zeitpunkt der hier untersuchten Ereignisse Anspruch auf Befolgung. Diese Auffassung wird bestätigt durch das Rechtsgutachten zur Völkermordkonvention des Internationalen Gerichtshofes[1014].

1008 So macht etwa Griechenland bislang eine mögliche zukünftige Mitgliedschaft der Türkei in der EU von deren Abzug aus Nordzypern abhängig, Filos, S. 232.

1009 Vgl. hierzu nur die Erklärungen der Bundesrepublik v. 08.12.1970, Bulletin des Presse- und Informationsamtes der Bundesregierung, S. 1814 (1818) sowie BT-Drs. 13/4439 v. 23.04.1996.

1010 So auch Dolzer, Gutachten, S. 14.

1011 Und damit als „internationales Verbrechen" i.S.v. Art. 19 des Ersten Teils des Entwurfs der Völkerrechtskommission zur Staatenverantwortlichkeit.

1012 Tomuschat, in: ZaöRV 56 (1996), S.1 (12 ff.); Blumenwitz, Interessenausgleich, S.31 ff.

1013 Statt vieler: Safferling, in: JuS 2001, S. 745 (736); Ermacora, S. 17; Tomuschat, in: ZaöRV 56 (1996), S. 1 (12) sowie das Gutachten des IGH v. 28.5.1951, S. 15 (23).

1014 Reservations to the convention on the prevention and punishment of the crime of Genocide, ICJ-Rep. 1951, S. 15, 23.

Soweit diese Prüfung auf Art. 2 der Konvention Rekurs nimmt, ist zu beachten, daß nicht auf die Handlungen einzelner abgehoben wird. Vielmehr fragt es sich, ob der tschechoslowakische Staat das Verbrechen des Völkermords begangen hat. Das Verhalten einzelner ist hierbei nur soweit von Belang, als es sich die Tschechoslowakei nach den Grundsätzen des allgemeinen Völkerrechts zurechnen lassen muß[1015]. Danach muß sich ein Staat zumindest diejenigen Handlungen zurechnen lassen, die seine Organe oder die Personen, die in seinem Auftrag oder mit seiner Billigung handeln, begehen[1016]. Auch für den Fall, daß es ein Staat unterläßt, das völkerrechtswidrige Handeln seiner Staatsangehörigen zu unterbinden, können ihm die Handlungen jener Personen zugerechnet werden[1017]. Darüber hinaus sind die Handlungen von Organen eines Gliedstaates grundsätzlich dem Gesamtstaat zurechenbar[1018]. Insofern sind die an den Angehörigen der deutschen Volksgruppe begangenen Handlungen dem tschechoslowakischen Staat auch zurechenbar[1019].

b) Zum Tatbestand des Völkermordverbots

Der Wortlaut von Art. 2 der Konvention ist hinsichtlich des Begriffs „Völkermord" insofern ungenau, als weder notwendig ein Volk i.e.S. das Angriffsziel sein muß noch unbedingt eine Tötungshandlung vorliegen muß, um den Tatbestand zu verwirklichen[1020]. Vielmehr ist nach Art. 2 der Konvention geschütztes Rechtsgut die „nationale, ethnische, rassische oder religiöse Gruppe als solche" und nicht der einzelne, obgleich dieser natürlich – als Mitglied der Gruppe – dennoch Objekt des Angriffs sein kann[1021].

aa) Sudetendeutsche als geschützte Gruppe

Die Sudetendeutschen müßten zunächst eine Gruppe im Sinne der Konvention darstellen. Eine Gruppe ist danach eine Mehrzahl von Menschen, die durch

---

[1015] Vgl. Blumenwitz, Gutachten, S. 27.

[1016] Ipsen, in: ders., § 40 Rn. 2 f.

[1017] Ipsen, in: ders., § 40 Rn. 17.

[1018] Ipsen, in: ders., § 40 Rn. 8.

[1019] Zu diesem Ergebnis kommt auch Ermacora, S. 160; ebenso Blumenwitz, Interessenausgleich, S. 33; Gornig, in: Forum für Kultur und Politik 1996, S. 3 (13).

[1020] Freilich wird das Vorliegen einer Vertreibung als solche noch nicht den Tatbestand des Völkermords erfüllen, vielmehr sind die besonderen Umstände des Einzelfalls zu beachten, vgl. auch Dolzer, Gutachten, S. 88.

[1021] Blumenwitz, Gutachten, S. 28.

gemeinsame Merkmale dauerhaft verbunden sind und sich hierdurch von der übrigen Bevölkerung eines Staates abheben[1022]. Dabei müssen die gemeinsamen Merkmale nationaler, rassischer, ethnischer oder religiöser Natur sein[1023]. Die Gruppenmitglieder müssen darüber hinaus ein subjektives Zusammengehörigkeitsgefühl aufweisen. Dies entspricht den Voraussetzungen einer Volksgruppe. Dadurch, daß es sich bei den Sudetendeutschen um eine Volksgruppe handelt, ist ebenso von deren Gruppeneigenschaft im Sinne der Konvention auszugehen[1024].

bb) Tatbestandlichkeit der Handlungen gemäß Art. 2 der Konvention

Gemäß Art. 1 der Konvention ist es unerheblich, ob tatbestandsmäßige Handlungen im Krieg oder im Frieden begangen wurden. Fraglich ist, ob der objektive Tatbestand gemäß der in Art. 2 lit. a-e der Konvention enumerativ aufgezählten Handlungen[1025] gegeben ist.

(1) Art. 2 a

Bei den Handlungen gemäß Art. 2a kommt es allein auf die vorsätzliche Tötungshandlung an[1026]. Spezielle Mordmerkmale sind nicht erforderlich[1027]. Auch reicht theoretisch bereits die Tötung eines einzelnen Gruppenmitglieds aus[1028].

Eine Vielzahl von grausamen Tötungshandlungen sind überliefert[1029]. Diese forderten insgesamt weit mehr als 100.000 Todesopfer unter der deutschen Bevölkerung, wobei das Schicksal von insgesamt 225.500 Deutschen bis heute ungeklärt ist[1030]. Allerdings ergeben sich hierbei definitorische Probleme, da direkte

---

1022 Becker, S. 182 f.; Blumenwitz, Gutachten, S. 28; im übrigen sind die Anforderungen an eine „Gruppe“ durch eine „Volksgruppe“ bereits erfüllt.

1023 Anders als bei der Unterscheidung zwischen Hutus und Tutsis im ICTR Fall zu Ruanda sind Sprache und Kultur der deutschen Volksgruppe gegenüber der tschechischen verschieden. Zu diesem Problem eingehend, Safferling, in: JuS 2001, S. 735 (738).

1024 Vgl. dazu ICTY – Case No.: IT-98-33-T 556.

1025 BGHSt. 45, S. 64 (29).

1026 Safferling, in: JuS 1997, S. 735 (736).

1027 ICTR Prosecutor v. Jean-Paul Akayesu, Urt. v. 2.9.1998, Case No. ICTR-96-4-T, § 6,3.1.

1028 Schneeweiß, S. 64.

1029 Hinzuweisen ist hier nur auf den „Brünner Todesmarsch“ und die Handlungen im Zuge des Prager Aufstands, Nachweis bei Ermacora, S. 99, 160; ebenso Wenk, S. 100 f. m.w.N.

1030 So Perzi, S. 238, mit Bezug auf die Untersuchungen Theodor Schieders.

Opfer und solche, die aufgrund der lebensfeindlichen Begleitumstände ihr Leben verloren, kaum auseinanderzuhalten sind.[1031] So kommen andere Arbeiten zu einer direkten Opferzahl von 15.000 bis 40.000 toten Sudetendeutschen[1032]. Für die vorliegende Untersuchung kommt es aber vor allem darauf an, ob die tschechoslowakische Regierung eine Politik des Völkermords selbst betrieben oder durch Unterlassen begünstigt hat.

Bei den Handlungen an den Sudetendeutschen kam es mindestens teilweise zu staatlich gelenkten oder bewußt hingenommenen Tötungen an den Sudetendeutschen[1033].

(2) Art. 2 b

Bezüglich den Handlungen nach Art. 2b der Konvention, also der Verursachung von schwerem körperlichem oder seelischem Schaden an Mitgliedern der Gruppe, ist mit der Ansicht des Ruanda-Tribunals nicht vorauszusetzen, daß der verursachte Schaden dauerhaft und irreparabel ist[1034]. Jedenfalls bei körperlichen oder seelischen Foltermaßnahmen, unmenschlicher oder erniedrigender Behandlung oder Verfolgung soll nach dieser Ansicht schwerer seelischer oder körperlicher Schaden gegeben sein[1035]. Auch Hetze und Propaganda könnten – sofern dadurch Übergriffe auf die körperliche Unversehrtheit jederzeit zu befürchten sind – möglicherweise schon ausreichen, schwere seelische Schäden im Sinne der Konvention hervorzurufen[1036].

Den Mitgliedern der deutschen Volksgruppe wurden im Zuge der Konfiskationen und der Vertreibung aber gerade solche Bedingungen auferlegt, welche ihnen das drohende Eintreten von Schäden an Leib und Leben allgegenwärtig machten.

Die konkreten Umstände der Vertreibungshandlungen lassen daher auch diese Variante insgesamt als gegeben erscheinen[1037].

1031 Perzi, S. 238.
1032 Dazu Kucera, S. 231 ff.
1033 So u.a. in den eingerichteten Konzentrationslagern, Nachweis bei Ermacora, S. 99; Dolzer, Rechtsgutachten, S. 88.
1034 So ICTR, Case No. 96-4-T, Tz. 502.
1035 ICTR, Case No. 96-4-T, Tz. 502 ff.
1036 Safferling, in: JuS 2001, S. 735 (737).
1037 So weist Ermacora, S. 164 f., auf die, durch das Zusammenwirken von Vertreibung und Konfiskation, intendierte „Friedlosstellung“ hin.

(3) Art. 2 c

Für die Verwirklichung des Merkmals aus Art. 2c der Konvention müssen die vorsätzlich auferlegten Lebensbedingungen geeignet sein, die physische

Vernichtung der Gruppe herbeizuführen[1038]. Dabei genügt – entsprechend dem Wortlaut der Konvention – nicht lediglich die Eignung zur Zerstörung der sozialen Existenz der Gruppe[1039]. Ausreichend ist, wenn nur ein Teil der Gruppe unmenschlichen Lebensbedingungen ausgeliefert wird. Als Beispiele[1040] werden hier u. a. sowohl der völlige Eigentumsentzug[1041] als auch nach Auffassung des BGH und des Ruanda-Tribunals die systematische Vertreibung der Gruppe aus ihrer Heimat angeführt[1042]. Genau diese Merkmale wurden aber gegenüber den Sudetendeutschen auf dem Gebiet der Tschechoslowakei mit den Konfiskationen und der damit einher gehenden Vertreibung verwirklicht[1043].

cc) Absicht, eine Gruppe ganz oder teilweise zu zerstören

(1) Absicht

Ferner muß der Täter auch in der Absicht gehandelt haben, eine nationale, ethnische, rassische oder religiöse Gruppe als solche ganz oder teilweise zu zerstören. Diese Absicht muß, als *dolus specialis*[1044], unabhängig vom Vorliegen der objektiven Tathandlung gegeben sein[1045], handelt es sich beim Völkermord doch um ein Delikt mit überschießender Innentendenz[1046]. Dabei ist hier zu prüfen, ob die Absicht der Zerstörung der Gruppe der Sudetendeutschen als solche gegeben

---

1038 Möglich erscheint hier auch – aufgrund der eben nicht enumerativen Aufzählung – die Einbeziehung des „kulturellen Genozids". Als solcher könnte der Entzug der kulturellen Eigenart der Gruppe letztlich auch zu deren Verschwinden führen. Vgl. dazu die Draft Declaration der Working Group, E/CN.4/Sub.2/1993/26, para. 6.

1039 LK/Jähnke, § 220a Rn. 11; anders sieht es freilich Blumenwitz, in: Blumenwitz/Gornig/Murswiek, S. 153 (154).

1040 Safferling, in: JuS 2001, S. 735 (737), und Robinson, S. 63 f., betonen, daß es hier auf die Betrachtung des Einzelfalls ankommen muß.

1041 Blumenwitz, Gutachten, S. 31.

1042 Vgl. BGHSt. 45, S. 65 (82); ICTR, Case No. 96-4-T, Tz. 506.

1043 Diesem Schluß kann sich selbst Tomuschat, in: ZaöRV 56 (1996), S. 1 (13 f.), nicht entziehen, auch wenn er zu einem anderen Endergebnis kommt; Wenk, S. 101, unter Hinweis auf Ermacora, S. 178.

1044 Vgl. ICTR Prosecutor v. Jean-Paul Akayesu, Urt. v. 2.9.1998, Case No. ICTR-96-4-T, § 6.3.1.

1045 Vgl. ICTR, Case No. 96-4-T, Tz. 519.

1046 Blumenwitz, Gutachten, S. 33; BVerfGE, 2-BvR-1290/99 Rn. 28.

ist. Danach ist das essentielle Element des Verbrechens der Angriff auf die Existenz einer Gruppe von Menschen als soziale Einheit[1047]. Entsprechend dem Wortlaut des Art. 2 reicht schon die Absicht aus, einen geographisch abgegrenzten Teil der Gesamtgruppe zerstören zu wollen[1048]. Umstritten ist indes, ob durch diesen Wortlaut ein spezieller Beweggrund, also ein besonderes Ziel der Absicht, gefordert wird.

Nach einer Auffassung wird dies bejaht, so daß die Absicht weiter einzuschränken wäre und nur dann vorliegen würde, wenn schlechthin nur die Volksgruppe als solche betroffen sein soll[1049]. Das entscheidende Kriterium für die Vertreibung der Sudetendeutschen sei aber hier nicht ihre Volkszugehörigkeit, sondern gleichsam die ihnen vorgeworfene Illoyalität gegenüber dem tschechoslowakischen Staat gewesen[1050]. Danach könnte die erforderliche Absicht zu verneinen sein[1051].

Andererseits könnte man jedoch auch davon ausgehen, daß durch die Formulierung „die Gruppe als solche" kein zusätzlich zur Zerstörungsabsicht hinzukommender Beweggrund gefordert wird. Die Absicht zur Zerstörung der sudetendeutschen Gruppe läge hiernach vor.

Nach einer vermittelnden Meinung wird dahingehend differenziert, daß ein gruppenfremdes Ziel neben das Ziel, die Gruppe zu zerstören, treten kann, daß dieses Ziel diese Zerstörungsabsicht allerdings nicht ganz ersetzen darf[1052]. Auch nach dieser Ansicht sind die Handlungen an den Sudetendeutschen jedoch mit der erforderlichen Absicht behaftet. Festzuhalten bleibt, daß sich die angeführten Ansichten im Ergebnis nur graduell unterscheiden. Konstitutiv bleibt für die Absicht ein gruppenspezifisches Motiv. Dieses ist vorliegend – mit der Zielrichtung auf die deutsche Volksgruppe – gegeben.

1047 So auch BGHSt. 45, S. 65 (80).

1048 Vgl. BVerfGE, in der Entscheidung v. 12.12.2000 (Az.: 2 BvR 1290/99) Rn.22-24; Safferling, in: JuS 2001, S. 735 (738).

1049 Tomuschat, in: ZaöRV 56 (1996), S. 1 (14).

1050 So sieht es Tomuschat, in: ZaöRV 56 (1996), S. 1 (14), mit dem Hinweis auf die tschechische Rechtsprechung.

1051 Beachtlich ist in diesem Zusammenhang aber die Auseinandersetzung des Fürsten von Liechtenstein mit der Tschechischen Republik, die ihre Maßnahmen eben an sein angebliches Deutschtum anknüpft; vgl. dazu Seidl-Hohenveldern, in: IPRax. 1996, S. 410 ff.

1052 LK/Jähnke, § 220 a Rn. 13.

(2) Zerstörung

Problematisch ist daneben noch der Begriff „zerstören". Einerseits wird die Auffassung vertreten, daß allein die physisch-biologische Zerstörung der Gruppe beabsichtigt sein muß[1053].

Die Beurteilung der Handlungen an den Sudetendeutschen im Hinblick auf diese Problematik ist schwierig. So könnte man der Ansicht sein, daß es der Tschechoslowakei eben nicht um die physische Zerstörung der deutschen Volksgruppe ging, sondern lediglich um deren Ausbürgerung und Ausweisung. Auch wenn einzelne Akte des Völkermordes stattgefunden hätten, erfülle die Vertreibungspolitik der Tschechoslowakei – vorbereitet durch die Benesch-Dekrete – insgesamt doch nicht diesen Tatbestand[1054]. Das Vorliegen des Völkermordtatbestandes ist nach dieser Ansicht bereits dann ausgeschlossen, wenn die – einem größeren Volksverband angehörende – Gruppe in dessen Siedlungsgebiet aufgenommen wird. Durch die Selbstbestimmung der Sudetendeutschen als Deutsche kann der Verlust ihres angestammten Siedlungsgebietes nach dieser Auffassung nicht als Ausrottung oder Vernichtung der Gruppe angesehen werden. Dafür fehlt die Absicht der physischen Zerstörung der Gruppe[1055].

Nach anderer Auffassung reicht die beabsichtigte Zerstörung der sozialen Existenz der Gruppe zur Erfüllung des Tatbestandes aus[1056]. Dies ist dann der Fall, wenn im Vordergrund der Handlungen nicht die Tötung der Gruppenmitglieder steht, sondern wenn der Gruppe ihre Lebensgrundlage und die Möglichkeit zur Aufrechterhaltung des gesicherten Weiterbestehens als Gruppe genommen werden sollen.

Auch wenn der tschechoslowakische Staat nicht auf die physische Vernichtung der sudetendeutschen Gruppe abzielte, so kann nach dieser Leseart doch auch die beabsichtigte Beseitigung der Gruppe aus ihrem Territorium, nebst der

---

1053 Tomuschat, in: ZaöRV 56 (1996), S. 1 (14).

1054 Tomuschat, in: ZaöRV 56 (1996), S. 1 (13).

1055 So stellt Tomuschat, in: ZaöRV 56 (1996), S. 1 (13), in diesem Zusammenhang darauf ab, daß die Tschechoslowakei weniger die deutsche Volksgruppe als solche, sondern eher diejenigen Personen im Blick gehabt hätte, die sich der Tschechoslowakei gegenüber illoyal verhalten hatten. Allerdings sprechen die Dekrete ja gerade die Angehörigen der deutschen (und der ungarischen) Volksgruppe an. Insofern ist die Zielrichtung – nämlich in Richtung dieser Volksgruppen – durchaus erkennbar.

1056 Ermacora, S. 109; ähnlich auch Blumenwitz, in: Blumenwitz/Gornig/Murswiek, S. 153 (154).

erfolgten Expropriation, als Völkermord anzusehen sein[1057]. Hiernach muß die Summe der für den Völkermord ausreichenden Handlungen nicht zur physischen Ausrottung der Menschen führen, es reicht die Beseitigung der Gruppe in ihrem angestammten Siedlungsgebiet[1058]. Bereits die kollektive Enteignung der Gruppe ist nämlich im Gesamtzusammenhang und als von einem Gesamtvorsatz umfaßt anzusehen[1059]. Danach hatte die Enteignung per se im Gesamtzusammenhang Völkermordcharakter[1060].

Indes soll, nach Auffassung der internationalen Rechtsprechung, allein der kulturelle Völkermord nicht dem Normtext der Konvention unterfallen[1061]. Das Telos des Völkermordverbots spricht gleichwohl für eine Auslegung der Zerstörungsabsicht in Art. 2 der Konvention dahingehend, daß auch derjenige die erforderliche Absicht besitzt, der die Existenz respektive das Zusammengehörigkeitsgefühl der Gruppe zu zerstören sucht. Es zielt somit ausdrücklich auf den Schutz der Gruppe[1062].

Die Existenz der Gruppe als Einheit ist jedoch nicht nur im Falle ihrer physischen Vernichtung gefährdet. Vielmehr wird auch durch Vertreibung und Konfiskation ein Leben als Gruppe unmöglich gemacht, definiert sich die Gruppe doch auch über ihre Verbundenheit zu dem von ihr bewohnten Gebiet[1063]. So ist im Ergebnis ein weitere Auslegung des Begriffs der Zerstörungsabsicht vorzuziehen.

In jedem Fall ist die erforderliche Zerstörungsabsicht nicht unproblematisch, obgleich diese aus den bekannten Tatsachen des Vertreibungsgeschehens abzuleiten ist[1064].

Für eine Entscheidung der Frage ist ein Blick auf die in den Dekreten manifestierte Absicht der tschechoslowakischen Regierung hilfreich, die deutsche Bevölkerung partiell oder insgesamt aus dem Land zu vertreiben. Es ging der tschechoslowakischen Führung gerade darum, die deutsche Volksgruppe als Wesensteil des Ansässigkeitsgebiets zu beseitigen. Durch den Zusammenhang

---

1057 Ermacora, S. 17, 109.
1058 Ermacora, S. 259.
1059 Blumenwitz, Interessenausgleich, S. 35.
1060 Ermacora, S. 187.
1061 Vgl. ICTY, Case No. IT-33-T, Tz. 575.
1062 So ist auch Safferling, in: JuS 2001, S. 735 (739), zu verstehen.
1063 Blumenwitz, Gutachten, S. 47.
1064 Vgl. ICTR, Case No. 96-4-T, Tz. 523.

von Enteignungs- und Vertreibungshandlungen sollte gewährleistet werden, daß die Volksgruppe als kohärentes Gebilde nicht länger existenzfähig wäre. Dies spricht dafür, daß die erforderliche Zerstörungsabsicht gemäß Art. 2 der Konvention vorlag. Es liegt nach all dem nahe, daß die Handlungen der Tschechoslowakei in der Absicht erfolgten, die Gruppe der Sudetendeutschen in ihrer sozialen Existenz und in ihrem Zusammengehörigkeitsgefühl zu zerstören. Der Tatbestand des Völkermords wäre somit gegeben.

7. *Rückgabe oder Entschädigung?*

Die Tschechische Republik schuldet grundsätzlich Wiedergutmachung. Fraglich ist, ob Herausgabe des Eigentums oder Kompensation zu fordern ist. Grundsätzlich ist bei materiellen Schäden der frühere Zustand wiederherzustellen[1065]. Dies entspricht dem Grundsatz der Naturalrestitution. Die Konfiskation im Völkerrecht zieht aber in der Regel auf der Haftungsseite die Leistung einer Entschädigung nach sich[1066], da ja auch die Völkerrechtswidrigkeit der Maßnahmen zum Wegfall des Eigentums führen kann[1067]. Im vorliegenden Fall handelt es sich allerdings um Verstöße gegen völkerrechtliches *ius cogens*. Es stellt sich also die Frage nach der Möglichkeit einer Entschädigung als Sekundärschutz[1068]. Grundsätzlich gilt, daß im Falle von Unmöglichkeit, Unzumutbarkeit, Unbilligkeit oder Rechtsmißbrauch anstelle der Wiederherstellung in natura als Sekundärschutz Schadenersatz in Geld zu leisten ist[1069]. Dies ist bezüglich des Falls der tatsächlichen oder faktischen Unmöglichkeit auch bei *ius-cogens*-Verstößen nicht zu bestreiten[1070]. Fraglich ist, wie es sich verhält, wenn die Tschechische Republik aufgrund der Weitergabe der Eigentumsrechte an private Dritte rechtliche Unmöglichkeit geltend macht. Sofern ein Verstoß gegen zwingendes Völkerrecht vorliegt, kann kaum davon ausgegangen werden, daß dieser Zwang zur Nichtanerkennung allein durch den Dritterwerb überlagert werden könnte. Es entspricht lediglich der besonders großen Bedeutung von *ius cogens*, wenn in diesem Fall die alten Eigentumsrechte erhalten bleiben. Danach muß der tsche-

---

1065 Gornig, in: Blumenwitz/Gornig, Rechtliche und politische Perspektiven, S. 22 (31).

1066 Vgl. dazu Blumenwitz, Interessenausgleich, S. 39.

1067 Klein, S. 55, mit Hinweis darauf, daß auch ein rechtswidriger Akt Rechtswirkungen hervorrufen kann.

1068 Blumenwitz, Interessenausgleich, S. 40.

1069 Seidl-Hohenveldern, Völkerrecht, Rn. 1686; Gornig, in: Forum für Kultur und Politik 1996, S. 3 (39); Berber, Bd. III, S. 25.

1070 Blumenwitz, Interessenausgleich, S. 40.

chische Staat den deutschen Alteigentümern das Eigentum grundsätzlich wieder verschaffen, so daß also Naturalrestitution zu leisten wäre.

Zu prüfen ist aber, ob dies unter allen Umständen der Fall ist. Zumindest für die Konstellation, daß die Wiedereinräumung des Eigentums neuerliche Verstöße gegen zwingendes Völkerrecht mit sich brächte, ist dies abzulehnen. Hier könnte die Rückgabe unmöglich, beziehungsweise unzumutbar sein[1071]. Danach sind Konfiskationen und damit einhergehende vertreibungsähnliche Handlungen nicht einzufordern. Völkerrechtskonforme Rückenteignungen dürften – seitens des tschechischen Staates – nur unter Leistung einer Entschädigung vorgenommen werden. Vorliegend würde aber eine Vielzahl von Personen ihres Besitzes und ihrer Heimat verlustig gehen. Dies stellt – ob der großen Anzahl der Betroffenen – aber wiederum eine vertreibungsähnliche Handlung dar.

Beachtlich ist auch noch die Frage, ob das Prinzip des Vertrauensschutzes sowie der Effektivitätsgrundsatz in ähnliche Richtung auszulegen sind. Umstritten ist im Völkerrecht nicht so sehr die Frage, ob eine Entschädigung zu zahlen ist, sondern ihre Höhe sowie die Art und Weise ihrer Auszahlung[1072]. Sofern sie dem Staat der enteigneten Eigentümer gezahlt wird, hat nämlich unter Umständen der enteignete einzelne keinen Vorteil. Fraglich ist ferner, inwieweit sich der einzelne Zahlungen aus dem Lastenausgleich zurechnen lassen muß. Als gangbarer Weg für den Fall einer durch den enteignenden Staat zu leistenden Entschädigung bietet sich in praxi eine flexible Anwendung der Hull-Formel an[1073]. Die Hull-Formel bildet gleichsam den oberen Rand des Entschädigungsrahmens während die völkerrechtswidrige Konfiskation als untere Begrenzung fungiert[1074]. Damit ist auch bei einer völkerrechtlichen Beurteilung der Einzelfall in den Blickpunkt zu nehmen. So ist möglicherweise die Entschädigungshöhe den tatsächlichen Möglichkeiten der tschechischen Republik und dem politischen Bestreben nach Ausgleich zwischen der Bundesrepublik Deutschland und der Tschechischen Republik anzupassen. Trotz des Weiterbestehens von Ansprüchen aus der Konfiskation und der Vertreibung erscheint eine volle Entschädigung danach eher zweifelhaft.

1071 Vgl. Blumenwitz, in: FS für Weinacht, S. 258 (262).

1072 Hefele, S. 1

1073 Vgl. Banz, S. 161.

1074 Banz, S. 162; Verdross/Simma, § 122.

8. *Wege der Durchsetzung von Ansprüchen*

Zu prüfen ist nun, wie die betroffenen sudetendeutschen Alteigentümer oder die Volksgruppe ihre Ansprüche geltend machen können. Dabei sollen die im Zusammenhang mit der konkreten Prüfung vorrangig problematischen Voraussetzungen betrachtet werden.

a) *Rechtsschutzmöglichkeiten vor innerstaatlichen Gerichten*

Zunächst ist darauf hinzuweisen, daß im Falle des Vorliegens von Rechtsansprüchen grundsätzlich zuerst der nationale Rechtsweg zu beschreiten ist. Lediglich für den Fall der offensichtlichen Erfolglosigkeit oder wenn wegen der Schwere der Verletzung sowie des Grades der Irreparabilität des Schadens ein Verfahren unzumutbar wäre, soll davon abgewichen werden können[1075]. Die Individuen und die Personenvereinigungen, die als Gruppe Menschenrechte geltend machen können, können möglicherweise die bislang aufgezeigten Ansprüche selbst als Partei in Verfahren geltend machen.

aa) *Eröffnung der tschechischen Gerichtsbarkeit*

Zu prüfen ist die Möglichkeit von Verfahren vor den Gerichten der Tschechischen Republik, die mit der Tschechoslowakei völkerrechtlich identisch ist. Dabei ist festzustellen, daß sowohl den Individuen als auch der Volksgruppe als Ganzes eine Durchsetzung der Ansprüche aufgrund der immer noch gültigen Benesch-Dekrete verwehrt ist. So verhindert das Gesetz Nr. 115 nach wie vor die Verfolgung der Unrechtsakte und wirkt in der tschechischen Rechtspraxis so auch als generelle Sperre hinsichtlich zivilrechtlicher Ansprüche der Geschädigten[1076]. Effektive Rechtsschutzmöglichkeiten vor der tschechischen Gerichtsbarkeit bestehen somit derzeit nicht[1077].

bb) *Eröffnung der deutschen Gerichtsbarkeit*

Fraglich ist, ob eine Klage vor deutschen Gerichten überhaupt zulässig sein kann. Gemäß Art. 3 Abs. 1 Sechster Teil des Vertrages zur Regelung aus Krieg

---

1075 Gornig, Völkerrechtswidrigkeit, S. 3 f.

1076 Vgl. Tomuschat, in: FS für Steinberger, S. 315 f.

1077 Ähnlich sieht das auch Bils, S. 241, die den Willen der tschechischen Gerichte zur Rechtsdurchsetzung der Sudetendeutschen in Zweifel zieht.

und Besatzung entstandener Fragen vom 23. Oktober 1954[1078], des sogenannten Überleitungsvertrags, darf die Bundesrepublik Deutschland gegen Maßnahmen, welche gegen das deutsche Auslands- oder sonstige Vermögen durchgeführt wurden, das zum Zwecke der Reparation oder Restitution oder auf Grund des Kriegszustandes oder von Abkommen der Siegermächte untereinander oder mit Drittstaaten beschlagnahmt worden ist, keine Einwendungen erheben[1079]. Die für die vorliegende Untersuchung in Betracht kommenden Klagemöglichkeiten könnten also ausgeschlossen sein, wenn es sich bei dem sudetendeutschen Vermögen um deutsches Auslandsvermögen handelte[1080].

Dazu ist zunächst zu überlegen, ob der Überleitungsvertrag weiterhin gilt. Dabei ist Art. 7 Abs. 2 des Zwei-plus-vier-Vertrages in den in den Blick zu nehmen, da hiernach „demgemäß das vereinte Deutschland die volle Souveränität über seine inneren und äußeren Angelegenheiten" erhielt[1081]. Mit der Wiedererlangung der vollen Souveränität Deutschlands ist der Überleitungsvertrag aber nicht vollständig außer Kraft getreten. Dies ist Gegenstand eines Notenwechsels vom 27./28. September 1990[1082]. Vielmehr stehen seine Beschränkungen auch heute noch einer gerichtlichen Geltendmachung von Ansprüchen aus Enteignungsmaßnahmen – den dort statuierten Voraussetzungen entsprechend – entgegen[1083].

Damit der deutschen Jurisdiktion ein Gegenstand aufgrund der vertraglichen Regelungen wirksam entzogen wird, muß dieser auch dem deutschen Auslandsvermögen unterfallen und dem Vertrag gemäß beschlagnahmt worden sein[1084]. Der Begriff des deutschen Auslandsvermögens wird im Überleitungsvertrag jedoch nicht definiert. Die Siegermächte verstanden allerdings unter „Deutsch-

---

1078 Text: BGBl. 1955 II, S. 405 ff.

1079 Vgl. Art. 3 Abs. 1 des sechsten Teils des Überleitungsvertrages, Text: BGBl. 1955 II, S. 405 ff. (944).

1080 Vgl. Art. 3 Abs. 3 des sechsten Teils des Überleitungsvertrages.

1081 Vgl. Art 7 Abs. 2 des Vertrages über die abschließende Regelung in bezug auf Deutschland vom 12.09.1990, dem sogenannten Zwei-plus-vier-Vertrag, Text: BGBl. 1990 II, S. 1318 ff.

1082 Text: BGBl. 1990 II, S. 1386 ff.

1083 So auch Gornig, in: AWR-Bulletin 1991, S. 72 (80).

1084 Siehe hierzu Art. 3a i.V.m. Art. 1 Abs. 1a I und III des Gesetzes Nr. 63 der Alliierten Hohen Kommission „zur Klarstellung der Rechtslage in bezug auf deutsches Auslandsvermögen und andere im Wege der Reparation oder Rückerstattung erfaßte Vermögensgegenstände" (AHKG 63) v. 31.08.1951.

land" das Staatsgebiet Deutschlands in den Grenzen von 1937[1085]. Hieraus könnte geschlossen werden, daß mit deutschem Auslandsvermögen das Vermögen der deutschen Staatsangehörigen gemeint ist[1086].

Betrachtet man die Regelungen im Zuge des Münchner Abkommens als rechtmäßig, so kann der Einwendungsverzicht schon nicht greifen, da es sich bei dem sudetendeutschen Vermögen dann um deutsches Inlandsvermögen handelte[1087].

Aber selbst wenn man entsprechend der alliierten Rechtsauffassung den Anschluß des Sudetenlandes und die Verleihung der deutschen Staatsangehörigkeit an die Sudetendeutschen als rechtswidrig ansieht, beträfe der Einwendungsverzicht des Art. 3 Sechster Teil des Überleitungsvertrags nicht das Vermögen der Sudetendeutschen, da dieses dann eben nicht deutsches Auslandsvermögen gewesen wäre. Im Ausland befindliches Privateigentum der Volksdeutschen wäre hiernach also kein „deutsches Auslandsvermögen"[1088]. Die Tatsache, daß durch das bundesdeutsche Gesetz zur Regelung von Fragen der Staatsangehörigkeit[1089] die durch Sammeleinbürgerungen erfolgten Verleihungen deutscher Staatsangehörigkeit an deutsche Volksangehörige rechtswirksam blieben, kann daran nichts ändern[1090].

Dem von den Siegermächten anerkannten Grundsatz, von Deutschland in möglichst umfassender Weise Schadenersatzleistungen zu bekommen, wird durch die Ausklammerung des volksdeutschen Eigentums aus den Reparationsleistungen nicht widersprochen[1091]. Im übrigen konnten die Alliierten, eben aufgrund der Nichtanerkennung der Konfiskation volksdeutschen Vermögens als Reparationsleistung, weitere Vermögensleistungen für erlittene Schäden aus dem Gebiet des Deutschen Reichs verlangen[1092]. Durch den Terminus „Deutschland in seinen Grenzen vom 31. Dezember 1937" als Grundlage des Reparationsrechts

1085 So das Protokoll über die Besatzungszonen in Deutschland und die Verwaltung von Groß-Berlin vom 12.09.1944 (Londoner Protokoll), Text: UNTS, vol. 227, S. 779 ff.

1086 Vgl. BGHZ, in: NJW 1953, S. 545.

1087 Gornig, in: Forum für Kultur und Politik 1996, S. 3 (33).

1088 Allerdings ordnet der BGH, NJW 1953, S. 545, das von der Tschechoslowakei enteignete sudetendeutsche Vermögen - wegen der vertraglichen Abrede zwischen dem Deutschen Reich und der Tschechoslowakei, welche die Sudetendeutschen zu deutschen Staatsangehörigen werden ließ - dem deutschen Auslandsvermögen zu. Kritisch äußert sich dazu schon Seidl-Hohenveldern, in: NJW 1953, S. 1389 (1390).

1089 Text: BGBl. 1955 I, S. 65 ff.

1090 Gornig, in: Forum für Kultur und Politik 1996, S. 3 (33).

1091 Gornig, in: AWR-Bulletin 1991, S. 72 (79).

1092 Blumenwitz, Der Prager Vertrag, S. 82.

konnte gewährleistet werden, daß Deutschland Kriegsforderungen der Siegermächte nicht mit den zwischen dem 31. Dezember 1937 und dem 1. September 1939 erworbenen und nach 1945 wieder verlorenen Gebieten verrechnet[1093].

Selbst wenn man „deutsches Auslandsvermögen" bejaht, verbleiben Schwierigkeiten für die Anwendung des Vertrags. Der Einwendungsverzicht des Art. 3 Sechster Teil Überleitungsvertrag betrifft ausschließlich solches deutsche Auslandsvermögen oder sonstiges deutsches Vermögen, das für Zwecke der Reparation oder Restitution, aufgrund des Kriegszustandes oder auf Grund von Abkommen, die die drei Westmächte mit anderen Staaten geschlossen haben, beschlagnahmt wurde[1094].

Es ist nebenbei zweifelhaft, ob durch die Benesch-Dekrete die Anforderungen aus dem Überleitungsvertrag erfüllt wurden[1095]. Schon der Wortlaut, aber auch das Telos der Dekrete spricht dafür, daß es sich eher um Enteignungen mit Strafcharakter, denn um solche zum Zwecke der Reparation handelte. Immerhin sollten der Tschechoslowakei gegenüber loyale Personen deutscher Volkszugehörigkeit davon ausgenommen werden können. Weiterhin handelte es sich nicht um eine Restitutionsmaßnahme, da keine Sachen zurückgegeben wurden, welche irregulär dem Staat Tschechoslowakei oder seinen Staatsangehörigen entzogen worden waren.

Die Enteignung der Sudetendeutschen ist auch nicht als Maßnahme des Wirtschaftskrieges einzustufen[1096]. Schließlich bezieht sich der Überleitungsvertrag auf das Pariser Reparationsabkommen. Indem die Konfiskationen eben nicht zum Zwecke der Reparation erfolgten, ist dieses nicht anwendbar.

Soweit die Sudetendeutschen noch die tschechoslowakische Staatsangehörigkeit besaßen[1097], ist der Einwendungsverzicht aus dem Überleitungsvertrag nicht anwendbar, so daß der Rechtsweg zu deutschen Gerichten nicht verwehrt wäre[1098].

1093 Hierzu gehören neben dem Sudetenland insbesondere auch Österreich, Böhmen, Mähren, Schlesien und Danzig.

1094 Gornig, in: Forum für Kultur und Politik 1996, S. 3 (32).

1095 So auch Gornig, in: Forum für Kultur und Politik 1996, S. 3 (33).

1096 Blumenwitz, in: FS für Weinacht, S. 258 (263).

1097 Etwa durch Antrag auf Erlangung der tschechoslowakischen Staatsbürgerschaft, vgl. Blumenwitz, Der Prager Vertrag, S. 73.

1098 Der Anwendung von Art. 1 des Neunten Teils des Überleitungsvertrags steht entgegen, daß die Konfiskationsmaßnahmen – entgegen Art. 1 – nicht wegen des Kriegszustandes erfolgten.

Für den Fall, daß die Sudetendeutschen deutsche Staatsbürger waren, ist der Vertrag ebenfalls nicht heranzuziehen, da es sich dann grundsätzlich nicht um deutsches Auslandsvermögen handelte. Zu einem anderen Ergebnis könnte man nur kommen, wenn man zwar isoliert die staatsangehörigkeitsrechtlichen Regelungen des Münchner Abkommens anerkennen, die Gesamtheit der Verträge aber als nichtig ablehnen wollte.

Der Überleitungsvertrag nimmt dann selbst keine Enteignung vor, aber er sanktioniert im Ausland erfolgte Konfiskationen für das Territorium der Bundesrepublik Deutschland[1099]. Sofern sie also unter den Voraussetzungen des Überleitungsvertrages vorgenommen worden wären, wären in Deutschland nach entsprechender Prüfung grundsätzlich alle Enteignungen anzuerkennen.

b) Rechtsschutzmöglichkeiten durch zwischenstaatliche Instanzen auf Grundlage zweiseitiger Verträge

Ein aufgrund bilateraler oder multilateraler Abkommen eingesetztes Gericht könnte ein Forum sowohl für die Ansprüche von sudetendeutschen Einzelpersonen als auch für solche der Volksgruppe insgesamt eröffnen. Eine solche Instanz ist jedoch bislang nicht geschaffen worden. Auch deutet das Bemühen der beteiligten Regierungen bezüglich der Regelung der offenen Vermögensfragen nicht in diese Richtung. Daher kommt eine solche Möglichkeit der Rechtsverfolgung derzeit nicht in Betracht.

c) Rechtsschutz vor internationalen Institutionen

aa) Rechtsschutzmöglichkeiten vor dem EGMR

Fraglich ist, ob Verstöße gegen die Europäische Menschenrechtskonvention (EMRK) in diesem Fall überhaupt geltend gemacht werden können oder ob die Konvention nur *pro futuro* gilt[1100].

[1099] BGHZ, in: NJW 1953, 545 (546 f.).

[1100] Blumenwitz, in: Blumenwitz/Gornig, Rechtliche und politische Perspektiven, S. 21; so auch die Heß-Entscheidung der Europäischen Kommission für Menschenrechte, in: EuGRZ 1975, S. 482; Hummer, in: Neuhold/Hummer/Schreuer, Rn. 1121.

(1) Allgemeines

Der EGMR entscheidet im Rahmen der hier in Betracht kommenden Individualbeschwerde über Verstöße gegen die EMRK sowie gegen die Zusatzprotokolle (ZP)[1101]. Dabei findet sich die Garantie des Eigentums nicht in der EMRK selbst, sondern im Ersten Zusatzprotokoll EMRK.

(2) Ergebnis der Feststellung einer Konventionsverletzung

In Betracht kommt hier ein Verstoß gegen Art. 1 des Ersten Zusatzprotokolls. Die Beeinträchtigung der Eigentumsrechte ist gemäß Abs. 1 nur innerhalb der Grenzen des allgemeinen Völkerrechts gestattet. Diese Regeln wurden aber, wie bereits aufgezeigt, nicht eingehalten.

(3) EMRK als europäischer ordre public

Fraglich ist gegenwärtig, ob international anerkannte Werte, wie sie im allgemeinen Völkerrecht oder in der EMRK Ausdruck finden, einen grenzüberschreitenden europäischen *ordre public* begründen können. Hiernach würden bei der Anwendung des IPR durch die Staaten die völkerrechtlich anerkannten Menschenrechte zu schützen sein. So spricht auch Art. 25 GG, welcher Bezug auf die allgemeinen Regeln des Völkerrechts nimmt, für die Existenz eines internationalen *ordre public*[1102].

Problematisch ist, wie zu beurteilen ist, daß die EMRK zum Zeitpunkt der Durchführung der Konfiskationen noch nicht in Kraft getreten war und somit direkt nur ab dem Zeitpunkt ihres Inkrafttretens gilt, da zumindest eine echte Rückwirkung nicht erwähnt wird.

Mit dem Hinweis auf Art. 1 Abs. 2 GG, in welchem sich das deutsche Volk zu den Menschenrechten „bekennt", ist implizit die Feststellung verbunden, daß diese Menschenrechte schon vor der Schaffung des Grundgesetzes a priori existiert haben. Insoweit bestand dann auch das Gedankengut der EMRK bereits zur Zeit der hier zu prüfenden Konfiskationen[1103]. Dies bedeutet für die vorliegende Untersuchung, daß nicht allein der Eigentumsentzug der Sudetendeutschen, sondern insbesondere die Art und Weise der Durchführung die von der

---

[1101] Wittinger, in: NJW 2001, S. 1238.
[1102] Mahr, S. 84; Kegel, S. 382.
[1103] Mahr, S. 85.

EMRK geschützten völkerrechtlichen Rechtsgüter verletzt haben[1104]. Unter Verletzung der Art. 2, 3 und 5 EMRK wären dann Grundeigentümer getötet, einer unmenschlichen Behandlung unterworfen oder systematisch vertrieben worden.

Beachtlich ist aber, daß diese Handlungen eben nicht unter dem Regime der EMRK stattfanden. Daher können die Maßnahmen selbst auch gegenwärtig nicht nach dem europäischen *ordre public* beurteilt werden.

Allerdings wurde bis heute gegen die Wirkungen dieser Maßnahmen der Rechtsweg nicht zugelassen. Möglicherweise ist gerade hierin eine Verletzung der EMRK begründet.

Es könnte sich um einen Eingriff mit Dauerwirkung handelt. Dazu müßten die Rechtsverletzungen heute noch fühlbar sein. Die Nichtbeachtung der Entscheidungen des VN-Menschenrechtsausschusses zu diesen Fragen sowie die Verhinderung des innerstaatlichen Rechtswegs stellen eine solche Fortsetzung der Rechtsverletzung dar[1105]. Die Konventionsverletzung manifestiert sich dadurch von Neuem. Die deutsche Bundesregierung hat die Position der sudetendeutschen Alteigentümer stets bekräftigt. Somit kommt eine Unzuständigkeit *ratione temporis* nicht in Frage. Die Alteigentümer sind weiterhin Anspruchsinhaber. Die Zuständigkeit des EGMR *ratione temporis* ist anzunehmen.

(4) Zulässigkeit einer Individualbeschwerde

Mit dem 11. Protokoll zur EMRK vom 11. Mai 1994[1106] wurde am 1. November 1998 ein neuer ständiger Europäischer Gerichtshof für Menschenrechte geschaffen, der als einziges Kontrollorgan für Beschwerden bei einer Verletzung der EMRK zuständig ist.

(a) Parteifähigkeit der CR

Die Tschechische Republik gehört dem Statut an[1107]. Ihre Parteifähigkeit ist gegeben.

1104 Vgl. Staudinger/Blumenwitz, Art. 6 EGBGB Rn. 64, 99.

1105 Dies entspricht der Auffassung des EGMR schon in: Papamichalopoulos u. a. ./. Griechenland, Urteil v. 24.06.1993, Series A Nr. 260-B, S. 20 f., Ziff. 46.

1106 Gesetz v. 24.07.1995 (BGBl. II S. 578).

1107 Für die Tschechoslowakei traten die Konvention und das 1. ZP am 18.03.1992 in Kraft; BGBl. 1992 II, S. 1064; für die Tschechische Republik geschah dies am 01.01. 1993; BGBl. 1994 II, S. 352.

(b) Parteifähigkeit der sudetendeutschen Alteigentümer

Fraglich ist die Parteifähigkeit der sudetendeutschen Alteigentümer beziehungsweise der Volksgruppe.

(aa) Parteifähigkeit der Volksgruppenangehörigen

Jede Person, welche sich durch einen Vertragsstaat in ihren in der EMRK oder den Protokollen gewährten Rechten verletzt fühlt, kann sich an den Gerichtshof wenden. Die sudetendeutschen Alteigentümer können als natürliche Personen eigene Rechte geltend machen. Sie sind mithin parteifähig.

(bb) Parteifähigkeit der Volksgruppe selbst

Problematisch ist aber, ob die deutsche Volksgruppe selbst Ansprüche als Kollektiv geltend machen kann. Entsprechend der oben vertretenen These von der partiellen Völkerrechtssubjektivität von Volksgruppen kann die sudetendeutsche Volksgruppe ihre Ansprüche auch als Volksgruppe vor dem EGMR geltend machen. Dies kann sie entweder als „nicht organisierte Personenmehrheit" oder aber als „Nicht-Regierungsorganisation". In diesem Fall muß sie allerdings für eine angemessene Repräsentation sorgen.

(c) Erschöpfung des innerstaatlichen Rechtswegs

Als notwendige Voraussetzung der Zulässigkeit eines Verfahrens muß der innerstaatliche Rechtsweg zuvor ausgeschöpft worden sein. Eine erfolgversprechende Verfolgung des Rechtswegs ist – wie gezeigt – nicht möglich.

(d) Ratione temporis

Zu klären ist, ob die Frage nach der Entschädigung beziehungsweise Restitution des konfiszierten Eigentums in der Tschechoslowakei einem tauglichen Verfahrensgegenstand entspricht. Dann müßte eine Verletzung der Europäischen Menschenrechtskonvention nach 1950 oder ein Andauern einer solchen Verletzung über das Jahr 1950 hinaus in Rede stehen, da die EMRK eine echte Rückwirkung ihrer Geltung ausschließt und den Zeitpunkt ihrer Geltung nach Art. 59 Abs. 2 EMRK bestimmt. Die Konfiskationen fanden aber erheblich früher statt. Fraglich ist daher, wie zu beurteilen ist, daß die EMRK zum Zeitpunkt der Durchführung der Konfiskationen noch nicht in Kraft getreten war und somit unmittelbar erst ab dem Zeitpunkt ihres Inkrafttretens gilt.

Gegeben ist eine Zuständigkeit *ratione temporis* ohne weiteres dann, wenn eine gegenwärtige Verletzung der Konvention festzustellen wäre[1108]. Dies ist im Fall der vertriebenen und entschädigungslos enteigneten Sudetendeutschen jedoch problematisch. In Betracht für eine Überprüfung durch die Konvention kommen allerdings Urteile tschechischer Gerichte nach dem Beitritt der Tschechischen Republik zur EMRK, sofern es sich um solche Entscheidungen handelt, welche die im Zuge der Vertreibung vollzogenen Rechtsverletzungen bestätigen und so in den Geltungszeitraum der Konvention hineinragen. Es könnte sich bei den Handlungen dann um einen Eingriff mit Dauerwirkung handeln. Dazu müßten die Rechtsverletzungen heute noch fühlbar sein. Die Nichtbeachtung der Entscheidungen des VN-Menschenrechtsausschusses zu diesen Fragen sowie die Verhinderung des innerstaatlichen Rechtswegs für die Anliegen der enteigneten Alteigentümer deutscher Nationalität stellen eine Fortsetzung der Rechtsverletzung durch Vorenthaltung eines fairen Verfahrens im Sinne des Art. 6 Abs. 1 EMRK dar[1109]. Die Konventionsverletzung manifestiert sich dadurch von neuem. Es handelt sich daher auch um einen Eingriff mit Dauerwirkung.

Im Falle des ehemaligen „Königs von Griechenland u. a. gegen Griechenland" hat der Gerichtshof eine Prüfung unter Berücksichtigung der tatsächlichen und rechtlichen Umstände, welche teilweise ins neunzehnte Jahrhundert zurückgingen, angestellt[1110]. Warum eine solche Zuständigkeit *ratione temporis* im Falle der Konfiskationen durch die Tschechische Republik ausgeschlossen sein sollte, ist nicht ersichtlich[1111]. Im übrigen sind die Rechtsverletzungen auch heute noch spürbar, bestätigen die – mittlerweile an die EMRK gebundenen – tschechischen Gerichte doch regelmäßig die Ablehnung der Restitutionsbegehren der Sudetendeutschen. Dagegen hat die deutsche Bundesregierung die Position der sudetendeutschen Alteigentümer stets bekräftigt. Eine Unzuständigkeit *ratione temporis* kommt nicht in Frage.

1108 So sieht dies Ermacora, S. 179 f., der aufgrund der im Völkermordtatbestand enthaltenen Konfiskation von der Nichtverjährbarkeit des Vermögensentzuges ausgeht.

1109 Dies entspricht der Auffassung des EGMR schon in: Papamichalopoulos u.a. ./. Griechenland, Urteil v. 24.06.1993, Series A Nr. 260-B, S. 20 f., Ziff. 46.

1110 Urteil, in: EuGRZ 2001, S. 397 (399 f.).

1111 Ähnlich Fassbender, in: EuGRZ 2001, S. 459 (465).

(e) Beschwerdebefugnis

Die Volksgruppe und ihre Angehörigen müßten weiter beschwerdebefugt sein. Entsprechend den Ausführungen im Allgemeinen Teil sind die Mitglieder der Volksgruppe als Individuen ohne weiteres beschwerdebefugt[1112]. Die Konvention billigt Volksgruppen und nationalen Minderheiten explizit allerdings keine eigenen Rechte in ihren Regelungen zu.

Die sudetendeutsche Volksgruppe als ganze kann nur entsprechend der Lehre vom „indirekten Opfer" für die Geltendmachung der Rechte ihrer Angehörigen beschwerdebefugt sein[1113]. Mit der Lehre vom „indirekten Opfer" wird ebenso der Opferbegriff wie die Beschwerdebefugnis auf den Kreis von Personen erweitert, die notwendigerweise ein schutzwürdiges Interesse daran haben, daß die konventionswidrige Situation beseitigt wird[1114]. Dabei muß das „indirekte Opfer" jedenfalls in enger Beziehung zu der gerügten Maßnahme und in einem Näheverhältnis zum unmittelbar Betroffenen stehen. Die sudetendeutsche Volksgruppe besteht gerade aus solchen natürlichen Personen, für die die Gruppe – gleichsam als mittelbar Verletzte – als Beschwerdeführerin auftreten kann[1115]. Daher lassen die soziale und kulturelle Eingebundenheit der einzelnen in die sudetendeutsche Volksgruppe sowie das kollektive Betroffensein der Gruppe durch die in Rede stehenden Maßnahmen die Annahme eines besonderen Näheverhältnisses zu.

Zu überlegen ist aber weiter, ob der Gruppe lediglich die Befugnis zur Ausübung der Rechte der Gruppenmitglieder zugestanden werden soll oder ob die Volksgruppe selbst Inhaber der Rechte ist[1116]. Für den hier gegebenen Fall der Konfiskation von Eigentum sowie der Vertreibung der Volksgruppe wurde durch die Tschechoslowakei gerade auch die Betroffenheit der Volksgruppe als Kollektiv beabsichtigt. Die Handlungen gegenüber den einzelnen Mitgliedern der Gruppe waren, im Hinblick auf die hier zu untersuchende Fragestellung, vornehmlich ein Instrument, um der sudetendeutschen Volksgruppe als solcher zu schaden. Daher erscheint es möglich, der Volksgruppe eine Beschwerdebefugnis – bezüglich der Rechte ihrer Angehörigen – zuzugestehen.

1112 Vgl. hierzu EKMR, E. v. 21.03.1975 betr. Beschwerde Nr. 6538/74, DR2, 90 (95 f.).

1113 Frowein/Peukert, Art. 25 Rn. 18 ff.

1114 Hillgruber/Jestaedt, S. 87, die u. a. auf die Entscheidungen der EKMR v. 28.02.1983 betr. Beschwerde Nr. 9360/81, DR 32, 211, verweisen.

1115 Dies hat die EKMR zumindest für Kirchen angenommen: EKMR, Entscheidung v. 05.05.1979 betr. Beschwerde Nr. 7805/77, DR 16, 68 (70).

1116 Frowein/Peukert, Art. 9 Rn. 8.

Die Volksgruppe muß aber außerdem für ausreichend legitimierte Repräsentation sorgen, will sie selbst als Partei in Erscheinung treten.

bb) Rechtsschutzmöglichkeiten vor dem Europäischen Gerichtshof (EuGH)

Fraglich ist, ob für sudetendeutsche Alteigentümer Klagemöglichkeiten vor dem EuGH gegeben sind.

(1) Parteifähigkeit

Bedenkt man, daß die Tschechische Republik der Europäischen Union, zum Zeitpunkt dieser Untersuchung, noch nicht angehört, so ist festzustellen, daß eine Zuständigkeit dieses Gerichts schon aus diesem Grund nicht in Frage kommt.

(2) Mögliche Änderung zum Zeitpunkt des Beitritts der Tschechischen Republik zur EU

Zu überlegen ist aber, ob sich Klagemöglichkeiten nach dem Beitritt der Tschechischen Republik ergeben können. In diesem Kontext ist insbesondere darauf abzuheben, ob bis dahin die Benesch-Dekrete weiter fortgelten und zur Anwendung kommen. Für eine Änderung der Rechtsauffassung der Tschechischen Republik gibt es aber keine Anzeichen[1117]. Somit bleibt es nach der hier vertretenen Auffassung einstweilen beim status quo, daß den Wirkungen der Benesch-Dekrete durch die Tschechische Republik weiterhin zur Geltung verholfen wird.

(3) Art. 295 EGV

Art. 295 EGV „läßt die Eigentumsordnung in den verschiedenen Mitgliedstaaten unberührt". Die Mitgliedstaaten sind befugt, Privateigentum zu verstaatlichen. Die Tschechische Republik kann dann unter Hinweis auf Art. 295 EGV somit zunächst nicht gezwungen werden, ihre Eigentumsordnung dahingehend zu ändern, daß die in Rede stehenden Dekrete Nr. 12 und Nr. 108 mit Wirkung ex tunc oder ex nunc aufzuheben wären. Die deutschen Alteigentümer könnten als Unionsbürger ihre individuellen Rechtsansprüche also nicht auf Art. 295 EGV stützen.

1117 Vgl. dazu zuletzt die Auffassung des tschechischen Ministerpräsidenten Spidla, in: FAZ v. 17.05.2003, S. 10.

Andererseits muß auch im EG-Recht gelten, daß durch die nationalen Rechtsordnungen nicht gegen den gemeinsamen *acquis communautaire* und gegen *ius cogens* verstoßen werden darf. Insofern gilt auch hier, daß das Anhalten gemeinschaftsrechtswidriger Wirkungen und die Bestätigung dieser Wirkungen gegen Gemeinschaftsrecht verstoßen und nicht durch Art. 295 EGV erlaubt sein können. Es ist zunächst auf eine Anpassung der tschechischen Rechtsordnung zu dringen. In dem Falle, daß die Tschechische Republik dieser Anpassung nicht nachkommt, könnte durch einen anderen Mitgliedsstaat gemäß Art. 227 EGV ein Verfahren vor dem EuGH in Gang gesetzt werden.

cc) Rechtsschutzmöglichkeiten vor dem IGH

Fraglich ist, ob der sudetendeutschen Volksgruppe der Rechtsweg zum IGH eröffnet ist. Nach Art. 34 IGH-Statut kommt die Parteifähigkeit nur souveränen Staaten zu. Bei der deutschen Volksgruppe handelt es sich, gemäß des eindeutigen Wortlauts des Statuts, allerdings nicht um einen Staat. Die sudetendeutsche Volksgruppe kommt *de lege lata* danach als Partei gegenwärtig nicht in Betracht.

Womöglich könnte bei einer Betrachtung *de lege ferenda* ein anderes Ergebnis erzielt werden. Auch im Falle der mindestens partiellen Zuerkennung von Völkerrechtssubjektivität für Volksgruppen wäre allerdings nach der hier vertretenen Ansicht der Weg zum IGH als Staatengerichtshof der deutschen Volksgruppe nicht eröffnet.

Allenfalls ist ein Verfahren vor dem IGH denkbar im Wege der Ausübung diplomatischen Schutzes durch den Schutzstaat der sudetendeutschen Volksgruppe. Das Tätigwerden des Gerichtshofes ist jedoch grundsätzlich von der Zustimmung der Konfliktparteien abhängig. Eine Zustimmung der Tschechischen Republik zu einem Verfahren, welches die Ansprüche der Sudetendeutschen zum Inhalt hat, ist aber gegenwärtig schwerlich vorstellbar.

dd) Verfahren vor dem Jugoslawien-Tribunal (ICTY)

In Erwägung zu ziehen ist, ob möglicherweise sogar das Kriegsverbrechertribunal für das ehemalige Jugoslawien als taugliche Instanz für Ansprüche der Sudetendeutschen in Betracht kommt. Allerdings ist das Tribunal räumlich und zeitlich auf die Vorkommnisse im ehemaligen Jugoslawien beschränkt, so daß ein derartiges Vorbringen schon aus diesen Gründen unzulässig wäre[1118]. Darüber hinaus ist es als Strafinstanz nicht für Restitutionsansprüche zuständig. Freilich sind die Urteile des Gerichts als *lex lata* im Völkerrecht zu berücksichtigen und in eine Reihe mit denen der Nürnberger Prozesse, die Vertreibung betreffend, zu stellen. Insofern sind etwa Urteile hinsichtlich der Völkerrechtswidrigkeit ethnischer Säuberungen in Bosnien geeignet, die Völkerrechtswidrigkeit der Vertreibungsmaßnahmen gegenüber den Sudetendeutschen zur Tatzeit zu belegen. Unmittelbare Rechtsfolgen lassen sich indes daraus nicht ableiten.

ee) Bedeutung des VN-Menschenrechtsausschusses

Fraglich ist, welche Möglichkeiten der Rechtsdurchsetzung ein Verfahren wegen der Verletzung von IPbpR-Normen vor dem MRA bietet. Der MRA gibt zum Abschluß eines Verfahrens ein Votum ab. Zu einer rechtsverbindlichen Feststellung der Rechtswidrigkeit – und Forderung nach Restitution – der betreffenden Maßnahmen seitens des VN-Menschenrechtsausschusses gelangt er nicht. Der Ausschuß ermittelt, verhandelt und entscheidet eben nicht wie ein internationales Gericht. Seine Feststellungen haben nicht die Wirkungen wie etwa Urteile des EGMR. Sie sind vielmehr in erster Linie politisch bedeutsam[1119]. Allerdings hat die Tschechische Republik die Kritik des MRA bislang konsequent ignoriert.

(1) Abdrängende Sonderzuweisung

Beachtlich ist, daß der Weg zum MRA nur dann offensteht, wenn nicht zur selben Zeit ein anderes internationales Verfahren angestrengt wird. Der MRA befaßt sich damit ferner nur, wenn zuvor der innerstaatliche Rechtsweg ausgeschöpft wurde. Hinsichtlich der Restitutionsbegehren der sudetendeutschen Alteigentümer ist festzustellen, daß ihnen der innerstaatliche Rechtsweg in der Tschechischen Republik, wegen der Fortgeltung der Benesch-Dekrete, nicht zur Verfügung steht. Auch die gerichtliche Geltendmachung in Deutschland wird – entgegen der hier vertretenen Auffassung – den Sudetendeutschen wegen der Anwendung des Einwendungsverzichts aus dem Überleitungsvertrag versagt[1120].

[1118] Vgl. Fink, in: Forum für Kultur und Politik 1999, S. 7 (11), der aufgrund solch räumlicher und zeitlicher Beschränkungen die Durchsetzungskraft des Völkerrechts hinterfragt.

[1119] Harris, in: Harris/Joseph, S. 24.

[1120] Vgl. BGHZ, in: NJW 1953, S. 545 (546 f.).

(2) Gegenstand

Die in Rede stehende Verletzung darf erst nach Entstehung des IPbpR erfolgt sein. Bislang sind zwischen 1996 und 2002 sechs auf IPbpR-Regeln gestützte Beschwerden von durch die Anwendung der Benesch-Dekrete betroffenen Alteigentümern mit Erfolg vor den MRA gebracht worden[1121]. Der VN-Menschenrechtsausschuß stellte in jedem Falle vornehmlich gestützt auf Art. 26 IPbpR, die Diskriminierung durch das tschechische Restitutionsrecht fest und verlangte von der Republik Tschechien, die gesetzlichen Regelungen zu ergänzen und Verfahren nicht aufgrund angeblichen Fristablaufs zu verhindern. So forderte der VN-Menschenrechtsausschuß die Tschechische Republik auch im bekannten Fall Des Fours-Walderode bereits am 30. Oktober 2001 auf, binnen drei Monaten der Witwe das enteignete Vermögen endlich zu restituieren[1122]. Inzwischen sind gleichwohl fast zwei Jahre vergangen, ohne daß Prag auf diesen Bescheid reagiert hätte.

Ausgehend von dem durch den Ausschuß festgestellten anhaltenden Betroffensein beziehungsweise der Neubestätigung der Verletzungen, ist die Anwendbarkeit *ratione temporis* anzunehmen.

ff) Bericht an die Menschenrechtskommission

Fraglich ist, welche Aussicht ein Bericht an die Menschenrechtskommission hat.

(1) Rechtswegerschöpfung

Für einen Bericht an die Menschenrechtskommission ist der innerstaatliche Rechtsweg von den Sudetendeutschen zuvor voll auszuschöpfen.

(2) Geltungszeitraum

Das Beschwerdeverfahren wurde 1970 mit der Resolution Nr. 1503 des Wirtschafts- und Sozialrates der Vereinten Nationen geschaffen. Entsprechend dieser zeitlichen Beschränkung können nur solche Menschenrechtsverstöße vorgebracht werden, die ab 1970 erfolgt sind. Die Vertreibungen und Enteignungen gegenüber den Sudetendeutschen haben tatsächlich vor allem 1945 und wenig

---

1121 Vgl. nur Simunek et al. v. Czech Republic, Communication No. 616/1992; Adam v. Czech Republic, Communication No. 596/1994; Blazek et. Al. v. Czech Republic, Communication No. 857/1999.

1122 Des Fours Walderode v. Czech Republic, Communication No. 747/1997.

später stattgefunden. Damit wäre aufgrund des Rückwirkungsverbotes hier ein Bericht an die Kommission ausgeschlossen. Etwas anderes könnte lediglich dann gelten, wenn es sich bei den Maßnahmen um ein sogenanntes Dauerdelikt handeln würde. Entsprechend der hier vertretenen Auffassung hält die Wirkung der Rechtsverletzungen bis heute an. Sie wird insbesondere durch die tschechische Rechtsauffassung bestätigt. Somit kann hier ein Dauerdelikt angenommen werden.

(3) Geltungsbereich

Vertreibung und Konfiskation gegenüber den Sudetendeutschen müßten auch dem Geltungsbereich des Verfahrens vor der Kommission entsprechen. Vor die Menschenrechtskommission können Verstöße gegen alle Menschenrechtskonventionen und -pakte gebracht werden. Notwendige Voraussetzung ist allerdings, daß es sich um systematische Menschenrechtsverletzungen handelt. Dabei ist eine Menschenrechtsverletzung dann als systematisch anzusehen, wenn wenigstens 20 Einzelfälle vorliegen oder ein Einzelfall mit mindestens 20 Betroffenen. Die Sudetendeutschen wurden durch die tschechoslowakischen Maßnahmen kollektiv betroffen. Aufgrund der hohen Anzahl der Menschenrechtsverletzungen gegenüber den Angehörigen der Volksgruppe ist von einer systematischen Menschenrechtsverletzung auszugehen.

(4) Rechtsfolge

Maßnahmen zur Rechtsdurchsetzung stehen der Kommission nicht zur Verfügung. Jedoch verfügt sie über große Autorität in der Staatengemeinschaft.

d) Diplomatischer Schutz

aa) Vorfragen

Die Untersuchung einer Schutzpflicht deutscher Staatsorgane gegen Akte der Vertreibung und Konfiskation muß zunächst vom Völkerrecht ausgehen[1123]. Unter dem völkergewohnheitsrechtlichen Rechtsinstitut[1124] des diplomatischen Schutzes wird der repressive oder präventive Schutz von natürlichen und juristischen Personen gegenüber völkerrechtswidrigen Akten eines fremden Staates

---

1123 Fink, in: Rill, S. 95.

1124 Verdross/Simma, § 1226.

verstanden[1125]. Eine Geltendmachung kann dann erfolgen, wenn im fremden Staat der Rechtsweg zur Verfolgung der in Rede stehenden Rechtsverletzung erschöpft oder gar nicht erst eröffnet ist[1126]. Die Ersatzansprüche erwachsen dabei dem Schutzstaat der Betroffenen selbst[1127]. Als solcher kommt hier die Bundesrepublik Deutschland in Betracht.

Die Bundesrepublik Deutschland könnte dann einen völkerrechtlichen Deliktsanspruch geltend machen, wenn sie diplomatischen Schutz zugunsten der Alteigentümer ausübt. Allerdings kann innerhalb der Prüfung der Gewährung diplomatischen Schutzes durch die Bundesrepublik Deutschland möglicherweise auf die Unterscheidung von inländischer und ausländischer Enteignung verzichtet werden. Nach der hier vertretenen Auffassung handelte es sich bei den sudetendeutschen Alteigentümern um deutsche Staatsangehörige. Damit handelt es sich bei der Enteignung durch die Tschechoslowakei um eine ausländische Enteignung.

Unabhängig von der Gültigkeit des Münchner Abkommens und der Einbürgerung der Sudetendeutschen kennt Art. 116 Abs. 1 GG – losgelöst von der Staatsbürgerschaft – den Status des Deutschen[1128]. Diese Personen werden dann auch in den Schutzbereich des Grundgesetzes einbezogen[1129]. Dies bedeutet, daß zu ihren Gunsten diplomatischer Schutz ausgeübt werden kann. Von weitergehendem Interesse ist in diesem Kontext, ob der mögliche Verstoß gegen völkerrechtlich unbedingt zu achtendes *ius cogens* Auswirkungen auf Verträge Deutschlands mit seinen Nachbarn und die grundsätzliche Befolgung der *lex rei sitae* zeitigt[1130]. Überlegenswert hinsichtlich der übergeordneten Fragestellung ist, welche rechtlichen Einwirkungsmöglichkeiten die Mitglieder der enteigneten Volksgruppe auf die Schutzmacht Bundesrepublik Deutschland haben.

bb) Völkerrechtswidriges Handeln eines Drittstaats

Voraussetzung des Rechts auf diplomatischen Schutz ist zunächst das völkerrechtswidrige Handeln eines Drittstaats[1131]. Die Völkerrechtswidrigkeit von Ver-

---

1125 Vgl. nur Gloria, in: Ipsen, § 24 Rn. 32.
1126 Krülle, S. 92.
1127 Tomuschat, in: ZaöRV 56 (1996), S. 1 (23); Wenk, S. 139.
1128 Firsching/von Hoffmann, § 5 Rn. 50; Wirth, S. 99.
1129 Dazu auch Blumenwitz, Der Prager Vertrag, S. 73.
1130 Blumenwitz, Interessenausgleich, S. 65.
1131 Vgl. Wenk, S. 140.

treibung und Konfiskation des Vermögens der deutschen Volksgruppe auf dem Gebiet der ehemaligen Tschechoslowakei wurde bereits festgestellt.

Im Rahmen des völkerrechtlichen Unrechtsverhaltens ist hier zu fragen, ob der Unrechtstatbestand durch Einwilligung wegfallen konnte[1132]. Eine diesbezügliche Erklärung ist aber von deutscher Seite nicht ersichtlich. Eine Einwilligung liegt nicht vor.

cc) Rechtswegerschöpfung

Entsprechend den im Allgemeinen Teil gewonnenen Erkenntnissen muß vor einem Tätigwerden des Schutzstaats durch Ausübung des diplomatischen Schutzes der innerstaatliche Rechtsweg ausgeschöpft worden sein[1133]. Einzubeziehen in die Beurteilung sind lediglich effektive Rechtsmittel. Aufgrund dessen, daß die Tschechische Republik von der Rechtmäßigkeit der Konfiskationen ausgeht und Ansprüche auf Restitution oder Entschädigung für unbegründet – oder sogar unzulässig – hält, ist die Verfolgung staatlicher Rechtsmittel aussichtslos. Überdies verzögert sich der Rechtsschutz trotz angestrengter Verfahren nicht erst seit neuestem in unzumutbarer Weise.

dd) Die Bestimmung der Schutzmacht

Zu prüfen ist, wer als Schutzmacht für die sudetendeutsche Volksgruppe in Betracht kommt. Ausgehend von den im Allgemeinen Teil gewonnenen Erkenntnissen, ist als Schutzmacht der Volksgruppe ihr „co-nationaler" Staat anzusehen. Da im Falle der vertriebenen deutschen Minderheit aus dem Gebiet der Tschechoslowakei ein deutsches Nationalbewußtsein auszumachen ist, erscheint die Bundesrepublik Deutschland als gleichsam legitime Schutzmacht der Rechte dieser vertriebenen Volksgruppe. Zwar könnte aus dieser Perspektive auch Österreich Schutzmacht der Sudetendeutschen sein, es kommt allerdings primär auf die Perspektive des Schutzstaats an, für wen er sich verwendet[1134]. Dabei kann Österreich freilich ohne weiteres für solche Sudetendeutschen Schutzmacht sein, welche die österreichische Staatsangehörigkeit erworben haben[1135]. Aufgrund der Identität der Rechtssubjekte Deutsches Reich und Bundesrepublik

---

1132 Dazu Klein, S. 25.
1133 Berber, Bd. III, S. 22.
1134 Gloria, in: Ipsen, § 24 Rn. 36.
1135 Davon geht auch Ermacora, S. 195, aus.

Deutschland erscheint die primäre Berechtigung des Eintretens für die Volksgruppe aber der Bundesrepublik Deutschland zuzukommen[1136].

Fraglich ist, ob jene die deutsche Volksgruppe betreffenden Fragen der *domaine réservée* – der Tschechischen Republik – zuzuordnen sind. Die Bundesrepublik Deutschland könnte möglicherweise dann nicht Schutzstaat für die sudetendeutsche Volksgruppe sein, wenn diese nicht die deutsche Staatsbürgerschaft besitzen[1137]. Allerdings wurde gezeigt, daß die Sudetendeutschen spätestens im Zuge der Anwendung der Dekrete die Staatsbürgerschaft des Territorialstaats Tschechoslowakei verloren und die deutsche Staatsbürgerschaft erhalten haben[1138]. Dieses Ergebnis wird noch dadurch unterstützt, daß in erster Linie jeder Staat selbst über die Verleihung seiner Staatsangehörigkeit entscheidet und die Bundesrepublik Deutschland, als mit dem Deutschen Reich identisches Völkerrechtssubjekt, einer deutschen Staatsangehörigkeit der Sudetendeutschen nie widersprochen hat[1139]. Das Grundgesetz hat vielmehr bezüglich der Staatsangehörigkeit an das Deutsche Reich angeknüpft und selbst bewußt darauf verzichtet, eine eigene Staatsbürgerschaft einzuführen[1140]. Im übrigen hat das Grundgesetz – in Anbetracht der Diskussion über die Staatsangehörigkeit der Sudetendeutschen – mit Art. 116 Abs. 1 GG den Status des Deutschen eingeführt. Damit werden die Menschen deutscher Volkszugehörigkeit bezeichnet, die zum Zeitpunkt der Vertreibung staatenlos waren oder eine fremde Staatsangehörigkeit besaßen. Ihnen konnte auf Antrag die Einbürgerung gewährt werden[1141]. Dies ist einerseits damit zu rechtfertigen, daß sie sich als deutsche Volkszugehörige auf das allen Deutschen zustehende Selbstbestimmungsrecht berufen können. Andererseits hat der Aufenthaltsstaat durch die Vertreibung gerade sein Desinteresse an diesen Menschen ausgedrückt[1142].

1136 Vgl. dazu auch die Urkunde zur Schirmherrschaft über die sudetendeutsche Volksgruppe der bayerischen Staatsregierung v. 06.06.1954, bei Ermacora, S. 217.

1137 So weist Tomuschat, in: ZaöRV 56 (1996), S. 1 (24), richtig auf Art. 70 i.V.m. Art. 53 ff. des Friedensvertrags von St. Germain v. 10.09.1919 hin, wonach die Sudetendeutschen die tschechoslowakische Staatsangehörigkeit erwarben.

1138 Eine Erörterung der Wirksamkeit des Münchner Abkommens vom 29.09.1938, wie Tomuschat, in: ZaöRV 56 (1996), S. 1 (24 f.), sie vornimmt, erübrigt sich mithin.

1139 So auch Tomuschat, in: ZaöRV 56 (1996), S. 1 (26); im Gegenteil weist Klein, S. 60 f., darauf hin, daß die Bundesrepublik Deutschland stets an einer gesamtdeutschen Staatsangehörigkeit festgehalten hat.

1140 Fink, in: Rill, S. 95 (98).

1141 Fink, in: Rill, S. 95 (99).

1142 Kokott, in: Dreier, Art. 116 Rn. 19.

Da hier über einen *genuine link* die Schutzmacht bestimmt werden kann, ist auch keine bilaterale vertragliche Regelung zwischen dem Aufenthaltsstaat und dem Staat, welcher die Ausübung des Instituts des diplomatischen Schutzes für sich in Anspruch nimmt, notwendig. Es kommt daher hier auf eine Schutzmachtbestimmung aus minderheitenrechtlicher Sicht eben nicht an, in der sich der den Schutz ausübende Staat auf eine gewisse Nähebeziehung zur Minderheit oder Volksgruppe beruft und die Ausübung des Schutzes gegebenenfalls zwischen den beteiligten Staaten vertraglich geregelt werden müßte[1143].

Die Bundesrepublik Deutschland ist somit bereits aufgrund der Nationalität der Sudetendeutschen der geborene Schutzstaat der sudetendeutschen Volksgruppe[1144]. Da die gegenwärtige Möglichkeit der Geltendmachung von Rechten untersucht wird, soll auf die Frage, ob möglicherweise auch die ehemalige DDR Schutzmacht hätte sein können, nicht weiter eingegangen werden[1145].

ee) Anwendbarkeit des diplomatischen Schutzrechts bei Mehrstaatern

Fraglich ist, ob die Bundesrepublik Deutschland für die Angehörigen der deutschen Volksgruppe auch dann das diplomatische Schutzrecht besitzt, wenn diese weiter die tschechische Staatsangehörigkeit besitzen. Dies könnte durch den mit dem Völkergewohnheitsrecht übereinstimmenden Art. 4 der Haager Convention on Certain Questions relating to the Conflict of Nationality Laws vom 12. April 1930[1146] ausgeschlossen sein[1147]. Art. 4 der Konvention verbietet die Gewährung diplomatischen Schutzes zwischen zwei Staaten, deren beider Staatsangehöriger der Mehrstaater ist. In praxi dürfte dies allerdings kein Hindernis sein, hat doch die damalige Tschechoslowakei dem weitaus größten Teil der Sudetendeutschen ihre Staatsangehörigkeit entzogen. Die Bundesrepublik Deutschland ist also um so eher als Schutzmacht anzusehen, als die Sudetendeutschen von der tschechoslowakischen Seite gerade wegen ihrer Staatsangehörigkeit verfolgt wurden. Im übrigen wäre, aufgrund der im Allgemeinen Teil gewonnenen Erkenntnisse zur Schutzmacht einer Minderheit, die Bundesrepublik Deutschland als co-nationa-

---

1143 Haffner, in: Ermacora/Tretter/Pelzl, S. 125 (128).

1144 Klein, Konzeption, S. 58.

1145 Dies wäre wohl auch insoweit abzulehnen, als sich lediglich die Bundesrepublik Deutschland mit dem Völkerrechtssubjekt „Deutsches Reich“ als identisch betrachtet hat.

1146 LNTS vol. 179, S. 89.

1147 Vgl. IGH, Reparation for Injuries, in: ICJ Rep. 1949, S. 174 (186).

ler Staat weiter zur Geltendmachung des Schutzrechts befugt, um die sonst durch keine Schutzmacht verfolgten Rechte der Minderheit durchzusetzen.

ff) Kein Wegfall des Schutzanspruchs

Der im Wege des diplomatischen Schutzes geltend zu machende Anspruch muß noch Bestand haben. Bislang sind freilich keine Rückgaben oder Entschädigungen von der Tschechischen Republik geleistet worden. Ein Untergang wegen Erfüllung kommt nicht in Betracht. Im übrigen bleiben die Ansprüche der Vertriebenen durch etwaige Lastenausgleichsleistungen der Bundesrepublik Deutschland unberührt[1148]. Ein anderweitiger Wegfall der Ansprüche ist nicht ersichtlich.

gg) Ausübung des Schutzes

Das Völkerrecht gibt der Bundesrepublik Deutschland das Recht zur Ausübung des Schutzrechts gegenüber der Tschechischen Republik und auch zur Geltendmachung von möglichen Haftungsansprüchen. Noch weiter geht das Grundgesetz, welches die Bundesrepublik Deutschland sogar zur Ausübung von diplomatischem Schutz verpflichtet. Freilich beinhaltet das entsprechende Recht des Bürgers nach überwiegender Auffassung lediglich einen Anspruch auf eine ermessensfehlerfreie Ausübung des diplomatischen Schutzes. Wenn ein Bürger in einem Fremdstaat durch eine Grundrechtsbeeinträchtigung betroffen ist, muß die Bundesrepublik Deutschland ermessensfehlerfrei über „ob" und „wie" des Einschreitens entscheiden.

Im vorliegenden Fall wäre verfassungsrechtlich zu untersuchen, ob die gebotene Güterabwägung zu einem Einschreiten führen muß. Zwar kann ein Unterlassen des Einschreitens selbst zu einer Grundrechtsverletzung führen, andererseits ist der diplomatische Schutz zunächst eben ein Recht mit Ermessensspielraum des Staates. Dieses Recht steht der Bundesrepublik Deutschland – von völkerrechtlicher Warte aus – im vorliegenden Sachverhalt selbstverständlich zu.

1148 Vgl. Wenk, S. 142, mit Hinweis auf die Präambel zum Lastenausgleichsgesetz.

9. Ergebnis zu I.

Die Vertreibungs- und Konfiskationsmaßnahmen an den Angehörigen der sudetendeutschen Volksgruppe stellen eine ungerechtfertigte Verletzung des Völkerrechts *erga omnes* dar. Die enteigneten Sudetendeutschen haben gegen die Tschechische Republik einen Anspruch auf Entschädigung[1149]. Eine Restitution ist aufgrund des völkerrechtlichen Effektivitätsgrundsatzes ausgeschlossen. Der Anspruch steht indes nur den Enteigneten selbst – nicht ihren Nachkommen – zu. Den Angehörigen der Volksgruppe muß die Ansiedlung in ihrem angestammten Gebiet – unter Beachtung der Rechte der Neuangesiedelten – gewährt werden. Als erfolgversprechende Rechtsschutzmöglichkeit der Volksgruppe kommt zur Zeit lediglich die Verfolgung eines Verfahrens vor dem EGMR in Betracht.

Die Bundesrepublik Deutschland kann die Ansprüche der Sudetendeutschen als Recht auf diplomatischen Schutz nach eigenem Ermessen weiterhin geltend machen.

Das tatsächliche Beharren der Republik Tschechien auf den Benesch-Dekreten stellt ein Beitrittshindernis zur EU dar. Dieses müßte jedoch durch die Bundesrepublik Deutschland geltend gemacht werden.

II. Ansprüche der griechischen Zyprioten

Wie wenige andere waren vor allem Griechen und Türken die Opfer der unter Zwang erfolgten Umsiedlungen des 20. Jahrhunderts[1150]. Mit einem zwangsweisen griechisch-türkischen Bevölkerungsaustausch begann das traurige Kapitel der Vertreibung von Volksgruppen aus ihrer angestammten Heimat zu Beginn des 20. Jahrhunderts[1151].

Auch der Konflikt um die mediterrane Insel Zypern zwischen der griechischen und türkischen Volksgruppe ist bis heute noch nicht beigelegt. In der Tat bindet dieser Nationalitätenkonflikt[1152] beträchtliche Kräfte der Vereinten Nationen und

---

1149 Gefordert wird z.T. auch volle Wiedergutmachung, Blumenwitz, in: Forum für Kultur und Politik 1996, S. 45 (67).

1150 Blumenwitz, in: FS für Brunner, S. 572.

1151 So folgte nach dem Ersten Weltkrieg 1923, auf Grundlage des Lausanner Friedensvertrags, der erste große zwangsweise Bevölkerungsaustausch zwischen Griechenland und der Türkei, von dem 1,5 Millionen Griechen und 0,4 Millionen Türken betroffen waren.

1152 Pabst, in: Vereinte Nationen 2001, S. 139.

beschäftigt fortwährend internationale Gerichte[1153]. Darüber hinaus wirft er bislang unbeantwortete Fragen im Zusammenhang mit einem Beitritt Zyperns zur Europäischen Union auf. Zu prüfen sind hier vornehmlich die möglichen Ansprüche griechisch-zypriotischer Alteigentümer[1154]. Auch sind die in Frage kommenden Rechtsschutzmöglichkeiten der Alteigentümer als Individuen und als Kollektiv zu prüfen. Beachtenswert ist in diesem Fall, daß die Volksgruppe von einem nicht anerkannten Staat oder einem staatenähnlichen Gebilde, nämlich der Türkisch-Zypriotischen Republik, enteignet wurde[1155]. Von besonderer Bedeutung ist, ob in Betracht kommende Normen wie die EMRK *ratione temporis* angewendet werden können. Des weiteren sind auch für diesen Fall die Ansprüche der Schutzmacht Griechenland wegen eines völkerrechtlichen Delikts zu prüfen.

1. Historischer Überblick

Die mit Zypern zusammenhängenden völkerrechtlichen Probleme bewegen das Völkerrecht seit geraumer Zeit[1156]. Die beiden auf der Insel ansässigen Volksgruppen verstehen sich zwar als Zyprer, identifizieren sich allerdings in erster Linie mit ihrem jeweiligen Mutterland[1157], so daß eine Teilung der Insel schon seit dem Ende der 50er Jahre des 20. Jahrhunderts offen diskutiert wurde[1158]. Die staatliche Einheit Zyperns wurde durch die Enklavenbildung der Volksgruppen sukzessiv gelockert[1159]. Die Mehrheit der griechischen Bevölkerung, unter Führung der griechisch-orthodoxen Kirche, fordert schon seit dem 19. Jahrhundert den Anschluß an Griechenland[1160], welches allerdings seit Alexander dem Großen keine Hoheitsgewalt mehr auf der Insel ausgeübt hatte[1161]. Diese Bestrebungen richteten sich zunächst bis zum Berliner Kongreß von 1878 gegen die osmanische, später dann gegen die britische Besatzung[1162]. Am 16. August 1960

1153 Blumenwitz, in: FS für Brunner, S. 572.
1154 Vgl. die Loizidou-Entscheidung, echr. 40/1993/435/514 Judgement, § 30.
1155 Dies folgt aus der Res. 541 des Sicherheitsrats der VN; Pabst, in: Vereinte Nationen 2001, S. 142.
1156 So auch Rumpf, in: EuGRZ 1997, S. 533; von Laffert, S. 1.
1157 Pabst, in: Vereinte Nationen 2001, S. 139; ähnlich Rumpf, in: EuGRZ 1991, S. 199 (200).
1158 Dischler, S. 43.
1159 Anstötz, S. 35; Tzermias, S. 303 f.
1160 Zu den historischen Grundlagen eingehender: von Laffert, S. 4 ff.
1161 Vgl. eingehend Rumpf, in: EuGRZ 1997, S. 533.
1162 Rumpf, in: EuGRZ 1991, S. 199 (200).

wurde die Unabhängigkeit Zyperns proklamiert, nachdem sich Großbritannien, Griechenland, die Türkei sowie Vertreter der beiden zypriotischen Volksgruppen auf die Unabhängigkeit der Insel geeinigt hatten[1163]. Dabei wurde der Anschluß ganz Zyperns, wie auch nur eines Teiles, an einen anderen Staat versagt[1164]. Ferner wurde die türkische Bevölkerung 1964, nach einer Verschärfung von bürgerkriegsähnlichen Unruhen bereits im Jahre 1963, von den griechischen Zyprioten unter der politischen Führung des Staatspräsidenten Erzbischof Makarios aus ihren angestammten Siedlungsgebieten im Süden der Insel vertrieben. Das Ziel der zypern-griechischen Seite war zunächst der Ausschluß der türkischen Volksgruppe von den zentralen Institutionen der Republik; später wurde freilich der Anschluß an Griechenland intendiert[1165].

Daraufhin vertrieb wiederum die Türkei in der Operation „Attila“[1166] unter Berufung auf Art. IV/2 des umstrittenen Garantievertrages von Nicosia[1167], nach der militärischen Besetzung des fruchtbareren Nordteils Zyperns durch reguläre türkische Invasionstruppen, am 20. Juli 1974 die dort beheimateten 140.000 bis 200.000 Griechen als eigene ethnische Gruppe[1168]. Sie stationierte dort Truppen[1169] und hält bis zum heutigen Tage mehr als 36 % des zyprischen Territoriums besetzt[1170]. Die Invasion forderte bis zu 4000 Todesopfer unter den Zyperngriechen, während weitere 1600 als vermißt gelten[1171]. Am 13. Februar 1975 wurde im Nordteil Zyperns zunächst einseitig der „Türkische Föderativstaat von Zypern“ (TFSZ), später dann am 15. November 1983 die – nicht anerkannte – Türkische Republik Nordzypern (TRNZ[1172]) als eigener Staat ausgerufen[1173]. Die durch den Staatsstreich gegen Erzbischof Makarios[1174] und die Invasion

1163 Rumpf, Zur Verfassungslage, S. 155.
1164 Pabst, in: Vereinte Nationen 2001, S. 140.
1165 Pabst, in: Vereinte Nationen 2001, S. 140; Rumpf, in: EuGRZ 1991, S. 199 (200).
1166 Necatigil, S. 99.
1167 UNTS 382 (1960), 5475.
1168 Veiter, in: Blumenwitz, Flucht und Vertreibung, S. 207, 227; Lehmler, S. 51; Rumpf, in: EuGRZ 1997, S. 533 (543); von Laffert, S. 13.
1169 Rumpf, in: EuGRZ 1992, 457 (463), der eine Anzahl von 30000 Mann angibt.
1170 Blumenwitz, in: AWR-Bulletin 2000, S. 163 (164).
1171 Anstötz, S. 36.
1172 Im folgenden wird, ohne daß eine rechtliche Wertung bereits intendiert ist, darauf verzichtet, die nicht anerkannte TRNZ im Text in Klammern zu setzen.
1173 Vgl. Elsner, S. 177; Rumpf, in: EuGRZ 1999, S. 199 (200 f.); Anstötz, S. 36.
1174 Der Staatsstreich gegen die Regierung Makarios wurde von Teilen der damaligen festlandsgriechischen Militärjunta betrieben; vgl. Blumenwitz, in: AWR-Bulletin 2000, S. 163 (164); Anstötz, S. 35.

durch die Türkei ausgelösten „ethnischen Säuberungen" mündeten in einen Bevölkerungsaustausch unter Aufsicht der Vereinten Nationen, welche mit UNFICYP entlang der sogenannten „Attila-Linie" bis heute eine quasi-permanente Friedenstruppe auf Zypern zu stellen haben[1175]. Dabei übersiedelten auch etwa 44.000 türkische Zyprioten in den Nordteil der Insel, auf dem die Türkei auch eine große Anzahl „Festlandtürken" aus dem entfernten Ostanatolien ansiedelte, wodurch die überkommene Bevölkerungsstruktur der Insel grundlegend verändert wurde[1176]. Die seit August 1974 andauernde Besetzung des Nordteils Zyperns durch die Türkei wurde vom Sicherheitsrat und der Generalversammlung und in der ständigen Rechtsprechung der europäischen Institutionen richtungweisend als rechtswidrig anerkannt[1177].

2. *Griechische Zyprioten als Volksgruppe*

Zu betrachten ist, ob es sich bei den sogenannten griechischen Zyprioten – die zur Zeit der Vertreibung im Nordteil der Insel ansässig waren – tatsächlich um eine Volksgruppe handelt[1178]. Entsprechend der bisher erarbeiteten Definition müssen für das Vorhandensein einer Volksgruppe objektive und subjektive Merkmale vorliegen.

a) *Objektive Merkmale*

aa) *Ethnische Differenzierung*

Voraussetzung für eine Differenzierung nach objektiven Merkmalen ist, ob zwischen der griechischen und der türkischen Bevölkerung Zyperns ethnisch unterschieden werden kann. Dabei ist „ethnisch", entsprechend der bereits im Allge-

---

1175 Pabst, in: Vereinte Nationen 2001, S. 139; derzeit sind noch etwa 850 Blauhelm-Soldaten der UNFICYP auf der Insel stationiert, deren Mandat alle sechs Monate durch den VN-Sicherheitsrat verlängert wird; vgl. auch von Laffert, S. 15.

1176 Anstötz, S. 36 f.

1177 Vgl. Entscheidung der Europäischen Kommission, Zypern gegen Türkei, Antragsnr. 6780/74 und 6950/75, Bericht der Kommission v. 10.07.1976, S. 163; Entscheidung der Europäischen Kommission, Zypern gegen Türkei, Antragsnr. 8007/77, Bericht der Kommission 04.10.1983, S. 47; EGMR, Loizidou gegen Türkei (verfahrenshindernde Einreden), 23.03.1995, ILR S. 622; Regina gegen Minister für Landwirtschaft, Fischerei und Nahrungsmittel, ex parte S.P. Anastasiou (Pissouri) Ltd. (Fall C-432/92), EuGH 05.07.1994, ECR I-3087, 100 ILR S. 257; EGMR, Loizidou gegen Türkei (Hauptsache), 18.12.1996, 108 ILR, S. 443.

1178 Dazu auch Anstötz, S. 47 ff.

meinen Teil gewonnenen Erkenntnisse, als „volkseigentümlich“ aufzufassen. Insoweit sind auch Geschichte und Kultur der Gruppe zu betrachten. Insbesondere dort zeigt sich die Verschiedenheit der Gruppen. So strebt vor allem die türkische Bevölkerung nach eigener Staatlichkeit. Kulturell orientieren sich die zypriotischen Gruppen an ihren jeweils co-nationalen Staaten, also an Griechenland und an der Türkei. Das Vorliegen eines ethnischen Differenzierungsmerkmals ist danach anzunehmen[1179].

bb) Sprachliche Differenzierung

In Betracht kommt als weiteres objektives Merkmal eine sprachliche Differenzierung zwischen den Angehörigen der griechischen und der türkischen Volksgruppe auf Zypern. Im Unterschied zur türkisch sprechenden Bevölkerungsgruppe der türkischen Zyprioten verfügen die griechischen Zyprioten mit der griechischen Sprache über eine sie von der türkischen Bevölkerung abgrenzende Sprache. Eine sprachliche Differenzierung liegt somit vor.

cc) Religiöse Differenzierung

Zur Abgrenzung der Gruppen ist hier auch ein religiöses Merkmal in Erwägung zu ziehen. So handelt es sich bei der Gruppe der griechischen Zyprioten, im Gegensatz zur Volksgruppe der muslimischen „türkischen Zyprioten“, um orthodoxe Christen. Damit ist auch ein den Gruppenmitgliedern gemeinsames objektives Merkmal in Form eines die Volksgruppe abgrenzenden religiösen Bekenntnisses gegeben[1180].

dd) Numerische Minderheit

Zu prüfen ist weiter, ob die griechischen Zyprioten im Nordteil der Insel zahlenmäßig unterlegen sind. Allerdings ist das Vorliegen dieses Merkmals – entsprechend der Definition Capotortis – für die Annahme einer Volksgruppe nicht zwingend. Aufgrund der von türkischer und türkischzypriotischer Seite durchgeführten Vertreibungshandlungen befindet sich auf dem Gebiet der TRNZ die griechische Bevölkerung in der zahlenmäßigen Minderheit[1181]. Fraglich ist, ob es für die vorzunehmende Untersuchung von Bedeutung ist, daß sich die Gruppe

---

1179 So im Ergebnis auch Necatigil, S. 225; Anstötz, S. 48.
1180 Blumenwitz, in: AWR-Bulletin 2000, S. 163 (165).
1181 Vgl. Filos, S. 197.

der griechischen Zyprioten auf der gesamten Insel gerade nicht in der zahlenmäßigen Minderheit befindet[1182]. In diesem Fall wäre eine Einordnung der Zyperngriechen als Volksgruppe abzulehnen; in Betracht käme dann, daß es sich bei der Gruppe um ein Volk handelte[1183]. Allerdings stellt die griechische Bevölkerungsgruppe auf dem effektiv türkisch beziehungsweise türkisch-zypriotisch beherrschten Gebiet sowohl numerisch als auch in bezug auf die Herrschaftsausübung die unterlegene Gruppe dar. Von Bedeutung ist in diesem Zusammenhang ferner die Sichtweise der Völkerrechtspraxis bezüglich „two politically equal communities"[1184]. Im Falle zweier politisch gleichberechtigter Gemeinschaften – hier für die gesamte Insel Zypern – ist der Begriff „Volksgruppe" zur Beschreibung der qualitativ gleichwertigen Gruppen angebracht[1185]. Die Einordnung als Volksgruppe ist mithin grundsätzlich möglich. Das Erfordernis der numerischen Minderheit ist hier also nicht gegeben.

ee) Machtunterlegenheit der griechischen Bevölkerung

Fraglich ist noch, ob die griechische Bevölkerung in Nordzypern auch machtunterlegen ist. Neben der politischen ist auch die ökonomische und soziale Situation der Gruppe zu beurteilen. Für den Nordteil der Insel, der – schon durch die Bezeichnung TRNZ – von der türkischen Bevölkerung dominiert wird, ist eine umfassende Machtunterlegenheit der griechischen Zyprioten – sowohl in politischer als auch kultureller Hinsicht – festzustellen.

ff) Zwischenergebnis

Damit liegen die objektiven Merkmale einer Volksgruppe vor.

b) Subjektive Merkmale

Neben dem Vorhandensein der objektiven Merkmale müssen subjektive Merkmale zu konstatieren sein, um die Existenz einer griechisch-zypriotischen

---

1182 Insgesamt befinden sich wohl ca. 200.000 Zyperntürken und etwa 80.000 neu angesiedelte Türken, sowie ca. 550.000 Zyperngriechen auf der Insel; Yiallourides, S. 40, spricht von ca. 18 % Zyperntürken auf der gesamten Insel.

1183 Anstötz, S. 48.

1184 S/RES/1251 (1999), Abs. 11; so wird bspw. bzgl. der Schweiz auch von der deutschen, französischen, italienischen oder rätoromanischen Volksgruppe und nicht etwa von diesen Völkern gesprochen; ähnlich verhält es sich in Kanada.

1185 von Laffert, S. 27; Anstötz, S. 49.

Volksgruppe anzunehmen. Als subjektives Merkmal ist hier feststellbar, daß sich die Mitglieder der Gruppe einer Schicksalsgemeinschaft zugehörig fühlen. Dies zeigt sich bei dem in Rede stehenden Sachverhalt bereits in der grundsätzlichen Anlage des Zypernkonflikts als Volksgruppenkonflikt und der kollektiven Betroffenheit der Gruppe durch Vertreibung und Enteignung. Auch manifestiert sich das subjektive Moment im faktischen Umfang des Herrschaftsgebietes des zypriotischen Staates.

c) Zwischenergebnis

Vom Vorhandensein einer griechisch-zypriotischen Volksgruppe ist auszugehen[1186].

3. Die TRNZ als de-facto-Regime

Da die TRNZ von fast keinem Staat anerkannt ist[1187], stellt sich die Frage, ob gegenüber Maßnahmen dieses Gebildes überhaupt diplomatischer Schutz ausgeübt werden kann. Daher ist zu prüfen, um was für ein rechtliches Gebilde es sich bei der TRNZ handelt[1188].

Als Reaktion auf die Veränderung der Staatenpraxis könnte sogenannten stabilisierten *de-facto*-Regimen eine zumindest partielle Völkerrechtsfähigkeit zukommen[1189]. Ein Bedürfnis hierfür besteht allerdings nur für den Fall einer Nichtanerkennung des abgespaltenen Gebiets durch den Mutterstaat[1190]. Diese Anerkennung ist hier – durch die Republik Zypern – ausgeblieben. Unter einem stabilisierten *de-facto*-Regime versteht man solche Regime, die – mit anderer Herrschaftsgewalt konkurrierend – auf einem Gebiet eine effektive Herrschaft

---

1186 Vgl. dazu auch Rumpf, in: EuGRZ 1992, S. 457 (458), der umgekehrt auch von einer türkischen Volksgruppe spricht; Yiallourides, S. 244.

1187 Zunächst ist die TRNZ ausschließlich von der Türkei anerkannt worden, vgl. auch Rumpf, in: EuGRZ 1997, S. 533 (534).

1188 Freilich behauptet Rumpf, in: ZFTS 1998, S. 233 (250), mit einer radikalen deklaratorischen Theorie, daß es sich bei der TRNZ auch ohne jegliche Anerkennung in der Staatengemeinschaft um einen Staat handele. Richtiger wäre es indes, in die Beurteilung auch konstitutive Elemente einzubeziehen, da nur so die effektive Behauptung als Staat gewährleistet werden kann; mit guten Gründen kann bereits, ob der großangelegten Ansiedlung von „Festlandtürken", das Vorhandensein eines Staatsvolkes bezweifelt werden, vgl. Filos-Patsantaras, in: ZaöRV 59 (1999), S. 185.

1189 Williams-Vedder, S. 193; Frowein, S. 35; Kunig/Uerpmann, S. 9.

1190 Frowein, S. 6.

mit einer gewissen Dauer[1191], allerdings ohne mehrheitliche Anerkennung durch die Staatengemeinschaft[1192], etabliert haben, ohne daß eine neuerliche Verdrängung auszuschließen wäre[1193]. Andernfalls – also im Falle der effektiven und dauerhaften Innehabung von Hoheitsgewalt – würde es sich nämlich gemäß der im Völkerrecht etablierten „Drei-Elemente-Lehre“ um einen Staat handeln[1194]. Das *de-facto*-Regime ist mithin grundsätzlich ein transitorisches Völkerrechtssubjekt[1195]. Sein Bestehen hängt mit der möglichen zukünftigen Etablierung als Staat zusammen[1196]. Zu untersuchen ist also, ob es sich bei der TRNZ um ein *de-facto*-Regime handelt[1197]. Dies setzt voraus, daß die als Völkerrechtssubjekt in Betracht kommende Gruppe ein bestimmtes Territorium über einen längeren Zeitraum hinweg beherrscht[1198]. Dies ist im Nordteil der Insel Zypern seit der türkischen Besetzung der Fall[1199]. Nun könnte zwar angenommen werden, daß es sich bei der TRNZ um ein von der Türkei besetztes Gebiet handelt und die Annahme eines *de-facto*-Regimes somit nicht in Betracht käme. Dafür spräche, daß sich reguläre türkische Truppen weiterhin auf dem Gebiet der TRNZ befinden[1200], ohne deren Präsenz es wahrscheinlich zu einer Verdrängung des im Nordteil der Insel konstituierten Gebildes käme[1201]. Allerdings existiert weder ein Besatzungsstatut, noch wird umfassend Hoheitsgewalt durch die türkischen Streitkräfte ausgeübt, wenngleich jene als „Schutztruppen“ bezeichnet werden[1202]. Vielmehr bemüht sich die TRNZ ihrerseits um internationale Anerkennung. Es handelt sich somit bei der TRNZ um ein *de-facto*-Regime[1203].

1191 Williams-Vedder, S. 193.
1192 Verdross/Simma, § 405.
1193 Kunig/Uerpmann, S. 9; Hillgruber, S. 754; Frowein, S. 7.
1194 Jellinek, S. 394 ff.
1195 Vgl. Epping, in: Ipsen, § 8 Rn. 13.
1196 Fischer/Köck, S. 157.
1197 So auch Blumenwitz, in: AWR-Bulletin 2000, S. 163 (165); von Laffert, S. 85 ff.
1198 von Münch, Völkerrecht in programmierter Form, S. 121.
1199 Rumpf, Zur Verfassungslage, S. 155 (179).
1200 Rumpf, in: EuGRZ 1997, S. 533 (546), sowie in: EuGRZ 1992, S. 457 (463, 465), ebenso Kunig/Uerpmann, S. 9.
1201 Dies konzediert auch Rumpf, in: EuGRZ 1997, S. 533 (534).
1202 Rumpf, in: EuGRZ 1991, S. 199 (201).
1203 Anders sieht das freilich Rumpf, in: EuGRZ 1997, S. 533 (546), der der TRNZ Staatsqualität zusprechen möchte.

4. Völkerrechtliche Beurteilung der Konfiskationen

Wie bereits angeführt, ist zunächst unbestritten, daß ein Staat auf seinem Hoheitsgebiet grundsätzlich Enteignungen vornehmen kann. Für den in Rede stehenden Fall ist aber genauer zu untersuchen, durch wen die hier betrachtete griechisch-zypriotische Volksgruppe enteignet wurde. Durch die Vertreibungen und Umsiedlungen im Zuge der Invasion durch die Türkei auf dem Nordteil Zyperns haben ca. 160.000 Zyperngriechen ihre Heimat und ihr Eigentum verloren[1204]. Sowohl Fahrnis als auch Immobiliareigentum wurden von der türkischen Armee oder der türkisch-zypriotischen Verwaltung an türkische Zyprioten oder türkische Siedler verteilt[1205].

Soweit die Konfiskationen von der Türkei vorgenommen wurden, handelt es sich um Rechtsakte eines Staates auf fremdem Staatsgebiet, welche grundsätzlich rechtswidrig sind, da kein Teil Zyperns zum Zeitpunkt der Konfiskationen zur Türkei gehörte. Durch die Menschenrechtskommission des Europarats sind eine Vielzahl von Eingriffen der türkischen Armee in das Eigentum vertriebener griechischer Zyprioten – namentlich zur Versorgung der Zyperntürken mit Wohnraum – überliefert[1206]. Die Eingriffe erstreckten sich aber auch auf bewegliches Eigentum[1207]. Da die Enteignungen letztlich politisch motiviert und entschädigungslos vorgenommen wurden, handelt es sich auch um Konfiskationen[1208]. Diese sind entsprechend den hier vertretenen Grundsätzen grundsätzlich völkerrechtswidrig.

Im übrigen ist bei einer Beurteilung nach Völkergewohnheitsrecht zu prüfen, ob es sich hierbei um diskriminierende Enteignungen handelte. Dies wäre dann anzunehmen, wenn Vermögen der griechischen Volksgruppe enteignet, jenes der türkischen Bevölkerung hingegen von diesen Maßnahmen verschont worden wäre. Genau das ist aber vorliegend geschehen. Die Enteignungen der griechischen Zyprioten waren gleichheitswidrig. Sie sind damit auch völkerrechtswidrig[1209].

1204 Nach Anstötz, S. 136, sind bis zu 2,2 Milliarden Zypernpfund verloren gegangen, was einem heutigen Wert von ca. 5 Milliarden Zypernpfund entspräche; vgl. auch Theophanous, S. 113 f.

1205 von Laffert, S. 198; Bericht der EMRK v. 04.10.1983, in: EuGRZ 1992, S. 469.

1206 Dies gibt, freilich in engen Grenzen, auch Rumpf mit Hinweis auf die Ausführungen des EGMR, in: ZFTS 1998, S. 233 (245 f.), zu.

1207 So auch von Laffert, S. 198 m.w.N.

1208 von Laffert, S. 199.

1209 Rechtsfragen, S. 14.

In diesem Fall bestehen Ansprüche der Alteigentümer auf Herausgabe des Eigentums oder auf Entschädigung gemäß dem allgemeinen Völkerrecht[1210].

Völkergewohnheitsrechtliche Berücksichtigung finden auch hier die Regelungen der HLKO, insbesondere Art. 46 HLKO sowie Art. 47 und Art. 23 Abs. 1 lit. g) HLKO. Umstritten ist allerdings die Anwendbarkeit dieser Regelungen, da zuvor ein bewaffneter Konflikt vorliegen und die Türkei Besatzer sein müßte[1211]. Da die Türkei effektive Kontrolle auf einem Teil Zyperns ausübt, wird sie auch die HLKO-Normen berücksichtigen müssen.

Sofern die Enteignungen von der TRNZ vorgenommen wurden, stellt sich die Frage, wie die Rechtsakte eines nicht anerkannten Gebildes völkerrechtlich zu beurteilen sind. In diesem Zusammenhang ist zunächst festzustellen, daß die Maßnahmen im Nordteil der Insel der Republik Zyperns – aufgrund der fehlenden Effektivität deren Hoheitsgewalt auf diesem Gebiet – nicht der Republik Zypern zuzurechnen sind[1212]. Entsprechend dem völkerrechtlichen Effektivitätsgrundsatz könnte es möglich sein, auch solche Rechtsakte rechtlicher Überprüfung zu unterziehen, die von sogenannten *de-facto*-Regimen mit eigener Hoheitsgewalt durchgeführt werden[1213]. So sind von der türkisch-zypriotischen Verwaltung vorgenommene Konfiskationen bekannt[1214]. In Betracht kommt hier als Grundlage der Maßnahmen zunächst der Art. 159 Abs. 1 b der Verfassung vom 7. Mai 1985 der TRNZ. Danach sind die von ihren Eigentümern verlassenen Grundstücke, Gebäude und Einrichtungen im Nordteil der Insel, ohne Berücksichtigung der Grundbucheintragungen, in türkisch-zypriotisches Eigentum übergegangen. Entschädigungen werden nicht geleistet. Konsequenterweise sind diese Akte als mit der Vertreibung verbundene Handlungen grundsätzlich als zumindest rechtswidrig, wenn nicht sogar als nichtig, anzusehen.

1210 Rechtsfragen, S. 22.

1211 Anstötz, S. 146.

1212 Anders sieht das der EGMR, RJD Nr. 26, S. 2231.

1213 Vgl. dazu die Ausführungen des Richters Pettiti, zitiert bei Rumpf, in: ZFTS 1998, S. 233 (245).

1214 von Laffert, S. 198.

5. *Vertreibung und Recht auf die Heimat*

a) *Völkerrechtswidrigkeit der Vertreibungshandlugen*

aa) *Vertreibung*

Die hier betrachtete Volksgruppe der griechischen Zyprioten wurde Opfer einer Vertreibung. Zwar könnte man annehmen, solche Handlungen hätten bereits 1964 eingesetzt, als es zu Umsiedlungen und Enklavenbildung kam. Vertreibungen sind darin jedoch nicht zu sehen, fehlt es doch am formellen Ausweisungsbefehl[1215]. Die Vertreibung gegenüber den Zyperngriechen beziehungsweise deren Flucht hat daher mit der Invasion des Nordteils der Insel durch türkische Truppen und somit durch den Staat Türkei eingesetzt[1216]. Dieses Ergebnis könnte aber dadurch problematisch sein, daß die Vertreibungshandlungen nicht nur seitens des türkischen Militärs durchgeführt wurden, sondern auch durch türkisch-zypriotische Kräfte[1217]. Allerdings ist auch hier nicht von einer Beschränkung der Zurechenbarkeit der Handlungen auf Regierungskräfte auszugehen. Auch Handlungen örtlicher Machthaber werden erfaßt. Mit den griechischen Zyprioten wurde auch eine bestimmte Bevölkerungsgruppe betroffen. Diese wurde unter Zwang aus ihrer angestammten Heimat entfernt. Nicht entscheidend ist, daß viele Zyperngriechen ihre Heimat bereits vor Anwendung unmittelbarer Zwangsmaßnahmen verließen[1218]. Vom Vorliegen des Vertreibungstatbestandes ist daher auszugehen.

bb) *„Ethnische Säuberung" als Sonderform der Vertreibung*

Fraglich ist, ob auch für den Fall der Vertreibung der Angehörigen der griechisch-zypriotischen Volksgruppe der Tatbestand der ethnischen Säuberung erfüllt ist. Dann müßte der vertreibende Staat die möglichst vollständige Entfernung einer bestimmten Volksgruppe intendiert haben, um sich selbst das betreffende Gebiet einzuverleiben[1219]. Die Türkei hat nahezu alle Angehörigen der griechischen Volksgruppe vom Nordteil der Insel Zypern vertrieben und somit für eine ausschließliche Besiedlung durch Einwohner der türkischen Volksgrup-

---

1215 Anstötz, S. 131; von Laffert, S. 180 f.

1216 Strittig ist hierbei, ob auch die Zyperntürken vertrieben wurden, oder ob deren Übersiedlung den veränderten Gesamtumständen geschuldet ist; dazu Anstötz, S. 131.

1217 Anstötz, S. 133.

1218 Anstötz, S. 133.

1219 Dazu auch Lehmler, S. 68 ff.

pe gesorgt[1220]. Darüber hinaus hat sie konsequent und intensiv die Neuansiedlung von anatolischen Türken betrieben. Der Tatbestand der ethnischen Säuberung ist daher auch im vorliegenden Fall erfüllt.

cc) Völkerrechtswidrigkeit gemäß Völkervertragsrecht

(1) Verstoß gegen Regelungen der EMRK

Die Maßnahmen könnten nach Regelungen des Völkervertragsrechts rechtswidrig sein. In Erwägung zu ziehen ist dabei die Anwendbarkeit der EMRK für diesen Fall. Das Vertreibungsverbot für fremde Staatsbürger ist in Art. 4 des Vierten Zusatzprotokolls zur EMRK verankert. Allerdings hat die Türkei die griechischen Zyprioten nicht von ihrem eigenen Hoheitsgebiet vertrieben, sondern innerhalb fremdem Hoheitsgebiet. Damit ist Art. 4 des Vierten Zusatzprotokolls zur EMRK zumindest nicht direkt anwendbar. Ferner hat sie auch nicht entsprechend Art. 3 des Vierten Zusatzprotokolls zur EMRK als Gebietsstaat eigene Staatsangehörige vertrieben.

Zu überlegen ist aber, ob eine Ausdehnung des Wortlauts von Art. 4 hier durch einen Schluß *a maiore ad minus* begründet werden kann. So könnte man der Auffassung sein, daß – wenn schon die Vertreibung von dem eigenen Territorium durch die Konvention verboten ist – diese dann auch außerhalb der Souveränitätssphäre des jeweiligen Staates, aber im Geltungsbereich der Konvention, erst recht verboten sein müßte. Damit wäre auch in der von einem EMRK-Vertragsstaat in einem anderen Staat durchgeführten Vertreibung ein Verstoß gegen Regelungen der EMRK zu sehen.

Eine solche Auslegung ist auch vor dem historischen Hintergrund zu bevorzugen, daß bei Schaffung der Konvention Vertreibungskonflikte zwischen den Vertragsstaaten eher nicht vorausgesehen werden konnten. Auch wird durch eine solche Auslegung der Schutzbereich der Konvention verstärkt. Die Rechtswidrigkeit der Massenvertreibung ist *a fortiori* also auch dann anzunehmen, wenn der vertreibende Staat das betreffende Gebiet lediglich besetzt hat[1221]. Damit liegt in den Handlungen der Türkei ein Verstoß gegen Art. 4 des Vierten Zusatzprotokolls zur EMRK.

1220 Yiallourides, S. 41; Blumenwitz, in: AWR-Bulletin 2000, S. 163 (164).
1221 Rechtsfragen, S. 6

(2) Verstoß gegen Regelungen der HLKO

Sofern die Vertreibung von türkischen Truppen durchgeführt wurde, verstoßen die Handlungen direkt gegen die Regelungen der HLKO, insbesondere gegen die Art. 46 und 47 i.V.m. Art. 55[1222]. Die HLKO ist auch für den Fall der Insel Zypern anwendbar, da durch die Anwesenheit der türkischen Streitkräfte die Besetzung eines fremden Territoriums vorliegt[1223].

(3) Kein Recht auf Ausweisung

Unbeschädigt des bereits festgestellten Rechts eines Staates, einzelne aus seinem Hoheitsgebiet auszuweisen, ist die Massenausweisung und -überführung mit dem geltenden Völkerrecht nicht vereinbar[1224]. Dies ist aus menschenrechtlichen Normen[1225] sowie aus dem Fremdenrecht ableitbar.

Fraglich ist allerdings, ob im Fall der Insel Zypern überhaupt davon gesprochen werden kann. Schließlich hat die Türkei die griechischen Zyprioten nicht aus ihrem Hoheitsgebiet ausgewiesen. Vielmehr hat sie Vertreibungsmaßnahmen auf fremdem, zypriotischem, Territorium durchgeführt. Eine Berufung auf das völkerrechtlich anerkannte Recht auf Ausweisung ist bereits aus diesem Grunde nicht möglich.

dd) Völkerrechtswidrigkeit der Vertreibung nach Völkergewohnheitsrecht

Im übrigen kann die Völkerrechtswidrigkeit der Vertreibungen gegenüber den griechischen Zyprioten aus Völkergewohnheitsrecht hergeleitet werden. Dieses untersagt die Aufhebung der Verbindung zwischen Bevölkerung und angestammten Siedlungsgebiet. Hingenommen wird dies nur, wenn die ortsansässige Bevölkerung freiwillig abwandert[1226]. Hier liegt allerdings möglicherweise insoweit ein Sonderfall vor, als die griechisch-zypriotische Bevölkerung des Nordteils nicht zum Verlassen des Staates[1227], sondern „nur“ ihres Siedlungsgebiets

---

[1222] Dabei ist für die direkte Anwendung der Regelungen freilich die Zuordnung der Maßnahmen zu einem bewaffneten Konflikt nötig.

[1223] Zur Anwendbarkeit der HLKO vgl. Geisler, S. 72.

[1224] Insoweit ist es fast als zynisch zu bezeichnen, wenn Rumpf, in: ZFTS 1998, S. 233 (252), die Vertreibung für die Bevölkerung „zwar als bitter, für den inneren Frieden der Insel aber als konsequent“ bezeichnet.

[1225] Vgl. nur Art. 4 Viertes Zusatzprotokoll zur EMRK, Art. 12 IPbpR.

[1226] So bereits Gornig, in: AWR-Bulletin 2000, S. 19 (24).

[1227] Das Vorliegen eines Staates TRNZ ist nämlich zu bezweifeln.

gezwungen wurde. Gemäß den Prinzipien des Rechts auf die Heimat besteht die schützenswerte Bindung der Bevölkerung jedoch primär gegenüber der konkreten Heimat und nicht gegenüber einem speziellen Staatsgebiet. „Vertreibung" kann daher – wie hier – auch innerstaatlich stattfinden. Die Vertreibungshandlungen sind daher auch nach Völkergewohnheitsrecht rechtswidrig.

ee) Rechtfertigung der Vertreibung

Zu prüfen ist auch hier, ob eine Rechtfertigung der Vertreibungshandlungen in Frage kommt. In Betracht kommt rechtfertigend zunächst das von Glafkos Klerides und Rauf Denktasch verabschiedete Kommuniqué über den Bevölkerungsaustausch vom 2. August 1975. Neben dem möglichen Verstoß gegen *ius cogens* ist aber beachtlich, daß das Kommuniqué ausschließlich freiwillige Umsiedlungen vorsah. Auch kann es, ob seiner zeitlichen Einordnung, keine Rechtfertigung darstellen; es wurde erst zu einem Zeitpunkt beschlossen, als der Großteil der Umsiedlungen schon vollzogen war[1228].

Zu überlegen ist weiter, ob die Maßnahmen der Türkei als völkerrechtlich zulässige Repressalie gerechtfertigt sein könnten. An die Zulässigkeit der Repressalie sind aber strenge Maßstäbe zu anzulegen[1229]. Vorliegend müßte die Türkei mit der Repressalie das Ziel verfolgt haben, die Republik Zypern zu einem völkerrechtskonformen Verhalten zu bewegen. Hingegen hat die Türkei möglicherweise selbst, unter Verletzung des in Art. 2 Ziff. 4 SVN statuierten völkerrechtlichen Gewaltverbots, den Nordteil der Insel Zypern besetzt. Auch wenn man eine Rechtfertigung der Besetzung als humanitäre Intervention annehmen wollte[1230], so werden doch die sich anschließenden Maßnahmen von dieser Rechtsfigur nicht mehr rechtfertigend erfaßt. Zu welchem mit dem Völkerrecht übereinstimmenden Verhalten die Republik Zypern letzthin dadurch gedrängt werden soll, ist nicht ersichtlich. Darüber hinaus muß das Mittel der Repressalie unterhalb der Schwelle der Gewalt rangieren. Vertreibungshandlungen sind aber, wie bereits dargestellt, kein taugliches Mittel der völkerrechtlichen Repressalie. Schließlich stellt der Tatbestand der Vertreibung einen Verstoß gegen zwingendes *ius cogens* dar. Eine Rechtfertigung der Vertreibungshandlungen scheidet somit aus.

1228 Köhler, S. 55 f.; von Laffert, S. 190 ff.; Anstötz, S. 134.

1229 Vgl. auch Verdross/Simma, § 1342 ff.

1230 Dieser Ansicht neigt stark Christian Rumpf zu, der die Grundzüge der Zypernfrage letztlich in einem machtpolitischen Konflikt zwischen den USA, der Republik Zypern und der Türkei verortet.

b) Recht auf die Heimat der griechischen Zyprioten

aa) Bestehen des Rechts

Fraglich ist, ob der Gruppe der griechischen Zyprioten das völkerrechtliche Recht auf die Heimat zukommt. Problematisch ist, wie zu bewerten ist, daß in den Resolutionen des Sicherheitsrats zu Zypern bislang ein Rückkehrrecht nicht explizit eingefordert wurde[1231]. Es handelt sich bei dem Recht auf die Heimat jedoch um einen aus dem völkerrechtlichen Selbstbestimmungsrecht abzuleitenden Rechtssatz, welcher gleichsam die Umkehrung des Vertreibungsverbots darstellt[1232]. Auch wenn das Recht auf die Heimat zunächst an die Problematik der Vertreibung der Deutschen nach dem Zweiten Weltkrieg gebunden war, so ist es doch nicht auf diesen Geltungsraum beschränkt. Aus dem zwingenden Charakter des Vertreibungsverbots ergibt sich überdies das Recht auf die Rückkehr. Dies folgt auch aus der Wiedergutmachungspflicht der Staaten als allgemeinem Prinzip des Völkerrechts zur Staatenverantwortlichkeit[1233].

Die griechischen Zyprioten müßten dann in dem betroffenen Gebiet auf dem Nordteil Zyperns als ihrer Heimat ansässig gewesen sein. Die Besiedlung der Insel durch beide Volksgruppen, eben auch durch die griechische, ist mehrere Jahrhunderte zurückzuverfolgen[1234]. Die Ansässigkeit der Gruppe auf dem Gebiet ist somit zu bejahen[1235]. Nach der mit der Vertreibung verbundenen Durchtrennung des Bandes zwischen der Heimat und der dort ansässigen Bevölkerung kommt der Volksgruppe und ihren Angehörigen ein Rückkehrrecht in die Heimat zu[1236]. Die Invasion schränkte die volle und effektive Kontrolle der in Zypern ansässigen griechischen Volksgruppe über ihre Heimat ein[1237]. Auch die griechisch-zypriotische Volksgruppe besitzt somit ein Recht auf die Heimat[1238].

1231 Solche Forderungen finden sich lediglich in Resolutionen der VN-Vollversammlung; so z. B. UN doc. A/10034 (1975), UN doc. A/37/51 (1983).

1232 de Zayas, in: Rill, S. 30; Anstötz, S. 132.

1233 Anstötz, S. 134; Doehring, Völkerrecht, S. 355 f.

1234 Rumpf, in: EuGRZ 1997, S. 533; eingehend zur Herkunft der Bevölkerungsgruppen auf Zypern: Choisi, S. 73 ff.

1235 Dem entspricht auch die Resolutionspraxis der VN, vgl. GV-Res. 3212 (XXIX), § 5; GV- Res. 34/30 (1979), § 3.

1236 So sehen es auch: GV-Res. 3395 (XXX) sowie GV-Res. 3212 (XXIX) (1974) Abschn. 5, bestätigt durch SR-Res 365 (1974); SR-Res. 774 (1992).

1237 Vgl. dazu auch European Court of Human Rights, Case of Loizidou v. Turkey (merits) 40/1993/435/514 Judgement, § 30.

1238 Parameswaran, in: AVR 41 (2003), S. 1 (49); Rosand, in: MJIL (1998), S. 1091 (1125).

bb) Griechische Zyprioten als Rechtsträger

Zu untersuchen ist die Gruppe der griechischen Zyprioten als tauglicher Rechtsträger. In Betracht kommen dabei sowohl die Individuen als auch die Volksgruppe als solche, also die griechisch-zypriotische Volksgruppe sowie deren Angehörige[1239].

cc) Kollision mit dem Recht auf die Heimat der Neuangesiedelten

Möglicherweise besteht auch hierzu ein entgegenstehendes Recht auf die Heimat seitens der auf der Insel neu angesiedelten Angehörigen der türkischen Volksgruppe[1240]. Grundsätzlich geht das ursprüngliche Recht auf die Heimat der heute noch existierenden griechischen Volksgruppe nicht unter. Sofern allerdings die Ansässigkeit der türkischen Bevölkerung nach immerhin einer Generation zu bejahen ist, erscheint das ursprüngliche Recht ohne die Verletzung der neu entstandenen Rechte nicht durchsetzbar. Große Bedeutung kommt dabei dem Faktor Zeit zu, ohne daß bislang feste Abgrenzungsmaßstäbe zu erkennen sind[1241].

Der Anspruch der griechischen Zyprioten wandelt sich somit in einen, gegen die Türkei zu richtenden, völkerrechtlichen Anspruch auf Entschädigung.

6. Verletzungen der Rechte aus der EMRK

Fraglich ist, welche Vorschriften der EMRK – aus der hier vorgegebenen Perspektive – möglicherweise verletzt sind.

a) Art. 8 EMRK

In Betracht kommt eine Verletzung des in Art. 8 Abs. 1 EMRK gewährten Schutzes der Wohnung und des Familienlebens (right to respect for private and family life, home and correspondence). Die Anwendung von Art. 8 Abs. 1 EMRK wird nicht durch eine speziellere Regelung im Vierten Zusatzprotokoll zur EMRK verdrängt, da weder Zypern noch die Türkei dieses Protokoll ratifiziert haben. Im Blickpunkt steht hier eine Verletzung des Schutzes der Wohnung. Hierbei ist festzustellen, daß es den Angehörigen der griechisch-zyprio-

---

1239 So statt vieler: Ermacora, S. 235.

1240 Dies problematisiert auch Anstötz, S. 135 f.

1241 Kimminich, Das Recht auf die Heimat, S. 195.

tischen Volksgruppe nach wie vor verwehrt wird, in ihre ursprünglichen Siedlungsgebiete im Nordteil der Insel zurückzukehren[1242]; statt dessen wurden durch Organe der TRNZ und der Türkei Siedler vom türkischen Festland dort angesiedelt. Die Vertreibungen griechischer Zyprioten aus ihren Häusern bedeutet einen Eingriff in die Schutzgüter des Art. 8 Abs. 1 EMRK. Somit liegt eine fortwährende Verletzung von Art. 8 EMRK vor. Einen solchen der Türkei zurechenbaren Verstoß hat auch die frühere Europäische Kommission für Menschenrechte (EKMR) in den Fällen von mehr als 170.000 Vertriebenen festgestellt und diesen Normverstoß in der Verweigerung der Rückkehr der griechischen Zyprioten sowie im erzwungenen Bevölkerungsaustausch gesehen[1243].

Eine Rechtfertigung dieser Handlungen ist nur in engen Grenzen gemäß Art. 8 Abs. 2 EMRK denkbar. Allerdings ist hinsichtlich der in Rede stehenden Maßnahmen deren Notwendigkeit im Hinblick auf die durch Art. 8 Abs. 2 EMRK aufgestellten Bedingungen in einer demokratischen Gesellschaft für den vorliegenden Fall eher zweifelhaft. Zwar könnte der Zweck der Umsiedlung in der Gewährleistung der physischen Sicherheit der Angehörigen der griechischen Volksgruppe gesehen werden[1244]. Dagegen spricht aber sowohl der Umstand, daß griechisches Eigentum konfisziert wurde, als auch die Intention der Gründung einer „Türkischen" Republik Zypern. So hat auch die EKMR diese Rechtfertigung ausgeschlossen[1245]. Damit kommt eine Rechtfertigung der Vertreibung aus Art. 8 Abs. 2 der EMRK nicht in Betracht[1246].

b) Art. 1 Abs. 1 Zusatzprotokoll zur EMRK

Art. 1 des Ersten Zusatzprotokolls (ZP I) zur EMRK besitzt Gültigkeit sowohl für die Republik Zypern als auch für die Türkei[1247]. Ein Verstoß gegen die Regelung könnte in zweifacher Hinsicht anzunehmen sein. Zum einen könnte der völkerrechtswidrige Entzug des Eigentums der Angehörigen der griechisch-zypriotischen Volksgruppe gegeben sein. Im Fokus stehen hier sowohl die zahlreichen „wilden" Enteignungen nach der Umsiedlung der griechischen Volks-

---

1242 So auch Entscheidung des EGMR, Nr. 341 v. 10.05.2001, S. 7; daran ändert auch die im Mai 2003 eingeführte Praxis der Kurzzeitbesuche nichts.

1243 Bericht der EKMR v. 4.10.1983, in: EuGRZ 1992, S. 466 (468); neuerlich im Urteil des EGMR Cyprus v. Turkey, 341, v. 10.05.2001, S. 7.

1244 In diesem Sinne will es Rumpf, in: EuGRZ 1992, S. 457 (459), verstanden wissen.

1245 Rumpf, in: EuGRZ 1992, S. 457 (459).

1246 Kritisch dazu Rumpf, in: EuGRZ 1992, S. 457 (459).

1247 Miehsler/Petzold, S. 9.

gruppe[1248], welche der Türkei zugerechnet werden können, als auch die Enteignungen durch das Gesetz vom 16. August 1977[1249], welches vom damaligen sogenannten „Türkischen Bundesstaat Zypern", der mit der TRNZ subjektsidentisch ist, erlassen wurde[1250]. Abgesehen von dieser „aktiven" Enteignung, kommt ein Verstoß gegen die Konvention dadurch in Betracht, daß die Mehrheit der zypriotisch-griechischen Volksgruppe infolge der Vertreibungsmaßnahmen gezwungen war, ihr bewegliches und unbewegliches Eigentum zurückzulassen. Durch die Unmöglichkeit der effektiven Ausübung der Eigentumsrechte ist in diesen Fällen von einer *de-facto*-Enteignung zu sprechen[1251].

Durch den entschädigungslosen Entzug des Eigentums handelt es sich nicht um eine gemäß Art. 1 Abs. 1 ZP I gerechtfertigte Maßnahme. Ebenso liegt in der Verhinderung der Rückkehr der griechischen Zyprioten sowie in der Vorenthaltung einer effektiven Kontrolle ihres Eigentums eine noch andauernde Verletzung der Konventionsnorm[1252]. Als rechtswidrig im Sinne der Konvention ist darüber hinaus der Verlust der Eigentumsposition der Erben griechisch-zypriotischer Eigentümer anzusehen, sofern sich diese nicht auf dem Gebiet der TRNZ befinden[1253].

Fraglich ist lediglich, ob Art. 1 Abs. 1 ZP I zur EMRK durch Art. 15 Abs. 1 EMRK außer Kraft gesetzt werden könnte. Art. 15 Abs. 1 EMRK erlaubt das Abweichen vom Vertrag aufgrund eines Notstandsfalls – jedoch nur innerhalb sonstiger völkerrechtlicher Verpflichtungen. Wie bereits festgestellt, verbietet die – hier als kodifiziertes Völkergewohnheitsrecht anwendbare – HLKO[1254], insbesondere durch Art. 23g HLKO, die Zerstörung und Wegnahme von Privateigentum. Neben der Zweifelhaftigkeit eines anhaltenden Notstandes im Sinne von Art. 15 Abs. 1 EMRK läßt die auch für die Türkei verbindliche Geltung der HLKO eine Einschränkung von Art. 1 Abs. 1 ZP I zur EMRK nicht zu. Im übrigen erlaubt Art. 53 HLKO die Beschlagnahme von Privateigentum nur in Ausnahmefällen und unter Einschluß einer Entschädigungsregelung. Die enteignen-

---

1248 Zurückhaltend äußert sich dazu Rumpf, in: EuGRZ 1992, S. 457 (459).

1249 Dazu Rumpf, in: EuGRZ 1992, S. 457 (459 f.).

1250 So sah es auch die EKMR in ihrem Bericht v. 04.10.1983, in: EuGRZ 1992, S. 466 (468).

1251 Vgl. die Ausführungen des EGMR im Loizidou-Fall bei Rumpf, in: ZFTS 1998, S. 233 (242).

1252 Vgl. Urteil des EGMR Cyprus v. Turkey, 341, v. 10.05.2001, S. 7.

1253 Vgl. Urteil des EGMR Cyprus v. Turkey, 341, v. 10.05.2001, S. 7.

1254 von Laffert, S. 203.

den Maßnahmen der Türkei können somit auch nicht über eine Anwendung von Art. 15 Abs. 1 EMRK gerechtfertigt werden, so daß im Ergebnis eine Verletzung von Art. 1 Abs. 1 ZP 1 zur EMRK vorliegt.

c) Art. 13 EMRK

In Betracht kommt weiter ein Verstoß gegen Art. 13 EMRK dadurch, daß insbesondere gegen die aufgezeigten Verstöße gemäß Art. 8 EMRK sowie Art. 1 I ZP EMRK keine wirksamen nationalen Beschwerdemöglichkeiten zur Verfügung stehen[1255]. Wie dargestellt, fehlt den Angehörigen der griechisch-zypriotischen Volksgruppe die Möglichkeit effektiver innerstaatlicher Rechtsverfolgung.

d) Art. 14 EMRK

Möglicherweise ist in den Umsiedlungsmaßnahmen auch ein Verstoß gegen das Diskriminierungsgebot gemäß Art. 14 der Konvention zu sehen. Die Maßnahmen seitens der TRNZ haben ausschließlich Angehörige der griechischen Volksgruppe betroffen[1256]. Diese wurden allein aufgrund ihrer Volksgruppenzugehörigkeit vertrieben. Auch wurde ihre Eigentum konfisziert. Eine Rechtfertigung der Maßnahmen durch Schrankenbestimmungen aus der Konvention selbst ist nicht ersichtlich[1257]. Art. 14 EMRK ist nämlich schrankenlos zu gewährleisten. Durch die Maßnahmen der TRNZ ist mithin auch eine Verletzung von Art. 14 EMRK gegeben.

7. Rückgabe oder Entschädigung?

Trotz der festgestellten Völkerrechtswidrigkeit der gegenüber den griechischen Zyprioten durchgeführten Vertreibungs- und Konfiskationsmaßnahmen zeigen sich auch hier Schwierigkeiten bezüglich der grundsätzlich zu leistenden Restitution des Eigentums. Diese könnte zwischenzeitlich faktisch unmöglich geworden sein. Sie könnte auch aufgrund der Verdrängung der neuen Eigentümer unzumutbar geworden sein. Dabei ist zwar vorrangig auf Wiederherstellung in Form der *restitutio in integrum* zu dringen[1258], anderes erweist dem effektiven

---

1255 Vgl. Urteil des EGMR Cyprus v. Turkey, 341, v. 10.05.2001, S. 7.

1256 Dazu Rumpf, in: EuGRZ 1992, S. 457 (460).

1257 Anders allerdings Rumpf, in: EuGRZ 1992, S. 457 (460), der die in Rede stehenden Maßnahmen nach einer Güterabwägung gerechtfertigt sehen will.

1258 Vgl. Rechtsfragen, S. 8.

Menschenrechtsschutz grundsätzlich nicht die gebotene Achtung und bestätigt den Rechtsverstoß. Sofern die Restitutionsmaßnahmen jedoch ihrerseits entsprechend schwere Rechtsverstöße beinhalten, könnte auch hier möglicherweise von der Restitution abzusehen sein[1259]. Eine Berufung der zypern-türkischen Seite auf rechtliche Unmöglichkeit wegen der Weitergabe des Eigentums an private Dritte scheidet aufgrund der Schwere der Völkerrechtsverstöße aus. Jedoch würden – im Falle der vollständigen Rückgabe – die seit nun mehr als einer Generation im Nordteil ansässigen Angehörigen der türkischen Volksgruppe selbst kollektiv enteignet und quasi vertrieben werden. Insofern ist fraglich, ob auch hier der Vertrauensschutzgedanke anwendbar ist. Dies wäre nach den hier vertretenen Grundsätzen dann der Fall, wenn mit der Rückübertragung die Völkerrechtsverletzungen in „umgekehrter Richtung" erfolgen würden. Hingegen ist der Effektivitätsgrundsatz nicht leichthin anzunehmen. In diesem Fall würde die einst völkerrechtsverletzende Lage perpetuiert werden. Im vorliegenden Fall ist nach Ablauf einer Generation der Vertrauensschutz noch nicht soweit gewachsen, daß die ursprüngliche Völkerrechtsverletzung überlagert würde. Dabei ist zu bezweifeln, ob aus ungültigen oder rechtswidrigen Rechtsakten überhaupt schutzwürdiges Vertrauen erwachsen kann. Auch ist zu bedenken, daß die im Nordteil der Insel mit Land versorgte – originär anatolische – Bevölkerung nicht heimatlos würde. Die Herausgabe des Eigentums ist daher noch nicht ausgeschlossen. Dennoch sind bei Lösungsansätzen neben den rechtlichen auch politische und ökonomische Aspekte einzubeziehen. Insofern käme entgegen dem Grundsatz „Rückgabe vor Entschädigung" im Zuge der politischen Lösung des Zypernproblems die Enteignung der Eigentümer durch den Staat Zypern und eine darauf folgende Entschädigungsregelung für die Alteigentümer in Betracht[1260]. Neueigentümer wären nach dieser Lösung dann notwendig die jetzigen Besitzer, da die Ausnahme vom Prinzip der Naturalrestitution gerade wegen des Effektivitätsgrundsatzes und der Verhinderung neuer Rechtsverletzungen zu machen wäre. Dies könnte gemäß Art. 23 Abs. 4 der Verfassung Zyperns geschehen. Die Enteignung muß dann allerdings einzelfallbezogen erfolgen.

1259 Vgl. dazu Art. 1 des Anhangs zu den Verträgen von Dayton/Paris, wonach für solches Eigentum Entschädigung zu verlangen ist, das nicht zurückgegeben werden kann.

1260 Vgl. auch Anstötz, S. 145.

8. Wege der Durchsetzung von Ansprüchen

a) Rechtsschutz vor internationalen Institutionen

aa) Zulässigkeit der Beschwerde vor dem EGMR

In Betracht kommt auch hier der Rechtsschutz vor dem Europäischen Gerichtshof für Menschenrechte. Nachdem bereits materiell Verstöße gegen die Konvention festgestellt wurden, ist nun die Zulässigkeit einer EMRK-Individualbeschwerde zu prüfen.

(1) Zuständigkeit ratione personae

Der EGMR müßte für die Streitbeteiligten zunächst *ratione personae* zuständig sein.

(a) Beschwerdeführer

Zu untersuchen ist, ob zunächst die griechische Volksgruppe gemäß Art. 34 EMRK tauglicher Beschwerdeführer ist. Dabei führt Art. 35 enumerativ die möglichen Beschwerdeführer auf. Die griechische Volksgruppe ist als Kollektiv natürlicher Personen als Personengruppe gemäß Art. 34 EGMR zu bezeichnen und somit tauglicher Beschwerdeführer. Im übrigen kommt – *de lege ferenda* –, entsprechend den Ergebnissen des Allgemeinen Teils, auch die Parteifähigkeit als Nichtregierungsorganisation in Betracht.

Taugliche Beschwerdeführer sind darüber hinaus die griechisch-zypriotischen Alteigentümer als Individuen[1261].

(b) Beschwerdegegner

Die TRNZ selbst ist kein tauglicher Beschwerdegegner, da es sich bei ihr weder um eine Vertragspartei der Konvention noch überhaupt um einen Staat handelt. Fraglich ist, ob die auf dem Gebiet der TRNZ erfolgten Maßnahmen überhaupt einem Vertragsstaat zugerechnet werden können. In Erwägung zu ziehen sind dabei sowohl die Republik Zypern als auch die Türkei.

1261 Vgl. das Urteil des EGMR zum Fall „Loizidou", v. 18.12.1996, Loizidou ./. Türkei, in: EuGRZ 1997, S. 555 ff. Die Beschwerdeführerin behauptete, Eigentümerin verschiedener Grundstücke in Kyrenia (Nordzypern) zu sein, an deren Nutzung sie sowohl von türkischem Militär als auch türkisch-zypriotischer Polizei gehindert worden sei. Sie forderte die Leistung einer Entschädigung und die zukünftige Gewährung ihrer Rechte.

Zwar ist die Republik Zypern zunächst als völkerrechtliche Vertreterin der gesamten Insel anzusehen[1262], jedoch übt sie im Nordteil der Insel keine effektive Hoheitsgewalt aus[1263]. Bei der Frage nach der Zurechnung müssen aber sowohl die Gebiets- und Personalhoheit im Sinne eines Anspruchs des Staates, sein Staatsvolk nach außen zu vertreten und sein Staatsgebiet zu schützen, als auch die faktischen Machtverhältnisse miteinander verknüpft werden[1264]. Wegen des Fehlens der Fähigkeit der tatsächlichen Ausübung der in Art. 1 EMRK zugewiesenen Hoheitsgewalt scheitert hier eine Zurechnung an die Republik Zypern[1265].

Zu untersuchen ist dann, ob die Handlungen der TRNZ der Türkei zuzurechnen sind. Zwar hat die Türkei seit dem Zeitpunkt ihres Einmarsches Teile der Hoheitsgewalt der TRNZ überlassen, sie übt aber – nicht allein durch ihre völkerrechtlich als Besatzungsmacht anzusehenden Truppen[1266] – weiter eine gewisse tatsächliche Kontrolle, rechtmäßig oder unrechtmäßig, aus[1267]. Eine Begrenzung der eigenen Hoheitsgewalt in personaler und territorialer Hinsicht durch eine entsprechende Erklärung ist, mit Rücksicht auf die völkerrechtlichen Grundsätze zur Staatenverantwortlichkeit, nicht möglich[1268]. Der Türkei sind jedenfalls die Handlungen und verhinderungspflichtigen Unterlassungen[1269] ihrer Organe auf zyprischem Boden zurechenbar. Dabei muß ein Staat dann verhindernd tätig werden, wenn er im Rahmen der ihm völkerrechtlich obliegenden Sorgfalt dazu verpflichtet wäre[1270]. Dies entspricht dem Grundsatz der Staatenverantwortlichkeit. Danach ist die Haftung auch außerhalb eigenen Hoheitsgebiets dann anzunehmen, wenn infolge militärischer Aktionen eine effektive Kontrolle des Territoriums möglich ist[1271]. Würde die Türkei nicht als verantwortlich anzusehen

---

1262 Vgl. Frowein, in: FS für Schlochauer, S. 289 (299).

1263 Dazu Rumpf, in: EuGRZ 1992, S. 457 (458).

1264 Rumpf, in: EuGRZ 1992, S. 457 (462):

1265 Diese Auslegung entspricht der Zulässigkeitsentscheidung der EKMR im Chrysostomos-Falls, in: EuGRZ 1991, S. 254 (257).

1266 Rumpf, in: EuGRZ 1992, S. 457 (463, 465).

1267 Rumpf, in: EuGRZ 1992, S. 457 (463); allerdings wurde der Einfluß der türkischen Streitkräfte mit der Gründung der TRNZ am 15.11.1983 sukzessiv eingeschränkt.

1268 Vgl. hierzu die Entscheidung der EKMR v. 04.03.1991, in: EuGRZ 1991, S. 254 (258); Rumpf, in: ZFTS 1998, S. 233 (241).

1269 Vgl. dazu Wolf, in: ZaöRV 45 (1985), S. 232 (233 ff.).

1270 Wolf, in: ZaöRV 45 (1985), S. 232 (235); vgl. auch Seidl-Hohenveldern, Völkerrecht, S. 77 f.

1271 Ähnlich Anstötz, S. 139, mit Hinweis auf den Einwand der Türkei – *ratione materiae* – im Loizidou-Fall.

sein, so entstünde in Nordzypern im Falle von Menschenrechtsverletzungen ein Vakuum, dessen Hinnahme dem Effektivitätsgrundsatz der Konvention widerspräche[1272]. Für die Türkei ist hierbei Art. 1 EMRK von Bedeutung. Danach sind der Türkei weiterhin auch Handlungen von türkisch-zypriotischen Organen zuzurechnen, die wenigstens mittelbar von der Türkei kontrolliert werden, oder auch dann, wenn die Türkei potentiell eingreifen könnte. Aufgrund der starken Präsenz türkischer Streitkräfte im nördlichen Teil Zyperns wird dies in vielen Fällen anzunehmen sein[1273]. Da der Bereich der Jurisdiktion hier im Sinne von Art. 1 EMRK zu sehen ist, können der Türkei allerdings solche Handlungen türkisch-zypriotischer Organe nicht zugerechnet werden, auf welche sie weder rechtlichen noch faktischen Einfluß hat[1274].

Zwar könnte grundsätzlich auch eine Staatenbeschwerde der Republik Zypern gegen die Türkei gemäß Art. 33 EMRK erwogen werden[1275]. In der hier vorgenommenen Untersuchung kann dies allerdings dahingestellt bleiben, sind doch vorrangig die eigenen Ansprüche der Volksgruppen und nicht die der Staaten zu prüfen. In Betracht kommt also als wirksames Instrument zur Rechtsdurchsetzung die Verfolgung der Individualbeschwerde[1276].

(2) Ratione temporis

Zu betrachten ist für den vorliegenden Fall der zeitliche Geltungsbereich der Konvention, da die Handlungen eines Vertragsstaates möglicherweise erst nach Inkrafttreten der Konvention für ihn an jener zu messen sind[1277]. Dies ist nun für die Türkei zu prüfen. Die Türkei war zum Zeitpunkt der Vornahme der in Rede stehenden Handlungen aufgrund der Inkraftsetzung der EMRK am 18. Mai 1954 bereits Vertragsstaat der Konvention[1278]. Allerdings ist der EGMR, nach Auffassung der Türkei mit Verweis auf ihre gemäß Art. 46 EMRK erfolgte Erklärung vom 22. Januar 1990, *ratione temporis* nur für solche behaupteten Rechtsverletzungen der EMRK zuständig, die sich nach der Hinterlegung der Erklärung er-

---

1272 Vgl. die Auffassung des EGMR im Loizidou-Fall bei Rumpf, in: ZFTS 1998, S. 233 (240). Diese Auffassung bestreitet freilich die Rechtsauffassung der Türkei mit dem Hinweis auf die Selbstständigkeit der türkisch-zypriotischen Organe.

1273 Vgl. auch EGMR, RJD Nr. 26, S. 2235, in: EuGRZ 1997, S. 561.

1274 So schon Rumpf, in: EuGRZ 1992, S. 457 (464).

1275 Hierzu Frowein, in: FS für Schlochauer, S. 289 (299).

1276 Vgl. Rumpf, in: EuGRZ 1990, S. 53.

1277 Hummer, in: Neuhold/Hummer/Schreuer, Rn. 1121.

1278 Vgl. Rumpf, in: ZaöRV 47 (1987), S. 778 (781).

eigneten[1279]. Für den Loizidou-Fall begann der belastende Eingriff jedoch bereits im Jahre 1974 und verfestigte sich durch das Inkrafttreten von Art. 159 Abs. 1 lit. b der Verfassung der TRNZ am 7. Mai 1985 möglicherweise zu einer unwiderruflichen Enteignung[1280]. Dem Gerichtshof wäre danach – in Ansehung der Handlungen als historischem Ereignis – die Prüfung versagt[1281].

Fraglich ist aber, ob es sich hier um einen Eingriff mit Dauerwirkung handelt. Dann müßten die Rechtsverletzungen heute noch spürbar sein. Nach der Rechtsprechung des EGMR im Loizidou-Fall konnte sich die Eigentümerin Titina Loizidou auf vorhandenes Eigentum (existing possession) berufen[1282]. Dies begründete der Gerichtshof insbesondere mit der Nichtanerkennung der TRNZ und mit der daraus folgenden fehlenden Rechtswirkung des Art. 159 der Verfassung[1283].

Der ungehinderte Zugang zu griechisch-zypriotischem Eigentum in Nordzypern wird den Angehörigen der griechischen Volksgruppe jedoch sowohl durch türkische Truppen als auch durch Sicherheitskräfte der TRNZ verwehrt. Dies stellt eine Fortsetzung der Rechtsverletzung dar[1284]. Die Konventionsverletzung manifestiert sich dadurch wieder von neuem. Aufgrund der Nichtanerkennung der TRNZ konnte auch Art. 159 der Verfassung der TRNZ keine Regelungskraft entfalten[1285]. Auch hat die Regierung Zyperns die Position der griechisch-zypriotischen Alteigentümer stets bekräftigt. Somit kommt eine Unzuständigkeit

---

1279 In dieser Erklärung unterwarf sich die Türkei der Gerichtsbarkeit des EGMR erst für solche Tatsachen, die sich nach dem 22.01.1990 zugetragen haben; zum Wortlaut der deutschen Übersetzung des Vorbehalts siehe EuGRZ 1990, S. 83.

1280 Dazu auch Blumenwitz, in: AWR-Bulletin 2000, S. 163 (166).

1281 Diese Einwendung der Unzuständigkeit des EGMR entspricht dem Standpunkt der Türkei im Loizidou-Fall, vgl. dazu Rumpf, in: ZFTS 1998, S. 233 (237), der schon verschiedentlich auf die Minderheitsvoten – insb. von Bernhardt – hingewiesen hat, RJD Nr. 26, S. 2242 ff.

1282 Die Ansicht des EGMR zum Loizidou-Fall sind inzwischen durch ein weiteres Urteil bestätigt, Urteil des EGMR v. 10.05.2001 im Verfahren Zyperns gegen die Türkei (Beschwerde 25781/94), bes. Abs. 184 ff.; dazu auch Rumpf, in: ZFTS, S. 233 (239).

1283 Vgl. dazu Anstötz, S. 139.

1284 Dies entspricht der Auffassung des EGMR schon in: Papamichalopoulos u. a. ./. Griechenland, Urteil v. 24.06.1993, Series A Nr. 260-B, S. 20 f., Ziff. 46; Agrotexim u. a. ./. Griechenland, Urteil v. 24.10.1995, Series A Nr. 330, S. 22, Ziff. 58.

1285 Vgl. Loizidou v. Turkey, Application refered to Court by Cyprus Government 09.11. 1993; Hearing before the Court of Preliminary Objections 23.03.1995; Judgement by the Court of Preliminary Objections 23.03.1995; Judgement by the Court on Article 50 (satisfaction to the injured party) 28.07.1998.

ratione temporis nicht in Frage. Die Alteigentümer sind weiterhin Anspruchsinhaber. Die Zuständigkeit des EGMR *ratione temporis* ist anzunehmen.

(3) Beschwerdegegenstand

Gegenstand der Beschwerde muß ein Verhalten sein, welches dem Beschwerdegegner Türkei zuzurechnen ist. Die angegriffenen Handlungen sind, wie gezeigt, sowohl von Organen der Zyperntürken als auch von türkischem Militär vorgenommen worden. Sie sind damit mindestens teilweise der Türkei zuzurechnen.

(4) Beschwerdebefugnis

Gemäß 35 Abs. 3 EMRK darf die Beschwerde nicht unvereinbar mit den Regelungen der Konvention sein[1286]. Die Kommission ist demnach dann unzuständig *ratione materiae*, wenn ein Recht gerügt ist, welches in der Konvention nicht garantiert wird. Durch die gegenüber der Türkei beanstandeten Maßnahmen werden aber gerade solche Rechte verletzt, die in der Konvention oder ihrem Zusatzprotokoll garantiert werden.

Weiter muß der Beschwerdeführer gemäß Art. 34 EMRK selbst betroffen sein. So soll die Popularbeschwerde ausgeschlossen werden. Hierbei können die griechisch-zypriotischen Alteigentümer für sich unproblematisch beschwerdebefugt sein. Andererseits kann auch die Volksgruppe für ihre Angehörigen die Beschwerdebefugnis besitzen, sofern sie entsprechend der Lehre vom „indirekten Opfer“ ein schutzwürdiges Interesse an der Geltendmachung der Rechte hat. Entsprechend der hier vertretenen Auffassung ist das dann der Fall, wenn die gerügten Maßnahmen gerade auf die Volksgruppe als Kollektiv abzielen. Dafür ist aber in jedem Fall eine ausreichende Repräsentation der Gruppe nach außen vorauszusetzen.

(5) Rechtswegerschöpfung

Im Einklang mit Art. 35 EMRK ist der innerstaatliche Rechtsweg zu erschöpfen. Bereits in anderen Fällen wurde von der früheren EMRK-Kommission festgestellt, daß ein wirksamer Rechtsschutz vor türkisch-zypriotischen Gerichten nicht zu erlangen sei[1287]. Dennoch müßten hier zunächst innerstaatliche Mittel angestrengt werden.

1286 Inhaltsgleich dazu Art. 35 III EMRK.

1287 Entscheidung v. 26.05.1975, 6950/75 (Zypern./.Türkei), D.R. 2, S. 125 ff.; Entscheidung v. 10.07.1978, 8007/77 (Zypern./.Türkei), D.R. 13, S. 85 ff.

(6) Frist

Es muß die sechsmonatige Beschwerdefrist entsprechend Art. 35 Abs. 1 EMRK gewahrt werden.

(7) Keine offensichtliche Unbegründetheit

Schließlich dürfte die Beschwerde nach Art. 35 Abs. 3 EMRK nicht unzulässig sein. Dies ist der Fall, wenn sie offensichtlich unbegründet ist. Allerdings wurde hier bereits an anderer Stelle die Verletzung der EMRK-Normen geprüft. Eine offensichtliche Unbegründetheit liegt nicht vor.

(8) Zwischenergebnis

Eine Beschwerde zum EGMR wegen der Verletzung von in der EMRK garantierten Rechten durch die einzelnen Angehörigen der griechischen Volksgruppe auf Zypern wäre zulässig.

Ebenso könnte, im Falle ausreichender Repräsentation, die Volksgruppe als solche Beschwerde vor dem Gerichtshof einlegen.

bb) Verfahren vor dem IGH

Desgleichen ist fraglich, ob ein Verfahren vor dem Internationalen Gerichtshof möglich ist. Dazu müßten zunächst sowohl die griechisch-zypriotische Volksgruppe als auch die TRNZ beziehungsweise die Türkei dem IGH-Statut entsprechend taugliche Streitbeteiligte sein. Aufgrund des Art. 34 IGH-Statut ist die Streitbeteiligung allerdings für eine Volksgruppe als solche grundsätzlich ausgeschlossen[1288].

Dies könnte jedoch insoweit differenziert zu beurteilen sein, als die griechisch-zypriotische Volksgruppe gegenwärtig de facto mit dem Staatsvolk der Republik Zypern identisch ist. Somit könnte gemäß Art. 34 Abs. 1 IGH-Statut vor dem IGH die Republik Zypern – und in dieser Form eben doch die Volksgruppe – als Partei auftreten. Die Volksgruppe als solche – auch nach der hier vertreten Auffassung ihrer partiellen Völkerrechtssubjektivität – ist hingegen auch *pro futuro* vor dem IGH nicht parteifähig.

1288 Fischer, in: Ipsen, § 62 Rn. 43.

Weiter ist die Parteifähigkeit der TRNZ zu prüfen, da Streitgegner die – von einer Ausnahme abgesehen[1289] – international nicht anerkannte TRNZ ist[1290]. Indem es sich hierbei um ein nicht anerkanntes *de-facto*-Regime und nicht um einen Staat handelt, sind die Voraussetzungen von Art. 34 Abs. 1 IGH-Statut nicht erfüllt. Die TRNZ als staatenähnliches Gebilde ist somit nicht parteifähig, so daß ein Verfahren vor dem IGH auch unter der gegebenen Prämisse der Beteiligtenfähigkeit der griechischen Volksgruppe nicht in Frage kommt.

Als weiterer Streitgegner kommt noch die Türkei in Betracht. Diese ist Mitglied der Vereinten Nationen und somit gemäß Art. 34 Abs. 1 IGH-Statut parteifähig. Dennoch ist ein Verfahren vor dem IGH aufgrund der notwendigen Zustimmung des Klagegegners, hier der Türkei, kaum erfolgversprechend.

cc) Rechtsschutzmöglichkeiten vor dem EuGH

Fraglich ist, ob für die griechisch-zypriotischen Alteigentümer eine Klagemöglichkeit vor dem Europäischen Gerichtshof in Betracht kommt. Dazu ist die Parteifähigkeit der beiden Streitgegner zu prüfen. Allerdings gehört bereits die Türkei als Klagegegner nicht der Europäischen Union an, während die Republik Zypern ab dem Zeitpunkt ihres Beitritts zur Europäischen Union im Jahr 2004 parteifähig wäre. Insofern kommt ein Verfahren vor dem EuGH schon aus diesem Grunde nicht in Frage.

dd) Beschwerde vor dem VN-Menschenrechtsausschuß

Weiterhin könnte aber auch hier an eine Beschwerde vor dem Menschenrechtsausschuß der Vereinten Nationen zu denken sein. Diese müßte zulässig sein.

(1) Beteiligte

Nach Art. 1 S.1 des Fakultativprotokolls (FP) zum IPbpR sind nur Einzelpersonen taugliche Beschwerdeführer. Die griechische Volksgruppe selbst ist daher nicht aktiv legitimiert. Lediglich Einzelpersonen, also die griechisch-zypriotischen Alteigentümer, können Beschwerdeführer sein. Die Beschwerde vor dem VN-Menschenrechtsausschuß ist somit kein tauglicher Weg zur Durchsetzung kollektiver Rechte der Volksgruppe. Im übrigen müßte die Türkei passiv legiti-

---

1289 Zunächst hat lediglich die Türkei die TRNZ als Staat anerkannt, vgl. dazu die Anerkennungserklärung v. 15.11.1983, Annex zu UN doc. A/38/602.

1290 Dieses Verhalten entspricht der Empfehlung des VN-Sicherheitsrats in seiner Resolution v. 18.11.1983, vgl. S/RES/541 (1983); Anstötz, S. 38.

miert sein. Dies ist der Fall, wenn sie Vertragspartei des Fakultativprotokolls wäre. Die Türkei ist Mitglied des Paktes und damit Beschwerdegegner.

(2) Mitteilungsgegenstand

Als Mitteilungsgegenstand kommen nur Hoheitsakte in Frage. Hier ist auf die durch türkische Truppen erfolgte Konfiskation und Vertreibung der griechischen Zyprioten abzuheben. Da diese durch türkisches Militär vorgenommen wurden, handelte es sich um Hoheitsakte. Somit liegt ein Mitteilungsgegenstand vor.

(3) Mitteilungsbefugnis

Der Beschwerdeführer muß beschwerdebefugt sein. Dazu muß das geltend gemachte Recht im IPbpR gewährleistet sein. In Betracht kommen auch hier die Art. 26 und 27 des Paktes.

(4) Rechtswegerschöpfung

Bevor die Beschwerde beim Ausschuß eingereicht werden kann, ist zunächst der innerstaatliche Rechtsweg auszuschöpfen. Wirksamer Rechtsschutz für die griechisch-zypriotischen Alteigentümer ist innerstaatlich bislang nicht zu erreichen.

Unter den genannten Voraussetzungen erscheint eine Beschwerde beim Ausschuß durch die Alteigentümer als natürliche Personen zulässig.

ee) Bericht an die Menschenrechtskommission

(1) Rechtswegerschöpfung

Für einen Bericht an die Menschenrechtskommission ist zunächst der innerstaatliche Rechtsweg voll auszuschöpfen. Dies ist den griechisch-zypriotischen Alteigentümern zunächst aufzugeben.

(2) Geltungszeitraum

Das Beschwerdeverfahren wurde 1970 mit der Resolution Nr. 1503 des Wirtschafts- und Sozialrates der Vereinten Nationen geschaffen. Entsprechend dieser zeitlichen Beschränkung können nur solche Menschenrechtsverstöße vorgebracht werden, die ab 1970 erfolgt sind. Die Vertreibungen und Enteignungen gegenüber der Gruppe der griechischen Zyprioten haben tatsächlich in der Hauptsache 1974 und wenig später stattgefunden. Die Maßnahmen unterfallen damit dem Geltungszeitraum.

(3) Geltungsbereich

Vor der Menschenrechtskommission können Verstöße gegen alle Menschenrechtskonventionen und -pakte vorgebracht werden. Notwendige Voraussetzung ist allerdings, daß es sich um systematische Menschenrechtsverletzungen handelt. Dabei ist eine Menschenrechtsverletzung dann als systematisch anzusehen, wenn wenigstens 20 Einzelfälle oder ein Ereignis mit mindestens 20 Betroffenen nachgewiesen sind. Der erforderliche große Umfang der Maßnahmen ist hier unproblematisch zu bejahen, da über 140.000 Angehörige der griechischen Volksgruppe aus Nordzypern vertrieben wurden. Folglich sind die Menschenrechtsverletzungen als systematisch anzusehen.

(4) Rechtsfolge

Maßnahmen zur Rechtsdurchsetzung der griechisch-zypriotischen Ansprüche stehen der Kommission nicht zur Verfügung, so daß konkrete Rechtsfolgen aus diesem Verfahren nicht erwachsen. Jedoch verfügt sie über große Autorität in der Staatengemeinschaft.

b) Diplomatischer Schutz

Fraglich ist, ob und gegebenenfalls welcher Staat das Recht auf die Ausübung diplomatischen Schutzes für die griechischen Zyprioten in Anspruch nehmen darf.

aa) Völkerrechtswidriges Verhalten

(1) Verhalten der TRNZ

Für die Gewährung diplomatischen Schutzes ist ein völkerrechtswidriges Verhalten der TRNZ Voraussetzung. Die seitens der TRNZ durchgeführten – bereits festgestellten – entschädigungslosen Enteignungen und Vertreibungen gegenüber der griechischen Volksgruppe verstoßen gegen Völkerrechtsnormen.

(2) Verhalten der Türkei

Ebenso kann völkerrechtswidriges Verhalten der Türkei festgestellt werden. Nicht nur wurden im Zuge der Operation „Attila" auf dem von der Türkei besetzten Gebiet Nordzyperns Vertreibungen der griechischen Zyprioten durchgeführt und unterstützt, auch verhindert die effektive Kontrolle türkischer Organe bis heute eine Rückkehr der Vertriebenen zu ihrem Eigentum.

bb) Bestimmung der Schutzmacht

Zu prüfen ist, welcher Staat als Schutzmacht in Betracht kommt. Im Gegensatz zu der vorhergehenden Untersuchung der Ansprüche der deutschen Volksgruppe auf dem Gebiet der Tschechoslowakei, wonach als Schutzmacht die Bundesrepublik Deutschland auftreten konnte, ist bei den Ansprüchen der griechischen Volksgruppe auf Zypern dieser Status nicht automatisch auch Griechenland als einem co-nationalem Staat der Volksgruppe zuzuerkennen. Die Berechtigung zur Gewährung diplomatischen Schutzes wird in der Regel durch die Staatsangehörigkeit vermittelt[1291]. Die hier untersuchten Rechtsverletzungen betreffen Angehörige der griechisch-zypriotischen Volksgruppe auf dem Gebiet der nicht anerkannten TRNZ. Dadurch, daß der schutzgewährende Staat im allgemeinen selbst bestimmt, wer als sein Staatsangehöriger anzusehen ist, kann für den vorliegenden Fall davon ausgegangen werden, daß die Angehörigen der griechisch-zypriotischen Volksgruppe – unabhängig von ihrem Aufenthaltsort – die zypriotische Staatsangehörigkeit besitzen. Zwischen den griechischen Zyprioten und der Republik Zypern besteht dann auch der zum diplomatischen Schutz berechtigende *genuine link* in Form der Staatsangehörigkeit. Daher ist vorliegend die Republik Zypern als taugliche Schutzmacht der enteigneten griechischen Zyprioten anzusehen. Entsprechend dem Kontinuitätsprinzip[1292] besteht dieses beide Teile verbindende staatsangehörigkeitsrechtliche Band – aus der Sicht des Heimatstaates – zwischen den enteigneten griechisch-zypriotischen Volksgruppenangehörigen und dem Heimatstaat Republik Zypern auch durchgehend vom Zeitpunkt der Enteignung an.

(1) Existenz eines de-facto-Regimes

Unabhängig davon, daß für Bürger der Republik Zypern zunächst dieser Staat das Recht auf diplomatischen Schutz hat, ist hier zu fragen, ob die griechisch-zypriotischen Eigentümer überhaupt durch ein völkerrechtswidriges Verhalten einer fremden Hoheitsgewalt betroffen sind[1293]. Dies wäre jedenfalls dann der Fall, wenn es sich bei der TRNZ um einen Staat handelte. Bei dem von fast keinem Staat anerkannten Gebilde der TRNZ handelt es sich freilich um ein *de-facto*-Regime, da immer noch um die Durchsetzung der effektiven Hoheitsgewalt mit dem Gebietsstaat Republik Zypern gerungen wird und die Aufrecht-

---

[1291] Gloria, in: Ipsen, § 24 Rn. 34.

[1292] Gloria, in: Ipsen, § 24 Rn. 34.

[1293] Zur Frage der fremden Hoheitsgewalt auch Gloria, in: Ipsen, § 24 Rn. 33.

erhaltung des status quo auf der Insel ohne die weitere Anwesenheit starker türkischer Streitkräfte den Organen der TRNZ kaum möglich wäre[1294].

(2) Völkerrechtssubjektivität der TRNZ

Dadurch, daß gegebenenfalls Staaten eigene Rechtspositionen im effektiv von Aufständischen beherrschten Gebiet sichern wollen – so wie hier Zypern sein Recht auf Ausübung diplomatischen Schutzes –, besteht ein völkerrechtliches Interesse daran, mit *de-facto*-Regimen in völkerrechtliche Verbindung zu treten[1295]. Zu bedenken ist, daß der TRNZ die Anerkennung durch fast alle Staaten bislang versagt geblieben ist. Ein *de-facto*-Regime erlangt seinen Status aber ohne Anerkennung durch Völkerrechtssubjekte, also originär[1296]. Dieses Kriterium folgt unmittelbar aus dem Sinn der Ausweitung des Kreises der Völkerrechtssubjekte auf *de-facto*-Herrschaften. Hierdurch wird dem Umstand Rechnung getragen, daß es eine Schwächung der Völkerrechtsgemeinschaft bedeuten würde, wenn bestimmte Gebiete und Bevölkerungen, über die immerhin effektiv eine der staatlichen Herrschaft ähnliche Gewalt ausgeübt wird, in toto von den Pflichten des Völkerrechts freigestellt und ebenso von seinen Rechten ausgeschlossen würden. Eine gewisse Einbindung staatsähnlicher und damit faktisch in erheblichem Umfang handlungsfähiger Gebilde in die Völkerrechtsordnung, auch wenn jene noch im Werden, *in statu nascendi*, und auf dem Weg zur endgültigen Durchsetzung sein mögen, erweist sich im Interesse der Völkerrechtsgemeinschaft als geboten. Das *de-facto*-Regime nimmt somit eine befriedende Funktion wahr[1297]. Im Falle von Sezessionen sind die abgetrennten Gebietsteile für die Altstaaten, bei nicht erfolgter Anerkennung, *de-facto*-Regime[1298]. Damit handelt es sich bei der TRNZ um ein stabilisiertes *de-facto*-Regime[1299]. Diesem kommt auch mindestens partielle Völkerrechtssubjektivität zu[1300]. Auf die Lega-

---

1294 Vgl. Filos, S. 197, die entsprechend der Drei-Elemente-Lehre auch Probleme bei dem Vorhandensein des Merkmals „Staatsvolk" sieht.

1295 Anstötz, S. 59; Verdross/Simma, § 404.

1296 Verdross/Simma, § 405; eingehend zum Streit zwischen „deklaratorischer" und „konstitutiver" Theorie, von Laffert, S. 95 ff.; Anstötz, S. 59.

1297 Frowein, S. 52; Verdross/Simma, § 406.

1298 Frowein, S. 6; Verdross/Simma, § 405.

1299 von Laffert, S. 112; Anstötz, S. 62; dies konzediert stellenweise auch Rumpf, in: EuGRZ 1992, S. 199 (201 f.); Urteil des EGMR Zypern gegen Türkei v. 10.05.2001 (25781/94), Abs. 90.

1300 So sieht es auch Blumenwitz, in: AWR-Bulletin 2000, S. 163 (165); im Ergebnis auch, ohne allerdings die Existenz eines *de-facto*-Regimes zu bejahen: Anstötz, S. 59.

lität der Entstehung kommt es – insofern die TRNZ eben nicht als Staat anzusehen ist – nicht an[1301]. Die Ausübung von diplomatischem Schutz erscheint ihr gegenüber somit grundsätzlich möglich.

cc) Local remedies rule

Bevor die Republik Zypern zur Geltendmachung von diplomatischem Schutz berechtigt werden kann, müßten die schutzbegehrenden Alteigentümer mit allen ihnen rechtlich zur Verfügung stehenden Mitteln versucht haben, vor Behörden und Gerichten der TRNZ die sie betreffenden rechtswidrigen Maßnahmen abzuwehren. Hier ist aber zu prüfen, ob die *local remedies rule* überhaupt zur Anwendung kommt. Dies könnte dann nämlich nicht der Fall sein, wenn die in Rede stehenden Ansprüche grundsätzlich zurückgewiesen werden[1302]. Leider sind bislang keine erfolgreichen Verfahren der griechischen Zyprioten bekannt. Die Verfolgung des innerstaatlichen Rechtswegs ist damit unzumutbar. Die Verfolgung diplomatischen Schutzes mithin unter diesem Aspekt möglich. Andernfalls könnten die durch eine fremde Macht verletzten Rechte kaum wirksam geschützt werden.

dd) Zwischenergebnis

Hinsichtlich der Möglichkeit der Geltendmachung diplomatischen Schutzes ist festzuhalten, daß die Republik Zypern – als Schutzmacht der griechischen Zyprioten – eigene Ansprüche gegenüber der Türkei sowie ebenfalls gegenüber der TRNZ als einem *de-facto*-Regime geltend machen kann. Die TRNZ kann als *de-facto*-Regime eigene Hoheitsgewalt ausüben. Ihr kommt partielle Völkerrechtssubjektivität zu.

9. Ergebnis zu II.

Die griechischen Zyprioten sind völkerrechtswidrig aus ihrer Heimat vertrieben worden. Der völkerrechtswidrig vertriebenen Volksgruppe der griechischen Zyprioten kommt ein Recht auf die Heimat zu, welches sie grundsätzlich zur Rückkehr in ihre angestammte Heimat befugt. Bei einem möglicherweise entgegenstehenden Recht der Neuangesiedelten gehen die Rechte der Neuangesiedel-

---

[1301] Der Grundsatz "*ex iniuria ius non oritur*" ist hier daher nicht anwendbar, Anstötz, S. 60; von Laffert, S. 110.

[1302] Gloria, in: Ipsen, § 24 Rn. 39.

ten nicht automatisch vor. Die Konfiskationen zyperngriechischen Eigentums waren rechtswidrig. Der Volksgruppe muß für das konfiszierte Eigentum zumindest Entschädigung nach völkerrechtlichen Grundsätzen geleistet werden. In Betracht kommt auch die Herausgabe des Eigentums, soweit noch kein völkerrechtlicher Vertrauensschutz eingreift und neuerlich zwingendes Völkerrecht verletzt werden müßte.

III. Ansprüche der enteigneten Grundbesitzer in Simbabwe

Gegenstand dieser dritten Prüfung an einem konkreten Fall der Völkerrechtsgegenwart sollen die in Betracht kommenden Rechtsschutzmittel der enteigneten und von ihren Farmen vertriebenen weißen Grundbesitzer gegen diejenigen Enteignungsmaßnahmen sein, die ihnen seitens des Staates Simbabwe widerfahren sind. Die Prüfung der möglichen Herausgabe- und Entschädigungsansprüche soll sich im Grundsatz an den vorhergegangenen Prüfungen orientieren. Dennoch sind auch hier Besonderheiten ersichtlich. Die in Rede stehenden Enteignungen treffen mindestens zum Teil eine Gruppe von Staatsbürgern des enteignenden Staates. Insofern ist besonders zu untersuchen, ob sich die weißen Farmer überhaupt unter den Begriff „Volksgruppe" subsumieren lassen. In diesem Kontext wird besonders zu prüfen sein, ob schon das subjektive Element des Zugehörigkeitsempfindens zum Vorhandensein einer Volksgruppe führt. In diesem Fall könnten den betroffenen Alteigentümern bereits eigene Gruppenrechte zukommen. Des weiteren ist zu untersuchen, ob bei dem Betroffensein von inländischen Staatsangehörigen die Regeln des Völkerrechts zur Anwendung kommen.

Neben den möglichen Restitutions- oder Entschädigungsansprüchen der Alteigentümer ist sodann noch die Frage zu klären, ob und von wem hier diplomatischer Schutz ausgeübt werden kann. Im Rahmen der Prüfung der Klageaussichten wird neben den in Frage kommenden Verfahren vor nationalen Gerichten und dem IGH eine Klage vor dem Afrikanischen Gerichtshof für Menschenrechte[1303] wegen eines Verstoßes gegen die Afrikanische Charta der Menschenrechte und Rechte der Völker zu untersuchen sein.

1303 Vgl. dazu nur die GV-Res. 3212 (XXIX) (1974), op. § 1; Res. 33/15 (1978), Präambel § 71; Res. 34/30 (1979), Präambel § 101.

1. Historischer Überblick

Nach jahrzehntelanger Apartheid im früher britischen Rhodesien wurde 1979 Josiah Gumede nach den – vornehmlich durch britische und US-amerikanische Vermittlung zustande gekommenen – ersten allgemeinen und gleichen Wahlen erster schwarzafrikanischer Präsident von Simbabwe. Am 18. April 1980 erlangte Simbabwe unter Robert Mugabe die Unabhängigkeit und wurde im August Mitglied der Vereinten Nationen[1304]. Seit 1987 sind aufgrund der Abschaffung von bis dato für jene reservierten Parlamentssitzen Angehörige der weißen Bevölkerung nicht mehr im Parlament vertreten. Am 16. März 1992 wurde ein Gesetz über die Landenteignung („*Land Acquisition Bill*") beschlossen, auf dessen Grundlage 50 % des Bodens weißer Farmer gegen Entschädigung zur Enteignung freigegeben wurde[1305]. Zu diesem Zeitpunkt lebten noch 90.000 Weiße im Land. Entsprechend der sogenannten „Landreform" – nach dem Landerwerbsgesetz der simbabwischen Regierung aus dem Jahre 2000 unter Präsident Robert Mugabe – werden gegenwärtig landwirtschaftliche Großbetriebe von über 2.900 weißen Farmern ohne Entschädigung enteignet und das Land an Schwarzafrikaner vergeben[1306]. Die Enteignung erfolgt aufgrund von § 5 und § 8 des Landerwerbsgesetzes[1307]. Dabei geschieht die Vertreibung von ihrem Eigentum unter Androhung oder Ausführung unmittelbaren staatlichen Zwangs[1308]. In anderen Fällen unterlassen Polizeikräfte das gebotene Einschreiten[1309], sofern die Farmbesetzungen durch sogenannte „Kriegsveteranen" durchgeführt werden. Aufgrund eines präsidialen Dekretes vom 10. Mai 2002 ist der Rechtsweg gegen die nach § 5 und § 8 vorgenommenen Enteignungen nicht mehr offen. Darüber hinaus wurden von der Regierung Mugabe unzufriedene Anhänger, eben die sogenannte „Kriegsveteranen", ermutigt, wilde Besetzungen und Enteignungen, zuweilen unter Einschluß von Plünderungen und Gewalt, zu beginnen[1310].

[1304] Land, Housing and Property Rights in Simbabwe, S. 10; Madhuku, in: AJICL 1996, S. 932 (933).

[1305] Zu diesem Zeitpunkt besaßen die weißen Farmer 39 % des Landes, vgl. Land, Housing and Property Rights in Simbabwe, S. 12.

[1306] FAZ, v. 25.06.02.

[1307] Vgl. auch FAZ, v. 25.06.02.

[1308] FAZ, v. 15.08.02.

[1309] Vgl. Commissioner of Police vs. Commercial Farmer's Union 2000 (1) ZLR 503 (H).

[1310] Vgl. dazu Schwarz, in: Der Spiegel, 35/2002, S. 120.

2. *Existenz einer Volksgruppe*

Zunächst muß geprüft werden, ob auch bei der in diesem Fall betroffenen Gruppe der weißen Farmer, entsprechend hier zugrunde gelegten Ansätzen, von einer Volksgruppe zu sprechen ist. Dafür müssen die weißen Farmer als Gruppe von der übrigen Bevölkerung abzugrenzen sein. Dabei ist das Vorliegen bestimmter objektiver und subjektiver Merkmale erforderlich[1311].

a) *Objektive Merkmale*

Fraglich ist, ob zunächst konstitutive objektive Merkmale für eine Einordnung der weißen Bevölkerung als Volksgruppe vorliegen.

aa) *Ethnische Differenzierung*

Ein naheliegendes objektives Abgrenzungskriterium ist im vorliegenden Fall das Betroffensein der Gruppenmitglieder aufgrund der ethnischen Differenzierung durch die sie von der Bevölkerungsmehrheit in Simbabwe unterscheidende Hautfarbe. So könnte man davon ausgehen, diese Unterscheidbarkeit fuße auf den verschiedenen „menschlichen Rassen" der Weißen und der andersfarbigen Mehrheitsbevölkerung[1312]. Allerdings soll in Simbabwe nach dem Ende der Dominanz der weißen Bevölkerung die Anknüpfung an „Rasse" eben nicht mehr – als umgekehrte Apartheid – stattfinden[1313]. Es ist daher darauf einzugehen, ob es sich bei diesen Unterscheidungsmerkmalen um eine echte objektive Differenzierung oder eher um ein Gesellschaftskonstrukt handelt[1314]. Sofern man zum Zwecke der Differenzierung von Gruppen auf die Physiognomie der beiden Bevölkerungsgruppen abstellt, so scheint der Schluß nahe, daß es feststellbare Unterschiede des Genmaterials der Gruppen gebe. Indessen ist fraglich, ob es für die völkerrechtliche Beurteilung der Frage überhaupt notwendig ist, auf solche Betrachtungen aus humanbiologischer Sicht über den Begriff der „Rasse" überhaupt näher einzugehen[1315]. Letztlich kommt es hier nur darauf an, wie auch

---

1311 Hierbei erscheinen die Abgrenzungskriterien ähnlich wie bei anderen weißen Volksgruppen im südlichen Afrika, vgl. zur Afrikaner-Volksgruppe, Steinmeyer, S. 6 ff.

1312 Vgl. Duchrow, S. 30.

1313 Duchrow, S. 30.

1314 Vgl. Duchrow, S. 30.

1315 Anders geht freilich Duchrow, S. 31 ff. vor, die zunächst eingehend eben die naturwissenschaftliche Brauchbarkeit der Unterteilung der Menschen in „Rassen" beleuchtet. Im Ergebnis wird dies, unter Hinweis auf Gould, S. 365; Kattmann/Ossietzky, in: Die Brücke 94 (1997), S. 22, und Meron, in: AJIL 79 (1985), S. 283 (291), abgelehnt.

immer geartete äußerliche Unterscheidungsmerkmale aufzufinden. Und so sind immerhin klare Unterschiede zwischen „Eurasiern“ und „Afrikanern“ festzustellen, wenn zwischen diesen auch nur geringe genetische Abweichungen vorliegen[1316]. Viel spricht dafür, den – auch in völkerrechtlichen Abkommen genutzten – Begriff „race“[1317], der wohl letztlich auch eine Unterscheidbarkeit aus soziologischer Sicht beinhaltet[1318], nur im Sinne einer allgemein ethnischen Unterscheidbarkeit der Gruppen zu verstehen[1319]. So könnte bei der weißen Bevölkerung Simbabwes eine gemeinsame ethnische Identität entsprechend Art. 27 IPbpR festzustellen sein. Daneben kommen gemeinsame religiöse, kulturelle, geschichtliche und sprachliche Merkmale neben der Wahrnehmung der subjektiven Gruppenzugehörigkeit in Betracht.

bb) Sprachliche Differenzierung

Ein Merkmal der weißen Volksgruppe könnte hier die gemeinsame Sprache sein. Die Sprache der weißen wie auch der schwarzen Bevölkerung in Simbabwe ist in der Hauptsache Englisch, so daß hieraus ein abgrenzendes Kriterium kaum gewonnen werden kann, zumal dessen alleiniges Vorliegen auch eher für das Vorhandensein einer sprachlichen Minderheit sprechen würde.

cc) Religiöse Differenzierung

Fraglich ist weiter, ob sich die Gruppen durch verschiedene Religionen unterscheiden. Zwar gibt es auch in Simbabwe verschiedene religiöse Gemeinschaften und Kirchen, das Bekenntnis zum christlichen Glauben wird aber heute nicht nur von den weißen Farmern geteilt. Auch sind sie von den Enteignungsmaßnahmen eben nicht aufgrund ihrer religiösen Anschauung betroffen. Das religiöse Bekenntnis scheidet als objektives Bestimmungsmerkmal aus. Beachtenswert ist jedoch, daß im Zeitpunkt der Entstehung der weißen Volksgruppe auf dem Gebiet des heutigen Simbabwe der christliche Glaube ein Abgrenzungskriterium zur indigenen Bevölkerung war[1320].

1316 Duchrow, S. 32; Kattmann/Ossietzky, Die Brücke 94 (1997), S. 22 (24).

1317 So z. B. in Art. 1 (3) SVN; Art. 2 (1) der AEMR; Art. 2 (1) IPbpR.

1318 Denn die Angehörigen einer Minderheit sind ja immer diejenigen, die von anderen als solche betrachtet werden.

1319 Zu diesem Schluß kommt wohl auch Duchrow, S. 38 f.

1320 Steinmeyer, S. 6 f.

dd) Gemeinsame Geschichte der weißen Gruppe

Erwägenswert ist ferner, ob als ethnisches Merkmal eine gemeinsame Geschichte der weißen Bevölkerung Simbabwes auszumachen ist. Im Gegensatz zur Lage im südlichen Nachbarland Südafrika sind im ehemaligen britischen Rhodesien vornehmlich Briten und deren Nachfahren ansässig geworden. Diese weiße Bevölkerung ist seit der Zeit ihrer Ansiedlung zu Beginn des 19. Jahrhunderts auch durch die Phase der Dekolonisation zu einer Gemeinschaft zusammengewachsen. Auch ihr gemeinsames Betroffensein im Angesicht der gegenwärtig durchgeführten Maßnahmen reflektiert diese Entwicklung. Im übrigen hat die weiße Bevölkerung Simbabwes – wie auch in anderen südafrikanischen Staaten – im Unterschied zur schwarzen Bevölkerungsmehrheit, eine eigenständige kulturelle Unterscheidbarkeit bewahrt. Die gemeinsame Geschichte der weißen Bevölkerung als Gruppenmerkmal ist daher gegeben.

ee) Vorliegen eines gemeinsamen nationalen Merkmals

Im Unterschied zu anderen Staaten des südlichen Afrika[1321] haben sich auf dem Gebiet Simbabwes hauptsächlich Siedler aus Großbritannien niedergelassen. Zu prüfen ist aber, ob dies für die Qualifizierung als Volksgruppe ausreicht. Immerhin ist die Frage problematisch, inwieweit es sich in Simbabwe um ein der Gruppe angestammtes Siedlungsgebiet handelt. Daß die europäischstämmige Bevölkerung nicht zur originären afrikanischen Bevölkerung gehört, ist unstrittig. Fraglich ist aber, ob sich durch den Zeitablauf seit der Ansiedlung eine nicht zu übergehende gemeinsame Bindung der Gruppe an das Siedlungsgebiet entwickelt hat.

Es könnte sich hier dann um eine ehemalige Zuwanderungsminderheit handeln, welche aufgrund genügenden Zeitablaufs als Volksgruppe angesehen werden kann[1322]. Die Besiedlung durch die weiße Bevölkerung reicht mindestens bis zum Beginn des 20. Jahrhunderts und damit über 100 Jahre zurück. In Betracht kommt aber auch, daß entsprechend einer damaligen Rechtsauffassung die Besiedlung im Sinne der Besitzergreifung einer „*terra nullius*“ erfolgte, da die indigene Bevölkerung[1323] nicht als Eigentümerin des Landes anerkannt wur-

---

1321 So sind beispielsweise in Namibia vor allem die Nachfahren deutscher Einwanderer, in Südafrika dagegen Briten und Buren und in Mosambik Portugiesen ansässig.

1322 Vgl. Kimminich, Rechtsprobleme, S. 117.

1323 Indigen sind solche Völker oder Gruppen, die seit ehedem ein Territorium besiedelt haben, welches nachfolgend zu einer Kolonie wurde. Vgl. dazu Carstens, S. 21; Wolfrum, in: ZaöRV 59 (1999), S. 369; Heintze, in: The Protection, S. 8.

de[1324]. Aufgrund der kontinuierlichen Besiedlung durch die weiße Bevölkerungsgruppe sind die Grundsätze des völkerrechtlichen Effektivitätsprinzips anzuwenden. Dann ist davon auszugehen, daß die Gruppe auf dem Gebiet ansässig geworden ist. Die Zuwanderung steht der Zuerkennung des Volksgruppenstatus somit hier nicht im Weg.

Hierbei ist noch zu fragen, ob für die Annahme des Vorhandenseins einer Volksgruppe ein klar abgegrenzter und geschlossener Siedlungsraum notwendig ist[1325]. Dabei könnte man der Auffassung sein, daß eine nicht geschlossene Siedlungsstruktur der weißen Bevölkerung zur Folge hätte, daß eben keine Situation einer Volksgruppe vorläge. Beachtlich ist aber aus historischer Perspektive die ursprüngliche Ansiedlung der Farmer mit der damit verbundenen Aufteilung der Grundstücke. Zwar hat sich die Bindung der Gruppe an das Land erhalten, auf ihrem ursprünglich zusammenhängenden Siedlungs- und Bewirtschaftungsgebiet haben sich aber zwischenzeitlich Angehörige der schwarzen Bevölkerung angesiedelt. Diese spezielle Siedlungsstruktur – in Form der Zersplitterung – der Weißen im südlichen Afrika schließt die Annahme der Existenz einer Volksgruppe gleichwohl nicht aus.

ff) Machtunterlegenheit der weißen Bevölkerung

Zu prüfen ist aber auch, ob die fraglos numerisch unterlegene weiße Bevölkerungsgruppe auch machtunterlegen ist. Dabei ist ihre ökonomische, kulturelle und politische Stellung in den Blick zu nehmen. Allerdings ist hier bei dem Erfordernis der Machtunterlegenheit nicht auf wirtschaftliches Potential abzuheben, welches – zumindest bis zur Annahme der „Landreform" – zweifellos auf Seiten der weißen Farmer besonders verfügbar war. Auch von einer gesellschaftlich unterlegenen Position konnte bis zur Verwirklichung der mit der „Landreform" verbundenen Maßnahmen kaum ausgegangen werden. Kulturell ist der Einfluß der weißen Bevölkerung seit dem Ende ihrer auch politischen Vorherrschaft allerdings zurückgegangen, da sie sich jetzt in echter Konkurrenz zu anderen Gruppen befindet. Letztlich ist jedoch dem politischen Einfluß und der Kontrolle der Hoheitsgewalt des Staates besondere Bedeutung zuzumessen[1326]. Die Machtunterlegenheit könnte, im Hinblick auf den ehemaligen

---

1324 Vgl. Carstens, S. 170; Weber, S. 123.

1325 Vgl. Yiallourides, S. 238.

1326 Gerade dieses Merkmal hat sich im südlichen Afrika in den letzten Dekaden zugunsten der schwarzen Bevölkerung verschoben; vgl. Niewerth, S. 34.

Apartheidstaat Rhodesien und im Vergleich mit Südafrika, zu verneinen sein. Diese politische Macht ist in Simbabwe allerdings schon seit dem Amtsantritt des Präsidenten Mobutu in der Hand der schwarzen Bevölkerungsmehrheit. Die Machtunterlegenheit der weißen Bevölkerungsgruppe zeigt sich gegenwärtig gerade auch in der erzwungenen Hinnahme der gegen sie gerichteten Vertreibungsmaßnahmen.

gg) Zwischenergebnis

Die objektiven Merkmale für eine Volksgruppe sind danach im Ergebnis gegeben.

b) Subjektive Merkmale

Zu prüfen ist ferner, ob subjektive Bestimmungsmerkmale vorhanden sind, aufgrund deren sich die weiße Bevölkerung Simbabwes einer spezifisch „weißen Volksgruppe" zugehörig fühlt. Entsprechend den im Allgemeinen Teil erarbeiteten Ergebnissen kommt es nicht auf eine etwa gleiche Staatsangehörigkeit der Gruppenmitglieder an. Entscheidend ist vielmehr ein Solidaritätsbekenntnis der Mitglieder zur Gruppe[1327]. Dazu müßten sich für den vorliegenden Fall die weißen Farmer selbst als Angehörige einer speziellen Gruppe sehen[1328]. Gerade im südlichen Afrika hat sich ein Zusammengehörigkeitsgefühl der weißen Bevölkerung in der Vergangenheit nicht zuletzt durch kontinuierliche Auseinandersetzung mit der schwarzen Bevölkerung entwickelt[1329]. Somit sind für das subjektive Gemeinschaftsgefühl auch hier die gemeinsamen geschichtlichen Erfahrungen und weniger ein politisches Konzept entscheidend. Von den gegenwärtigen Enteignungs- und Vertreibungsmaßnahmen werden de facto ausschließlich Angehörige der weißen Minderheit betroffen[1330]. Auch aufgrund dieses Betroffenseins haben sich Foren und Interessenverbände[1331] der weißen Farmer gebildet

---

1327 Vgl. Bleckmann, § 3 Rn. 877.

1328 In Betracht kommt hier ein vergleichbares Bewußtsein, wie es von den „Afrikanern" in Südafrika entwickelt wurde, vgl. dazu Steinmeyer, S. 8 f.

1329 Steinmeyer, S. 8.

1330 Zwar ist zuzugeben, daß – aufgrund der kolonialen Vergangenheit – grundsätzlich kaum Angehörige der indigenen Bevölkerung als Großfarmer in Betracht kommen, dies ändert jedoch nichts an der Zielrichtung der Konfiskationspolitik und dem dadurch beförderten Solidarbewußtsein der Betroffenen.

1331 So z. B. die Vereinigung „Justice for the Agriculture" oder der Verband der kommerziellen Farmer (CFU).

und das Solidargefühl weiter verstärkt. So wird sich dann auch jeder Angehöriger der Gruppe subjektiv der Gruppe zugehörig rechnen oder eben nicht. Von dem insgesamt notwendigen subjektiven Bekenntnis zur Gruppe ist hier auszugehen.

c) Zwischenergebnis

Es handelt sich bei den weißen Farmern in Simbabwe um Angehörige einer Volksgruppe[1332].

3. *Die Enteignungen der weißen Farmer*

In Simbabwe haben im Zuge der „Landreform" aus dem Blickwinkel des Völkerrechts zum Teil wilde Enteignungen stattgefunden, welche allerdings von der Regierung begrüßt und gefördert wurden. Sie sind damit – gemäß allgemeinen völkerrechtlichen Grundsätzen – dem simbabwischen Staat zurechenbar[1333].

Als völkerrechtswidrige Konfiskationen kommen insbesondere die entschädigungslosen Enteignungsmaßnahmen gemäß § 5 sowie § 8 des Landerwerbsgesetzes in Betracht[1334]. So haben seit dem Februar des Jahres 2000 über 3.000 Farmer ihr Land verlassen müssen[1335].

a) Völkerrechtliche Beurteilung der Konfiskationen

aa) Fremdenrecht

(1) Verletzungen von Fremdenrecht

Zu überlegen ist, ob im Zusammenhang mit den simbabwischen Maßnahmen gegenüber der weißen Bevölkerung auch Regeln des Fremdenrechts Anwendung finden. Dem Eingriff in das Eigentum von Ausländern wird zu seiner möglichen Rechtfertigung vorausgesetzt, daß er zum öffentlichen Wohl geschieht. Im übrigen besteht die völkerrechtliche Notwendigkeit eines fairen Verfahrens und

---

1332 Dabei umfaßt die Gruppe wohl die Gesamtheit der weißen Minderheit im Land.

1333 Vgl. dazu die Rechtsprechung des IGH zum Teheraner-Geiselfall.

1334 Dies ist auch die Auffassung des eidgenössischen Bundesrats, Interpellation 02.3436, v. 17.09.2002.

1335 Vgl. Simbabwe in black and white, The Washington Times, Editorial, 26.08.2002.

eines zu gewährenden Gerichtsschutzes[1336]. Gerade dies ist aber bezüglich der enteigneten Farmer zweifelhaft. In der Tat wurde ihnen der Rechtsweg mittlerweile durch das präsidiale Dekret vom 10. Mai 2002 versagt. Für den Fall, daß die weißen Farmer nicht Staatsangehörige von Simbabwe sind, sind die fremdenrechtlichen Regelungen ohne weiteres anwendbar. Die Anforderungen des fremdenrechtlichen Mindeststandards wurden durch die ohne Rechtsschutz und Entschädigung erfolgten Enteignungen allerdings nicht eingehalten, so daß für diesen Fall das Fremdenrecht verletzt ist.

(2) Erweiterung des Adressatenkreises

Fraglich ist jedoch, ob völkerrechtliche Schutznormen auch für diejenigen Alteigentümer anwendbar sind, die ausschließlich die simbabwische Staatsangehörigkeit besitzen. In diesem Fall könnte nämlich entsprechend der *Act-of-State*-Doktrin die Enteignungszuständigkeit Simbabwes ohne Einschränkungen gegeben sein. Allerdings könnte bei einer Überlagerung des hergekommenen Fremdenrechts durch das völkerrechtliche Anliegen des Schutzes der Menschenrechte auch von einer Anwendung der Regeln auf Inländer auszugehen sein. Wie bereits oben im Allgemeinen Teil festgestellt, kann dies jedoch nicht unbeschränkt gelten. Andernfalls würde jede *domaine réservée* beschnitten. Da es sich bei dem Recht auf Achtung des Privateigentums nicht um eines der herausragenden Menschenrechte handelt, ist die Anwendung der Fremdenrechtsnormen zum Eigentumsschutz auf Inländer in Simbabwe abzulehnen.

bb) Diskriminierende Enteignung

Diskriminierende Enteignungen sind dann gegeben, wenn Vermögen der weißen Volksgruppe enteignet, das der restlichen Bevölkerung hingegen von diesen Maßnahmen verschont wird. Da bei dem in Rede stehenden Fall von den bislang durchgeführten Maßnahmen ausnahmslos das Eigentum der Angehörigen der weißen Volksgruppe betroffen ist, handelt es sich nach der hier vertretenen Auffassung um eine völkerrechtswidrige diskriminierende Enteignung.

cc) Rechtfertigung der Enteignungen

Rechtfertigungsgründe für die kollektiv erfolgte Enteignung sind nicht ersichtlich.

[1336] Seidl-Hohenveldern, in: Neuhold/Hummer/Schreuer, Rn. 1022.

b) *Zwischenergebnis*

Die gegenüber der weißen Volksgruppe in Simbabwe erfolgten Enteignungen sind bereits aus diesen Gründen völkerrechtswidrig. Die entschädigungslosen Enteignungen des Farmlands der weißen Volksgruppe verstoßen im übrigen gemäß den bereits im Allgemeinen Teil gewonnenen Ergebnissen gegen die Menschenrechte und damit gegen das Völkerrecht[1337].

4. *Vertreibung und Recht auf die Heimat*

a) *Vertreibung*

In Betracht kommen weiter die Völkerrechtswidrigkeit der mit den Konfiskationen einhergehenden Vertreibung der weißen Farmer sowie die Verwehrung des Rückkehrrechts in die Heimat. Die Maßnahmen aufgrund der § 5 und § 8 des Landerwerbsgesetzes begannen im Jahre 2000[1338]. Die Handlungen wurden zum Teil unter der Anwendung von Zwang vorgenommen, so daß der Tatbestand der Vertreibung erfüllt ist. Teilweise verließen die weißen Farmer ihre Heimat allerdings auch aufgrund von Drohungen oder anders ausgeübtem Druck. In diesem Fall ist terminologisch „Flucht" anzunehmen, die gleichwohl wie „Vertreibung" zu bewerten ist.

aa) *„Ethnische Säuberung" als Sonderform der Vertreibung*

Fraglich ist, ob die Vertreibungsmaßnahmen den Tatbestand der ethnischen Säuberung erfüllen[1339]. Dann muß die Vertreibung der weißen Bevölkerung als einer ethnischen Minderheit aus ihrem Gebiet zu dem Zwecke erfolgen, einen Volksgruppenkonflikt in eigenem Sinne zu lösen. Zweifelhaft ist jedoch in diesem Fall, ob die primäre Intention ein möglicher Volksgruppenkonflikt ist. Auch wenn die sogenannte „Landreform" de facto ausschließlich Angehörige der weißen Volksgruppe trifft, so wird doch – im Umkehrschluß – nicht jeder Weißer aus dem Gebiet selbst vertrieben. Die Voraussetzungen zur Annahme einer ethnischen Säuberung sind hier bislang nicht erfüllt.

1337 Bulletin EU 4-2000, Abschn. 01.06.73.

1338 Vgl. The Herald v. 29.02.2001.

1339 So „Time Farmers Admitted Game Is Up", Business Day (Johannesburg), 26.08.2002.

bb) Völkerrechtswidrigkeit der Vertreibung nach Völkervertragsrecht

(1) HLKO und andere Schutznormen

Die Handlungen sind am positiven Völkerrecht zu messen. Die Regelungen der HLKO sind nicht einschlägig, da die Maßnahmen außerhalb eines bewaffneten internationalen Konflikts stattgefunden haben. Verstöße gegen andere Menschenrechtsverträge sind nicht ersichtlich. Zwar ist im Völkermordverbot auch ein Verbot der Vertreibung enthalten. Jedoch sind die strengen Voraussetzungen des Völkermordtatbestandes durch die hier in Rede stehenden Handlungen nicht erfüllt.

(2) Kein Recht auf Ausweisung

Zu überlegen ist auch hier, ob die Vertreibungshandlungen möglicherweise mit dem völkerrechtlichen Recht auf Ausweisung vereinbar sind. Auf dieses könnte dann gegebenenfalls die Regierung Simbabwes rekurrieren. Das könnte allerdings nur für jene Weißen gelten, welche nicht Staatsangehörige Simbabwes sind.

Allerdings gilt das Recht auf Ausweisung, wie bereits gezeigt, ohnehin nicht für den Sachverhalt der Massenausweisung. Es ist jedoch zweifelhaft, ob es sich um eine solche handelt. Viele vertriebene Weiße sind aus dem Land geflohen. Ein behördlicher Ausweisungsbefehl gegenüber den Angehörigen der weißen Volksgruppe liegt, im Unterschied zur Vertreibung von den Farmen, jedoch nicht vor. Eine Berufung auf das Recht auf Ausweisung ist nicht möglich.

cc) Völkerrechtswidrigkeit der Vertreibung nach Völkergewohnheitsrecht

Das Völkergewohnheitsrecht verbietet die Aufhebung der Verbindung zwischen Bevölkerung und angestammtem Siedlungsgebiet beziehungsweise erlaubt diese nur bei einem freiwilligem Abwanderungsentschluß der Bevölkerung[1340].

Hier könnte fraglich sein, ob dies auch dann gilt, wenn die betreffende – eigene – Bevölkerung nicht außer Landes, sondern „nur“ von ihrem Land vertrieben wird. In diesem Fall werden also eigene Staatsangehörige innerhalb ihres Hei-

---

1340 Gornig, in: AWR-Bulletin 2000, S. 19 (24).

matstaates vertrieben. Entsprechend den mittlerweile zu Recht erstarkten Grundsätzen des Rechts auf die Heimat ist die Bindung der Bevölkerung primär gegenüber der konkreten Heimat anzunehmen. Sie ist nicht an ein spezielles Staatsgebiet geknüpft. „Vertreibung" kann daher auch innerstaatlich stattfinden und eigene Staatsangehörige betreffen. Die Vertreibungshandlungen gegenüber den weißen Farmern in Simbabwe sind mithin, entsprechend den hier vertretenen völkerrechtlichen Grundsätzen, ohne weiteres rechtswidrig[1341].

dd) Rechtfertigung der Vertreibung

Eine Rechtfertigung der Vertreibungshandlungen durch eine Regel des Völkerrechts ist nicht ersichtlich.

b) Recht auf die Heimat der weißen Farmer

aa) Bestehen des Rechts

Für die Anwendbarkeit des Rechts auf die Heimat müßte die Volksgruppe auf dem in Rede stehenden Gebiet ansässig sein. Die weiße Bevölkerung in Simbabwe ist, ebenso wie die schwarze Majorität, dort seit Beginn des 19. Jahrhunderts ansässig. Ihr steht somit das Recht auf die Heimat zu. Mit der erfolgten Vertreibung wandelt sich das Recht auf die Heimat zu einem Recht auf Rückkehr in die angestammte Heimat.

bb) Weiße Farmer als Rechtsträger

Das aus dem völkerrechtlichen Selbstbestimmungsrecht abzuleitende Recht auf die Heimat muß der weißen Volksgruppe beziehungsweise ihren Angehörigen zukommen. Als Rechtsträger sind sowohl die Volksgruppe als auch deren einzelne Angehörigen anzusehen.

cc) Exkurs: Kein Recht auf die Heimat der Farmbesetzer

Es fragt sich, ob die in der Heimat der betroffenen weißen Farmer Neuangesiedelten ein eigenes konkurrierendes Recht auf die Heimat geltend machen können. Dafür müßten sie aber auf dem Gebiet ansässig sein. Dies könnte insoweit zu bejahen sein, als auf die Zeit vor der Landnahme durch die weißen Farmer

---

1341 Vgl. auch hierzu die Ausführungen des eidgenössischen Bundesrats, Interpellation 02.3436, v. 17.09.2002.

abgehoben wird. Mit Blick auf geltendes innerstaatliches Zivilrecht in Simbabwe wird aber das wirksame Eigentumsrecht der betroffenen weißen Farmer nicht abzustreiten sein. Andernfalls bedürfte es ja auch keiner Enteignungsdekrete. Gerade unter Berücksichtigung des wirksamen Eigentumsrechts der Farmer ergibt sich, daß die notwendige Zeitspanne zur Bejahung des Merkmals „Ansässigkeit" der Neuangesiedelten keinesfalls abgelaufen ist. Das Recht auf die Heimat kommt der weißen Volksgruppe also auch nach der Vertreibung von ihrem Land zu. Ein mittlerweile entgegenstehendes Recht der „Farmbesetzer" besteht nicht.

5. *Afrikanische Charta der Menschenrechte und Rechte der Völker (AfrC)*

Fraglich ist, ob auch Ansprüche aus der Afrikanischen Charta der Menschenrechte und Rechte der Völker oder Banjul-Charta[1342] in Betracht kommen. Diese enthält keine Referenz auf die anderen regionalen Menschenrechtssysteme[1343]; sie verweist vielmehr auf die Instrumente der Vereinten Nationen[1344]. Problematisch ist hierbei die Frage nach der unmittelbaren Anwendbarkeit der Rechte. In Betracht kommt nämlich, daß sie als bloße Programmsätze konzipiert wurden[1345]. Die Charta ist allerdings – im Gegensatz zur Kulturellen Charta von Afrika – nicht nur das erste bindende Menschenrechtsinstrument, welches die verschiedenen Kategorien von Menschenrechten in einem Dokument vereint; sie schützt neben den Rechten des einzelnen und der Völker gemäß Art. 18 Abs. 3 und 4 AfrC auch Rechte von Gruppen[1346].

a) *Anwendungsbereich*

Simbabwe ist Vertragsstaat des Abkommens. Damit ist die Charta anwendbar.

1342 Nach ihrem Abschlußort ist das seit 21.10.1986 in Kraft gesetzte Abkommen auch als „Banjul-Charta" bekannt.

1343 Wittinger, in: Jura 1999, S. 405, 410.

1344 So Abs. 4 der Präambel, Art. 60, 62 AfrC.

1345 Scherer-Leydecker, S. 208; Oxenknecht, S. 163; vgl. dazu auch Enonchchong, in: JAL 2002, S. 197, der auf die fehlende Durchsetzungsfähigkeit der African Commission on Human and Peoples' Rights hinweist.

1346 Riedel, S. 93; Scherer-Leydecker, S. 207 f.

b) Rechtsverletzungen

aa) Art. 3 Gleichheit vor dem Gesetz

In Betracht kommt ein Verstoß gegen das Gleichheitsgebot aus Art. 3 Abs. 1 AfrC[1347] aufgrund der einseitigen Konfiskations- und Vertreibungsmaßnahmen gegenüber den weißen Farmern. Durch die Enteignungsgesetzgebung Simbabwes werden faktisch lediglich die Angehörigen der weißen Bevölkerungsgruppe betroffen, wenn auch explizit diese Zielrichtung auf die weiße Volksgruppe im Landreformgesetz nicht erwähnt wird. Eine Ungleichbehandlung ist somit gegeben. Art. 3 AfrC enthält selbst keine Schrankenbestimmung. Fraglich ist nur, ob Art. 3 AfrC eine immanente Schranke enthält. Beachtlich ist ferner, daß per Gesetz die gerichtliche Überprüfung von Enteignungen, welche die weißen Farmer betreffen, ausgeschlossen ist. Die gegenwärtigen Tendenzen der benachteiligenden Rechtsprechung der simbabwischen Gerichte gegenüber der weißen Volksgruppe zur Landreform von 2000 zeigen Ansätze einer Fortsetzung eines apartheidähnlichen Systems und damit eines neuerlich umgekehrten Minderheitenproblems[1348]. Aufgrund des Ausschlusses der Überprüfungsmöglichkeit durch simbabwische Gerichte ist eine nicht gerechtfertigte Ungleichbehandlung durch Art. 3 Abs. 1 AfrC anzunehmen.

bb) Art. 12 Freizügigkeit, Asylrecht und Verbot von Kollektivausweisungen

Durch die Vertreibung der weißen Farmer könnte auch Art. 12 Abs. 1 AfrC betroffen sein. Danach hat jedermann das Recht zur freien Wahl des Wohnsitzes. Allerdings spricht die Regelung nur von der Freiheit der Wohnsitzwahl in einem Staat. Der konkrete Wohnsitz ist somit nicht geschützt, so daß die Vertreibung von Grund und Boden – solange die Eigentümer nicht aus dem Land vertrieben werden – nicht von der Regelung erfaßt ist.

Zudem wird Art. 12 Abs. 1 AfrC in S. 2 dadurch eingeschränkt, daß die gesetzlichen Vorschriften zu beachten sind. Dabei ist konsequenterweise auch auf die simbabwischen Enteignungsgesetze abzuheben.

Allerdings spricht Art. 12 Abs. 2 AfrC davon, daß jedes Individuum das Recht hat, in sein Land zurückzukehren[1349]. Die kollektive Austreibung der weißen

---

1347 Text in Übersetzung, in: EuGRZ 1986, S. 677.
1348 Vgl. zum System der Rassentrennung, Kießwetter, S. 116 f.
1349 Vgl. auch Parameswaran, S. 24.

Volksgruppe von ihrem Land sowie die Verwehrung des Rückkehrrechts stellt mithin eine Verletzung dieses Rechts dar.

cc) Art. 14 Eigentum

Zwar spricht die Charta in Art. 14 davon, daß das Eigentum gewährleistet wird, jedoch folgt darauf sogleich einschränkend die Zulässigkeit von Enteignungen[1350]. Eine Entschädigungsklausel für Enteignungen wird freilich nicht erwähnt. Daß eine Entschädigungspflicht als allgemeine Gewährleistung durch die Charta nicht vorgesehen ist, ergibt sich schon aus Art. 21 Abs. 1 und 4 AfrC. So ist gerade in Absatz 5 die Rede davon, daß afrikanische Völker in den Genuß ihrer nationalen Ressourcen kommen sollen[1351].

Allein Art. 21 Abs. 3 AfrC könnte ein Hinweis auf die zu beachtenden Prinzipien des Völkerrechts entnommen werden. Insofern könnte bei einer extensiven Auslegung der Charta ein völkergewohnheitsrechtlicher Rechtssatz, wonach nur unter Einschluß einer Entschädigung enteignet werden darf, auch hier zur Anwendung kommen[1352]. Freilich sind bislang Hinweise auf eine Befolgung dieser Auslegung durch die Vertragspartner nicht ersichtlich. Eine Verletzung von Art. 14 AfrC durch die Maßnahmen ist daher anzunehmen.

dd) Art. 2 Diskriminierungsverbot

Art. 2 der AfrC statuiert ein Diskriminierungsverbot, welches auf die in der Charta explizit aufgeführten Rechte Bezug nimmt und als allgemeines Diskriminierungsverbot dahinter zurücktritt. Ein eigener Anwendungsbereich von Art. 2 AfrC ist somit vorliegend nicht ersichtlich.

6. Naturalrestitution statt Entschädigung

Zu überlegen ist nun auch hier, ob vorliegend Primärschutz in Form der Naturalrestitution oder aber Entschädigung als Sekundärschutz zu leisten ist. Im Unterschied zu den oben gewonnenen Ergebnissen hinsichtlich anderer Fälle kollektiver Enteignung von Volksgruppen könnte die Abwägung zwischen den betroffenen Rechtsgütern hier anders ausfallen. Zwar ist auch hier grundsätzlich von

---

1350 Vgl. Riedel, S. 95.

1351 Riedel, S. 95.

1352 Riedel, S. 95.

der Zulässigkeit völkerrechtskonformer Enteignungen auszugehen, sofern diese entschädigt werden. Entschädigungsleistungen auf Grundlage der Hull-Formel sind aber im südlichen Afrika bislang nicht erfolgt[1353]. Insbesondere sind Entschädigungen nicht adäquat geleistet worden. Eine Ersatzleistung in Form der Ansiedlung auf anderem Land – wie in Südafrika, freilich auf Land minderer Qualität[1354], – ist in Simbabwe nicht vorgesehen.

Der Herausgabe des bislang konfiszierten Privatbesitzes steht in Simbabwe im übrigen keine Unmöglichkeit entgegen. Zwar könnte auch hier an Unzumutbarkeit gedacht werden, jedoch konnte aufgrund der erst kurzen neuen Besitzausübung noch kein Vertrauensschutz erworben werden, welcher das schützenswerte Interesse der Alteigentümer an der Herausgabe überwiegt.

7. *Wege der Durchsetzung von Ansprüchen*

a) *Rechtsdurchsetzung vor simbabwischen Gerichten*

Bei Verfahren eines Interessenverbandes der weißen Farmer, nämlich der Vereinigung der kommerziellen Farmer (CFU) als juristischer Person, gegen die simbabwische Regierung im Jahre 2000 wurde zunächst vom obersten Gerichtshof die Diskriminierung der Eigentümer durch die Landnahme festgestellt[1355].

Fraglich ist indessen, ob es sich bei der Verfolgung der Rechtsansprüche vor simbabwischen Gerichten um einen solchen Weg handelt, der effektiven Rechtsschutz ermöglicht. Rechtsschutz in Form durchsetzbarer Titel auf Herausgabe der konfiszierten Farmen bleibt den Angehörigen der weißen Minderheit aber bislang versagt. Die simbabwischen Gerichte sanktionieren damit leider zum großen Teil die Politik der „Landreform“ von Präsident Mugabe[1356].

Die Parteifähigkeit von natürlichen Personen sowie von juristischen Personen ist auch nach simbabwischem Recht ohne weiteres gegeben. Sofern die Interessenverbände der weißen Farmer mit entsprechender Legitimation ausgestattet sind,

---

1353 Vgl. Mettler, in: African Journal, S. 123 (138 f.).

1354 Mettler, in: African Journal 1998, S. 123 (138).

1355 Commercial Farmers Union v Minister of Lands & Ors 2000 (2) ZLR 469, S. 489G.

1356 Anders bezüglich der menschenrechtlichen Rechtsprechung der simbabwischen Gerichte zur Banjul-Charta und die Orientierung an der EGMR-Rechtsprechung freilich: Madhuku, in: AJICL 1996, S. 932 (934).

können sie die Volksgruppe repräsentieren. Sofern die Volksgruppe jedoch nicht als juristische Person auftritt, ist ihr hingegen die Parteifähigkeit versagt. Insoweit ist auch hier für eine Verfolgung der Rechte durch die Volksgruppe die angemessene Repräsentation durch ausreichende Legitimation ihrer Vertreter zu fordern.

b) Rechtsdurchsetzung vor internationalen Institutionen

aa) IGH

Für eine Klage vor dem IGH müßten die betroffenen weißen Farmer eine für das Verfahren vor dem IGH taugliche Streitpartei sein. Dabei ist – wie bislang schon festgestellt – die Parteifähigkeit den Staaten vorbehalten. Es gilt auch hier Art. 34 IGH-Statut[1357]. Die Gruppe der weißen Farmer in Simbabwe ist freilich lediglich eine Volksgruppe. Sie ist daher nicht parteifähig, so daß ein Verfahren vor dem IGH ausscheidet.

Auch im Falle der mindestens partiellen Zuerkennung von Völkerrechtssubjektivität für Volksgruppen wäre nach der hier vertretenen Ansicht der Weg zum IGH als Staatengerichtshof der weißen Minderheit nicht eröffnet.

bb) Beschwerde vor dem VN-Menschenrechtsausschuß

Fraglich ist, ob eine Beschwerde vor dem Menschenrechtsausschuß der Vereinten Nationen Aussicht auf Erfolg hätte. Im Lichte der Entscheidungen des Menschenrechtsausschusses, beispielsweise zu den Anliegen der enteigneten Sudetendeutschen, erscheint die Hinwendung auch der weißen Simbabwer zu diesem Organ der Vereinten Nationen durchaus erfolgversprechend.

Der Menschenrechtsausschuß gibt allerdings lediglich ein Votum ab. Seine Entscheidungen haben eher politische Bedeutung. Eine effektive Rechtsdurchsetzung vor dieser Institution scheidet somit sowohl für die Individuen als auch für die betroffene Gruppe der weißen Farmer aus.

1357 Fischer, in: Ipsen, § 62 Rn. 43.

cc) *Bericht an die Menschenrechtskommission*

(1) *Rechtswegerschöpfung*

Für einen Bericht an die Menschenrechtskommission ist zunächst der innerstaatliche Rechtsweg voll auszuschöpfen. Den weißen Farmern steht dieser Rechtsweg gegen die Enteignungen und Vertreibungen jedoch nicht offen.

(2) *Geltungszeitraum*

Das Beschwerdeverfahren wurde 1970 mit der Resolution Nr. 1503 des Wirtschafts- und Sozialrates der Vereinten Nationen geschaffen. Entsprechend dieser zeitlichen Beschränkung können nur solche Menschenrechtsverstöße vorgebracht werden, die ab 1970 erfolgt sind. Die Vertreibungen und Enteignungen gegenüber der Gruppe der weißen Farmer haben in der Hauptsache im Jahre 2000 und danach stattgefunden. Die Maßnahmen unterfallen damit unstrittig dem Geltungszeitraum.

(3) *Geltungsbereich*

Vor der Menschenrechtskommission können Verstöße gegen alle Menschenrechtskonventionen und -pakte vorgebracht werden. Notwendige Voraussetzung ist allerdings, daß es sich um systematische Menschenrechtsverletzungen handelt. Dabei ist eine Menschenrechtsverletzung dann als systematisch anzusehen, wenn wenigstens 20 Einzelfälle vorliegen oder ein Einzelfall mit mindestens 20 Betroffenen. Der erforderliche große Umfang der Maßnahmen ist mittlerweile auch hier unproblematisch zu bejahen, so daß die Menschenrechtsverletzung als systematisch anzusehen ist.

(4) *Rechtsfolge*

Maßnahmen zur Rechtsdurchsetzung der Ansprüche der weißen Farmer Simbabwes stehen der Kommission nicht zur Verfügung. Jedoch verfügt sie über große Autorität in der Staatengemeinschaft.

dd) *Afrikanische Kommission für Menschenrechte und Rechte der Völker*

Als einziges Kontrollorgan der Afrikanischen Charta der Menschenrechte und Rechte der Völker ist bis dato nur die von Art. 30 AfrC erwähnte Afrikanische

Kommission für Menschenrechte und Rechte der Völker ersichtlich[1358]. Diese ist ebenso wie die ehemalige EKMR für Staaten- und Individualbeschwerden zuständig. Dabei kommt grundsätzlich eine Mitteilung durch die geschädigten weißen Farmer nach Art. 55 der Charta in Betracht.

Allerdings ist die Afrikanische Kommission für die Menschenrechte und Rechte der Völker nicht zu bindenden Entscheidungen mit effektiver Rechtsdurchsetzung in der Lage[1359]. Die Verletzungen der Charta, hier die Rechte der weißen Volksgruppe, können lediglich veröffentlicht werden[1360]. Somit ist eine Durchsetzung der konkreten bestehenden Ansprüche vor der Kommission nicht möglich.

ee) Möglichkeit einer EMRK-Beschwerde der weißen Volksgruppe

Zweifelhaft ist, ob der Geltungsbereich der EMRK den Fall der Enteignung der weißen Farmer in Simbabwe überhaupt erfaßt. In Betracht kommt zwar, daß es sich bei den verletzten weißen Farmern auch um Staatsangehörige eines Vertragsstaates, nämlich hauptsächlich Großbritanniens handelt. Die rechtsverletzenden Maßnahmen wurden aber gerade nicht von den Organen eines Signatarstaates vorgenommen. Die EMRK-Beschwerde scheidet daher *ratione materiae* aus.

c) Diplomatischer Schutz

aa) Völkerrechtswidriges Handeln

Voraussetzung für die Ausübung des Rechts auf diplomatischen Schutz ist zunächst das völkerrechtswidrige Handeln eines Drittstaats[1361]. Die Völkerrechtswidrigkeit von Vertreibung und Konfiskation des Vermögens der weißen Volksgruppe auf dem simbabwischen Gebiet wurde festgestellt.

bb) Bestimmung der Schutzmacht

Dann müßte zunächst eine Schutzmacht bestimmbar sein. Dies ist grundsätzlich derjenige Staat, dessen Staatsangehörigkeit die durch Maßnahmen des Aufent-

---

1358 Vgl. Ipsen, in: ders., § 50 Rn. 22; Enonchong, in: JAL 2002, S. 197 (214).

1359 Ipsen, in: ders.: § 50 Rn. 22.

1360 Vgl. Enonchong, in: AJL 2002, S. 197.

1361 Vgl. Wenk, S. 140.

haltsstaates Betroffenen haben. Zwar besitzen die weißen Farmer nicht alle die Staatsbürgerschaft desselben ausländischen Staates, so daß die Bestimmung der Schutzmacht aufgrund co-nationaler Aspekte nicht gelingt. In Betracht könnte jedoch als Schutzmacht jener Gruppe Großbritannien kommen, da aus der historisch-faktischen Perspektive heraus der Staat zu ermitteln ist, der eine enge Beziehung zur betroffenen Minderheit aufweist[1362]. Im übrigen kann ebenso aus der mittlerweile menschenrechtlichen Erweiterung des Schutzrechts abgeleitet werden, daß bei der Verletzung von Menschenrechtsnormen des Völkervertragsrechts, wie auch des Völkergewohnheitsrechts, andere Staaten ein Recht auf diplomatische Protektion im weiteren Sinne[1363] geltend machen[1364]. Gerade aus dieser historischen Perspektive – mit Blick auf die Kolonialzeit – ist in Großbritannien derjenige Staat zu erkennen, welcher sich für die Belange der weißen Farmer fortgesetzt engagiert[1365]. Danach ist Großbritannien berechtigt, diplomatischen Schutz zugunsten der weißen Bevölkerung auszuüben.

cc) Rechtswegerschöpfung

Der innerstaatliche Rechtsweg muß zuvor erschöpft sein. Die Gruppe der weißen Farmer hat zunächst die simbabwischen Gerichte anzurufen. Von der Abhilfe durch innerstaatliche Verfahren kann aber hier nicht ausgegangen werden.

dd) Ausübung des Schutzes

Das Recht auf Ausübung von diplomatischem Schutz kommt nach der hier vertretenen Auffassung Großbritannien als eigenes Recht zu. Vorliegend stellt sich die weitergehende Frage, ob – indem Großbritannien nicht primär Rechte eigener Staatsbürger, sondern vielmehr die Rechte der weißen Volksgruppe geltend macht – dem Gedanken der Prozeßstandschaft mehr Kontur zu geben ist.

1362 Hafner, in: Ermacora/Tretter/Pelzl, S. 128.

1363 I.e.S. handelt es sich – konzeptionell - freilich nicht um diplomatischen Schutz, da eben nicht der Schutz eigener Staatsangehöriger bezweckt wird.

1364 Klein, S. 22.

1365 So hat auch Großbritannien im Zuge der ersten Übergriffe gegen die weißen Farmer im Jahre 2001 Evakuierungspläne für diese Bevölkerungsgruppe geplant.

8. *Ergebnis zu III.*

Die Untersuchung zeigt die Gefahr, daß mit dem Ende der weißen Vorherrschaft im ehemaligen Rhodesien Ungleichheit und Diskriminierung aufrechterhalten beziehungsweise neu geschaffen wird. Dies zeigt sich hier in dem Ringen nach Eigentum und Land.

Die mit der Landreform durchgeführten Maßnahmen der entschädigungslosen Enteignung und Vertreibung der Angehörigen der weißen Volksgruppe in Simbabwe sind völkerrechtswidrig. Bei der weißen Bevölkerung handelt es sich um eine Volksgruppe, beziehungsweise um eine ethnische Minderheit. Der Gruppe und ihren Angehörigen steht das Recht auf Rückkehr in die Heimat zu. Ein entgegenstehendes Recht auf die Heimat der Farmbesetzer besteht nicht. Das konfiszierte Eigentum ist herauszugeben. Enteignungen sind nur nach völkerrechtlichen Grundsätzen gegen Zahlung einer Entschädigung entsprechend dem allgemeinen Völkerrecht zulässig. Eine Ausnahme von diesen Regelungen durch Unzumutbarkeit der Herausgabe ist nicht gegeben. Insbesondere ist kein Vertrauensschutz eingetreten.

Leider wurde mit der Abschaffung der rassistischen Diktatur der weißen Minderheit gegenwärtig nur die Errichtung einer ebenfalls rassistischen Diktatur der schwarzen Mehrheit erreicht. Rassistisch ist das System durch das Abstützen der Machterhaltung auf solche rechtlichen Mittel, die auf die Unterdrückung einer bestimmten Volksgruppe – hier der weißen Volksgruppe – abzielen[1366].

IV. Ergebnisse des Besonderen Teils

Zu I.: Die Konfiskationen und Vertreibungen gegenüber der deutschen Volksgruppe in der ehemaligen Tschechoslowakei verstießen sowohl gegen damaliges als auch gegen heute geltendes Völkerrecht. Die Belassung der sogenannten Benesch-Dekrete in der gültigen tschechischen Rechtsordnung bestätigt die Rechtsverletzungen heute aufs Neue. Den Ansprüchen der Alteigentümer auf Herausgabe stehen die mit der normativen Kraft des Faktischen unterdessen zu Rechten erstarkten Besitzrechte der Neueigentümer gegenüber. Da die Herausgabe des Alteigentums zu neuerlichen schweren Verletzungen des völkerrechtlich unbedingt zu achtenden *ius cogens* führen würde, mutiert der Anspruch auf

---

1366 Vgl. auch Kießwetter, S. 117.

Herausgabe zu einem sekundärrechtlichen Entschädigungsanspruch, dessen oberen Rahmen die sogenannte „Hull-Formel" und damit eine adäquate Entschädigung bildet. Das Recht auf Rückkehr in die angestammte Heimat steht aufgrund der besonderen Bindung von Volksgruppe und Siedlungsgebiet nur den noch lebenden Angehörigen der sudetendeutschen Volksgruppe zu.

Bezüglich des Beitritts der Tschechischen Republik zur EU besteht aufgrund der Beibehaltung der Regelungen durch die Benesch-Dekrete ein auffälliger Widerspruch zum europäischen *acquis communautaire*. Darin begründet sich ein zwingendes Beitrittshindernis. Dieses ist allerdings durch einen Mitgliedsstaat – die Bundesrepublik Deutschland – geltend zu machen. Sofern dies unterbleibt, werden die europa- und völkerrechtswidrigen Regelungen de facto in die europäischen Rechtsordnung implementiert.

Schwierigkeiten begegnet vor allem die Durchsetzung der Ansprüche der Alteigentümer. Für die sudetendeutsche Volksgruppe selbst bietet sich derzeit keine effektive Rechtsdurchsetzungsmöglichkeit. Anderes könnte dann gelten, wenn eine für die EMRK-Beschwerde ausreichende Repräsentation vorliegen würde. Gegenwärtig kann allein die Bundesrepublik Deutschland durch die Ausübung ihres Rechts auf diplomatischen Schutz umfassend Ansprüche geltend machen.

Zu II: Die Handlungen der Türkei sowie die dem *de-facto*-Regime TRNZ zuzurechnenden Maßnahmen der kollektiven entschädigungslosen Enteignung und Vertreibung der griechischen Zyprioten verstoßen gegen das Völkerrecht.

Bezüglich der Ansprüche der griechischen Zyprioten gilt es ebenso zwischen den ursprünglichen Rechten der Alteigentümer und den durch Zeitablauf erstarkenden Besitzrechten der Zugezogenen abzuwägen. Hier ist gleichwohl der im Vergleich zur Vertreibung der Sudetendeutschen geringere Zeitablauf seit den ursprünglichen Rechtsverletzungen zu berücksichtigen. Insofern ist ein Recht auf die Heimat der griechischen Zyprioten noch anzunehmen. Die Enteignungen verstießen ebenfalls gegen Völkerrecht. Grundsätzlich steht den Alteigentümern weiterhin ein Herausgabeanspruch zu.

Auch hier bestehen Schwierigkeiten bezüglich der Geltendmachung der Rechte durch die Volksgruppe als solche. In Betracht kommt, lediglich die Erhebung einer Individualbeschwerde zum EGMR sowie die Verfolgung diplomatischen Schutzes durch den Schutzstaat Republik Zypern.

Zu III: Die im Zuge der „Landreform" erfolgten Maßnahmen gegenüber der weißen Bevölkerung Simbabwes sind rechtswidrig. Zwar liegt neben „Vertreibung" auch „Flucht" vor, diese ist jedoch völkerrechtlich gleich zu bewerten.

Hinsichtlich der Beurteilung der Lage der weißen Volksgruppe in Simbabwe ist im Unterschied zu den vorausgegangenen Untersuchungen festzustellen, daß die normative Kraft des Faktischen oder der auch im Völkerrecht bekannte Gedanke des Vertrauensschutzes aufgrund des geringen Zeitablaufes seit den Rechtsverletzungen nicht eintreten konnte. Den Angehörigen der Volksgruppe stehen die Ansprüche auf Herausgabe beziehungsweise Entschädigung nach allgemeinem Völkerrecht und das Recht auf die Heimat voll umfänglich zu.

Problematisch ist auch hier die Durchsetzung der bestehenden Rechte durch die Mitglieder der Gruppe sowie die Gruppe als solche, da effektiver innerstaatlicher Rechtsschutz nach der *lex rei sitae* nicht gewährt wird. In Betracht kommt als Rechtsschutz gegenwärtig lediglich der diplomatische Schutz durch die Schutzmacht Großbritannien.

D. Zusammenfassung und Schlußbemerkung

Ziel der vorliegenden Arbeit war es, eines der mannigfaltigen Probleme des Volksgruppenrechts – nämlich die Ansprüche bei Enteignung und Vertreibung – möglichst umfassend darzustellen. Vor allem hinsichtlich der Geltendmachung der Rechte der Volksgruppe als Rechtssubjekt sollte eine Lösung angeboten und an konkreten Fällen angewendet werden. Schon die Bestimmung der Volksgruppe war – beispielsweise im Fall der weißen Bevölkerung in Simbabwe – nicht unproblematisch, befindet man sich doch in der stetigen Gefahr, gesellschaftliche Einstellungen und Anschauungen mit objektiven und rechtstauglichen Abgrenzungsmerkmalen zu verwechseln.

Es hat sich hier gezeigt, daß die Wünsche nach Rückgabe oder Entschädigung mannigfaltigen rechtlichen Problemen begegnen. So sind die Bedürfnisse nach Herausgabe des Eigentums oder voller Entschädigung unter der Fragestellung abzuwägen, ob die Durchsetzung bestehender Ansprüche wegen der Verletzung zwingenden Völkerrechts neuerliche Völkerrechtsverletzungen gleicher Qualität nach sich ziehen darf. Dabei ist der Einzelfall respektive der Zeitablauf seit der Rechtsverletzung zu berücksichtigen. Aus dem internationalen Recht können die Anliegen der Volksgruppen in der nicht länger bipolaren Welt aber nicht ausgeklammert werden[1367]. Daher plädiert diese Arbeit dann auch für die Zuerkennung von mindestens begrenzter Völkerrechtssubjektivität von Volksgruppen. Diesem Aufruf müßten allerdings auch die Völkerrechtspakte sowie die Statuten der Rechtsschutzinstrumente folgen. Nur so können die Anliegen und Ansprüche der Volksgruppen und deren Angehörigen auch vor internationalen Gerichten justitiabel gemacht werden. Bislang herrscht trotz der drängenden und ungelösten Fragen keine Rechtsklarheit. Nicht nur wegen aktueller Restitutionsfragen – womit die Aktualität und Brisanz der zu bearbeitenden Fragestellungen zum Ausdruck kommt – besteht insoweit das Bedürfnis nach Rechtsfindung und Rechtssicherheit. Eine solche Untersuchung muß nun – nach Ende des Kalten Krieges – aus rein rechtlichen Erwägungen heraus auch deutschen Völkerrechtlern gestattet sein. Es bleibt freilich abzuwarten, ob sich die Volksgruppen mit Ihrem Anliegen in der Staatenpraxis und in der Völkerrechtslehre durchsetzen können.

1367 Vgl. Bils, S. 251.

Es konnte nicht Anspruch und Aufgabe der vorliegenden in der Hauptsache völkerrechtlichen Arbeit sein, in der Bearbeitung der konkreten Enteignungsfälle diejenigen Fragen zu beantworten, welche vorrangig politischer Natur sind. Unbenommen der Notwendigkeit politischer Gestaltung, muß das Völkerrecht dennoch auf die jeweils vorliegende Rechtssituation und deren Zusammenhang mit der Verwirklichung der Menschenrechte hinweisen. So sollte insbesondere die Frage der Beitrittsfähigkeit zur Europäischen Union und die Einhaltung der Verträge nicht mit verschiedenen Maßen gemessen werden. Die Europäische Union drohte sonst ihren Charakter als Rechts- und Wertegemeinschaft zu verlieren. Es zeigt sich hier im Ergebnis dennoch, daß trotz der gutachtlichen Herangehensweise der völkerrechtliche Eigentumsschutz – wie auch das Völkerrecht als solches – ein gewisses Quantum an politischem Charakter nicht ausschließen kann[1368]. Im Hinblick auf das Europarecht stellen sich im Falle der Aufnahme von Beitrittsverhandlungen der EU mit der Türkei ähnliche Probleme, wie sie hinsichtlich der Republik Tschechien erörtert wurden. So kann es nicht dem *acquis communautaire* entsprechen, wenn ein Mitgliedsstaat (Türkei) in einem anderen Mitgliedsstaat (Zypern) faktisch Besatzungstruppen unterhält. Es bleibt abzuwarten, ob beispielsweise Griechenland – anders als die Bundesrepublik Deutschland dies getan hat – seine Vorbehalte gegen einen Beitritt der Türkei aus diesen Gründen aufrechterhält und damit möglicherweise eine Aufnahme in die Union verhindert. Auch wird ein Ausgleich zwischen politischem Willen und dem Willen zur Geltung gemeinsamer Rechtssätze zu suchen sein.

Gerade die vielfach durch Vertreibung und Neuansiedlung sowie Konfiskation und Dritterwerb verworrene Völkerrechtslage der betroffenen Volksgruppen und das anhaltende Bedürfnis nach rechtlich eindeutiger und dennoch den Ausgleich befördernder Lösung zeigen die nach wie vor gültige Relevanz der Aquinschen Erkenntnis: *Opus iustitiae pax.*

1368 Müller, S. 8.

Literaturverzeichnis

Abi-Saab, Georges / Blumenwitz, Dieter / Crawford, James u .a.:
Rechtsfragen, die sich aus bestimmten Bevölkerungsüberführungen und –verbringungen auf dem Gebiet der Republik Zypern seit dem 20. Juli 1974 ergeben, gefunden am 18.06.2003 auf: www.pio.gov.cy (zit.: Rechtsfragen).

Abs, Hermann, J ./ Berg, Fritz:
Internationale Konvention zum gegenseitigen Schutz privater Vermögensrechte im Ausland, Heft 2, vorgelegt von der Gesellschaft zur Förderung des Schutzes von Auslandsinvestitionen e.V., Tübingen 1957 (zit.: Abs/Berg).

Ammann, Ulrich:
Der Schutz ausländischer Privatinvestitionen in Entwicklungsländern, Zürich 1967 (zit.: Ammann).

Anderes, Sabrina:
Fremde im eigenen Land: Die Haftbarkeit transnationaler Unternehmen für Menschenrechtsverletzungen an indigenen Völkern, Diss., Zürich 2001 (zit.: Anderes).

Anstötz, Stephan:
Perspektiven der staatlichen Neuordnung Zyperns, Frankfurt 2003 (zit.: Anstötz).

Baer, Stephanie:
Der Zerfall Jugoslawiens im Lichte des Völkerrechts, Frankfurt am Main 1995 (zit.: Baer).

Banz, Michael:
Völkerrechtlicher Eigentumsschutz durch Investitionsschutzabkommen: insbesondere die Praxis der Bundesrepublik Deutschland, Tübingen 1987 (zit.: Banz).

Batiffol, Henri / Lagarde, Paul:
Droit international privé, Bd. I, 8. Auflage, Paris 1993 (zit.: Batiffol/Lagarde).

Beck, Stefan von der:
Die Konfiskationen in der Sowjetischen Besatzungszone von 1945 bis 1949, Frankfurt 1996 (zit.: von der Beck).

Becker, Astrid:
Der Tatbestand des Verbrechens gegen die Menschlichkeit: Überlegungen zur Problematik eines völkerrechtlichen Strafrechts, Berlin 1996 (zit.: Becker).

Berber, Friedrich:
Lehrbuch des Völkerrechts, Erster Band, Allgemeines Friedensrecht, 2. neubearbeitete Auflage, München 1975 (zit.: Berber, Bd. I).

Berber, Friedrich:
Lehrbuch des Völkerrechts, Zweiter Band, Kriegsrecht, 2. neubearbeitete Auflage, München 1969 (zit.: Berber, Bd. II).

Berber, Friedrich:
Lehrbuch des Völkerrechts, Dritter Band, Streiterledigung, Kriegsverhütung, Integration, 2. neubearbeitete Auflage, München 1977 (zit.: Berber, Bd. III).

Bergmann, Heidi:
Die völkerrechtliche Entschädigung im Falle der Enteignung vertraglicher Positionen, Baden-Baden 1997 (zit.: Bergmann).

Bernhardt, Rudolf:
„Reprisals“ in: EPIL IV, hrsg. von Rudolf Bernhardt, Amsterdam, New York, u. a. 1997, S. 1982 (zit.: Bernhardt, in: EPIL).

Bernitz, Ulf:
Legal opinion on the study by Professor Dr. Jochen A. Frowein, Heidelberg of September 2002 called Legal opinion concerning Benes-Decrees and related issues, gefunden auf: www.virtual-institute.de/de/hp/benes.cfm am 05.10.2002 (zit.: Bernitz, Legal opinion)

Bils, Iris:
Internationale Schutzmechanismen zur Durchsetzung von Minderheiten- und Volksgruppenrechten, Diss., Würzburg 1995 (zit.: Bils).

Blasius, Rainer:
Kein Platz mehr für Landesverräter, in: FAZ v. 12.02.2002, S. 7.

Bleckmann, Albert:
Völkerrecht, Baden-Baden 2001 (zit.: Bleckmann).

Bleckmann, Albert:
Begriff und Kriterien der innerstaatlichen Anwendbarkeit völkerrechtlicher Verträge, Berlin 1970 (zit.: Bleckmann, Begriff und Kriterien).

Blumenwitz, Dieter:
Interessenausgleich zwischen Deutschland und den östlichen Nachbarstaaten, Köln 1998 (zit.: Blumenwitz, Interessenausgleich).

Blumenwitz, Dieter:
Überlegungen zu Ansprüchen Vertriebener, in: Der Schutz von Minderheiten- und Volksgruppenrechten durch die Europäische Union, hrsg. von Dieter Blumenwitz und Gilbert Gornig, Köln 1996, S. 31 ff. (zit.: Blumenwitz, in: Blumenwitz/Gornig, Der Schutz).

Blumenwitz, Dieter:
Die Neubestätigung und Weiterentwicklung der Rechte vertriebener Volksgruppen im Zypernkonflikt, in: AWR-Bulletin 2000, S. 163 ff.

Blumenwitz, Dieter:
Die deutsch-tschechische Erklärung vom 21. Januar 1997, in: AVR 36 (1998), S. 19 ff.

Blumenwitz, Dieter:
Der Schutz des Eigentums vertriebener Volksgruppen – Zur Loizidou Entscheidung des Europäischen Menschenrechtsgerichtshofs, in: Festschrift für Georg Brunner, hrsg. von Mahulena Hoffmann und Herbert Küpper, S. 572 ff, Baden-Baden 2001 (zit.: Blumenwitz, in: FS für Brunner).

Blumenwitz, Dieter:
Einführung, in: Flucht und Vertreibung, hrsg. von Dieter Blumenwitz, Köln/Berlin/Bonn/München 1987, S. 3 ff. (zit.: Blumenwitz, in: Blumenwitz, Flucht und Vertreibung).

Blumenwitz, Dieter:
Flucht und Vertreibung und ihre vermögensrechtlichen Folgen, in: Flucht und Vertreibung, hrsg. von Dieter Blumenwitz, Köln/Berlin/Bonn/München 1987, S. 185 ff. (zit.: Blumenwitz, in: Blumenwitz, Flucht und Vertreibung).

Blumenwitz, Dieter:
Minderheiten- und Volksgruppenrecht: Aktuelle Entwicklung, Bonn 1992 (zit.: Blumenwitz, Volksgruppenrecht).

Blumenwitz, Dieter:
Der Begriff der Minderheit/Volksgruppe, in: Forum für Kultur und Politik, hrsg. von der Kulturstiftung der deutschen Vertriebenen, Heft 6, Februar 1993, S. 27 ff. (zit.: Blumenwitz, in: Forum für Kultur und Politik 1993).

Blumenwitz, Dieter:
Rechtsgutachten über die Verbrechen an den Deutschen in Jugoslawien 1944-1948, hrsg. vom Vorstand der Donauschwäbischen Kulturstiftung, München 2002 (zit.: Blumenwitz, Rechtsgutachten).

Blumenwitz, Dieter:
Das Offenhalten der Vermögensfrage in den deutsch-polnischen Beziehungen, Bonn 1992 (zit.: Blumenwitz, Das Offenhalten der Vermögensfrage).

Blumenwitz, Dieter:
Die Benesch-Dekrete aus dem Jahre 1945 unter dem Gesichtspunkte des Völkerrechts, in: Forum für Kultur und Politik, hrsg. von der Kulturstiftung der deutschen Vertriebenen, Heft 6, Februar 1993, S. 5 ff. (zit.: Blumenwitz, in: Forum für Kultur und Politik 1993).

Blumenwitz, Dieter:
Internationale Schutzmechanismen zur Durchsetzung von Minderheiten- und Volksgruppenrechten, Köln 1997 (zit.: Blumenwitz, Schutzmechanismen).

Blumenwitz, Dieter:
Der Prager Vertrag, Bonn 1985 (zit.: Blumenwitz, der Prager Vertrag).

Blumenwitz, Dieter:
Das Recht auf die Heimat – Bilanz nach 50 Jahren, Rechtliche und politische Perspektiven deutscher Minderheiten und Volksgruppen, hrsg. von Dieter Blumenwitz und Gilbert Gornig, Köln 1995, S. 13 ff. (zit.: Blumenwitz, in: Blumenwitz/Gornig, Rechtliche und politische Perspektiven).

Blumenwitz, Dieter:
Die geplante Schlußstricherklärung und die Lösung offener aus Flucht und Vertreibung resultierender Fragen, in: Forum für Kultur und Politik, hrsg. von der Kulturstiftung der deutschen Vertriebenen, Heft 16, Mai 1996, S. 45 ff. (zit.: Blumenwitz, in: Forum für Kultur und Politik 1996).

Blumenwitz, Dieter:
„Kriegsende", in Lexikon des Rechts – Völkerrecht – hrsg. von Ignaz Seidl-Hohenveldern, 2. Auflage, Berlin 1992, S. 188 ff. (zit.: Blumenwitz, in: Lexikon des Rechts).

Blumenwitz, Dieter:
Die Fragen der deutschen Reparationen, in: Festschrift für Helmut Steinberger, hrsg. von Hans-Joachim Cremer u. a., Berlin/Heidelberg u. a. 2002, S. 73 ff. (zit.: Blumenwitz, in: FS für Steinberger).

Blumenwitz, Dieter:
Die Offenheit der Vermögensfrage in den Beziehungen zwischen Deutschland und seinen östlichen Nachbarn im Lichte der höchstrichterlichen Rechtsprechung zur Reparationsenteignung, in: Rechtsanspruch und Rechtswirklichkeit des europäischen Minderheitenschutzes, hrsg. von Dieter Blumenwitz, Gilbert Gornig und Dietrich Murswiek, Köln 1998, S. 153 ff. (zit.: Blumenwitz, in: Blumenwitz / Gornig / Murswiek).

Blumenwitz, Dieter:
Die Benesch-Dekrete – eine Bestandsaufnahme im Lichte der tschechischen Beitrittsverhandlungen zur EU, in: Festschrift für Paul-Ludwig Weinacht, hrsg. von Thomas Groll, Thomas Leuerer, Tilman Mayer und Hans-Georg Merz, Baden-Baden 2003, S. 258 ff. (zit.: Blumenwitz, in: FS für Weinacht).

Blumenwitz, Dieter / Gornig, Gilbert (Hrsg.):
Minderheiten- und Volksgruppenrechte in Theorie und Praxis, Köln 1993, (zit.: Bearbeiter, in: Minderheiten- und Volksgruppenrechte).

Blumenwitz, Dieter / Mangoldt, Hans von:
Fortentwicklung des Minderheitenschutzes und der Volksgruppenrechte in Europa, Köln 1992 (zit.: Bearbeiter, in: Blumenwitz / v. Mangoldt.

Brügel, Johann Wolfgang:
Some Observations on the Terminology Regarding National Minorities, in: Human Rights Journal 1975, S. 858 ff.

Brunner, Georg / Hoffmann, Mahulena / Holländer, Pavel:
Verfassungsgerichtsbarkeit in der Tschechischen Republik, Baden-Baden 2001 (zit.: Brunner / Hoffmann / Holländer).

Bülck, Hartwig:
„Vertreibung", in: Wörterbuch des Völkerrechts, hrsg. von Karl Strupp und Hans-Jürgen Schlochauer, Bd. 3, 2. Auflage, Berlin 1962, S. 560 f. (zit.: Bülck, in: Strupp / Schlochauer).

Calvo, Carlos:
Le droit international théoretique et pratique, Bd. 3, Paris 1896 (zit.: Calvo, Bd. 3).

Capotorti, Francesco:
Die Rechte der Angehörigen von Minderheiten, in: Vereinte Nationen 1980, S. 113 ff.

Capotorti, Francesco:
„Minorities", in: EPIL III, hrsg. von Rudolf Bernhardt, Amsterdam, New York, u. a. 1997, S. 410 f. (zit.: Capotorti, in: EPIL).

Carstens, Margret:
Indigene Land- und Selbstbestimmungsrechte in Australien und Kanada unter besonderer Berücksichtigung des internationalen Rechts, Egelsbach/Frankfurt u. a. 2000 (zit.: Carstens).

Centre on Housing Rights and Evictions, Geneva/Switzerland (Hrsg.):
Land Housing and Property Rights in Simbabwe, gefunden am 20.06.2002 auf: www.cohre.org 2001 (zit.: Land, Housing and Property Rights in Simbabwe).

Choisi, Jeanette:
Wurzeln und Strukturen des Zypernkonflikts 1978-1990, Stuttgart 1993 (zit.: Choisi).

Dahm, Georg:
Völkerrecht, Bd. 1, Stuttgart 1958 (zit.: Dahm).

Dahm, Georg:
Völkerrechtliche Grenzen der inländischen Gerichtsbarkeit gegenüber ausländischen Staaten, in: Festschrift für Arthur Nikisch, hrsg. von Eduard Bötticher u. a., Tübingen 1958, S. 153 ff. (zit.: Dahm, in: FS für Nikisch).

Dahm, Georg:
Zum Problem der Anerkennung im Inland durchgeführter völkerrechtswidriger Enteignungen im Ausland, in: Festschrift für Herbert Kraus, hrsg. vom Göttinger Arbeitskreis, Würzburg 1964, S. 67 ff. (zit.: Dahm, in: FS für Kraus).

Dahm, Georg / Delbrück, Jost / Wolfrum, Rüdiger:
Völkerrecht, Bd. I/1, 2. Auflage, Berlin/New York 1989 (zit.: Dahm / Delbrück / Wolfrum).

Dam, Hendrik George van:
Die Unverjährbarkeit des Völkermordes, Mainz 1969 (zit.: Dam).

Despeux, Gilles:
Die Anwendung des völkerrechtlichen Minderheitenrechts in Frankreich, Frankfurt / Berlin 1999 (zit.: Despeux).

Dischler, Ludwig:
Die Zypernfrage, Berlin 1960 (zit.: Dischler).

Doehring, Karl:
Die allgemeinen Regeln des völkerrechtlichen Fremdenrechts und das deutsche Verfassungsrecht, Köln/Berlin 1963 (zit.: Doehring).

Doehring, Karl:
Völkerrecht: ein Lehrbuch, Heidelberg 1999 (zit.: Doehring, Völkerrecht).

Doehring, Karl:
Handelt es sich bei einem Recht, das durch diplomatischen Schutz eingefordert wird, um ein solches, das dem die Protektion ausübenden Staat zusteht, oder geht es um die Erzwingung von Rechten des betroffenen Individuums?, in: Der diplomatische Schutz im Völker- und Europarecht, hrsg. von Georg Ress und Torsten Stein, Baden-Baden 1996, S. 9 ff. (zit.: Doehring, in: Ress/Stein).

Dolzer, Rudolf:
Eigentum, Enteignung und Entschädigung im geltenden Völkerrecht, Berlin 1985 (zit.: Dolzer).

Dolzer, Rudolf:
Die Vertreibung der Sudetendeutschen 1945 - 1946 und die Benesch-Dekrete im Lichte des Völkerrechts, Gutachten für die Staatskanzlei des Freistaats Bayern, 2002 – noch nicht veröffentlicht - (zit.: Dolzer, Gutachten).

Donelly, Jack:
State Sovereignty and International Intervention: The Case of Human Rights, Beyond Westphalia? State Sovereignty and International Intervention, hrsg. von Gene M. Lyons und Michael Mastanduno, Baltimore 1995, S. 115 ff. (zit.: Donelly, in: Lyons/Mastanduno)

Dreier, Horst (Hrsg.):
Grundgesetz, Kommentar (bearbeitet von Hartmut Bauer), Bd. 3, Tübingen 2000 (zit.: Dreier/Bearbeiter).

Du Buy, Frans Hendrik Evert Wendel:
Das Recht auf die Heimat im historisch politischen Prozeß, Köln 1974 (zit.: Du Buy).

Julia, Duchrow:
Völkerrechtlicher Minderheitenschutz in einem multikulturellen Staat? das Beispiel der weißen Bevölkerung Südafrikas, Baden-Baden 2000 (zit.: Duchrow).

Dugard, John:
The Influence of Apartheid (1948.1990) on the Development of UN Law Governing the Protection of Minorities, März 1994 – unveröffentlicht – (zit.: Dugard).

Eichhorn, Bert Wolfgang:
Reparation als völkerrechtliche Deliktshaftung: rechtliche und praktische Probleme unter besonderer Berücksichtigung Deutschlands (1918-1990), Baden-Baden 1992 (zit.: Eichhorn).

Eisert, Joachim H.:
Das Menschenrecht auf die Heimat in der Landesverfassung von Baden-Württemberg, Tübingen 1991 (zit.: Eisert).

Elsner, Bernd Roland:
Die Bedeutung des Volkes im Völkerrecht, Berlin 2000 (zit.: Elsner).

Enonchong, Nelson:
The African Charter on Human And Peoples' Rights: effective remedies in domestic law?, in: Journal of African Law Bd. 46, Heft 2 (2002), S. 197 ff.

Ermacora, Felix:
Die sudetendeutschen Fragen, München 1992 (zit.: Ermacora).

Ermacora, Felix:
Menschenrechte in der sich wandelnden Welt, 1. Bd. Wien 1974 (zit.: Ermacora, Menschenrechte).

Ermacora, Felix:
Der Minderheitenschutz im Rahmen der Vereinten Nationen, Wien 1988 (zit.: Ermacora, Minderheitenschutz).

Ermacora, Felix:
Autonomie als innere Selbstbestimmung, in: AVR Bd. 38, Heft 3 (2000), S 285 ff.

Ermacora, Felix / Tretter, Hannes / Pelzl, Alexander (Hrsg.):
Volksgruppen im Spannungsfeld von Recht und Souveränität in Mittel- und Osteuropa, Wien 1993 (zit.: Bearbeiter, in: Ermacora / Tretter / Pelzl).

Fassbender, Bardo:
Ein Fürst, ein Bild und die deutsche Geschichte, in: EuGRZ 2001, S. 459 ff.

Ferid, Murad:
Internationales Privatrecht, 3. Auflage, Frankfurt 1986 (zit.: Ferid).

Filos-Patsantaras, Altana:
Die Entwicklung der Zypernfrage unter besonderer Berücksichtigung der geplanten EU-Mitgliedschaft der Republik Zypern, in: ZaöRV 59 (1999), S. 185 ff.

Fink, Udo:
Legalität und Legitimität von Staatsgewalt im Lichte neuerer Entwicklungen im Völkerrecht, in: JZ 1998, S. 330 ff.

Fink, Udo:
Der friedliche Wandel als Auftrag und Verpflichtung zur Verwirklichung des Selbstbestimmungsrechts der Völker, in: Forum für Kultur und Politik, hrsg. von der Kulturstiftung der deutschen Vertriebenen, Heft 23 1999, S. 7 ff. (zit.: Fink, in: Forum für Kultur und Politik 1999).

Fink, Udo:
Die Schutzpflicht der Bundesregierung den Vertriebenen deutscher Staatsangehörigkeit gegenüber – Rechtslage und Praxis, in: Gegen Völkermord und Vertreibung – die Überwindung des zwanzigsten Jahrhunderts, hrsg. von Bernd Rill, München 2001, S. 95 ff. (zit.: Fink, in: Rill).

Firsching, Karl / Hoffmann, Bernd von:
Internationales Privatrecht, 5. Auflage, München 1997 (zit.: Firsching / von Hoffmann).

Fischer, Peter / Köck, Heribert Franz:
Allgemeines Völkerrecht, 4. Auflage, Wien 2000 (zit.: Fischer / Köck).

Franke, Dietrich / Hofmann, Rainer:
Nationale Minderheiten – ein Thema für das Grundgesetz?, in: EuGRZ 1992, S. 402 ff.

Frankfurter Allgemeine Zeitung:
Überall und in allem entgermanisieren, in: FAZ v. 20.04.2002, S. 8.

Fronhöfer, Dirk:
Das Problem der Binnenflüchtlinge im Schnittpunkt der Menschenrechte, des Humanitären Völkerrechts und internationalen Flüchtlingsrechts, in: AVR 34 (1996), S. 276 ff.

Frowein, Jochen Abr.:
Das de-facto-Regime im Völkerrecht. Eine Untersuchung zur Rechtsstellung nicht anerkannter Staaten und ähnlicher Gebilde, Köln, Berlin 1968. (zit.: Frowein).

Frowein, Jochen Abr.:
Legal opinion concerning Benes-Decrees and related issues, gefunden auf: www.virtual-institute.de/de/hp/benes.cfm am 05.10.2002 (zit.: Frowein, legal opinion).

Frowein, Jochen Abr.:
Probleme des allgemeinen Völkerrechts vor der Europäischen Kommission für Menschenrechte, in: Festschrift für Hans-Jürgen Schlochauer, hrsg. von Ingo von Münch, Berlin/New York, 1981, S. 289 ff. (zit.: Frowein, in: FS für Schlochauer).

Frowein, Jochen Abr. / Peukert, Wolfgang:
EuropäischeMenschenRechtsKonvention, EMRK-Kommentar, Kehl/Straßburg/Arlington 1996 (zit.: Frowein/Peukert).

Fukas, Dieter:
Gibt es im positiven Völkerrecht eine Norm des Inhalts, dass der Mensch in der Heimat leben und nicht aus ihr vertrieben werden darf?, Erlangen 1959 (zit.: Fukas).

Geimer, Reinhold:
Internationales Zivilprozeßrecht, Köln 1987 (zit.: Geimer).

Geisler, Herbert:
Restitution nach der Wiedervereinigung, Regensburg 2000 (zit.: Geisler).

Gelberg, Ludwik:
Die Entstehung der Volksrepublik Polen. Die völkerrechtlichen Probleme., Frankfurt 1972 (zit.: Gelberg).

Gornig, Gilbert:
Rechtliche Würdigung von Vertreibung und Enteignung, dargestellt am Schicksal der Donauschwaben, in: AWR-Bulletin 1991, S. 72 ff.

Gornig, Gilbert:
Das Verbot von Vertreibung und ethnischer Säuberung, Bonn 1996 (zit.: Gornig, Das Verbot).

Gornig, Gilbert:
Das Verbot von Vertreibung und ethnischer Säuberung, in: Gegen Völkermord und Vertreibung – die Überwindung des zwanzigsten Jahrhunderts, hrsg. von Bernd Rill, München 2001, S. 41 ff. (zit.: Gornig, in: Rill).

Gornig, Gilbert:
Zukunftsperspektiven der Minderheiten und Volksgruppen im Bereich der Wiedergutmachung, in: Rechtliche und politische Perspektiven deutscher Minderheiten und Volksgruppen, hrsg. von Dieter Blumenwitz und Gilbert Gornig, Köln 1995, S. 22 ff. (zit.: Gornig, in: Blumenwitz/Gornig, Rechtliche und politische Perspektiven).

Gornig, Gilbert:
„Ethnische Säuberungen" Recht auf die Heimat und die Verantwortlichkeit der Vertreiber, in: AWR-Bulletin 2000, S. 19 ff.

Gornig, Gilbert:
Die Verantwortlichkeit politischer Funktionsträger nach völkerrechtlichem Strafrecht, in: Neue Justiz 1992, S. 4 ff.

Gornig, Gilbert:
Das Refoulement-Verbot im Völkerrecht, Wien 1987. (zit.: Gornig, Refoulementverbot).

Gornig, Gilbert:
Der Begriff der Minderheit im Völkerrecht, in: Informationsdienst für Lastenausgleich, BVFG und anderes Kriegsfolgerecht, Vermögensrückgabe und Entschädigung nach dem Einigungsvertrag (IFLA), 29. Jahrgang, Nr. 6, 2000, S. 61 ff. (zit.: Gornig, in: IFLA).

Gornig, Gilbert:
Völkerrechtswidrigkeit von Vertreibung und entschädigungsloser Enteignung der Sudetendeutschen, in: Forum für Kultur und Politik, hrsg. von der Kulturstiftung der deutschen Vertriebenen, Heft 16, Mai 1996, S. 3 ff. (zit.: Gornig, in: Forum für Kultur und Politik).

Gornig, Gilbert:
Völkerrechtswidrigkeit von Vertreibung und entschädigungsloser Enteignung, Bonn 1996 (zit.: Gornig, Völkerrechtswidrigkeit).

Gornig, Gilbert:
Das rechtliche Schicksal der Danziger Kulturgüter am Beispiel der Naturforschenden Gesellschaft zu Danzig. Ein Rechtsgutachten, Köln 1999 (zit.: Gornig, Das rechtliche Schicksal).

Grabitz, Eberhard / Hilf, Meinhard (Hrsg.):
Das Recht der EU – Kommentar, Loseblatt, München, Stand Januar 2000 (zit.: Bearbeiter, in: Grabitz/Hilf).

Guggenheim, Paul:
Lehrbuch des Völkerrechts, Bd. 1, Basel 1948 (zit.: Guggenheim).

Hackworth, Green Haywood:
Digest of international law, Bd. III, Washington 1944 (zit.: Hackworth).

Hailbronner, Kay:
Readmission Agreements and the Obligation on States under Public International Law to Readmit their Own and Foreign Nationals, in: ZaöRV 57 (1997), S. ff.

Hannikainen, Lauri:
Peremptory Norms (Jus Cogens) in International Law – Historical Development, Criteria, Present Status, Helsinki 1988 (zit.: Hannikainen).

Harris, David / Joseph Sarah (Hrsg.):
The International Convenant on Civil and Political Rights and United Kingdom Law, London 1995 (zit.: Bearbeiter, in: Harris/Joseph).

Hausotter, Carola:
Auf dem Weg zur Anerkennung von Gruppenrechten, in: Vereinte Nationen, 4/2001, S. 133.

Hefele, Robert:
Ermittlung der Entschädigung bei Enteignung von Direktinvestitionen im Ausland nach modernem Völkerrecht; München 1990 (zit.: Hefele).

Heintze, Hans-Joachim:
The protection of indigenous peoples under the ILO convention, in: Amazonia and Siberia: Legal aspects of the preservation of the environment and development in the last open spaces, hrsg. von Michael Bothe, Thomas Kurzidem u. a., London 1993 (zit.: Heintze, The protection).

Heintze, Hans-Joachim:
Selbstbestimmungsrecht und Minderheitenrechte im Völkerrecht: Herausforderungen, an den globalen und regionalen Menschenrechtsschutz, Baden-Baden 1994 (zit.: Heintze).

Heintze, Hans-Joachim:
Entwickeln sich allgemeine völkerrechtliche Regeln zum Minderheitenschutz? Anmerkungen zu den Lund-Empfehlungen eines internationalen Expertenteams über Mitwirkungsrechte von Minderheiten, in: Humanitäres Völkerrecht 2000, S. 89 ff.

Heintze, Hans-Joachim:
Das Rückkehrrecht von Balkan-Vertriebenen – nicht nur die Menschenrechte, sondern der Kernbestand des Völkerrechts ist berührt -, in: Humanitäres Völkerrecht 2001, S. 88 ff.

Heintze, Hans-Joachim:
EU-Minderheitenpolitik und kollektive Menschenrechte, in: Osteuropa, Heft 5, 2002.

Heinze, Kurt (Hrsg.):
Die Rechtsprechung der Nürnberger Militärtribunale, Bonn 1951 (zit.: Bearbeiter, in: Heinze).

Herdegen, Matthias:
Internationales Wirtschaftsrecht, München 1993 (zit.: Herdegen).

Herdegen, Matthias:
Die local remedies rule im System der Staatenverantwortlichkeit, in: Der diplomatische Schutz im Völker- und Europarecht, hrsg. von Georg Ress und Torsten Stein, Baden-Baden 1996, S. 63 ff. (zit.: Herdegen, in: Ress/Stein).

Hess, Martin:
Die Anwendbarkeit des humanitären Völkerrechts, insbesondere in gemischten Konflikten, Zürich 1985 (zit.: Hess).

Hillgruber, Christian:
Die Aufnahme neuer Staaten in die Völkerrechtsgemeinschaft: das völkerrechtliche Institut der Anerkennung von Neustaaten in der Praxis des 19. und 20. Jahrhunderts, Frankfurt 1998 (zit.: Hillgruber).

Hillgruber, Christian / Jestaedt, Matthias:
Die Europäische Menschenrechtskonvention und der Schutz nationaler Minderheiten, Bonn 1993 (zit.: Hillgruber/Jestaedt).

Hilpold, Peter:
Sezession und humanitäre Intervention – völkerrechtliche Instrumente zur Bewältigung innerstaatlicher Konflikte?, in: ZÖR 54 (1999), S. 529 ff.

Hofmann, Rainer:
Minderheitenschutz in Europa – Überblick über die Völker- und staatsrechtliche Lage, in: ZaöRV 52 (1992), S. 1 ff.

Hold-Ferneck, Alexander:
Lehrbuch des Völkerrechts, 2. Teil, Leipzig 1932 (zit.: Hold-Ferneck).

Hönig, Patrick:
Der Kaschmirkonflikt und das Recht der Völker auf Selbstbestimmung, Berlin 2000 (zit.: Hönig).

Ipsen, Knut:
Völkerrecht, 4. Auflage, München 1999 (zit.: Bearbeiter, in: Ipsen).

Jellinek, Georg:
Allgemeine Staatslehre, 3. Auflage, Berlin 1914 (zit.: Jellinek).

Kadelbach, Stefan:
Zwingendes Völkerrecht, Berlin 1992 (zit.: Kadelbach).

Kegel, Gerhard:
Internationales Privatrecht, 7. Auflage, München 1995 (zit.: Kegel).

Kegel, Gerhard / Seidl-Hohenveldern, Ignaz:
Zum Territorialitätsprinzip im internationalen öffentlichen Recht, in: Festschrift für Murad Ferid, hrsg. von Andreas Heldrich, München 1978, S. 233 ff. (zit.: Kegel/Seidl-Hohenveldern, in: FS für Ferid).

Kelsen, Hans:
The Law of the United Nations, London 1950 (zit.: Kelsen).

Kelsen, Hans:
Die Einheit von Völkerrecht und staatlichem Recht, in: ZaöRV 18 (1958/59), S. 234 ff.

Kießwetter, Antje:
Die Verfassungsentwicklung in Namibia, Frankfurt/Berlin u. a. 1993 (zit.: Kießwetter).

Kimminich, Otto:
Rechtsprobleme der polyethnischen Staatsorganisation, Mainz/München 1985 (zit.: Kimminich, Rechtsprobleme).

Kimminich, Otto:
Das Recht auf die Heimat, 3. Auflage, Bonn 1989 (zit.: Kimminich, Das Recht auf die Heimat).

Kimminich, Otto:
Ansätze für ein europäisches Volksgruppenrecht, in: AVR 28 (1990), S. 7 ff.

Kimminich, Otto:
Das Recht auf die Heimat, ein Menschenrecht für alle, in: Neubestätigung und Weiterentwicklung von Menschenrechten und Volksgruppenrechten in Mitteleuropa, hrsg. von Dieter Blumenwitz, Bonn 1991, S. 39 ff. (zit.: Kimminich, in: Blumenwitz, Neubestätigung und Weiterentwicklung).

Kimminich, Otto:
Das Vertreibungsverbot in der völkerrechtlichen Entwicklung, in: Flucht und Vertreibung, hrsg. von Dieter Blumenwitz, Köln/Berlin/Bonn/München 1987, S. 95 ff. (zit.: Kimminich, in: Blumenwitz, Flucht und Vertreibung).

Kimminich, Otto:
Der Warschauer Vertrag – Grundlage oder Vernichtung privater Entschädigungsforderungen?, in: JZ 1971, S. 485 ff.

Kimminich, Otto:
Das Unrecht von 1945 in seiner völkerrechtlichen Bedeutung, in: Forum für Kultur und Politik, hrsg. von der Kulturstiftung der deutschen Vertriebenen, Heft 15, März 1996, S. 35 ff. (zit.: Kimminich, Das Unrecht von 1945, in: Forum für Kultur und Politik 1996).

Kimminich, Otto:
Volksgruppenrecht: Eine europäische Zukunftsaufgabe, in: Forum für Kultur und Politik, hrsg. von der Kulturstiftung der deutschen Vertriebenen, Heft 16, März 1996, S. 23 ff. (zit.: Kimminich, Volksgruppenrecht, in: Forum für Kultur und Politik 1996).

Klebes, Heinrich:
Rahmenübereinkommen des Europarats zum Schutz nationaler Minderheiten, in: EuGRZ 1995, S. 262 ff.

Klein, Eckart:
Konzeption und Durchsetzung des Minderheitenschutzes, in: Neubestätigung und Weiterentwicklung von Menschenrechten und Volksgruppenrechten in Mitteleuropa, hrsg. von Dieter Blumenwitz, Köln 1991 (zit.: Klein, Konzeption).

Klein, Eckart:
Diplomatischer Schutz im Hinblick auf Konfiskationen deutschen Vermögens durch Polen, Bonn 1992 (zit.: Klein).

Klein, Eckart:
Die Verantwortung der Vertragsparteien, in: Festschrift für Helmut Steinberger, hrsg. von Hans-Joachim Cremer, Berlin/Heidelberg u. a. 2002, S. 247 ff. (zit.: Klein, in: FS für Steinberger).

Köhler, Sonja:
Das Massenvertreibungsverbot im Völkerrecht, Berlin 1999 (zit.: Köhler).

Kokott, Juliane:
Zum Spannungsverhältnis zwischen nationality rule und Menschenrechtsschutz bei der Ausübung diplomatischer Protektion, in: Der diplomatische Schutz im Völker- und Europarecht, hrsg. von Georg Ress, Torsten Stein, Baden-Baden 1996, S. 45 (zit.: Kokott, in: Ress/Stein).

Korte, Hans-Jörg:
Die Anerkennung einer ausländischen Enteignung, Diss., Mainz 1992 (zit.: Korte).

Krause-Ablaß, Wolf-Dietrich:
Intertemporales Völkerrecht, Hamburg, 1970 (zit.: Krause-Ablaß).

Krist, Dietmar:
Bevölkerungsumsiedlungen nach ethnischen Kriterien – ein Instrument zur friedlichen Lösung ethnischer Konflikte?, Marburg 2000 (zit.: Krist).

Kroker, Eduard J. M.:
Der rechtsphilosophische Ausgangspunkt des Volksgruppenrechts, in: System eines internationalen Volksgruppenrechts, 2. Teil, bearb. von Theodor Veiter, Wien/Stuttgart 1972 (zit.: Kroker).

Kropholler, Jan:
Internationales Privatrecht, 3. Auflage, Tübingen 1997 (zit.: Kropholler).

Krülle, Siegrid:
Eigentumsfragen im Zusammenhang mit dem umfassenden deutsch-polnischen Vertrag, in: Neubestätigung und Weiterentwicklung von Menschenrechten und Volksgruppenrechten in Mitteleuropa, hrsg. von Dieter Blumenwitz, Köln 1991 (zit.: Krülle, in: Blumenwitz, Neubestätigung und Weiterentwicklung).

Kucera, Jaroslav:
Statistische Berechnung der Vertreibungsverluste – Schlußwort oder Sackgasse?, in: Begegnung und Konflikt. Schlaglichter auf das Verhältnis von Tschechen, Slowaken und Deutschen 1815-1989, hrsg. von Jörg K. Hoensch und Hans Lemberg, Essen 2001, S. 231 ff. (zit.: Kucera).

Kugelmann, Dieter:
Minderheitenschutz und Menschenrechtsschutz, in: AVR 39 (2001), S. 233 ff.

Kunig, Philip / Uerpmann, Robert:
Übungen im Völkerrecht, Berlin/New York 1998 (zit.: Kunig/Uerpmann).

Laffert, Gerd von:
Die völkerrechtliche Lage des geteilten Zypern und Fragen seiner staatlichen Reorganisation, Frankfurt/Berlin/Bern u. a., 1995 (zit.: von Laffert).

Lehmler, Lutz:
Die Strafbarkeit von Vertreibungen aus ethnischen Gründen im bewaffneten nichtinternationalen Konflikt, Baden-Baden 1999 (zit.: Lehmler).

Leipziger Kommentar:
hrsg. von Burkhard Jähnke u. a., 11. neubearbeitete Auflage, Lfg. 42, Berlin 2002 (zit.: LK/Bearbeiter).

Lemberg, Hans:
Nationale Minderheiten in der Tschechoslowakei, in: Volksgruppen in Ostmittel- und Südosteuropa, hrsg. von Hans Lemberg, München 1994, S. 97 ff. (zit.: Lemberg).

Lillich, Richard B. / Weston Burns H.:
International Claims, their settlement by Lump Sum Agreements, Bd. 1, Charlottesville 1975 (zit.: Lilich/Weston).

Madhuku, Lovemore:
The Impact of the European Court of Human Rights in Africa, in: African Journal of International and Comparative Law 1996, S. 932 ff.

Mahr, Heidi:
Enteignung und ordre public, München 1996 (zit.: Mahr).

Malanczuk, Peter:
Akehurst's Modern Introduction to International Law, 7. Auflage, London 1997 (zit.: Malanczuk).

Mann, Fritz A.:
Völkerrechtswidrige Enteignungen von nationalen Gerichten, in: NJW 1971, S. 705 ff.

Matscher, Franz:
Das Verfahren vor den Organen der EMRK, in: EuGRZ 1982, S. 489 ff.

Maunz, Theodor / Dürig, Günter / Herzog, Roman / Scholz, Rupert, u. a. (Hrsg.):
Kommentar zum Grundgesetz, Bd. I, Art. 1-11, 42. Lieferung, München 2003 (zit.: Bearbeiter, in: M/D/H/S, Bd. I).

Mettler, Johann:
The Process of Land Restitution in South Africa, in: African Journal of International an Comparative Law 1998, S. 123 ff.

Miehsler, Herbert / Petzold, Herbert:
Europäische Menschenrechtskonvention, Sonderdruck für die Teilnehmer des fünften Internationalen Kolloquiums über die Europäische Menschenrechtskonvention, Frankfurt 1980 (zit.: Miehsler/Petzold).

Mittelberger, Philipp:
Die Rechtsprechung des ständigen Europäischen Gerichtshofs für Menschenrechte zum Eigentumsschutz, in: EuGRZ 2001, S. 364 ff.

Miyazaki, Shigeki:
Internationaler Schutz der Menschenrechte und Völkerrechtsunmittelbarkeit, in: Festschrift für Hermann Mosler, hrsg. Von Rudolf Bernhardt, Wilhelm Geck u. a., Berlin/Heidelberg/New York, 1983, S. 581 ff. (zit.: Miyazaki, in: FS für Mosler).

Moskov, Athanase:
La Garantie internationale en droit des minorités, Brüssel 1936 (zit.: Moskov).

Mouri, Allahyar:
The international law of expropriation as reflected in the work of the Iran-U.S. Claims Tribunal, Dordrecht 1994 (zit.: Mouri).

Müller, Edgar Felix:
Der Völkerrechtliche Eigentumsschutz, Eine historisch-systematische Darstellung unter Berücksichtigung der internationalen Ökonomie und Politik, Diss., Marburg 1981 (zit.: Müller).

Müller, Uwe:
Die deutsche Volksgruppe in der Tschechoslowakei – Chancen und Perspektiven, in: Forum für Kultur und Politik, hrsg. von der Kulturstiftung der deutschen Vertriebenen, Heft 6 (1993), S. 20 ff. (zit.: Müller, in: Forum für Kultur und Politik 1993).

Münch, Fritz:
Flucht, Vertreibung, Deportation als Rechtsbegriffe, in: Flucht und Vertreibung, hrsg. von Dieter Blumenwitz, Köln/Berlin/Bonn/München 1987, S. 113 ff. (zit.: Münch, in: Blumenwitz, Flucht und Vertreibung).

Münch, Fritz:
Bemerkungen zum ius cogens, in: Festschrift für Hermann Mosler, hrsg. von Rudolf Bernhardt, Wilhelm Geck u. a., Berlin/Heidelberg/New York 1983, S. 617 ff. (zit.: Münch, in: FS für Mosler).

Münch, Ingo von:
Völkerrecht in programmierter Form, 2. Auflage, Berlin/New York 1982. (zit.: von Münch, Völkerrecht in programmierter Form).

Münch, Ingo von:
GG-Kommentar (hrsg. von Philip Kunig), Bd. 1, Präambel-Art. 19, bearbeitet von Brun-Otto Bryde, 5. neubearbeitete Auflage, München 2000 (zit.: Bearbeiter, in: von Münch).

Münchner Kommentar:
Kommentar zum Bürgerlichen Gesetzbuch, hrsg. von Kurt Rebmann, Franz Jürgen Säcker, Roland Rixecker, Einführungsgesetz zum Bürgerlichen Gesetzbuch, Bd. 10 (Art. 1-38), München 1998 (zit.: MüKo/Bearbeiter).

Murswiek, Dietrich:
Minderheitenschutz – für welche Minderheiten? Zur Debatte um die Einfügung eines Minderheitenartikels ins Grundgesetz, in: Aktuelle rechtliche und politische Fragen des Volksgruppen- und Minderheitenschutzrechts, hrsg. von Dieter Blumenwitz und Dietrich Murswiek, Bonn 1994, S. 39 ff. (zit.: Murswiek, in: Blumenwitz/Murswiek).

Murswiek, Dietrich:
Die Individualbeschwerde vor den Organen der Europäischen Menschenrechtskonvention – Zulässigkeitsvoraussetzungen, JuS 1986, S. 8 ff.

Murswiek, Dietrich:
Die Problematik eines Rechts auf Sezession – neu betrachtet, in: AVR 31 (1993), S. 307 ff.

Necatigil, Zaim M.:
The Cyprus question and the Turkish position in international law, Oxford 1992 (zit.: Nacatigil).

Nettesheim, Martin:
Der EU-Beitritt Tschechiens: Die Benesch-Dekrete als Beitrittshindernis? Rechtsgutachten erstattet im Auftrag der Staatskanzlei des Freistaats Bayern, Tübingen 01.10.2002 – noch nicht veröffentlicht - (zit.: Nettesheim, Gutachten).

Neuhold, Hanspeter / Hummer, Waldemar / Schreuer, Christoph:
Österreichisches Handbuch des Völkerrechts, Band 1, 3. Auflage, Wien 1997 (zit.: Bearbeiter, in: Neuhold/Hummer/Schreuer).

Niewerth, Johannes:
Der kollektive und der positive Schutz von Minderheiten und ihre Durchsetzung im Völkerrecht, Berlin 1996 (zit.: Niewerth).

Nowak, Manfred (Hrsg.):
CCPR-Kommentar, Kehl 1993 (zit.: Bearbeiter, in: CCPR-Kommentar).

Oppenheim, Lassa Francis L. / Lauterpacht, Hersch:
International Law, Bd. I, 8. Auflage, London 1955 (zit.: Oppenheim/Lauterpacht).

Oxenknecht, Renate:
Der Schutz ethnischer, religiöser und sprachlicher Minderheiten in Art. 27 des Internationalen Paktes über bürgerliche und politische Rechte vom 16. Dezember 1966, Frankfurt/Bern/New York u. a. 1988 (zit.: Oxenknecht).

Pabst, Martin:
Zypern: UN, EU und der Status quo, in: Vereinte Nationen, Heft 4, 2001, S. 139 ff.

Palandt, Otto (Hrsg.):
Bürgerliches Gesetzbuch, Kommentar, 62. Auflage, München 2003 (zit.: Palandt/Bearbeiter).

Pallay, Claire:
Population Transfers, in: Broadening the Frontiers of Human Rights: Essays in Honour of Asbjorn Eide, hrsg. von Donna Gomien, Oslo 1993, S. 219 ff. (zit.: Pallay).

Pammel, Friedrich Wilhelm:
Der Begriff der Belegenheit im deutschen internationalen Enteignungsrecht bei der Enteignung von ungesicherten und hypothekarisch gesicherten Forderungsrechten, Göttingen, 1966 (zit.: Pammel).

Pan, Christoph:
Zum Stand des Europäischen Volksgruppenrechts nach dem Europaratsgipfel von Wien, in: Aktuelle rechtliche und politische Fragen des Volksgruppen- und Minderheitenschutzrechts, hrsg. von Dieter Blumenwitz und Dietrich Murswiek, Bonn 1994, S. 27 ff. (zit.: Pan, in: Blumenwitz/Murswiek).

Parameswaran, Benjamin:
Vertreibung und Rückkehrrecht, in: AVR 41, Heft 1 (2003), S. 1 ff.

Partsch, Karl Josef:
„Repressalie", in: Wörterbuch des Völkerrechts, hrsg. von Karl Strupp und Hans-Jürgen Schlochauer, Bd. 3, 2. Auflage, Berlin 1962, S. 103 ff. (zit.: Partsch, in: Strupp/Schlochauer).

Pernthaler, Peter:
Volksgruppe und Minderheit als Rechtsbegriffe, Volksgruppenrecht – Ein Beitrag zur Friedenssicherung, hrsg. von Fritz Wittmann und Stefan Graf Behlen, München 1980, S. 9 ff. (zit.: Pernthaler).

Pernthaler, Peter:
Der Schutz der ethnischen Gemeinschaften durch individuelle Rechte, Wien/Stuttgart 1964 (zit.: Pernthaler, Gemeinschaften).

Perzi, Nikolas:
Die Benesch-Dekrete – eine europäische Tragödie, St. Pölten/Wien/Linz 2003 (zit.: Perzi).

Peukert, Wolfgang:
Der Schutz des Eigentums nach Art. 1 des Ersten Zusatzprotokolls zur Europäischen Menschenrechtskonvention, in: EuGRZ 1981, S. 97 ff.

Pius XII.:
Zum Problem der Vertreibung. Eine Sammlung von Worten und Weisungen des Hl. Vaters, Rom 1953 (zit.: Pius XII.).

Plaßmann, Norbert:
Das Verhältnis zwischenstaatlicher Enteignungen zum innerstaatlichen Recht, in: JZ 1962, S. 17 ff.

Podestà Costa, Luis A.:
La responsabilidad del Estado por Danos Irrogados a la persona a o los bienes de extranjeros en duchas civiles, Habana 1939 (Podestà Costa).

Pohl, Heinrich:
Völkerrecht und Außenpolitik in der Reichsverfassung, Berlin 1929 (zit.: Pohl).

Polter, Dirk-Meints:
Auslandsenteignungen und Investitionsschutz, Berlin 1975 (zit.: Polter).

Prinz, Friedrich:
Geschichte Böhmens 1848-1948, München 1988 (zit.: Prinz).

Pritchard, Sarah:
Der völkerrechtliche Minderheitenschutz: historische und neuere Entwicklungen, Berlin 2001 (zit.: Pritchard).

Quadros, Faustos de:
Der Minderheitenschutz im modernen Völkerrecht, in: Festschrift für Herbert Schambeck, hrsg. von Johannes Hengstschläger, Berlin 1994, S. 853 ff. (zit.: de Quadros, in: FS für Schambeck).

Raape, Leo / Sturm, Fritz:
Internationales Privatrecht, Bd. I: Allgemeine Lehren, 6. Auflage, München 1977 (zit.: Raape/Sturm).

Raiser, Ludwig:
Eigentum als Recht des Menschen, in: Das Recht des Menschen auf Eigentum, hrsg. von Johannes Schwartländer und Dietmar Willoweit, Kehl am Rhein7Straßburg 1983, S. 120 ff. (zit.: Raiser, Eigentum als Recht, in: Das Recht des Menschen auf Eigentum).

Randelzhofer, Albrecht:
Neue Weltordnung durch Intervention, in: Festschrift für Peter Lerche, hrsg. von Peter Badura und Rupert Scholz, München 1993, S. 51 ff. (zit.: Randelzhofer, in: FS für Lerche).

Raschhofer, Hermann / Kimminich, Otto:
Die Sudetenfrage. Ihre völkerrechtliche Entwicklung vom Ersten Weltkrieg bis zur Gegenwart, 2. Auflage, München 1988 (zit.: Raschhofer/Kimminich).

Raub, Gerlinde:
"Protecting Power" in: EPIL III, hrsg. von Rudolf Bernhardt, Amsterdam/New York u. a. 1992, S. 314 ff. (zit.: Raub, in: EPIL).

Rauscher, Thomas:
Internationales Privatrecht, Heidelberg 1999 (zit.: Rauscher).

Redeker, Niels von:
Die polnischen Vertreibungsdekrete und die offenen Vermögensfragen zwischen Deutschland und Polen, Frankfurt u.a. 2003 (zit.: von Redeker).

Rehman, Javaid:
International Law and Indigenous Peoples: Definition and Practical Problems, in: Civil Liberties 3 (1998), S. 224 ff. (zit.: Rehman).

Riedel, Eibe H.:
Theorie der Menschenrechtsstandards: Funktion, Wirkungsweise und Begründung wirtschaftlicher und sozialer Menschenrechte mit exemplarischer Darstellung der Rechte auf Eigentum und Arbeit in verschiedenen Rechtsordnungen, Berlin 1986 (zit.: Riedel).

Rill, Bernd:
Völkerrechtliche Lehren aus der Vertreibung der Deutschen aus ihren Siedlungsgebieten ab 1944/45?, in: Gegen Völkermord und Vertreibung – die Überwindung des zwanzigsten Jahrhunderts, hrsg. von Bernd Rill, München 2001, S. 5 ff. (zit.: Rill, in: ders.).

Robinson, Nehemia:
The Genocide Convention: A Commentary, New York 1960 (zit.: Robinson).

Roos, Gerd Joachim:
Zur Konfiskation privater deutscher Auslandsvermögen, Stuttgart 1956 (zit.: Roos).

Rosand, Eric:
The Right to Return under International Law Following Mass Dislocation: The Bosnia Precedent?, in: Michigan Journal of International Law 18 (1998), S. 1091 ff.

Rudolf, Beate:
Die Eigentumsgarantie nach der Europäischen Menschenrechtskonvention und ihre verfahrensrechtliche Dimension, in: EuGRZ 1996, S. 572 ff.

Rumpf, Christian:
Die Anerkennung des Individualbeschwerderechts gemäß Art. 25 EMRK durch die Türkei, in: ZaöRV 47 (1987), S. 778 ff.

Rumpf, Christian:
Die Anerkennung der Zuständigkeit des Europäischen Gerichtshofs für Menschenrechte gemäß Art. 46 EMRK durch die Türkei, in: EuGRZ 1990, S. 53 ff.

Rumpf, Christian:
Türkei – Zypern – EMRK, „Loizidou" und seine Folgen, in: Zeitschrift für Türkeistudien (ZFTS) 1998, S. 233 ff.

Rumpf, Christian:
Türkei, EMRK und Zypernfrage: Der Fall Crysostomos u. a., in: EuGRZ 1991, S. 199 ff.

Rumpf, Christian:
Nochmals: Zypern und Türkei vor den Straßburger Menschenrechtsorganen, in: EuGRZ 1992, S. 457 ff.

Rumpf, Christian:
Die staats- und völkerrechtliche Lage Zyperns, in: EuGRZ 1997, S. 533 ff.

Rumpf, Christian:
Zur Verfassungslage Zyperns, in: Südosteuropa-Handbuch, hrsg. von Klaus Detlev Grothusen, Peter A. Zervakis u. a., Göttingen 1998, S. 155 (zit.: Rumpf, Zur Verfassungslage).

Rünger, Uwe:
Unilaterale Humanitäre Intervention, Hamburg 2000 (zit.: Rünger).

Safferling, Christoph J. M.:
Wider die Feinde der Humanität – Der Tatbestand des Völkermords nach der Römischen Konferenz, in: JuS. 2001, S. 735 ff.

Savigny, Karl:
System des heutigen Römischen Rechts, Bd. VIII, Berlin 1849 (zit.: Savigny).

Schäfer, Martin:
Entschädigungsstandard und Unternehmensbewertung bei Enteignungen im allgemeinen Völkerrecht: unter besonderer Berücksichtigung der jüngeren schiedsgerichtlichen Spruchpraxis, Heidelberg 1997 (zit.: Schäfer).

Scherer-Leydecker, Christian:
Minderheiten und sonstige ethnische Gruppen, Eine Studie zur kulturellen Identität im Völkerrecht, Berlin 1997 (zit.: Scherer-Leydecker).

Schermers, Henry G.:
The Bond between Man and State, in: Festschrift für Rudolf Bernhardt, hrsg. von Ulrich Beyerlin, Michael Bothe, Rainer Hofmann, Ernst-Ulrich Petersmann, Berlin 1995, S. 187 ff. (zit.: Schermers, in: FS für Bernhardt).

Schieder, Theodor:
Die Vertreibung der deutschen Bevölkerung aus den Gebieten östlich der Oder-Neiße, Bd. I, Bonn 1954 (zit.: Schieder).

Schieder, Theodor:
Dokumentation der Vertreibung aus Ost-Mitteleuropa, Bd. IV 1-2, Die Vertreibung der deutschen Bevölkerung aus der Tschechoslowakei, Bonn 1957 (zit.: Schieder, Dokumentation der Vertreibung).

Schiedermair, Hartmut:
Effektive Herrschaftsgewalt und Rechtsfähigkeit im Völkerrecht, in: JA 1984, S. 639 ff.

Schillhorn, Kerin:
Kulturelle Rechte indigener Völker und Umweltvölkerrecht – Verhältnis und Vereinbarkeit, Berlin 2000 (zit.: Schillhorn).

Schmidt, Karin:
Gedanken zu Untergang und Entstehung von Staaten in Mittel- und Osteuropa, in: Die Friedenswarte 69 (1993), S. 72 ff.

Schmidt-Bleibtreu, Bruno / Klein, Franz (Hrsg.):
Kommentar zum Grundgesetz, 9. Auflage, Neuwied 1999 (zit.: Schmidt-Bleibtreu/ Klein).

Schmitz, Gerald:
Tibet und das Selbstbestimmungsrecht der Völker, Berlin/New York 1998 (zit.: Schmitz).

Schneeweiß, Wolfram:
Die rechtliche Stellung der Indianerstämme innerhalb der Vereinigten Staaten von Amerika: ein Modell für den Schutz der indigenous peoples, Frankfurt/Berlin/New York u. a. 1995 (zit.: Schneeweiß).

Schroder, Charlotte Gabrièle:
Vom Minderheitenschutz zum Schutz verwundbarer Gruppen, Zürich 1999 (zit.: Schroder).

Schütz, Dieter:
Der internationale ordre public: der Ausschluß völkerrechtswidrigen fremden Rechts im internationalen Privatrecht der Bundesrepublik Deutschland, Frankfurt/Bern/New York 1984 (zit.: Schütz).

Schwarz, Birgit:
Spiel mit der Hoffnung, in: Der Spiegel 35/2002, S. 120 (zit.: Schwarz, in: Der Spiegel).

Schwarz, Karl-Peter:
Nach böhmischem Brauch, in: FAZ vom 04.09.2003, S. 7 (zit.: Schwarz, in: FAZ).

Schweitzer, Michael:
Staatsrecht III, 7. Auflage, Heidelberg 2000 (zit.: Schweitzer).

Seidl-Hohenveldern, Ignaz:
Internationales Konfiskations- und Enteignungsrecht, Berlin 1952 (zit.: Seidl-Hohenveldern, Internationales Enteignungsrecht).

Seidl-Hohenveldern, Ignaz:
Völkerrecht, 20. neubearbeitete Auflage, Köln 2000 (zit.: Seidl-Hohenveldern, Völkerrecht).

Seidl-Hohenveldern, Ignaz:
International Economic Law, 3. Auflage, The Hague 1999 (zit.: Seidl-Hohenveldern, International Economic Law).

Seidl-Hohenveldern, Ignaz:
Völkerrechtswidrigkeit der Konfiskation eines Gemäldes aus der Sammlung des Fürsten von Liechtenstein als angeblich „deutsches" Eigentum, in: IPRax 1996, Heft 6, S. 410 ff.

Seidl-Hohenveldern, Ignaz:
Internationales Konfiskations- und Enteignungsrecht, in: NJW 1953, S. 1389 ff.

Shaw, Melcom:
The Definiton of Minorities in International Law, in: The Protection of Minorities and Human Rights, hrsg. von Yoram Dinstein und Mala Taboryry, Dordrecht/Boston/London 1991. S. 1 ff. (zit.: Shaw).

Sigler, Jay:
Minority Rights: A Comparativ Analysis, London 1983 (zit.: Sigler).

Simma, Bruno:
Grundfragen der Staatenverantwortlichkeit in der Arbeit der International Law Commission, in: AVR 24 (1986), S. 357 ff.

Simon, Stefan:
Autonomie im Völkerrecht, Baden-Baden 2000 (zit.: Simon).

Skubiszewski, Krzysztof:
Administration of Territory and Sovereignty: A Comment on the Potsdam Agreement, in: AVR 23 (1985), S. 31 ff.

Soergel, Theodor:
Bürgerliches Gesetzbuch – Kommentar -, begr. von Theodor Soergel, Bd. 10, Einführungsgesetz, 12. neubearbeitete Auflage, Köln 1996 (zit.: Soergel/Bearbeiter).

Starck, Christian:
Das Bonner Grundgesetz, begr. von Hans von Mangoldt und Friedrich Klein, Bd. I, Präambel, Artikel 1 bis 19, 4. Auflage, München 1999 (zit.: Starck).

Staudinger, Julius von:
Kommentar zum Bürgerlichen Gesetzbuch, hrsg. von Günther Beitzke, Art. 3 - 6 EGBGB, 12. Auflage, 13. Bearbeitung, Berlin 1996 (zit.: Staudinger/Bearbeiter).

Steinmeyer, Bernadette:
Verfassungsrechtliche Ansätze zur Neuordnung der multirassischen Gesellschaft Südafrikas unter Berücksichtigung des Vorschlages des Verhandlungsforums „Kwa Zulu Natal Indaba", Frankfurt/Bern u. a. 1991 (zit.: Steinmeyer).

Stern, Klaus:
Das Staatsrecht der Bundesrepublik Deutschland, Bd. I, Grundbegriffe und Grundlagen, München 1984 (zit.: Stern, Bd. I).

Stern, Klaus:
Das Staatsrecht der Bundesrepublik Deutschland, Bd. III/2, Allgemeine Lehren der Grundrechte, München 1994 (zit.: Stern, Bd. III).

Stopp, Alexander:
Die Behandlung ethnischer Minderheiten als Gleichheitsproblem, Baden-Baden 1994 (zit.: Stopp).

Streinz, Rudolf:
Minderheiten- und Volksgruppenrechte, in der Europäischen Union, in: Der Schutz von Minderheiten- und Volksgruppenrechten durch die Europäische Union, hrsg. von Dieter Blumenwitz und Gilbert Gornig, Köln 1996, S. 11 ff. (zit.: Streinz, in: Blumenwitz/Gornig, Der Schutz).

Theophanous, Andreas:
The European Union and Cyprus: Accession Negotiations and Prospects for a Solution of the Cyprus Problem, in: Looking into the Future of Cyprus-EU Relations, hrsg. von Susanne Baier-Allen, Baden-Baden 1999, S. 149 ff. (zit.: Theophanous).

Thornberry, Patrick:
International Law and the Rights of Minorities, Oxford 1991 (zit.: Thornberry).

Thürer, Daniel:
Das Selbstbestimmungsrecht der Völker mit einem Exkurs zur Jurafrage, Bern 1976 (zit.: Thürer).

Tichy, Heinz:
Der Wandel von einer Flüchtlingsgruppe zu einer autochthonen Volksgruppe, in: AWR-Bulletin 1997, S. 208 ff.

Tomuschat, Christian:
Die Vertreibung der Sudetendeutschen – Zur Frage des Bestehens von Rechtsansprüchen nach Völkerrecht und deutschem Recht, in: ZaöRV 56 (1996), S. 1 ff.

Tomuschat, Christian (Hrsg.):
Menschenrechte. Eine Sammlung internationaler Dokumente zum Menschenrechtsschutz, Berlin 1992 (zit.: Tomuschat, Menschenrechte).

Tomuschat, Christian (Hrsg.):
Eigentum im Zeichen von Demokratie und Marktwirtschaft, in: Eigentum im Umbruch: Restitution, Privatisierung und Nutzungskonflikte im Europa der Gegenwart, Berlin 1996, S. 1 ff. (zit.: Tomuschat, Eigentum im Umbruch).

Tomuschat, Christian:
Protection of Minorities under Article 27 of the International Covenant on Civil and Political Rights, in: Festschrift für Hermann Mosler, hrsg. Von Rudolf Bernhardt, Wilhelm Geck u.a., Berlin/Heidelberg/New York, 1983, S. 949 ff. (zit.: Tomuschat, in: FS für Mosler).

Tomuschat, Christian:
Das Recht auf die Heimat – Neue rechtliche Aspekte, in: Festschrift für Karl Josef Partsch, hrsg. von Jürgen Jekewitz u. a., Berlin 1989, S. 83 ff. (zit.: Tomuschat, in: FS für Partsch).

Tomuschat, Christian:
The Duty to Prosecute International Crimes Committed by Individuals, in: Festschrift für Helmut Steinberger, hrsg. von Hans-Joachim Cremer, Berlin/Heidelberg u. a. 2002, S. 315 ff. (zit.: Tomuschat, in: FS für Steinberger).

Triepel, Heinrich:
Les rapports entre le droit interne et le droit international, in: RdC I 1923, S. 73 ff.

Turner, Stefan:
Das Restitutionsrecht des Staates nach illegaler Ausfuhr von Kulturgütern, Berlin 2002, (zit.: Turner).

Tzermias, Pavlos:
Die Geschichte der Republik Zypern, Tübingen 1991 (zit.: Tzermias).

Ullmann, Emanuel von:
Völkerrecht, Tübingen 1908 (zit.: von Ullmann).

Union Académique Internationale (Hrsg.):
Dictionnaire de la terminologie du droit internationale, Paris 1960 (zit.: Union Académique Internationale, Dictionnaire).

Vannod, Alex:
Fragen des Internationalen Enteignungs- und Konfiskationsrechts, Zürich 1959 (zit.: Vannod).

Vaubel, Siegfried:
Die rechtlichen Grundsätze der Bestimmung der Volksgruppenzugehörigkeit, Würzburg 1940 (zit.: Vaubel)

Veiter, Theodor:
Wege zu einem modernen Volksgruppenrecht, in: aus Politik und Zeitgeschichte 25 (1975), S. 30 ff.

Veiter, Theodor:
Das Selbstbestimmungsrecht als Menschenrecht, in: Festschrift für Hans Klecatsky, hrsg. von Ludwig Adamovich, Wien 1980, S. 967 ff. (zit.: Veiter, in: FS für Klecatsky).

Veiter, Theodor:
Nationalitätenkonflikt und Volksgruppenrecht, Wien 1977 (zit.: Veiter, Nationalitätenkonflikt).

Veiter, Theodor:
Aktuelle Vertreibungsfälle weltweit, in: Flucht und Vertreibung, hrsg. von Dieter Blumenwitz, Köln/Berlin/Bonn/München 1987, S. 207 ff. (zit.: Veiter, in: Blumenwitz, Flucht und Vertreibung).

Verdross, Alfred:
Ius Dispositivum and Ius Cogens in International Law, in: AJIL 60 (1966), S. 55 ff.

Verdross, Alfred / Simma, Bruno:
Universelles Völkerrecht, 3. Auflage, Berlin 1984 (zit.: Verdross/Simma).

Vitzthum, Wolfgang Graf:
Völkerrecht, 2. Auflage, Berlin 2001 (zit.: Bearbeiter, in: Vitzthum).

Vollrath, Ernst:
Ist das Recht auf Eigentum als ein Menschenrecht zu begründen?, in: Das Recht des Menschen auf Eigentum, hrsg. von Johannes Schwartländer und Dietmar Willoweit, Kehl am Rhein/Straßburg, 1983, S. 109 ff. (zit.: Vollrath, in: Schwartländer/Willoweit).

Voltz, Marcus:
Menschenrechte und ordre public im Internationalen Privatrecht, Frankfurt 2002 (zit.: Voltz).

Weber, Herrmann / Wedel, Henning von:
Grundkurs Völkerrecht, Frankfurt 1977 (zit.: Weber/von Wedel).

Weber, Michael:
„Uti possidetis iuris" als allgemeines Rechtsprinzip im Völkerrecht – Überlegungen zum Verhältnis von „uti possidetis", Selbstbestimmungsrecht der Völker und Effektivitätsprinzip, Diss., Göttingen 1999 (zit.: Weber).

Wehser, Eckart:
Völkerrechtswidrige Verstaatlichung der Kupferminen in Chile?, in: JZ 1974, S. 117 ff.

Weinberg, Matthias:
Schutz der deutschen Minderheiten in Polen nach den Weltkriegen. Ein Vergleich unter Berücksichtigung der aktuellen Rechtslage, Würzburg 1997 (zit.: Weinberg).

Wenk, Sybille:
Das konfiszierte deutsche Privatvermögen in Polen und der Tschechoslowakei. Die Rechtslage nach Abschluß des deutsch-polnischen und deutsch-tschechoslowakischen Nachbarschaftsvertrages, Würzburg 1993 (zit.: Wenk).

Williams-Vedder, Petra:
Die Rechtsstellung der eingeborenen Völker in den USA und Kanada nach nationalem Recht und Völkerrecht, Frankfurt/Berlin/New York u. a. 1994 (zit.: Williams-Vedder).

Wirth, Steffen:
Zum subjektiven Tatbestand des Völkermordes, München 2001 (zit.: Wirth).

Wittinger, Michaela:
Die drei regionalen Menschenrechtssysteme, in: Jura 1999, S. 405 ff.

Wittinger, Michaela:
Die Einlegung einer Individualbeschwerde vor dem EGMR, in: NJW 2001, S. 1238 ff.

Wodarz, Katharina:
Gewaltverbot, Menschenrechtsschutz und Selbstbestimmungsrecht im Kosovo-Konflikt, Frankfurt 2002 (zit.: Wodarz).

Wolf, Joachim:
Zurechnungsfragen bei Handlungen von Privatpersonen, in: ZaöRV 45 (1985), S. 232 ff.

Wolfrum, Rüdiger:
The Protection of Indigenous Peoples in International Law, in: ZaöRV 59 (1999), S. 369 ff.

Yiallourides, Christodoulus K.:
Minderheitenschutz und Volksgruppenrecht im 20. (zwanzigsten) Jahrhundert unter besonderer Berücksichtigung der Verhältnisse auf Zypern, Bochum 1981 (zit.: Yiallourides).

Zayas, Alfred de:
Die Anglo-Amerikaner und die Vertreibung der Deutschen, 6. Auflage, München 1981 (zit.: De Zayas).

Zayas, Alfred de:
Die Vertreibung in völkerrechtlicher Sicht, in: Flucht und Vertreibung, hrsg. von Dieter Blumenwitz, Köln/Berlin/Bonn/München 1987, S. 239 ff. (zit.: de Zayas, in: Blumenwitz, Flucht und Vertreibung).

Zayas, Alfred de:
Das Recht auf die Heimat – Neue Kodifikationsentwürfe und aktuelle Diskussion, in: Gegen Völkermord und Vertreibung – die Überwindung des zwanzigsten Jahrhunderts, hrsg. von Bernd Rill, München 2001, S. 29 ff. (zit.: de Zayas, in: Rill).

Ziegler, Katja, S.:
Fluchtverursachung als völkerrechtliches Delikt: die völkerrechtliche Verantwortlichkeit des Herkunftsstaates für die Verursachung von Fluchtbewegungen, Berlin 2002 (zit.: Ziegler).

Schriften zum Internationalen und zum öffentlichen Recht

Herausgegeben von Gilbert Gornig

Band 1 Michael Waldstein: Das Asylgrundrecht im europäischen Kontext. Wege einer europäischen Harmonisierung des Asyl- und Flüchtlingsrechts. 1993.

Band 2 Axel Linneweber: Einführung in das US-amerikanische Verwaltungsrecht. Kompetenzen, Funktionen und Strukturen der "Agencies" im US-amerikanischen Verwaltungsrecht. 1994.

Band 3 Tai-Nam Chi: Das Herrschaftssystem Nordkoreas unter besonderer Berücksichtigung der Wiedervereinigungsproblematik. 1994.

Band 4 Jörg Rösing: Beamtenstatut und Europäische Gemeinschaften. Eine Untersuchung zu den gemeinschaftsrechtlichen Anforderungen an die Freizügigkeit der Arbeitnehmer im Bereich des öffentlichen Dienstes. 1994.

Band 5 Wolfgang Wegel: Presse und Rundfunk im Datenschutzrecht. Zur Regelung des journalistischen Umgangs mit personenbezogenen Daten. 1994.

Band 6 Sven Brandt: Eigentumsschutz in europäischen Völkerrechtsvereinbarungen. EMRK, Europäisches Gemeinschaftsrecht, KSZE – unter Berücksichtigung der historischen Entwicklung. 1995.

Band 7 Alejandro Alvarez: Die verfassunggebende Gewalt des Volkes unter besonderer Berücksichtigung des deutschen und chilenischen Grundgesetzes. 1995.

Band 8 Martin Thies: Zur Situation der gemeindlichen Selbstverwaltung im europäischen Einigungsprozeß. Unter besonderer Berücksichtigung der Vorschriften des EG-Vertrages über staatliche Beihilfen und der EG-Umweltpolitik. 1995.

Band 9 Rolf-Oliver Schwemer: Die Bindung des Gemeinschaftsgesetzgebers an die Grundfreiheiten. 1995.

Band 10 Holger Kremser: "Soft Law" der UNESCO und Grundgesetz. Dargestellt am Beispiel der Mediendeklaration. 1996.

Band 11 Michael Silagi: Staatsuntergang und Staatennachfolge: mit besonderer Berücksichtigung des Endes der DDR. 1996.

Band 12 Reinhard Franke: Der gerichtliche Vergleich im Verwaltungsprozeß. Auch ein Beitrag zum verwaltungsrechtlichen Vertrag. 1996.

Band 13 Christoph Eichhorn: Altlasten im Konkurs. 1996.

Band 14 Dietrich Ostertun: Gewohnheitsrecht in der Europäischen Union. Eine Untersuchung der normativen Geltung und der Funktion von Gewohnheitsrecht im Recht der Europäischen Union. 1996.

Band 15 Ulrike Pieper: Neutralität von Staaten. 1997.

Band 16 Harald Endemann: Kollektive Zwangsmaßnahmen zur Durchsetzung humanitärer Normen. Ein Beitrag zum Recht der humanitären Intervention. 1997.

Band 17 Jochen Anweiler: Die Auslegungsmethoden des Gerichtshofs der Europäischen Gemeinschaften. 1997.

Band 18 Henrik Ahlers: Grenzbereich zwischen Gefahrenabwehr und Strafverfolgung. 1998.

Band 19 Heinrich Hahn: Der italienische Verwaltungsakt im Lichte des Verwaltungsverfahrensgesetzes vom 7. August 1990 (Nr. 241/90). Eine rechtsvergleichende Darstellung. 1998.

Band 20 Christoph Deutsch: Elektromagnetische Strahlung und Öffentliches Recht. 1998.

Band 21 Cordula Fitzpatrick: Künstliche Inseln und Anlagen auf See. Der völkerrechtliche Rahmen für die Errichtung und den Betrieb künstlicher Inseln und Anlagen. 1998.

Band 22 Hans-Tjabert Conring: Korporative Religionsfreiheit in Europa. Eine rechtsvergleichende Betrachtung. Zugleich ein Beitrag zu Art. 9 EMRK. 1998.

Band 23 Jörg Karenfort: Die Hilfsorganisation im bewaffneten Konflikt. Rolle und Status unparteiischer humanitärer Organisationen im humanitären Völkerrecht. 1999.

Band 24 Matthias Schote: Die Rundfunkkompetenz des Bundes als Beispiel bundesstaatlicher Kulturkompetenz in der Bundesrepublik Deutschland. Eine Untersuchung unter besonderer Berücksichtigung natürlicher Kompetenzen und der neueren Entwicklung im Recht der Europäischen Union. 1999.

Band 25 Hermann Rothfuchs: Die traditionellen Personenverkehrsfreiheiten des EG-Vertrages und das Aufenthaltsrecht der Unionsbürger. Eine Gegenüberstellung der vertraglichen Gewährleistungen. 1999.

Band 26 Frank Alpert: Zur Beteiligung am Verwaltungsverfahren nach dem Verwaltungsverfahrensgesetz des Bundes. Die Beteiligtenstellung des § 13 Abs. 1 VwVfG. 1999.

Band 27 Matthias Reichart: Umweltschutz durch völkerrechtliches Strafrecht. 1999.

Band 28 Nikolas von Wrangell: Globalisierungstendenzen im internationalen Luftverkehr. Entwicklung der Regulierung und Liberalisierung unter Berücksichtigung strategischer Allianzen und des Code-Sharing. 1999.

Band 29 Marietta Hovehne: Ein demokratisches Verfahren für die Wahlen zum Europäischen Parlament. Legitimation gemeinschaftlicher Entscheidungsstrukturen im europäischen Integrationsprozeß. 1999.

Band 30 Nina Kaden: Der amerikanische Clean Air Act und das deutsche Luftreinhalterecht. Eine rechtsvergleichende Untersuchung. 1999.

Band 31 Brigitte Daum: Grenzverletzungen und Völkerrecht. Eine Untersuchung der Rechtsfolgen von Grenzverletzungen in der Staatenpraxis und Folgerungen für das Projekt der International Law Commission zur Kodifizierung des Rechts der Staatenverantwortlichkeit. 1999.

Band 32 Andreas Fürst: Die bildungspolitischen Kompetenzen der Europäischen Gemeinschaft. Umfang und Entwicklungsmöglichkeiten. 1999.

Band 33 Gilles Despeux: Die Anwendung des völkerrechtlichen Minderheitenrechts in Frankreich. 1999.

Band 34 Michael Reckhard: Die rechtlichen Rahmenbedingungen der Sanktionierung von Beitragsverweigerung im System der Vereinten Nationen. 1999.

Band 35 Carsten Pagels: Schutz- und förderpflichtrechtliche Aspekte der Religionsfreiheit. Zugleich ein Beitrag zur Auslegung eines speziellen Freiheitsrechts. 1999.

Band 36 Bernhard Mehner: Die grenzüberschreitende Wirkung direktempfangbaren Satellitenfernsehens aus völkerrechtlicher Sicht. 2000.

Band 37 Karl-Josef Ulmen: Pharmakologische Manipulationen (Doping) im Leistungssport der DDR. Eine juristische Untersuchung. 2000.

Band 38 Jochen Starke: Die verfassungsgerichtliche Normenkontrolle durch den Conseil constitutionnel. Zum Kompetenztitel des Art. 61 der französischen Verfassung. 2000.

Band 39 Marco Herzog: Rechtliche Probleme einer Inhaltsbeschränkung im Internet. 2000.

Band 40 Gilles Despeux: Droit de la délimitation maritime. Commentaire de quelques décisions plutoniennes. 2000.

Band 41 Christina Hackel: Der Untergang des Landes Braunschweig und der Anspruch auf Restitution nach der Wiedervereinigung Deutschlands. 2000.

Band 42 Peter Aertker: Europäisches Zulassungsrecht für Industrieanlagen. Die Richtlinie über die integrierte Vermeidung und Verminderung der Umweltverschmutzung und ihre Auswirkungen auf das Anlagenzulassungsrecht der Bundesrepublik Deutschland. 2000.

Band 43 Karsten Bertram: Die Gesetzgebung zur Neuregelung des Grundeigentums in der ersten Phase der Französischen Revolution (bis 1793) und deren Bedeutung für die deutsche Eigentumsdogmatik der Gegenwart. 2000.

Band 44 Ulrike Hartmann: Die Entwicklung im internationalen Umwelthaftungsrecht unter besonderer Berücksichtigung von *erga omnes*-Normen. 2000.

Band 45 Thomas Jesch: Die Wirtschaftsverfassung der Sonderverwaltungsregion Hongkong. Eine Darstellung vor dem Hintergrund der Wiedereingliederung in die Souveränität der Volksrepublik China. 2001.

Band 46 Sven Gottschalkson: Der Ausschluß des Zivilrechtsweges bei Eigentumsverlusten an Immobilien in der ehemaligen DDR. 2002.

Band 47 Gilbert Hanno Gornig/Gilles Despeux: Seeabgrenzungsrecht in der Ostsee. Eine Darstellung des völkerrechtlichen Seeabgrenzungsrechts unter besonderer Berücksichtigung der Praxis der Ostseestaaten. 2002.

Band 48 Andreas Zühlsdorff: Rechtsverordnungsersetzende Verträge unter besonderer Berücksichtigung des Umweltrechts. 2003.

Band 49 Katja Schmitz: Durchgriffswirkung von Maßnahmen der UN und ihrer Sonderorganisationen unter besonderer Berücksichtigung von Resolutionen des UN-Sicherheitsrates - Die Entwicklung supranationaler Strukturen. 2003.

Band 50 Stefanie Rothenberger: Die angemessene Nutzung gemeinschaftlicher Ressourcen am Beispiel von Flüssen und speziellen Ökosystemen. Eine vergleichende Betrachtung zum modernen Verständnis eines klassischen völkerrechtlichen Nutzungsprinzips. 2003.

Band 51 Christoph von Burgsdorff: Die Umsetzung der EG-Datenschutzrichtlinie im nicht-öffentlichen Bereich. Möglichkeit einer zukunftsorientierten Konzeption des Datenschutzes in der Privatwirtschaft unter besonderer Berücksichtigung des BDSG. 2003.

Band 52 Frank Reinhardt: Powerline. Verfassungs-, verwaltungs- und telekommunikationsrechtliche Probleme. 2003.

Band 53 Chie Sato: Immunität Internationaler Organisationen. 2004.

Band 54 Johannes Thoma: EU-Recht und Schranken hoheitlicher Staatstätigkeit. 2004.

Band 55 Wolf Peterhoff: Rechtsansprüche enteigneter Volksgruppen und ihre Durchsetzbarkeit. 2004.

www.peterlang.de

FSC
www.fsc.org
MIX
Papier | Fördert
gute Waldnutzung
FSC® C083411

Kolibri 360 GmbH
Ferdinand-Jühlke-Straße 7
99095 Erfurt, Deutschland
produktsicherheit@kolibri360.de

Druck:
CPI Druckdienstleistungen GmbH
im Auftrag der
Kolibri 360 GmbH
Ferdinand-Jühlke-Str. 7
99095 Erfurt